改訂版

複眼的中小企業論

中小企業は発展性と問題性の統一物

黒瀬 直宏

［著］

同友館

改訂版はしがき

　本書の主題は、中小企業は固有の発展性を内在させているが、その発現を妨げる固有の問題性も課せられており、中小企業は発展性と問題性の統一物である──これを理論的、実証的に示すことである。このなじみのない中小企業観に対し、初版発行後思いがけず、中小企業の多い機械・金属分野の産業別労働組合JAM（35万組合員）から共感が寄せられた。中小企業へのこの見方は、自らの労働に誇りを持ちつつも、大企業からの圧力、大企業との労働条件格差に苦しむ中小企業労働者の思いと通底する。JAMの呼びかけで、中小企業を組織する産業別労働組合9団体とやはり本書に共感を頂いている中小企業経営者2団体により、「新時代に向けた中小企業問題研究会」が結成され、活発に活動している。本書が中小企業労使に基盤を持つ証として、勇気づけられている。

　この度機会を得、次のような改訂を行った。

　第Ⅰ部「複眼的中小企業論」は、中小企業が発展性と問題性の統一物であることを理論的に明らかにするものだが、理論の土台となる「競争」「企業家」のコンセプトを深化させた。特に「企業家」に関してはシュンペーター、カーズナーへの批判を基に、本書独自の見解を示した。これは、中小企業固有の発展性に関する主張をより明晰にするのが目的だが、第Ⅰ部は競争論、企業家論としても読んでいただけるはずである。

　第Ⅱ部「戦後中小企業発展史・問題史」では、中小企業市場の拡大・縮小に強く影響する産業構造の変化に関し、各所で加筆したほか、第4章を大幅に書き改めた。まず、初版では行えなかった2008年のリーマンショック以降の中小企業も分析対象にした。また、初版では不十分だった「戦後大企業体制」の拡大再生産方式の変化を明確に示し、この変化を推進した生産の東アジア化が、経済の長期停滞化と中小企業問題激化を同時に進めたとした。これにより、日本経済の劣化と中小企業問題の深刻化を統合的に捉える論理を構築した。

　その他、改訂に伴う紙幅増加を防ぐため初版の一部を削除し、叙述改善のための諸作業も行った。初版に対し要望の多かった索引も作成した。

　改訂をお勧めいただいた同友館社長 脇坂康弘氏に深く感謝申し上げる。

2018年8月　黒瀬直宏

初版はしがき

本書の狙い

　本書は、問題型中小企業論と積極型中小企業論を統合する新たな中小企業論を目指している。

　かつては、中小企業を大企業への従属や低収益などの問題性から捉える問題型中小企業論が支配的だった。日本における深刻な中小企業問題を背景としていたが、中小企業問題に抗しつつ発展する企業もあることを視野から外していた。そのため、高度成長期以降、発展的な中小企業が増えるにつれ、現実とのかい離が大きくなる一方、中小企業を経営の発展性や国民経済への積極的な役割から捉える積極型中小企業論が有力化し、中小企業政策もこの立場から講じられるようになった。しかし、この中小企業論は中小企業発展の主張に急で、事実上中小企業問題の存在を無視するものになってしまった。そのため、1990年代以降の中小企業問題の激化と中小企業衰退を前に、その限界が明らかとなった。

　したがって、今日必要とされるのは、問題型中小企業論も積極型中小企業論も部分理論であることを認め、2つを統合することである。すなわち、中小企業は固有の発展性を内在させているが、その発現を妨げる固有の問題性も課せられており、中小企業は発展性と問題性の統一物である——こういう新たな中小企業論の構築である。発展性も問題性も中小企業の本質として同時に視野に入れるから、これを複眼的中小企業論と呼びたい。

　本書は複眼的中小企業論を2部に分けて展開する。第Ⅰ部「複眼的中小企業論」は理論編で、中小企業が発展性と問題性の統一物である論拠を明らかにする。すなわち、「中小企業はなぜ発展性を持ちうるのか」「中小企業の問題性はなぜ発生するのか」を明らかにし、その上で、「発展性と問題性がいかなる原理で結びつき、中小企業が発展性と問題性の統一物になるか」を示す。中小企業を巡る対抗的な2原理を摘出した上、それらの統一として中小企業を理解するのである。

　この課題をこなすには多様な分野にわたる理論研究が必要だった。まず、市場競争とはどういうものか、大企業体制はどのように発生し、中小企業にどの

ような作用を及ぼすかなど、経済理論の基本に立ち帰っての検討が必要だった。経済学だけでは足りず、経営学分野の理論、さらに認知科学、科学哲学など、筆者にとって未知の分野の理論を取り入れる努力もした。包括的な中小企業論構築のためには学際的な理論研究が要求されたのである。

なお、理論の説得性を事実によって高めるため、多くの企業実例を挙げた。筆者は中小企業の訪問調査から得られる現場発の情報を重視してきたため、多数の実例を持っている。「実例主義」は第Ⅱ部にも通じる本書の特徴である。

第Ⅱ部「戦後中小企業発展史・問題史」は、日本における中小企業問題と中小企業発展の歴史をまとめた。戦後を戦後復興期、高度成長期、減速経済期、長期停滞期に分け、大企業体制の変化がいかなる中小企業問題を発生させたか、その重圧に抗し中小企業がどのように発展したか、以上の総括として、中小企業が国民経済でいかなる役割を担ったかを述べた。第Ⅰ部で明らかにした発展性と問題性の統一物という中小企業の本質が、具体的にどのように現れてきたかを示すのが狙いである。また、複眼的中小企業論により今日の中小企業の到達点を明らかにするものでもある。

以上が本書の狙いだが、ここには中小企業研究の現状に対する批判も含まれている。

かつては中小企業の本質に関する理論研究が、中小企業の存立条件論や中小企業問題論として活発に行われていた。しかし、積極型中小企業論が有力化するにつれ、経営的視点に立つ各論的な中小企業研究が増え、「中小企業とは何か」という問題意識に立つ、中小企業の本質にかかわる理論研究は空洞化した。そのため、中小企業研究から生まれた独自の、根幹となる理論を欠いたまま、中小企業研究はいたずらに拡散し、中小企業を対象にしてはいるが、中小企業論としてのアイデンティティを喪失した研究が多くなってしまった。本質論的な中小企業論構築の試みは、このような研究の現状に対するアンチ・テーゼでもある。

また、戦後66年を経過し、中小企業の歴史的総括が必要とされているのに、戦後中小企業史に関する取り組みはいまだに少ない。中小企業の本質追求には、中小企業の歴史的分析も不可欠だから、本質論的研究への関心が薄れれば、歴史的研究への関心も薄れざるをえない。中小企業史研究には広範囲にわたる検討が必要なことも、研究への取り組みを遅らせている理由だろう。本書も中

小企業の総体をとらえるような歴史的研究には至っていないが、このような歴史的研究の現状を変えるきっかけになりたい。

　中小企業の理論研究と歴史的研究を活性化させ、理論と歴史を両輪とする中小企業の本質論的研究を復興させたい——これがいわば本書の隠された狙いである。

研究の経緯

　筆者は 1970 年に中小企業政策の実施機関、中小企業振興事業団（現中小企業基盤整備機構）に入職した。業務の傍ら中小企業の勉強を始め、このときに積極型中小企業論に触れることになった。だが、筆者には学生時代から問題型中小企業論がしっかりと根を張っていたため、ほとんど刺激を受けなかった。中小企業観が徐々に変わりはじめたのは、中小企業家同友会を中心とする中小企業経営者達と交流を始めてからだった。彼らは中小企業の発展性や長所を確信し、企業家として誇りを持っていた。同時に、中小企業固有の不利を意識し、東京都や国に対する政策提言を活発に行っていた。中小企業は社会・経済の発展に大いに寄与する可能性を持っているが、それを妨げる問題がある。それゆえその問題を解決すべきだ——という立場に立っていた。「中小企業は固有の発展性を内在させているが、その発現を妨げる固有の問題性も課せられている。中小企業は発展性と問題性の統一物である（したがって、この問題性を解決すれば、中小企業の発展性が花開く）」。本書を貫くこの中小企業観は、企業家として積極経営を行いながら、現代社会の問題に鋭く目を向けている人たちとの交流から生まれた。

　この中小企業観の学問的体系化を始めたのは、新設の豊橋創造大学に専任教員として職を得てからだった。「中小企業の発展性・問題性の基礎としての競争概念の研究—中小企業の包括的理解のための基礎理論を求めて—」（「中小企業季報」1998、No. 4、1999 年）、「複眼的中小企業理論の試み—中小企業は発展性と問題性の統一物—」（「豊橋創造大学紀要」第 4 号、2000 年）がこのテーマに関する最初の著作だった。これらはまだ構想に毛の生えた程度の論文だったが、その後、研究の鍵となる重要コンセプトの構築を進め、一応の体系を完成させたのが専修大学移籍後に執筆した「複眼的中小企業理論・上」（専修大学商学研究所第 34 巻第 1 号、2002 年）、「複眼的中小企業理論・下」（同第 4

号、2003年）である。ここには、本書第Ⅰ部に現れている重要コンセプトが大体出そろった。だが、肝心の中小企業の発展性と問題性を結合する原理については不明のままだった。それをマイケル・ポランニーの「暗黙知」理論に求められることに気づき、完成させたのが「新・複眼的中小企業論」（専修大学社会知性開発研究センター・中小企業研究拠点モノグラフ・シリーズ、2009年）だった。これに論理構成など、さらに手を加え、第Ⅰ部ができあがった。

　第Ⅱ部の原形になったのは、渡辺幸男・小川正博・黒瀬直宏・向山雅夫『21世紀中小企業論』（有斐閣、2001年）に執筆した第4章「戦後中小企業問題の推移」と第5章「戦後日本の中小企業発展の軌跡」である。当初は、これに統計データを加えて肉付けすれば十分と考えていたが、4つに分けた時代ごとに次々に新たな探究課題が現れ、到底それですまなくなった。また、執筆を進めるにつれ従来の理解では不十分だったこと、誤りがあったことにも気づき、コンセプトと論理の再構成も必要だった。最難関は、1990年代以降今日まで続いている大企業体制の大変動、経済の長期停滞化、中小企業問題の深刻化——これらを整合的に説明することだった。目の前で進行している体制的な大変化の解明が最も難しかった。

　結果として、第Ⅱ部は書下ろしとなり、当初構想より大きく膨らむことになったが、本格的な中小企業史をまとめるには、避けられないことだった。

　最初に複眼的中小企業論に関する論文を書いてから12年たってしまった。遅延したのは、この間に中小企業政策に関する研究（黒瀬[1997]、同[2006]）、東アジア中小企業の調査・研究など、同時に異なるテーマを追求していたためでもあるが、一番の理由は主題が困難なため、時間の力によりコンセプトと論理を熟成させる必要があったことにある。

　ようやくの思いで複眼的中小企業論をまとめることができたが、問題点が多々あるに違いない。多くのご批判、ご教示を頂ければ幸いである。

謝辞

　慶應義塾大学名誉教授の井村喜代子先生、北原勇先生ご夫妻に感謝申し上げる。北原勇先生は筆者の同大学経済学部時代の指導教授だった。この時期すでに先生は本書でも依拠した中小企業理論を仕上げ（北原[1955]、[1957]）、独占価格理論の構築に向かっているところだった。この理論は独占資本主義の理

初版はしがき

論へ拡充され（北原［1977］）、筆者が中小企業問題を理解する基礎理論となった。複眼的中小企業論は先生の見解と離れている部分も多いと思われるが、先生の独占資本主義の理論と中小企業理論なしに本書を書くことはできなかった。また、戦後中小企業史執筆のため、井村喜代子先生の日本経済論（井村［2000］、［2005］、［2010］）を何回となく参照した。戦後から今日までを対象に、骨太の問題意識で貫かれ、しかも事実とデータに基づく正確な議論を展開している先生の日本経済論がなければ、やはり本書は完成しなかった。両先生のOBゼミナリステンは定期的に研究会を持ち、お二人からいまだに教示を受けている。両先生の変わらぬ真実追求の姿勢と研究意欲には頭が下がる。

東京都立大学大学院時代の指導教授城座和夫先生（同大名誉教授）にも感謝申し上げる。複眼的中小企業論の展開は市場競争の理論を出発点とするが、その基になったのは、先生の下で研究したマルクスの競争理論だった。先生からは学術面での指導を得たほか、後年、同大学への博士論文提出の機会も与えていただいた。

慶應義塾大学名誉教授、元豊橋創造大学学長の故佐藤芳雄先生に感謝をささげる。先生は複眼的中小企業論の提起者であり、本書はそれを中小企業本質論として発展させたものである。ご健在ならば真っ先にご批判を得るべきなのに、残念の極みである。先生からは学恩を受けただけでなく、筆者を豊橋創造大学創設時に教授就任へ誘い、専門研究者への道を開いてくださった。重ねて感謝申し上げたい。

お一人ずつ、名を挙げることは控えるが、筆者のインタビュー調査に応じていただいた多数の中小企業経営者のご厚情を忘れることはできない。インタビューの度に新たな発見があり、文献研究では不可能な知見が得られた。本書でもインタビュー調査の結果を大いに活用させていただいている。

専修大学大学院経済学研究科博士後期課程の梁芋芋さんは図表作成に力を貸してくれたほか、作成中の原稿に関し感想を述べてくれた。それによって書き方を変更した箇所もある。お礼申し上げる。

最後に、長年にわたり国内外の調査や執筆活動に専念させてくれた妻小夜子に心から「有難う」と言いたい。

2012 年元旦　黒瀬直宏

vii

おことわり

・本書で実例として取り上げた企業に関する事実は、取材時点のものであり、
　その後の変化がありうる。
・本文中の個人名は敬称を略させていただいた。

目　次

改訂版はしがき ……………………………………………………………………………………… i

初版はしがき ………………………………………………………………………………………… iii

第Ⅰ部　複眼的中小企業論

第1章　複眼的中小企業論の必要性と課題 ……………………………………………… 3

第1節　規模に沿った企業の質的分類　3

第2節　2つの中小企業論　5

  1. 問題型中小企業論　5

  2. 積極型中小企業論　8

第3節　複眼的中小企業論の必要　15

  1. 複眼的中小企業論の提起　15

  2. 複眼的中小企業論の課題と方法　19

第2章　中小企業の発展性 ………………………………………………………………… 21

第1節　競争を情報発見競争として捉える　21

  1. 商品生産と「販売の不確実性」：販売の2条件と二重の不確実性　21

  2. 市場競争の根幹は情報発見競争　22

  3. マルクス、ハイエク、新古典派　25

  4. 情報発見活動の鍵は「場面情報」　27

  5. 企業家活動とは：シュンペーター、カーズナー批判　36

  6. 競争主体としての企業の本質は情報発見システム　42

  7. 共同体的企業家活動の効果の実証　54

第2節　企業家活動に関する「中小規模の経済性」　57

  1. 近接性による高い情報生産性：太い情報共有ループ　57

  2. 企業家活動に関する「中小規模の経済性」：中小企業固有の発展要因　62

  3. 経営者能力の重要性　68

第3節　企業家活動による中小企業発展の態様　71

  1. 質的発展（価格形成力の強化）と量的発展（存立分野の拡大）　71

  2. 企業家活動による価格形成力の獲得　72

  3. 企業家活動による「需要多様分野」の拡大　81

ix

第4節　中小企業存立に関する不完全競争理論との相違　82

1. 不完全競争理論による中小企業存立の説明　82

2. 中小企業の発展性の過小評価　83

3. 巨大企業の独占との同一視　84

第3章　中小企業の問題性 ……………………………………………………………… 87

第1節　資本の集積・集中と大企業体制の形成　87

1. 資本の集積・集中と大企業の形成　87

2. 寡占大企業と大企業体制の形成　90

3. 寡占大企業と「販売の不確実性」　95

第2節　寡占大企業の市場管理行動　96

1. 価格管理　96

2. 需要管理　102

3. 市場多角化　106

4. 金融市場支配　110

5. 計画原理の台頭と企業行動の階層化　111

第3節　中小企業問題の発生　112

1. 収奪問題：中小企業の生産した価値を収奪　112

2. 経営資源問題：中小企業の価値生産を制約　117

3. 市場問題：中小企業の価値実現を困難化　124

4. 中小企業問題の全体像　127

5. 中小企業問題の緩和作用　128

第4節　「寡占と中小企業の理論」について　132

1. 欧米の研究　132

2. 日本マルクス派の研究　133

第4章　中小企業は発展性と問題性の統一物 …………………………………… 137

第1節　「二重の制御」による発展性と問題性の結合　137

1. 企業行動の階層化と「境界制御（周辺制御）の原理」　137

2. 発展性と問題性の統一理解　140

第2節　中小企業の多様性：中小企業の類型分化　141

1. 「企業家的中小企業」　142

2. 「半企業家的中小企業」　150

3. 「停滞中小企業」　153

第Ⅱ部　戦後中小企業発展史・問題史

はじめに：第Ⅱ部の目的と方法　159

第1章　戦後復興期の中小企業（1945～55年）………………………… 161

第1節　中小企業問題　161
　1. 中小企業の乱立　161
　2. 戦後復興策と中小企業問題　162
　3. 大企業体制の復活　165
　4. 大企業体制による中小企業問題の発生　167
　5. 大きな規模間格差　173
　6. 中小企業の経営体質　176
　7. 二重構造論　178

第2節　中小企業の発展　179
　1. 輸出軽機械工業　180
　2. ミシン産業　181
　3. 双眼鏡産業　185
　4. 輸出軽機械工業の発展性と限界　190

第3節　中小企業の役割　194
　1. 失業者の吸収　195
　2. 輸出への貢献　197
　3.「経済民主主義の担い手」は不発　198

第2章　高度成長期の中小企業（1955～73年）………………………… 201

第1節　「戦後大企業体制」の確立と高度成長　201
　1. 大量生産型重化学工業の確立　201
　2.「戦後大企業体制」の確立と拡大・強化　206
　3.「戦後大企業体制」の再生産構造と高度成長　208

第2節　中小企業問題　210
　1. 中小企業市場の拡大　210
　2. 収奪問題の緩和　213
　3. 市場問題の緩和　220
　4. 資金難の進行と変化　225
　5. 労働力不足の激化　237

第3節　中小企業の発展　245

　1.　中小企業の量的、質的発展　245

　2.　半失業型「停滞中小企業」の減少　249

　3.　量産型中小企業　250

　4.　高能力型零細企業　260

　5.　中小企業発展の異質性：量産型中小企業と高能力型零細企業　264

　6.　二重構造から先進国型中小企業問題へ　270

第4節　中小企業の役割　272

　1.　サポーティング・インダストリー　272

　2.　「経済民主主義の担い手」は？　274

第3章　減速経済期の中小企業（1974～90年）　277

第1節　減速経済化、円高、産業組織の変化　277

　1.　減速経済化と高加工度化　278

　2.　円高の勃発・進行　281

　3.　産業組織の変化　283

第2節　中小企業問題　287

　1.　収奪問題の再登場　287

　2.　市場問題の悪化　296

　3.　経営資源問題の変化　308

　4.　格差再拡大と零細事業所の減少　320

第3節　中小企業の発展　323

　1.　需要の高度化・多様化　323

　2.　開発志向型中小企業　325

　3.　開発志向型中小企業の諸タイプ　334

　4.　取引関係の変化　342

　5.　開発志向型中小企業の企業家性と「代表的発展中小企業」の到達点　346

第4節　中小企業の役割　347

　1.　サポーティング・インダストリーとしての高度化　347

　2.　地域経済の担い手　348

第4章　長期停滞期の中小企業（1991年～）　351

第1節　「戦後大企業体制」の変容：「輸出・設備投資依存」拡大再生産の崩壊　351

　1.　大量生産型機械工業の国際競争力低下　352

　2.　生産の東アジア化　354

3. 「戦後大企業体制」の変容と経済の長期停滞化　357

第2節　中小企業問題　364

1. 市場問題の未曾有の深刻化　364

2. 収奪問題の破壊的な激化　377

3. 未解決だった経営資源問題　388

4. 中小企業問題激化の結果　401

第3節　中小企業の発展　408

1. 革新への逆行　408

2. 市場自立化に向けて　410

3. 市場自立化に成功した中小企業の特徴　415

第4節　中小企業の役割　425

1. サポーティング・インダストリーとしての役割の縮小　425

2. 地域中小企業の衰退　428

3. 今後の展望　429

参照文献 ……………………………………………………………………… 435

事項索引・人名索引・企業索引 …………………………………………… 443

第 I 部

複眼的中小企業論

第1章 複眼的中小企業論の必要性と課題

　本章では、まず、問題型中小企業論と積極型中小企業論、それぞれの限界を示し、複眼的中小企業論の必要性を明らかにしたい。次に、複眼的中小企業論構築に必要な3つの研究課題を提示し、後の諸章での研究につなげることにする。

第1節　規模に沿った企業の質的分類

　あらかじめ、本書ではどのような企業を念頭において「中小企業」としているかを述べておく。企業規模の変化に伴う資本の調達様式、生産・管理の様式、経営目的などの変化に着目すると、企業は規模に沿って図表 I-1-1 のように質的に分類できる。

図表 I-1-1　規模に沿った企業の質的分類

規模	分類	資本の調達様式、生産・管理の様式、経営目的等
小	中小企業	経営者個人が資本を調達・所有し、経営過程は経営者の個人管理の下に置かれている企業。機械を道具的に使う機械制小工業が多い。
	a．生業的経営	一家の生計維持を目的に行われる家族労働者中心の経営。利潤概念は成立しておらず、家計と経営は未分離。
	b．企業的家族経営	家族労働者中心の経営だが、利潤と賃金は分離され（家族労働の有償化）、形式的に資本・賃労働関係が成立している。利潤の最大化を目的とするが利潤を経営の拡大再生産に向ける場合と個人資産蓄積に向ける場合がある。
	c．企業的経営	雇用労働者中心の経営で、資本・賃労働関係が成立し、利潤の最大化と経営の拡大再生産を目的とする。ただし、個人資産蓄積を目的とすることもある。
	大企業	資本の集積・集中を進めた企業で、資本の社会的調達、大規模機械体系による大量生産、流通の組織化、組織的経営管理を実施する。資本利潤率の最大化を追求。
大	寡占大企業	資本の集積・集中をより高度に進め、高い市場集中度と高い参入障壁を持つ独占的市場構造を基盤に、市場価格の管理など、市場を管理する力を持つにいたった大企業。資本利潤率の最大化を追求。

　中小企業では経営者が資本を個人的に調達、所有している。経営過程も経営者の個人管理の下に置かれ、細部にまでその意思が貫かれる。生産様式に関し

ては、大企業のように労働者が大規模な機械・設備に付属するのではなく、機械・設備を道具的に使う機械制小工業が多い。

こういう特徴を持つ中小企業のうち、一家の生計維持を目的に家族中心で働いているのが生業的経営である。利潤と賃金、家計と経営は分離していない。経営からの日々の収入は家計費に直結しており、企業と労働者の中間の経営体である。

家族労働者中心だが、家族労働は有償化され、利潤と賃金が分離し、家族間でも形式的に資本・賃労働関係が成立しているのが企業的家族経営である。利潤の最大化を目的とするが、利潤を資本に転化し経営の拡大再生産へ向かう場合と利潤を個人資産蓄積に向ける場合がある。

雇用労働者が中心で、資本・賃労働関係が成立し、利潤の最大化と資本への転化による拡大再生産を目的とするのが企業的経営である。但し、利潤を個人資産の蓄積にまわす企業も見られる。

以上のうち、本書で中小企業と言う場合には、企業的経営と企業的家族経営を想定している。

大企業は資本の集積・集中により形成される。企業間の競争により資本の集積・集中が進み、一部の企業が大規模化する。大規模化した企業は資本市場での株式発行などにより資本を広く社会的に調達するようになる。多くの場合、労働者を付属物とする大規模機械体系による連続生産が生産様式の中心となり、大量の生産物を確実に販売するため自前の流通組織も構築する。大規模化した経営システムを運営するため、専門的管理者集団による組織的管理も行う。このような発展段階に達した企業が大企業である。

大企業のうちさらに資本の集積・集中を進め、高度の市場集中度と高い参入障壁を持つ独占的市場構造を構築した企業が寡占大企業である。独占的市場構造を基盤に価格競争を制限するなど、市場を管理する力を持つ（寡占大企業のこの市場管理が中小企業問題を発生させるが、詳細は第3章で述べる）。

中小企業のうちの2類型（b、c）は利潤最大化を目指すとはいえ、資本制生産の本質を体現する投下資本に対する利潤最大化（資本利潤率の最大化）として目的意識化されている場合は少ない。それに対し、大企業、寡占大企業は資本利潤率の最大化が目的意識化されている[*]。

なお、本書第Ⅱ部では大企業と寡占大企業を併せて大企業と呼ぶことが多い

が、理由は当該箇所で説明する（→ 159 頁）。

　　*以上では初版では触れていなかった企業の経営目的としての「利潤」について加筆した。また、初版では「生業的経営」「企業的経営」をそれぞれ「生業的家族経営」「企業的雇用経営」と名づけていた。より簡素な名称に変更する。

第2節　2つの中小企業論

　従来、日本における中小企業に対する見方は、問題型中小企業論と積極型中小企業論に二分される傾向にあった。問題型中小企業論は中小企業を大企業への従属や低収益などの問題性から捉え、積極型中小企業論は中小企業を経営の発展性や国民経済への積極的な役割から捉えるものである。問題型中小企業論は戦前からの伝統的中小企業論であるのに対し、積極型中小企業論は 1960 年代に入って現れ、その後次第に有力化した比較的新しい見方である。滝沢菊太郎も、戦後日本での中小企業本質論を「問題性型中小企業本質論」と「積極評価型中小企業観」に分け、昭和 50 年代以降後者が次第に有力化し、政府の「中小企業ビジョン」にも大きな影響を与えたとする（滝沢 [1992]：13-14）。なお、滝沢が後者を「本質論」と呼ばないのは、まだ、この観点から中小企業に理論的な定義を与えるには至っていないという批判からである（滝沢自身は「問題性型中小企業本質論」に立っていた）。

　問題型中小企業論、積極型中小企業論を代表する見解は以下の通りである。

1．問題型中小企業論

（1）　山中篤太郎の見解

　かつて、日本ではほとんどの研究者が問題型中小企業論に立っていた。中小企業研究の主流、マルクス経済学に依る研究者は、中小企業は独占資本の収奪で経営困難に陥っている企業で、独占資本主義における社会矛盾の結節点と位置づけていた。非マルクス派も、中小企業を規模の経済性を実現できず、経営困難に陥っている企業と捉える場合が多かった。非マルクス派には最適規模論に立つ研究者もあったが、その場合でも、実際の中小企業は最適規模に達していない場合が多いとして、問題性と関連させて捉えていた。

　非マルクス派として問題型中小企業論を体系化したのが山中 [1948] である。戦後の中小企業本質論は山中のこの見解を「踏み台」にして展開されることに

なった（滝沢［1992］：13）。

　山中は「中小工業とは何か」とは、学問をして中小工業を意識させるものは何かということだとする。では、何が中小工業を意識させるのか。歴史的には中小工業の前に小工業が意識されていた。それは、小工業が資本制大規模経営により淘汰されていく社会的弱者だったからである。つまり、学問が小工業を意識したのは、それが問題的存在だからであり、単に規模が小さいからではない。

　これと同じく、中小工業は様々な企業からなるが、人がその多様な群を一体として見なすのは、中小工業固有の問題性を意識するからである。中小工業論とは中小工業「問題」論に他ならず、「中小工業とは何か」とは、「問題としての中小工業とは何か」に他ならない。したがって、仮に中小工業の問題性が克服されれば、規模が大小の工業はあっても、もはや「中小工業」は存在しない。

　それでは中小工業の問題性とは何か。問題性に関する認識の出発点は大による小の淘汰だったが、中小工業は消滅しなかった。だが、発展もしなかった。なぜ発展しなかったか、中小工業が社会的隷属状態に置かれているからである。隷属性の故に大規模経営利益の追求による合理的自生的展開が抑止され、不合理（大規模経営利益があるのに貫けないこと）が再生産される。結果、中小工業は「窮乏」「低労賃」に陥る。隷属性こそが問題性の根源である。

　この隷属性は、国民経済構造という場での中小工業と大規模経営工業との関係から発生する。その関係は、国民経済が大資本からなっているのか、大資本と中小工業の結合からなっているのか、中小工業のみからなっているのかによって異なる。そのため、隷属性も国と時代により異なる。中小工業の問題性は抽象的な大・小経営の優劣からでなく、国民経済構造という場から捉えなくてはならない。

（2）　政策当局の問題型中小企業論

　山中は中小企業の問題性を隷属性に求めたが、何を中小企業の基本問題とするかは別として、問題性を孕んでいるのが中小企業だとする見方は、政策当局も共有していた。

　1947年11月7日に閣議決定された「中小企業対策要綱」は、中小企業庁の設置を決めるなど、戦後出発時の中小企業政策の基本方針を確定した。その「備

考」で中小企業の特性として、資本と運営の個人的性格、経営の小規模性等と並んで「能率が不充分なため、経営、技術、金融、税務、統計、その他営業一般につき他の指導が必要であるようなもの」を挙げている（通商産業省編［1963］：399）。「不能率で他の指導が必要なもの」という問題性を中小企業の規定に含めている。

『経済白書　1957年』は有沢広巳の提起した二重構造論に沿い、次のように、中小企業は農業と共に二重構造の底辺を形成する「前近代的」部門であり、日本国内の「後進国」とした。

「わが国雇用構造においては一方に近代的大企業、他方に前近代的な労使関係に立つ小企業および家族経営による零細企業と農業が両極に対立し、中間の比重が著しく少ない。…いわば一国のうちに、先進国と後進国の二重構造が存在するのに等しい。」（同書：34）

この二重構造論は当時の日本の中小企業観のベースとなった。1963年に制定された旧「中小企業基本法」（「中小企業基本法」は1999年に抜本改正された）も、次のような二重構造論的な見方に立っていた。

中小企業の生産性や賃金が大企業と比べ著しく低いのは、規模が過小で数が多すぎる（過小過多構造）からである。そのため、中小企業を集約化して規模を適正化し、産業構造高度化と国際競争力強化のボトルネックである中小企業の前近代性を解消しなくてはならない。

このように政策当局も1960年代までは「不能率」「前近代的労使関係」「低生産性・低賃金」などの問題性から中小企業を捉えていた。

(3)　問題型中小企業論の限界：中小企業の発展を視野に入れられない

問題型中小企業論は、「窮乏」「低労賃」に象徴される戦前・戦後復興期の深刻な中小企業問題を、大企業体制が発生させる社会矛盾と捉えた点を評価できる。だが、問題性＝中小企業だとすると、発展する中小企業は例外と見なさざるをえない。本当に例外だったのだろうか。

大企業体制の生み出す中小企業問題のため、各時期、問題に満ちた中小企業が発生したが、同時に、中小企業の一定部分では常に革新による発展が見られた。それは戦前についても言える。大企業体制の確立した第1次世界大戦後の慢性不況期に過当競争、金融難など中小企業問題が激化したが、それでも当時

7

第Ⅰ部　複眼的中小企業論

の重化学工業化に対応し、中小機械工業が発生・発展するなど、中小企業は産業構造変化の一翼を担った。また、第2次世界大戦後の復興期も、収奪問題など中小企業問題が激化したが、その中にあって軽機械工業では低賃金依存だけでなく、技術を経営基盤とする中小企業が増えた。また、東京通信工業（ソニー）、本田のようにいち早く技術開発に取り組むベンチャー・ビジネス型の中小企業も現れた。

　耐久消費財を核とする重化学工業が急拡大した高度成長期になると、中小企業は資金・労働力不足に悩みながらも革新を本格化した。中小企業の大規模層では戦前には見られなかった量産型中小企業が、零細層でも高能力型の企業が、それぞれ群として出現した。その後減速経済期に再び収奪問題など中小企業問題が悪化したが、産業の高付加価値分野へのシフトを背景に開発力を持つ開発志向型中小企業への革新も進んだ。

　こうして、各時期、問題性を抱える中小企業が生まれる一方、発展力にあふれた革新的企業も登場し、その結果、1980年代まで趨勢的には中小企業セクターが発展してきたのは争えない事実である。1990年代以降、「戦後大企業体制」の変容により、中小企業の衰退が始まったが、その中にあっても、市場面での自立を目指す中小企業の革新が見られる。

　問題型中小企業論は大企業体制に起因する社会矛盾として中小企業問題に着目した。これは現在も維持すべき正しい視点だが、中小企業の発展を理論的に視野に入れられない点で、現実にそぐわない理論になってしまった。

2. 積極型中小企業論

(1)　中村秀一郎の見解

　学界では1960年代に入ると、中小企業の発展を背景に伝統的な問題型中小企業論への異論、積極型中小企業論が提起された。その嚆矢は中村秀一郎による中堅企業論である。中村は最初に問題型中小企業論に立つマルクス経済学の方法により中村［1961］を著した。中小企業を「独占資本の収奪をこうむる企業層」という問題性において捉え、その収奪の仕組みを日本資本主義の特殊性や独占資本の意図からでなく、独占資本主義一般の理論から明らかにしようとした。

　その後「中堅企業」への着目を通じ、立場を変化させる。中村［1962］で「従

8

来の中小企業論では例外として扱われ、ビッグビジネス論では対象とされなかった」中堅企業群にスポットライトをあてた。この論文ではまだ中堅企業の将来性に関し疑問符をつけていたが、中村［1964］では「もはや中小企業でなく、しかし大企業規模にはいたってはいない第3の企業グループ、"中堅企業"が日本の資本主義構造に定着し、今後も存続、発展する見通しを持つに至った」とした（同書：「はしがき」ⅰ）。中堅企業は単に中小企業より規模が大きいのでなく、「経営、技術、製品、市場のそれぞれについて多くの特性を持っており、その主製品の市場占有率は独占的性格を持っているものが多く、新資本の参入を阻止しうる客観的ないし主体的条件を持っている」（同書：3）。つまり、小さな寡占企業の地位を確保し、特色のない大企業よりも将来性が高いとした。

　中堅企業発生の基盤になったのが中企業の革新である。1950年代後半からの高度成長が社会的分業を拡大し、新産業部門の新製品に専門化して発展する中企業、既存部門でも従来と異質の新製品や新生産方式（量産化）で発展する中企業を生み出した。これら中企業の中には1業種1（数）社で、技術的にも小企業に対し質的差異を持ち、中小企業特有の過度競争から免れているものが多い。これら産業のダイナミックな変化に適合した中企業群の中でも、急速な市場拡大に恵まれ、生産規模を拡大し、独占的性格を確保したのが中堅企業である。したがって、中堅企業は「中小企業と大企業を切りはなし、その間にこえがたい断層の存在を強調する理論体系」（同書：2）、つまり、二重構造論など問題型中小企業論では捉えられない成長中小企業群の存在を示すものとし、問題型中小企業論を批判した。

（2）　清成忠男の見解

　清成忠男は、清成［1967］では中小企業論を「楽観論」（中小企業の存立分野は経済発展と共に絶えず生み出され、中小企業はその経営有利性故に根強い）と「悲観論」（中小企業は独占的大企業による支配をまぬがれ得ず、収奪の道具として温存利用されるか、あるいは常に淘汰・消滅の危機にさらされている）に大別し、彼自身の見解として悲観論を楽観論によって補強しつつ検討すべきとし、基本的に問題型中小企業論に立つことを表明した。

　だが、清成［1970］では積極型中小企業論に転換する。中小企業存立の「社会的対流」モデルを提示し、中小企業は一貫して上昇・下降と誕生・死滅を繰

9

第Ⅰ部　複眼的中小企業論

り返してきたとする。社会的対流の様相は歴史段階によって異なる。19世紀末、資本主義が独占段階に突入しても、中小企業は社会的対流を繰り返しつつ増加した。だが、戦間期、資本主義は長期停滞（恐慌の連続と失業の増大）に陥り様相は一変した。寡占大企業が中小企業の上昇を抑え、中小企業の下降と潜在失業的中小企業の発生が社会的対流現象の特徴となった。

　完全雇用政策と技術革新により経済のダイナミックな発展が見られる戦後の現代資本主義になると、社会的対流の様相はまた変化した。技術進歩と所得水準の上昇が社会的分業を深化させ、新しい中小企業分野を生み出すに伴い新タイプの中小企業が参入した。日本の1960年代後半には、従来、半失業人口と見なされていた零細企業層にも能力発揮型の新タイプ零細企業が叢生した。さらに、ベンチャー・ビジネスと名づけられたような企業家精神に富んだ零細企業も現れ、急成長を見せた（ベンチャー・ビジネスに関する指摘は清成・中村・平尾［1971］）。その一方、大企業分野に移行した部門や衰退部門では中小企業が大量に死滅した。こうして中小企業の新旧交代が進んだが、経済成長のため中小企業の死滅より誕生が増えた。それのみならず、中小企業の上向移動も活発化し、社会的対流現象の天井を突破し、一代限りで終わらないゴーイング・コンサーンとして発展する中小企業も増加した。現代資本主義では、中小企業は「前向きに」社会的対流を繰り返しつつ拡大・発展する（清成［1970］：25-33）。

　また、清成は「80年代中小企業ビジョン」（中小企業政策審議会「1980年代の中小企業のあり方と中小企業政策の方向について（意見具申）」1980年7月）で表明された積極型中小企業論をめぐる賛否を取り上げ（賛成論として飯田経夫説、反対論として滝沢菊太郎説）、積極型中小企業論に軍配を上げた。

　ここでは、中小企業の多数派をどのようなレベルの企業と見るかを、問題型中小企業論と積極型中小企業論を分けるポイントとしている。中小企業には優良中小企業も劣弱中小企業もあり、ばらつきが極めて大きい。当然ながら、優良中小企業も劣弱中小企業も多数派ではなく、多数派は両者の中間に存在する。問題はそうした多数派が「80年代中小企業ビジョン」の言うように「社会活力の源泉」なのか、それとも弱者なのかだとする。清成は「ビジョン」と同じく中小企業の多数派のレベルは高く、「社会活力の源泉」だとする。日本経済の力強さがその証拠である。一国の経済発展は一握りのエリートに依存し

第1章　複眼的中小企業論の必要性と課題

ているのではなく、圧倒的多数を占め、経済の裾野を形成している庶民に依存している。重要なのは経済の裾野であり、それを形成する中小企業が弱者ならば日本経済の発展は説明できない。そして、従来、我が国の中小企業論の多くが中小企業「問題論」として展開され、中小企業が消極的にしか評価されてこなかったところに限界があると言う（中村・秋谷・清成・山崎・坂東［1981］：316-322）。

　以上のように、中村は「中堅企業」、清成は「社会的対流現象」というコンセプトを活用し、共に現代資本主義下で展開される社会的分業の深化（産業構造高度化）を基盤に「社会活力の源泉」となる中小企業が現れたという積極型中小企業論を展開した。

(3)　勢いを増した積極型中小企業論

　積極型中小企業論がすぐに受け入れられたわけではなかったが、高度成長期以降、中小企業の近代化と中小企業分野の拡大が進み、この現実を背景に、積極型中小企業論は次第に賛同者を増し、「中堅企業」「ベンチャー・ビジネス」という用語がマスコミにも定着した。1980年代半ばになると、かつて日本資本主義の後進性を示すものされていた下請企業も、日本経済の国際競争力の源泉として評価を受けるようになった。また、70年代半ばからの低成長化を背景に、欧米では大企業による大量生産型産業の限界が意識され、雇用創造と革新の担い手として中小企業が見直されるようになった。そのため、中小企業政策も活発化し、特に80年代に入ると、中小企業の創業促進策やイノベーション促進策が各国で競うように講じられ、「中小企業ブーム」が発生（黒瀬［2006］：6-13）、欧米でも積極型中小企業論が勃興した（ただし、その以前に日本におけるような問題型中小企業論が流布していたわけではない。いわば中小企業が「再発見」されたのである）。

　そして、次のように日本の政策当局も積極型中小企業論へ転換した。

　政府の中小企業に対する見方の変化は、『中小企業白書1970年版』で最初に現れた。同書は、1960年代後半以降、中小企業は低賃金という存立基盤を失っても存立できるようになり、「中小企業の多くは機動性をいかした経営や、管理コストの安さといった大規模経営に対する中小規模経営の有利さを主たる

11

第Ⅰ部　複眼的中小企業論

存立基盤とする中小企業へ変化してきた…」とし、この変化を「二重構造の変質」と呼んだ（同書：103）。「二重構造の解消」ではなく「二重構造の変質」としているところが微妙だが、大企業にない有利性を持っているのが中小企業だとしており、事実上、積極型中小企業論への転換と言える。

「80年代中小企業ビジョン」（中小企業庁編［1980］）では中小企業評価がより高まり、積極型中小企業論が政策当局の中小企業観として定着した。同ビジョンは次のように言う。

70年代の過去10年間、中小企業は全体としては良好なパフォーマンスを示し、大企業と中小企業の賃金・生産性格差は緩やかに解消してきた。生業的な中小企業の存在など中小企業は多様だが、「中小企業は総体としてみればその旺盛なバイタリティ（活力）により産業構造の変革、技術の進歩、人的能力発揮の苗床であり、経済社会の進歩と発展の原動力とも言える」（同書：10）。中小企業を「活力ある多数」として積極的に評価すべきである。

続いて、「90年代中小企業ビジョン」（中小企業政策審議会企画小委員会中間報告「90年代の中小企業政策のあり方」1990年6月）でも、大多数の中小企業は「活力ある多数」であり、「創造の母体」とされた（通商産業省中小企業庁編［1990］：8）。

こうして、中小企業政策当局は積極型中小企業論に立って政策を遂行するようになったが、中小企業政策の基本を決める「中小企業基本法」は依然問題型中小企業論に立ったままだった。抜本改正されたのは1999年で、新「中小企業基本法」（1999年12月3日施行）は中小企業を「新産業創出の担い手」「就業機会増大の担い手」「市場競争の担い手」「地域経済活性化の担い手」など、中小企業は発展的で国民経済において積極的役割を果たしうる存在と規定した（以上について詳しくは黒瀬［2006］：254-257）。

(4)　積極型中小企業論の限界

中小企業の発展は事実であり、それを取り込んだ積極型中小企業論は中小企業観の革新を引き起こした。しかし、中村、清成の積極型中小企業論にも限界があった。

①中小企業の発展性を説明できたか

まず、第1は、中小企業の発展性に関する説明が不十分なことである。中村、

第1章　複眼的中小企業論の必要性と課題

清成とも中小企業発展の根拠を現代日本資本主義のダイナミックな経済発展に求めた。すなわち、現代日本資本主義は産業構造の高度化と社会的分業を進展させ、これによる中小企業市場の創出・拡大が中小企業の発展を引き起こすとした。

　中小企業の発展要因を中小企業の経営的構造の内部にではなく、産業の拡大など外部に求めるのを中小企業発展の外生論と名づけると、積極型中小企業論は外生論である*。だが、中小企業の発展を外生論だけで説明してよいのだろうか。中小企業の発展に産業拡大が大きく影響するのは言うまでもないが、外生論だけだと、中小企業の発展は産業の拡大しだいということになる。産業発展を主導するのが大企業だとすると、中小企業の発展は大企業しだいということにもなる。これでは、企業家活動のような中小企業固有の行動による発展を視野に収められず、中小企業の発展性の説明としては片手落ちである。中小企業発展の内生要因があるからこそ、大企業にない中小企業固有の発展性が生じる。内生要因は資本主義の発展性・停滞性と無関係に存在し、外部環境が変化しても消滅するものではない。中小企業発展の内生論を確立してこそ、中小企業の発展性を真に明らかにしたことになる。滝沢菊太郎は、積極型中小企業論は中小企業本質論として完成されていないと指摘したが（滝沢 [1992]：14、中小企業事業団・中小企業研究所編 [1992a]：1巻1)、それは中小企業発展の内生要因の把握に欠けていたからでないか**。

　さらに、積極型中小企業論は外生論としても不十分だった。確かに、積極型中小企業論が現れた高度成長期にはダイナミックな経済発展が実現した。だが、それを現代資本主義の普遍的な特徴としうるかどうかは当時においても見解の分かれるところであるのに、中村、清成はその主張を理論的には説明せず、断定だけで終わっている。清成が資本主義に関しどのようなビジョンを持つかが、中小企業論を左右するとしたにもかかわらずである（清成 [1970]：25)。現実には、日本資本主義の発展は1960年代がピークであり、70年代、80年代は他先進国より好調ではあったが成長率は落ち、90年代以降は深刻な長期停滞に陥ったのである。

　*中村 [1964] では経営者の革新的な組織管理者としての性格などを中堅企業成長の主体的要因として強調はしているが、中山 [1983] が指摘するように、それは成長大企業にも共通する要因である（同書：48-49)。大企業と区別される中小企業固有の内生要因の指

13

摘には失敗しており、本質的に外生論の域を出ていない。

**ただし、清成はその後、F. A. ハイエク、I. M. カーズナーの動態的競争論（市場過程論）を基礎とし、中小企業の発展性の根拠を企業家活動に求める中小企業論の構築を志向した（清成［1993］、清成・田中・港［1996］）。筆者は、その背景には 1970 年代以降、現代資本主義においても停滞基調が強まったことがあると推測している。だが、清成のこの正しい試みは示唆あるいは問題提起にとどまっている。本書の柱の 1 つは企業家活動を動態的競争論に立って解釈し、それがなぜ中小企業の発展性をもたらすのかを体系的に説明することである。

②中小企業問題と大企業体制の軽視

第 2 の限界は、中小企業問題を付随的にしか扱っていないことである。積極型中小企業論の論者達は、中堅企業、ベンチャー・ビジネスなど、問題のない革新的中小企業の出現にスポットライトをあてることに急だった。しかも、そのような新類型中小企業の発生の中に中小企業問題解消の可能性を見たため、中小企業問題の中小企業論における比重は低められ、中小企業の発展性が著しく強調された中小企業論になってしまった。積極型中小企業論の普及とともにその傾向は益々強まり、学界では大企業体制という枠組みの中で中小企業を捉えるという問題意識そのものが希薄化し、中小企業論は経営論としての色彩を強めていった。

中小企業政策でも、1970 年代に入ると大企業との関連で中小企業を捉えるという意識が薄れ、旧「中小企業基本法」の具体的な目標であった「中小企業と大企業の格差是正」が後退し、「中小企業の経営環境変化への適応」という経営戦略論的な問題意識に埋没した施策が中心となった。以後、この傾向は定着し、99 年施行の新「中小企業基本法」の掲げる中小企業像では、中小企業の積極的役割のみが着目され、大企業体制による中小企業問題が反映されないものになってしまった（詳しくは黒瀬［2006］：8 章、9 章）。

積極型中小企業論が生まれた 60 年代は、産業・中小企業市場の大幅拡大による中小企業問題の緩和期で、中小企業に革新の花が開いた。しかし、このような時期でさえ、親大企業による下請企業への圧迫は激しく（収奪問題）、労働力不足問題が深刻化し（経営資源問題）、規模縮小に追い込まれる中小企業も多発した。減速経済化した 1970 年代・80 年代は、産業の高付加価値分野への移行に沿った中小企業の革新が見られる一方、収奪問題が広範化し、大企業の引き起こした円高による市場縮小など（市場問題）、中小企業問題の悪化が

始まった。そして、なにより90年代以降悪化した市場問題、収奪問題などによる中小企業の苦境は、高度な技術を持つ中小企業をも襲い、改めて中小企業問題の不可避性と重大性を私たちに思い知らせた*。

　　*だが、積極型中小企業論に立っていた政策当局者に危機意識は薄く、上記のとおり1999年にはもっぱら中小企業の発展性にのみに着目した新「中小企業基本法」が制定され、21世紀は中小企業の時代などと喧伝され始めた。中小企業政策の現実からの乖離を示すものである。90年代以降における中小企業問題の深刻化については第Ⅱ部第4章で詳述する。

③生産力論的中小企業論

　中村秀一郎は「（昭和30年代における）高成長が日本経済の産業構造を大きく変え、その生産力の水準を急上昇させて、中小企業問題を解決する客観的基盤を形成することとなった…」とした（中村・秋谷・清成・山崎・坂東［1981］：117）。確かに、高度成長は中小企業分野の拡大と賃金の上昇を引き起こし、中小企業を全体的に近代化し、大企業にない特性を持つ革新的中小企業も生み出した。その点をいち早くとらえた積極型中小企業論の意義は大きい。だが、それは日本的な二重構造問題の解消を意味したが、決して中小企業問題そのものの解消は意味しなかった。積極型中小企業論は企業家資本主義への移行を展望するなど、現代資本主義の変化に関する根拠薄弱な楽観論に立ち、大企業体制が引き起こす諸問題を軽視し、中小企業の生産力的発展と中小企業問題の解消を同一視してしまった。積極型中小企業論は生産関係視点を忘却した生産力論的中小企業論と言える。

第3節　複眼的中小企業論の必要

1．複眼的中小企業論の提起
（1）　中小企業は発展性と問題性の統一物
①発展性と問題性の「統一理解」の必要

　では、筆者自身の中小企業に対する見方はどのようなものか。現実を直視すれば、中小企業の発展性と問題性は並存しており、共に中小企業の本質を構成するものとして「統一理解」しなくてはならない。どのように「統一理解」するか。中小企業は固有の発展性を内在させているが、その発現を妨げる固有の問題性も課せられている。そのため、中小企業は発展性と問題性の統一物にな

第Ⅰ部　複眼的中小企業論

る——というものである。

　この見方は「中小企業は固有の発展性を内在させている」とする点で積極型中小企業論と言えるが、問題性も中小企業の本質規定に組み込む点で、従来の積極型中小企業論とは異なる。積極型中小企業論に足場を置き、積極型中小企業論と問題型中小企業論を統合するものである。中小企業の本質規定に関し発展性と問題性を同時に視野に入れるから、この見方を複眼的中小企業論と呼びたい。

②本質の現象としての中小企業発展の多様性

　発展性と問題性の統一物という中小企業の本質は、中小企業を群として観察した場合にはっきりする。

　日本の中小企業の売上高利益率の分布を示した図表 I-1-2 を見られたい。大企業では売上高利益率が▲ 10％〜 10％台に集中しているが、中小企業では分散し、低利益率の企業の割合も、高利益率の企業の割合も大企業より高い。

　図表 I-1-3 は戦前のアメリカにおける資本利益率の分布である。全体としては規模が大きくなるにつれ資本利益率が高まるものの、利益を出している企業については規模が小さいほど平均利益率が高く、規模が小さくなると利益率の高い企業の割合が増えることを示唆している。同時に、欠損企業では規模が小さくなるにつれマイナスの利益率が高くなっているから、規模が小さくなるほどマイナス利益率の高い企業の割合も増えていると見なせる。

　このように、国と時代を超えて発展に関する多様性が中小企業の特徴となっている。そのため、中小企業は切り取り方により問題性に満ちた企業も、発展性に満ちた企業も現れる。どの中小企業も潜在的には発展性と問題性を共に持っている。だが、競争を通じて、発展性の発揮に成功する企業が現れる一方、問題性におしひしがれてしまう企業も現れる。このため、発展性と問題性の統一物という中小企業の本質は、中小企業発展の多様性として現象し、中小企業を群として観察した場合にはっきりする。

(2)　複雑なものを複雑なものとして捉える

　この複眼的中小企業論に対し、折衷論であり、「中小企業は何でもあり」と言っているにすぎないという批判が予想される。しかし、実際に中小企業は複雑・多様で「何でもあり」である。必要なのは複雑・多様な現象を無理に単純

第1章　複眼的中小企業論の必要性と課題

化せず、複雑なものを複雑なものとして捉えることである（塩沢［1997］：
202）。中小企業の本質の追求とは、結局は中小企業の性格を複雑にしている仕
組みを解明することである。なぜ中小企業には発展性と問題性が発生し、どの
ように両者は結びついているのか。両者を理論的に包括し、「統一理解」する。
従来の中小企業論はこの「統一理解」に向かっていなかった。理論的に「統一

図表 I-1-2　売上高営業利益率の分布（製造業）1998 年

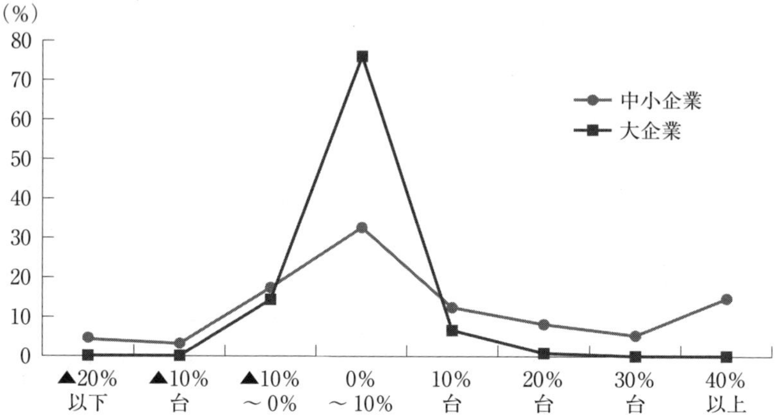

（縦軸：%、0〜80。系列：中小企業、大企業。横軸：▲20%以下、▲10%台、▲10%〜0%、0%〜10%、10%台、20%台、30%台、40%以上）

資料：経済産業省、中小企業庁「商工業実態基本調査」（1998 年）
出典）『中小企業白書 2002 年版』：コラム第 1 図

図表 I-1-3　米株式会社の規模別平均自己資本（equity）利潤率

単位：%

資産規模（千ドル）	全　体	黒字企業	赤字企業
〜 50	-16.3	10.8	-34.5
50 〜 100	-4.7	8.5	-14.3
100 〜 250	-2.7	8.0	-11.8
250 〜 500	-1.4	8.1	-9.6
500 〜 1,000	-0.8	7.9	-8.7
1,000 〜 5,000	-0.1	7.5	-6.8
5,000 〜 20,000	0.4	7.3	-6.2
20,000 〜 50,000	1.4	7.3	-4.9
50,000 〜	2.6	6.0	-1.0

注 1）　1931 〜 1936 年の平均。
出典）　Steindl［1947］：TABLE10。なお、Steindl［1947］は本表を W. L. Crum, *Corporate
Size and Earning Power* より引用。

第Ⅰ部　複眼的中小企業論

理解」されれば、それは折衷論とは言えないだろう。

(3)　複眼的中小企業論の先行者

複眼的中小企業論には研究史上、先行者がいる。佐藤芳雄は佐藤編［1981］で次のように述べている。

中小企業研究は２つの類型に分けられる。中小企業の問題性を資本主義社会における構造上の矛盾とし、その矛盾を客観的に現状分析する「現状分析派」と積極的に「発展型」中小企業に着目し、その革新的な経営戦略を評価し、望ましい中小企業のあり方を論じる「革新的中小企業論派」である。「本来中小企業の研究はこれら両者を併せ呑み、複眼的に、平行思考する必要がある」（同書：16-17)

また、佐藤［1983］では、中小企業の発展を踏まえ、“後進資本主義国日本の特有の中小企業「問題論」からの脱却”を主張し、そのための研究視座として次の３点を挙げた。

第１「中小企業問題の“本質”は歴史的相対において位置付けられる」

第２「中小企業の“異質多元性”の拡大再生産は“問題”自体の多元化をもたらした。いまこの多元化した“問題”を複眼的に見定めていかねばならない」

第３「社会経済構造上の矛盾的存在である“中小企業”は、同時に、活力があり発展する経済セクターである」

そして、第３を次のように説明する。

「これは、問題の担い手である中小企業は、同時に、すばらしい成果をおさめている活力ある企業群であるとする。“問題”と“成果”は一体なのである。言い換えれば『中小企業は種々の制約条件をもちながら、そのもとでも立派な成果を実現している』のである」。佐藤は中小企業「問題論」からの脱却という主張を通じて、中小企業を発展性と問題性の統一物と捉えるべきとしているのである。

「複眼的」という表現は以上の佐藤の論稿からの借用である。本書は佐藤によって提起されたこの視点を中小企業本質論として発展させるものである＊。

　＊なお、高田［2004］は「中小企業をめぐる企業間取引分業関係をはじめとして、中小企業の発展性・合理性・効率性と後進性・停滞性・問題性は、いずれか一方が強調されることが多かった。しかし、近年では、この２つの視点を統一的に把握する視点の重要性も

18

強調され、かつその理論的考察も進められてきた」とし、複眼的中小企業論が研究上の1つの動きになっていることを確認した。だが、高田も論文末尾で述べているように、「その理論的考察が十分に展開されたとは言いがたい」のであり、残念ながら本書改訂版を執筆している現在もその状況に変化はない。

2. 複眼的中小企業論の課題と方法

(1) 課題は対抗的原理の摘出と統一

複眼的中小企業論を展開するにあたり、中小企業の発展性と問題性の「統一理解」のために、明らかにすべき課題を確認しておこう。

第1に、資本力もなく、規模の経済性も発揮できず、市場支配力もない中小企業が、大企業体制下でもなぜ発展しうるのか。それを産業の拡大という外生要因からではなく、中小企業の内生要因から明らかにする。これは、大企業にはない中小企業固有の発展性を明らかにすることでもある。

第2に、なぜ、大企業体制下の中小企業に問題性が生じるかを明らかにする。問題性とは中小企業の資本蓄積に対する制約要因のことで、中小企業の発展性の発揮を妨げる。以下ではこの制約要因を中小企業問題と呼ぶ。

第3に、中小企業の発展性と問題性がいかなる原理で結びつき、「中小企業が発展性と問題性の統一物」になるのか、また、それがどうして中小企業発展の多様性という形で現象するかを明らかにする。

以上のように、中小企業を貫く2つの対抗的原理を摘出し、それらの統一として中小企業を理解するのが複眼的中小企業論の課題である。

(2) 解明の方法

この課題を達成するために、論理的発生論という方法をとる。ある歴史上の出来事を理解するには、先行する出来事からの経緯を辿るのが有効である。その過程で出来事を構成している各種の事実とそれらの関係が明らかとなる（歴史的発生論）。論理的発生論は史実そのものをたどる代わりに、関心事象の内に秘められている概念構造を明らかにするため、先行するより基本的な概念から新たな概念がどのように導出され、それらがいかに結びついているかを明らかにしようとするものである。中小企業が発展性と問題性の統一物であることも、ある基本的な概念から両者がいかに発生し、いかに結びついているかを示

第Ⅰ部　複眼的中小企業論

すことにより明らかになる。

　ニュートンはりんごの落下も惑星の動きも重力の働きと考えた。ばらばらに見える事象（ここでは中小企業の発展性と問題性）を1つの理論的枠組で捉え、秩序づける。これが自然科学、社会科学を問わず、理論研究の目的である。本書ではその手段として論理的発生論を用いるのである。

第2章 中小企業の発展性

　中小企業の発展性と問題性を、ある基本的な概念から発生的に説明すると述べた。筆者はその基本概念を「販売の不確実性」すなわち「商品は売れなければ商品ではないが、売れるとは限らない」という商品生産の矛盾に求める。りんごの落下と惑星の運行を「統一理解」させる重力、それにあたるのが「販売の不確実性」という商品に内在する矛盾的本質である。

　本章では、まず、なぜ「販売の不確実性」が中小企業の発展性をもたらすかを述べ、複眼的中小企業論の第1の課題に答えたい。

　なお、以下で述べる中小企業の発展性は、現に存在する発展的な中小企業を念頭に置き、理論化したものだが、中小企業が皆この発展性を実現しているわけではない。実際には、第3章で述べる中小企業問題（寡占大企業の行動により中小企業に課せられる資本蓄積制約要因）が、中小企業の発展性の発揮を抑制し、発展性は中小企業の一部でしか実現されない。本章では寡占大企業の影響はまだ考慮されず、第3節で「企業家活動による中小企業発展の態様」を論じる際に、中小企業は大企業とは異なる分野で発展するという文脈でのみ大企業が意識され、それまでは事実上中小企業だけで構成され、自由に競争が展開されている市場経済を想定している。したがって、本章における中小企業の発展性とは、中小企業に内在している発展可能性と理解されたい。

第1節　競争を情報発見競争として捉える

1. 商品生産と「販売の不確実性」：販売の2条件と二重の不確実性

　商品は売れなければ商品ではないが、売れるとは限らない。なぜか。

　商品生産者はある使用価値（有用性）を持つ商品に、ある価格を設定して市場に現れる。生産者にとって価格は高いほど良いに決まっているが、市場は寛容ではないので、社会が妥当と考えてくれる価格を探らなくてはならない。商品生産者にとって販売とは、自分が社会的に妥当と考えた価格で商品を貨幣と交換することである。

　このためには2つの条件が必要である。第1に、その商品の使用価値が社会

第Ⅰ部 複眼的中小企業論

の需要に適合していること、具体的にはその使用価値を欲する貨幣の持ち主が存在していること。第2に、設定した価格が、その産業部門の標準的な生産性に基づく価格（標準価格：Normalpreis）を上回らないことである。

商品生産社会では、ある商品に関し第1、第2の条件が満足されているかどうか、事前にはわからない。

まず、第1の条件だが、商品生産社会の基礎となっている分業は自然発生的で、生産者と買い手は相互に自立しており、前もって商品の使用価値と需要が調整される仕組みはない。昨日までの、ある使用価値に対する需要は消滅しているかもしれないし、あっても競争者の商品によって満たされてしまっているかもしれない。

第2の、価格に関する条件だが、商品生産社会では生産者同士も自立している。ある生産者が標準価格を上回らない価格をつけたつもりでも、知らぬ間に他の生産者の技術水準が上昇し、標準価格は低下していることがある。この場合には価格を下げれば商品は貨幣に転化するが、利潤は得られないか、平均以下しか得られず、売り手にとって販売は失敗である。

以上のとおり、商品の使用価値が社会の需要に適合しない可能性（以下、「需要面の不確実性」）と商品につけた価格が標準価格に一致しない可能性（以下、「価格面の不確実性」）――商品はこういう二重の「販売の不確実性」を宿命としている。マルクス曰く「商品は貨幣を恋したう。だが、『まことの恋がなめらかに進んだためしはない』」（Marx［1962］：訳143）。筆者の友人の経営者はもっと直截に言っていた。「売るのは作るより何倍も難しい」*。

　*「限界革命」の担い手の1人で、新古典派経済学の基礎を作ったカール・メンガーも、商品は単なる「販売可能性」（Absatzfähigkeit）にすぎないとしているのが注目される（メンガー［1982］：8章）。

2. 市場競争の根幹は情報発見競争

(1) 「販売の不確実性」低下の鍵は情報発見活動

企業は「販売の不確実性」を低めるため、需要への適合性と生産性を高める競争に突入する*。販売の二重の不確実性に対し二重の競争が発生する。この2つの競争の中核をなすのは共に情報発見活動である。「需要面の不確実性」にしろ「価格面の不確実性」にしろ、「販売の不確実性」とは販売に関する情

報が不完全ということだから、情報発見活動こそが「販売の不確実性」を低下させ、商品生産者が商品生産者であり続けることを可能にする。市場では種々の競争が行われるが、「販売の不確実性」低下の鍵を握る情報発見活動こそが市場競争の根幹をなす。後でも触れるが、情報の完全性を仮定し、情報発見競争の存在を認めない新古典派均衡理論は、競争の存在の否定に他ならない。

　　*需要への適合と生産性の上昇は利潤（資本利潤率）最大化達成の手段でもある。利潤
　　（資本利潤率）最大化という資本制的目標は、商品生産一般に必要な「販売の不確実性」
　　低下の追求と表裏一体である。

(2)　情報発見活動と市場変化の常態化

　情報発見競争はどのように展開されるか。販売に関する情報が不完全であるとは、需要や技術に関する企業の認識が、客観的事実から乖離しているということである。すでに述べたように、多数の経済主体（企業や消費者）が自立・分散的に行動している自然発生的な分業下では、企業の知らないところで需要や技術が変化する。確かに市場価格は生産性や需要の変化を集約化して知らせるが、事後的に知らせるだけである。それは企業の認識と客観的事実の乖離を教えるが、乖離を防ぐものではない。市場価格の変動で情報の不完全化を知った企業は、需要情報、技術情報の発見活動に入り込む。新たな需要情報、技術情報を発見した企業は、販売に関する情報の不完全性を解消する。しかし、これで一段落というわけにはいかない。というのは、新たな情報発見は別のところで情報を不完全化し、それがまた情報発見活動をひき起こすことになるからである。具体的に見てみよう。

　ある企業が市場価格の下落により、需要に関する情報が不完全化したことを知らされたとする。需要に適合していないこの企業は新たな需要を求め情報発見活動に入り込み、その存在を探知する。そして、新たな製品を開発し、販売に成功する。だが、需要側の購買力は限られているから、新たな需要の発生により別の需要が衰退するかもしれない。このことはその需要を当てにしていた企業に事前には知らされず、市場価格の下落により初めて知らされる。そこで、情報が不完全化したこの企業も情報発見活動に入り込み、新需要を発見し、新たな製品でそれを満たす。この新たな客観的事実の発生がまた他企業の情報を不完全化する。

第Ⅰ部　複眼的中小企業論

　市場価格の下落が平均的な生産性の上昇を示す場合もある。自企業の生産性の相対的低下に気づいた企業は、新たな技術情報を求める。それによって生産性を向上させ、価格を引き下げて対抗する。この新たな客観的事実が他企業の情報を不完全化し、技術情報発見活動をひき起こし、また価格引下げを呼ぶ。

　このように、「販売の不確実性」（情報の不完全性）という商品生産社会固有の矛盾を基に発生する企業の情報発見活動が、客観的事実を変化させ、それが他企業の情報の不完全化を呼び、情報発見活動を惹起する。客観的事実の変化を市場の変化と言い換えよう。すなわち、情報発見活動→市場の変化（情報の不完全化）→情報発見活動→…。この情報発見活動の循環は、情報発見活動が市場の変化（情報の不完全化）を媒介に企業の相互強制過程となり、常態化することを意味する。当然、市場の変化も常態化する。市場の変化（情報の不完全化）→情報発見活動→市場の変化（情報の不完全化）→…。情報発見活動を媒介に市場の変化が市場の変化を呼ぶ。このように情報発見活動と市場変化の常態化は「販売の不確実性」を基に市場システムが内生的に生み出す固有の特性であり、どの企業も逃れることはできない。個々の企業にとって市場の変化は予期されぬものではなく、予期されるものであり（ただしどのように変化するかは予期されない）、経営の前提に置かれるものである。「企業とは環境適応業」という言葉が人口に膾炙されていることがそれを示す。もちろん、情報発見活動も市場の変化も、時に激しく時に緩やかであろう。緩やかな場合、企業は既存情報に頼って経営を続けられる。しかし、幸運は長くは続かず、それに安住すれば淘汰が待つだけである＊。

　　＊本書初版に対し、渡辺幸男慶應義塾大学教授（現、名誉教授）より、企業の情報発見
　　活動は環境の思わぬ変化が発生した時に行われると考えるべきという批判があった（日本
　　中小企業学会東部部会、2012年12月15日）。以上では、それに対し、情報発見活動と市
　　場の変化は市場システムの内的必然であること、個々の企業にとって市場の変化は経営の
　　前提であり、情報発見活動は特別の場合に行われるものではないことを強調するため、初
　　版の文章を改訂した。

(3)　市場の自己組織的変化：基本トレンドの形成

　市場の変化が常態化するといっても、無秩序化を意味するのではない。市場は自己組織的変化、すなわち、ある秩序を自ら生み出しつつ変化する。需要や技術の変化は市場の色々な部分で始まるが、その中から有力な変化が現れ、1

第2章　中小企業の発展性

つの基本トレンドへ成長する。というのは、ある企業の発見した見込みある需要や有用な技術には、他の企業も飛びつくからである。もちろん、全く同じ需要情報や技術情報の採用では、市場でのポジションが他企業と同じになり、「販売の不確実性」を下げる効果は少ない。だから、他企業との差異も求めるが、その場合でも発見される新たな需要や技術は、ある傾向に即したものになる。こうして基本トレンドが形成され、基本トレンドに乗るのに成功した企業が他の企業より発展することになる。

　基本トレンドは企業にとって情報発見の指針となる。だが、その基本トレンドも成長が弱まるときが来る。そうなると、次の新たなトレンドが成長を始める。部分での変化→基本トレンド→成熟化→部分での変化→基本トレンド→成熟化…という動きが発生する。市場は新たな基本トレンドを生み出しつつ変化する。市場は変動態だが、変化しつつも自己組織的にある秩序を生み出す点を、システムとして評価すべきである。

　中小企業の発展も市場の基本トレンドの影響を受ける。戦後日本の中小企業の歴史をたどると、時代ごとに代表的な発展中小企業が現れ、時代とともにその特性は変化する。その時代における市場の基本トレンドに乗った中小企業が発展し、基本トレンドは時代とともに変化するからである*。

　　*第Ⅱ部では、その時代における市場の基本トレンドに乗って他より発展した中小企業を「代表的発展中小企業」と呼び、その経営特性を分析することにより、戦後日本の中小企業発展史を辿る。

3.　マルクス、ハイエク、新古典派

(1)　マルクスとハイエク

　以上の競争概念はマルクスとハイエクに基づいている。

　ハイエクは競争を情報の発見過程として捉えた。彼によれば「競争とは、競争なしには誰にも知られないか、少なくとも利用されないような事実を発見する過程（procedure）」（Hayek［1978］：179）である。本書はこのハイエクの競争概念を受け継いでいる。そして、この情報発見競争を引き起こすのが「販売の不確実性」だと考える。「販売の不確実性」の理解はマルクスに基づく。マルクス経済学では「販売の不確実性」を商品価値の「実現問題」と呼んでいる。自然発生的分業は労働生産物を商品に転化させ、そうすることによって貨

25

第Ⅰ部　複眼的中小企業論

幣への転化（商品価値の実現）も必然とさせるが、同時にその転化が成功するか否かを偶然とさせる。販売とは、商品にとって困難に満ちた「命がけの飛躍」（Marx［1962］：訳141）にならざるをえない。これが「実現問題」である。商品生産の本質的な矛盾を示す概念である「実現問題」を、個別企業の立場から競争論的に表現したのが「販売の不確実性」である。

　このように、本書は思想的には正反対の位置にあるマルクスとハイエクを結びつけている。彼らは、競争を競争主体者間の相互作用として、市場をプロセスとして把握している点では共通している（西部［1996］：16、89、192、212、233）。

　こういう競争観こそ、次に述べる新古典派経済学の競争理論と違って人々の日常感覚に近い。一般論として、競争とは何かと問われれば、多くの人は「同じ目的を持つ主体間に発生する相互強制過程」と答えるのではないか。市場競争の場合は「目的」にあたるのが「情報発見」であり、情報の不完全化を通じてこの「目的」への相互強制が発生する。

（2）　新古典派経済学

　この競争概念の対極に立つのが、新古典派経済学の完全競争理論である。完全競争理論は次の仮定を設ける。

　a. 消費者や企業があらゆる商品の性質や価格、コスト最低技術などに関する完全な情報を持つ。b. 財は均質で一物一価が成立する。c. 企業は原子的存在のため単なる価格受容者（price taker）で、市場価格でいくらでも販売可能である（水平の個別需要曲線）。d. 参入と経済資源の移動は自由である。

　完全競争理論は以上の仮定の下で、家計では効用関数に基づく効用極大化（家計均衡）、企業では生産関数・費用関数に基づく利潤極大化と参入自由による超過利潤ゼロ（企業・産業均衡）、市場では需給一致をもたらす市場価格の形成（市場均衡）――以上が同時に成立し、それ以上の変化はないという世界を描いた。

　これは、競争（市場）を効用関数や生産関数という「最適化部品」からなる「自動均衡機械」と捉えるのに他ならない。競争（市場）は、どのようなインプットに対しても常に「均衡」というアウトプットを生み出す線形の系（インプットに対して常に一定関係のアウトプットを生み出す自己変化のないもの）

26

と考えられている。もっとも、このような理論がそのまま現実社会にあてはまるとは主張できないため、現実への接近の試みとして、完全競争理論と独占理論を基礎に不完全競争理論が展開された。

不完全競争理論は製品を異質とし、企業を価格設定者とするなどの点で現実に近づいている。だが、そうは言っても、この理論も競争を「自動均衡機械」として捉えることに変わりなく、企業・産業均衡点が完全競争理論と異なるだけにすぎない。

完全競争理論は現実には当てはまらないとしても、理論的には完全競争市場均衡の場合に社会的厚生が最大になると言えるから、完全競争理論には参照基準としての意味があると言われる。しかし、中小企業固有の内生的発展要因を求めるため、市場競争の本質を検討している私たちにとって、社会的厚生最大化という文脈での議論は意味を持たない。私たちの文脈では、抽象化された本質としても完全競争のような市場像は認めがたい。完全競争理論は、情報の不完全化と市場の自己組織的変化――こういう動的過程こそが市場の実像なのに、市場と競争を「均衡」という静態を瞬時にもたらすものと描いているからである。市場は企業の相互作用によって変化を続ける自己組織系であり、完全競争理論は市場の実像を踏まえるべき競争論としては、本質をはずした無内容な抽象である。

4. 情報発見活動の鍵は「場面情報」

(1) 「場面情報」に着目

情報発見競争こそが市場競争の根幹だと強調した。続いて、情報発見競争の鍵は「場面情報」だということを明らかにしたい。今井・金子 [1988] は、情報をヒエラルキー組織の上層部が保有する「上層情報」とその場その場で発生する「場面情報」（spot information）に分け、前者が固定化し虚構化しやすいのに対し、後者は動的で、現場から真実を知らせるとする。そして、ドイツの美術史家アビ・ワールブルグ（Aby Warburg）の「神は細部に宿る」という言葉でもって「場面情報」の重要性を強調している。この「場面情報」の内容をもう少し深めたい。そのためには、「情報とは何か」から検討しなくてはならない。

情報には各種の定義がありうるが*、筆者は、意思決定を起こさせる「知ら

第Ⅰ部　複眼的中小企業論

せ」と定義したい。情報とは「知らせ」に違いないが、すべての「知らせ」が情報かというとそうではない。「知らせ」それ自体は「データ」にすぎず、それが受け手の「問題意識」に触れてある意味を持ち、意思決定を引き起こしたとき、「知らせ」は情報に変換されたと考える。この「問題意識」には「目標を持つことによる関心」という通常の意味のほかに「目標にかかわる知識」も含めたい。「問題意識」は「データ」を情報に変換する能力であり、企業でいえば技術や需要に関する知識など経営目標にかかわる知識も情報変換能力に影響するからである。

　このように、環境に存在する「データ」と主体の「問題意識」が組み合わさって「データ」に意味が発生し、情報となる。言い換えれば、情報とは与えられるのではなく発見するものである。この情報の本質を次の例がよく示している。

　(株)プロネート（従業員75人、東京都板橋区、1997年取材）はタイムなどの海外雑誌向け広告の印刷が売上の80％を占めていた。この分野に関する独自のノウハウがあったため、国内企業の間で50％以上のシェアを占めていたが、突然、国内市場重視へ方針を変えた。そのきっかけは、経営者のアメリカへの出張だった。ニューヨークで日本製品や日本企業の広告が街中にあふれているのを見て、「このままではまた円高が進み、日本企業の海外進出が加速する。そうすれば日本企業の海外法人から現地企業に発注され、日本国内での発注は減る」と直感した。そこで、帰国後直ちに国内向け事業の開拓を宣言した。高収益事業からの転換に社内の反応はよくなかった。ところが、翌年プラザ合意による急激な円高が発生、日本企業は一斉に内需転換に向かったが、この企業はすでに内需転換を準備していたので1円の売上も落とすことなく転換に成功した。筆者の取材時点では、海外雑誌向け広告関連の仕事は売上の数％を占めるだけだった。

　この例では「ニューヨークにおける日本製品の広告」が「データ」である。このありふれたものが、いつも経営のあり方を考えている経営者の問題意識に触れたとたん、経営危機を知らせる情報へ変換した。情報が与えられるものならば、同行していた部下もこの情報を受信したはずである。だが、彼はこの広告に何の意味も見出さなかった。彼はその「データ」を「データベース」化しただけか、「データ」としても意識しなかったか、どちらかである。

第2章　中小企業の発展性

「データ」と「情報」の区別は重要だが、両者は相対関係にある。「データ」から変換された「情報」が他者に伝えられる場合、「情報」は他者にとっては「データ」である。「データ」と「情報」は内容によって区別されるのではなく、下図のとおりインプットの状態にあるかアウトプットの状態にあるかによって区別される。

「データ」＋「問題意識」→「情報」
↓
「データ」＋「問題意識」→「情報」
↓
「データ」＋「問題意識」→「情報」

なお、この図は情報が合成されることも意味している。ある情報が他者にとってデータとなり、それからより高次の情報が創出される。先に述べた市場の基本トレンドも、基本トレンドをデータとして捉えた各企業における情報合成作用の連鎖によって成長する。

　＊吉田民人によると、情報の概念には最広義、広義、狭義、最狭義の4レベルがある（図表 I-2-1）。

　この分類に照らすと、意思決定にかかわるものは「最狭義の情報」とされているから、本書の情報の捉え方は、「最狭義の情報」に近いと考えられる。ただ、本書の定義ではニ

図表 I-2-1　情報の概念

「最広義の情報」	情報現象を自然一般にも存在するものとする。物質やエネルギーは何らかの「形相」を備えており、「形相」すなわち「パタン」が情報。
「広義の情報」	情報現象を生命的自然に限定する。生命的自然は遺伝子情報や文化情報など設計図のある自然であり、設計図、すなわち「意味を持つ記号の集合」が情報。
「狭義の情報」	情報現象を人間個体と人間社会に限定する。ニュース、知識、意見、価値観、命令、規範、言語などの社会的約束に基づく記号（シンボル記号）で記されたものはすべて情報である。「意味をもつシンボル記号の集合」が情報。
「最狭義の情報」	「狭義の情報」にさらに限定をつける。「指令的、評価的な機能を担う意味現象を除いて認知的な機能を担う意味現象に限定」、「貯蔵または変換システムに係わる意味現象を除いて伝達システムに係わる意味現象に限定」、「耐用的なものを除いて単用的なものに限定」、「意思決定に影響しないものを除いて、意思決定に影響するものに限定」など。これらの限定に従えば「狭義の情報」のうち、ニュース、拡大解釈しても知識までが情報になる。

出典）吉田［1990］：3～5より筆者要約。

第Ⅰ部　複眼的中小企業論

ュースや知識が常に情報になるとは限らない。データで終わってしまう場合もある。また、「狭義の情報」に含まれるとされた意見、価値観、命令、規範もそれ自体では本書の言う情報ではないが、受け手に意思決定を起こさせると情報に変換されたものと考える。

（2）「場面情報」と「暗黙知」

①「生データ」から発生する「場面情報」

　重要なのは「データ」にも各種あることである。理論や記述化された事実、加工された統計資料なども、インプットの状態にあれば「データ」である。それらは人の手の加わった加工度の高い「データ」であり、体系的で明瞭な意味を持ち、周知化されていることも多い。これを「加工データ」と呼ぼう。一方、お客の何気ない一言や工場で発生した思わぬ技術上の出来事など、その場で起きたままの「データ」もある。これらは断片にすぎず、それ自体では明瞭な意味を持たない。これを「生データ」と呼ぼう。「その場その場」で発生する「場面情報」とは、この「生データ」から発生した情報にほかならない。したがって、次のように表示できる。

　　　「生データ」＋「問題意識」→「場面情報」

　「ニューヨークにおける日本製品の広告」は「生データ」の典型であり、生み出された経営危機情報は「場面情報」である。それでは、どのような仕組みで、それ自体としては意味の薄い「生データ」が、意味のある情報に変換されるのだろうか。

　経営者は「ニューヨークにおける日本製品の広告」の1つ1つを分析し、それらをつなぎ合わせて意味を読み取ったのではない。あふれている広告の背後に、それらを包括する、ある意味を一瞬にして感じ取った。その過程は言葉で説明できない。この一瞬の飛躍が、日本製品の広告のうちに隠されている意味を顕在化させたのである。

②「場面情報」の本質は「暗黙知」

　ここで参考になるのがマイケル・ポランニー（「ポラニー」とも表記する）の言う「暗黙知」である。ポランニーは、人は「言葉にできるより多くのことを知ることができる」（ポランニー［2003］：18）と言う。確かに、言葉に依る知識の獲得、あるいは言葉になった知識は人間の知識の一部でしかない。ではどのようにして「言葉にできるより多くのことを知ることができる」のか。そ

30

第2章　中小企業の発展性

れは「いつかは発見されるだろうが今のところは隠れている何かを、暗に感知すること」（同：48）によってである。これを「暗黙知」のもっとも単純な規定と考えたい。「暗黙知」は言語化できない知識として人口に膾炙されているが、この規定が示すようにそれは本来、認識の仕方を指しており、言語によらない「暗黙的認識」のことである（その結果として言語化できない知識の発生がありうる）。この認識の仕方は特別なことではない。ポランニーは「暗黙知」を人間の日常生活での知覚・学習・コミュニケーション、さらに科学的発見・創造的な仕事において論じており、これらを通じる普遍的な認識の原理である[*]。

　　*以上では、「暗黙知」は本来認識の仕方を指すことを明確にするため初版に加筆した。

　ポランニーは「暗黙知」には2条件が必要とする。「生データ」＋「問題意識」→「場面情報」にも、その2条件が含まれている。

　第1は「近位項」と呼ばれるもので、隠されている意味の発見の手がかりになる「個々の諸要素」（「諸細目」とも訳す）である。と言っても、それは手がかりとして明瞭に存在しているわけではなく、いわば、断片であり、結果として手がかりだということがわかる存在である。「生データ」がこの「近位項」に当たる。

　第2は、志向的目標、関心対象などを意味する「遠位項」で、これは明確な形で存在しなくてはならない。「問題意識」がこれに当たる。

　「近位項」から「遠位項」に関心が移され、両者が包括されたとき、「近位項」に隠されていた意味が発見される。「場面情報」の創出がこれに当たる。

　経営者は今のビジネスに対する需要が気がかりである。ニューヨークで日本製品の広告があふれているという事実が、この経営者の問題意識に触れたとたん、経営危機を意味する情報に変換された。もし経営者が広告の1つ1つの意味に囚われ、自分の問題意識を忘れたなら、この情報は発生しなかったに違いない。経営危機という情報は、言語による広告の分析から生まれたのではなく、断片的な存在のままである広告から、ある感覚として発生した故、その過程を言葉に置き換えられない。経営者が「暗に感知した」としか言いようがない。しかし、言葉に依らないからこそ、ニューヨークのそこかしこで見られる日本製品の広告という「諸断片」を、経営危機という秩序ある情報へ一気にまとめ上げることができた。

31

第Ⅰ部　複眼的中小企業論

このように、「場面情報」の発生過程は「暗黙知」と同じ構造を持っており、「場面情報」は「暗黙知」の一形態である（なお、「思わぬものを偶然うまく発見する能力」という意味の「セレンディピティ」や「勘」もまた「暗黙知」の一形態である）。

「場面情報」（「暗黙知」）は本質的に創造的である。それ自体としては意味が形成されていない「諸断片」を一挙に包括して一つの意味あるものを創出するからである。それはある次元から別次元への飛躍であり、生物進化における「創発」（異質の形質の出現）と同種である。「一挙」とは言葉に依らないということであり、言葉では収まりきらない、より豊富な意味が創出される。それはまたは個人的・個性的であり、他の誰もが同じことはできないものである。

印刷業経営者が行った「ニューヨークにおける日本製品の広告」→「わが社の経営危機」という認識も、ある次元から他次元への飛躍であり、創造的である。そのため経営者は先駆的行動をとれた。人には両者の関係は分からず、経営者の行動の結果、初めて「日本製品の広告」が「経営危機」察知のきっかけだったことが分かるだけである。それに対し、例えば、「プラザ合意・円高」→「経営危機」という認識は、暗に感知するまでもない、論理的に自明なことである。それゆえ創造性はなく、この認識から先駆的行動はとれない*。

<small>*初版では「場面情報」（「暗黙知」）の創造性に関する説明が不十分だったので加筆した。</small>

（3）「場面情報」は「未利用の機会」を察知する

「場面情報」とはどのようなものかを考えてきたが、では、「場面情報」がどうして情報発見活動の鍵になるのか。

①「場面情報」が新需要、新技術を知らせる

企業は「販売の不確実性」を低めるため需要、技術に関する新たな情報の発見に努めると述べた。新たな情報とは当人にとってだけでなく、他の商品生産者にとっても新たであることが最も望ましい。得られたものが他の人にすでに知られている情報ならば、他企業と同じことをすることになる。それは価格競争を激化させ、「販売の不確実性」低下に役立たない。日本の中小企業経営者の間で「ナンバーワンよりオンリーワン」が合言葉になっているように、他企業が気づいていない新たな需要や技術を発見し、競争者の少ない事業機会を獲得する必要がある。

第2章　中小企業の発展性

「場面情報」は今述べたように創造的であり、需要や技術に関しても新たな情報をもたらす。企業は次のように、文献や統計資料からは発見できない新たな需要や技術を「場面情報」を通じて察知している。

東京都墨田区のバッグの製造卸(株)ヤマト屋（従業員18人、2004年取材）は、業界がヨーロッパのビッグ・ブランドと中国の価格破壊製品によって市場を大幅に蚕食される中、好調に売上を伸ばしていた。その秘密は「場面情報」による新需要の察知にある。グッドデザイン賞を獲得したトラベルリュックは、客が口に出さないクレームを察知して開発した。この製品にはポケットの数が全部で7個あるなど、各種の持ち物を収納しやすいように工夫されているが、工夫の1つとして肩にかける紐が背中でクロスするようになっている。こうすると走っても肩紐がずれない（特許取得済み）。これを思いついたのは、リュックを背負った人が2つの肩紐をずれないように手で握り締めて走っているのを見てである。「リュックを背負って走っている人の姿」から、その奥にある「走っても肩紐がずれないリュック」という需要を発見した。「リュックを背負って走っている人の姿」は人手の加わっていない「生データ」であるが故に、人の気づいていない需要情報になる。

ある靴メーカーの経営者の話だが、彼は月に1回は羽田空港に出かけていた（まだ成田空港が開港する前のこと）。靴デザインをリードしているヨーロッパから来る人の靴を一日中観察し、渡航費用をかけずに現場（ヨーロッパ）から日本の靴メーカーが気づいていない、最新のデザイン情報を得た。これに比べれば、ファッション雑誌の記事から得たデザイン情報は古い。

新技術も「場面情報」から発見される。武田工業(株)（従業員110人、愛知県刈谷市、1997年取材）はプレスで自動車部品などを製作していたが、あるとき金型の段取りに失敗し、不良品として奇妙な形の部品ができてしまった。工場長がこれを社長の机の上に置いておいたところ、普通ならば、笑って終わってしまうが、社長は「これをもう一度作るとするとどうやるか」とふと思った。「複雑な形だから、丸棒を買ってきて、両端を切断、そのあと、削って、磨いてというように切削加工で何工程もかかるだろう。だが、これはプレスのワン・ストロークで生まれた。プレスのワン・ストロークで意図的に異形部品を作れる技術を開発したならば、価値があるのではないか」と発想、間違えた金型の段取りをシミュレーションし、試作を繰り返し、ワン・ストロークでの

33

異形部品成形に成功した。この技術を大手自動車部品メーカーに売り込み、精密自動車部品の仕事を獲得した。不良品という「生データ」から発生した情報だからこそ、創造的で誰も思いつかなかったプレス技術につながった。

　真空処理法による微細管内への特殊めっきの開発など技術開発を得意とする(株)友電舎（→336頁）の社長は、「新聞報道から汲み取るべきは大きな動きだ。新聞報道と同じことをやるのでは遅すぎる。新聞にはやってはならないことが書いてある」と言う。

　「生データ」——リュックを担いで走っている人の姿など——は、未加工で、断片的であるがゆえに新規性のある創造的な情報を生み出す。

②「場面情報」は基本トレンドを含みうる

　だが、経営にとって情報の内容が新しければ何でもよいかというとそうではない。筆者の友人の1人が日本で初めてボジョレー・ヌーボを輸入した。ところが、消費者の反応は「このすっぱい飲み物は何だ」。時代は1970年代の初めで、ぶどう酒というと甘ったるい「赤玉ポートワイン」しかなかった。ボジョレー・ヌーボは新しさで競争者を排除したが、当時の消費者嗜好の基本トレンドに即しておらず、肝心の需要がなかった。次の例も、基本トレンドに沿うことの重要性を示している。

　アメリカの建築家のバックミンスター・フラーは、1944年、航空機会社と組んでダイマキシオン・ハウスという名のプレハブ住宅を開発した。軽量のジュラルミンを使った、超未来的なデザインの家だった。ジュラルミンの外壁はピカピカで、屋上には風で向きが変わる尾翼のような空気取り入れ口がついていた。これをT型フォードのように工場で大量生産し、安価に供給しようというのだった。

　この試みは見事に失敗し、フラーの会社は倒産した。家にぬくもりを求めるのが人々の嗜好の基本であり、それとあまりにかけ離れていたからである。プレハブ住宅を商業的に成功させたのは、嗜好の基本に配慮した日本メーカーによる「セキスイハイムM1」だった。それでも、これは「おうちぽく」はあったが、いかにも工場で作った部材を組み立てた風であったため、現在では作られていない。日本のプレハブ・メーカーは生産合理性より、「ほっとくつろげて、ちょっとだけゴージャス」という人々の嗜好の基本を追及し続けた。プレハブ住宅は生産合理性に強みを持ちつつも、結局は人々の嗜好の基本に沿う方

第2章　中小企業の発展性

向でしか発展しえなかった（隈［2008］）。

　「販売の不確実性」を下げるのは、競争者を少なくする新たな需要や技術である。だが、それらが現在と断絶したものであったならば、需要家に受け入れられない危険が大きい。現在と断絶していないとは、ある基本トレンドに即しているということである。基本トレンドに即しているまだ見ぬ需要や技術は、新しいが現在と断絶したものではない。

　では、「場面情報」は基本トレンドを含むことができるか、含みうる条件は何か。それは、「場面情報」の発生条件の1つである「問題意識」（「遠位項」）が、基本トレンドを吸収していることである。それ自体としては意味を持たない「生データ」（「近位項」）に意味を付与するのは「問題意識」であり、それが基本トレンドを吸収していれば、発生する「場面情報」も基本トレンドに即したものとなる。「近位項」と「遠位項」からなる「暗黙知」の仕組みは、「場面情報」を新しいだけでなく、基本トレンドに沿ったものにすることができるのである。

　基本トレンドを知らせる情報は「生データ」からではなく、上述の友電舎社長が示唆しているように、新聞記事や文献資料など人手の加わった「加工データ」から発生する。その発生の過程は言葉によって説明できるものである。それゆえ、飛躍性はないが体系性がある。こういう「加工データ」から発生する「体系情報」は、「場面情報」を基本トレンドに沿わせるという重要な役割を果たす。経営者は現場だけでなく机にも向かわなくてはならない。

③「未利用の機会」の察知

　以上のように「場面情報」はその創造性により人々の気づいていない需要、技術を知らせ、しかもそれらを基本トレンドに沿わせ、現実に根ざしたものにする。こういう需要と技術は、潜在的に存在しているが、気づいている人がいないだけだから「未利用の機会」と呼べる。「未利用」には存在しているのに利用されていないだけという意味を込めている。この「未利用の機会」は、事業化の可能性が高く、しかも「オンリーワン」になれる可能性を持つから、その発見が「販売の不確実性」低下に非常に有効である。「場面情報」はこのような「未利用の機会」を知らせるため、情報発見競争の鍵になるのである[*]。

　なお、「場面情報」はこのほかに「未利用の機会」を専有させるという重要機能も持つが、これについては本章第3節で述べる。

第Ⅰ部　複眼的中小企業論

　＊日本写真印刷（京都市、国内従業員907人）は1929年、他社の手がけない高級印刷を目指して創業、高級美術印刷で有名となった。しかし、その後、ICT化という基本トレンドに沿って重点市場を移動させていく。携帯電話やパソコンのプラスチックボディなどへの印刷をインジェクション成形しながら行ってしまう技術と携帯電話やゲーム機用などのタッチ入力ディバイスを開発、2000年度には両部門の売上が紙への印刷を上回ることになった。この新市場開発の戦略が「Trend Meets Technology」。社会のトレンドの中に潜在ニーズが存在しており、それにミートする技術を開発し、ニッチ市場をしっかりと押さえるということである。筆者は同社副社長辻良治の講演でこの話を聞いたが（2009年3月10日、三重県産業支援センター主催「これからのものづくりシンポジウム」）、「未利用の機会」の発見を自覚的に遂行している企業を知って、筆者の主張が現実に沿っていることを確信できた。

5. 企業家活動とは：シュンペーター、カーズナー批判

（1）企業家活動の中枢は「場面情報」発見活動

　市場競争の根幹は情報発見競争であり、情報発見競争の鍵は「場面情報」だと述べた。ところで、シュンペーターは「企業家を定義づける特徴とは、単に新しいことを行ったり、すでに行われてきたことを新たな方法で行うことである（革新）」としている（シュンペーター［1998］：90）。企業家の特徴を「新しいことを行うこと」とする、この包括的な規定に反対の論者はいないだろう。筆者は創造的な「場面情報」発見活動こそ「新しいこと」をもたらす根幹であり、企業家活動は種々の形態をとるとしても（シュンペーターの有名な5つの『新結合』のように）、その中枢は「場面情報」発見活動と考える。そして、市場競争の根幹が情報発見競争ということは、市場競争の根幹は企業家的競争ということになる。ただし、後で述べるように、中小企業問題という壁の存在で、現実には中小企業は企業家活動を十全に行えるものとそうでないものに分かれるが（→第Ⅰ部第4章）。

　ところで、企業家を上記のように包括的に規定しても、企業家の特徴である「新しいこと」や「革新」に関しては論者による幅がある。その点、「場面情報」発見活動を中枢に置く私たちの企業家活動とはどのようなものと言えるのか。シュンペーターとカーズナーの対極的な企業家概念を参照しながら述べてみよう。

第2章　中小企業の発展性

(2)　シュンペーターとカーズナー
①シュンペーターの企業家概念
　シュンペーターは次のように言う。

　企業家は財貨獲得の快楽感からではなく、「私的帝国建設」「勝利者意志」「創造の喜び」を動機に、「洞察」力、思考束縛からの「精神的自由」、社会の「抵抗」の克服によって「新結合」を遂行する。それは、創造的破壊、すなわち経済の均衡を破壊し、経済を非連続的に変化させる。非連続的変化の例として馬車から汽車への変化を挙げ、「郵便馬車をいくら連続的に加えても、それによって決して鉄道をうることはできないだろう」（シュンペーター［1977］：180）と説明し、資本主義はこの企業家活動により内発的に発展するとした（同書：第2章）。

　私たちは「場面情報」発見活動の連続が市場を変化させると考えており、変化を引き起こすという点では、シュンペーターの言う企業家活動と一致する。だが、シュンペーター流の創造的破壊が、「場面情報」発見活動を代表するとは考えない。「場面情報」発見活動は創造的だが、多くは、経済の基本トレンド周辺での革新を生み出す。シュンペーターの言うような現状と断絶的な企業家活動は、「販売の不確実性」を増し、実務に携わっている現実の企業家がとりうる行動ではない。この英雄的企業家像は資本主義の発展を説明するため、現実を離れて創り出された概念と言える。私たちはシュンペーターの企業家像から変革者としての側面を受け継ぐが、その英雄的な側面は受け継がない*。

　　*服部真二（セイコーホールディングスCEO）は次のように言う（『日本経済新聞』2016年9月26日付夕刊「心の玉手箱」）。

　　服部時計店の創業者服部金太郎は「常に時代の一歩先を行く」という考えを持っていたが、「ただ一歩だけで良い。何歩も先を進みすぎると、世間とあまりにも離れて預言者になってしまう」とも話していた。革新的な技術を追い求めつつも、お客様に受け入れられない商品を出してはならないとの教えだ。

　　ここで語られている服部金太郎の姿勢こそ実際の企業家を代表する。

　　なお、本書初版ではシュンペーターの企業家像を「革命家的」としていたのを「英雄的」と言いなおした。すぐ後で出てくる「庶民的」企業家と対比させるには「英雄的」のほうがふさわしいからである。なお、森嶋通夫も「シュンペーターの企業者は『企業者英雄』であり、経済的創造の担い手である」と言っている（森嶋［1994］：55）。

37

第Ⅰ部　複眼的中小企業論

②カーズナーの企業家概念

　シュンペーターが企業家活動を経済の非連続的発展という資本主義の長期動態と関連付けたのに対し、カーズナーは企業家活動を価格機構の中で位置づける。競争の結果としての静的状態にのみ関心を払う均衡理論を批判し、競争を不均衡から均衡への市場プロセスとし、これを推進するのが企業家だとする。すなわち、不均衡は情報が不完全な状態であり、企業家は人々が気づいていない売りや買いの機会に「反応」してそれを満たし、市場を完全知識の状態（均衡）に近づけていく。この場合、企業家は創造的破壊を行う英雄ではない。企業家は「すでに存在し、認知されるのを待っている諸機会」に機敏な人（カーズナー［1985］：78）、人々と少し違うことを行い、現実の機会をよりよく利用する人である（同：128）。企業家は満たされていない売りと買いを結びつけるという点では「仲介人」とも言える（池本［2004］：112）。

　カーズナーがシュンペーターと違って企業家活動を不均衡の均衡化という経済の短期の動態に関わらせた結果、日常の競争過程に埋め込んだのは正しい。彼は、競争と企業家活動は「同じ硬貨の表と裏である」（同：17）と巧みに表現している。私たちも「場面情報」発見活動を日常の市場競争と一体的に捉えている。

　カーズナーが企業家とは機会の創造ではなく、人々が気づいていない機会を利用するとしているのも支持できる。私たちが、「場面情報」発見活動は基本トレンドの周辺で「未利用の機会」をとらえるとしたのは、カーズナーの影響である。また、彼が、企業家は市場を均衡化するというのも、その「仲介人」的な行動の合成結果であり、私たちが「場面情報」発見活動の合成として市場変化が起こるとするのと通底する。

　シュンペーターの「企業家」が飛躍的なことを1人でやり遂げる英雄であるのに対し、カーズナーのそれは日常の競争の中で他より少し違うことを行い、集団として影響を発揮するものであり、私たちはこの庶民的企業家像を支持する。

　だが、カーズナーに同意できるのはここまでで、企業家を価格機構の枠内で捉え、均衡への推進力と位置づけている点には反対である。企業家が行う「新しいこと」は均衡をもたらすだけで、それ以上の変化を起こすものではないことになる。カーズナーが市場の不均衡から出発するのは、私たちが「販売の不

確実性」を前提にするのと通底しているが、その先が異なる。私たちは、「販売の不確実性」を基にする情報発見競争は、情報の不完全化という逆説をひきおこし、市場を無限の変化過程へ導くと考える。企業家活動は均衡ではなく変化を引き起こすのである。

③企業家活動とは日常の中での漸進的革新

　私たちの考える「場面情報」発見活動を中枢とする企業家活動とは、日々の競争過程の中で少しずつ「新しいこと」を行い、その合成作用により基本トレンドを成長させ、それが成熟すると、部分での変化からまた新たな基本トレンドを生み出す——こうして市場を絶え間なく変化させるというものである。企業家活動とは日々の競争の中での漸進的革新であり、市場の変化はその合成作用である。企業家活動が市場に新たな秩序をもたらすという点ではシュンペーターを受け継ぐが、その英雄的企業家像は受け入れない。企業家活動を日常の競争過程と一体的に捉える点でカーズナーを受け継ぐが、その均衡促進的企業家像は否定する。

　企業家活動を「新しいことを行うこと」と漠然と定義したうえで、「販売の不確実性」という経営のリアリティと変動態という市場のリアリティを条件に企業家像を模索すると、創造的破壊の英雄的企業家像（「販売の不確実性」に不適合）と庶民的で均衡促進的企業家像（「動態としての市場」に不適合）という両端の企業家像の中央に、「販売の不確実性」にも「動態としての市場」にも適合的な、日々の競争の中で漸進的革新を遂行する庶民的企業家像が浮かんでくるのである*。

　　*以上では、初版では不十分だった筆者の企業家像に関する説明を充実させた。それにあたっては池本［2004］が有益だった。しかし、同書もカーズナーのように企業家の役割を不均衡の均衡化に求めており（同書はこの学説の本流がマーシャルにあることを明らかにしようとするもの）、これには賛成できない。こういう企業家コンセプトは「新しいこと」を行い、市場を変化させるという多くの人が思い浮かべる企業家イメージの概念化ではなく、「不均衡の均衡化」という経済学者にとってのみ意義のある狭い領域に企業家活動を押し込める。シュンペーターも——池本の言うように——均衡理論を経済学に必要な静態論とし、それとの対比で資本主義発展論（企業家論）を展開する。彼の、経営実務上非現実的な英雄的企業家像は、資本主義発展の内発要因を鮮明にしようとの意図からであり、企業経営のリアリティに基づくものではない。結局、シュンペーターもカーズナーも、新古典派流の均衡化フレームワークにとらわれており、適切な企業家像を構築しなかった。

第Ⅰ部　複眼的中小企業論

それに対し経済学者の中でも、均衡論的枠組みにとらわれていないペンローズは、本書に近い企業家像を示している。彼女は企業成長に必要な事業機会を見出し、活用する人を「企業者」とし、「企業者のアイディアがもともと非実践的であれば、それらは企業にとってほとんど役に立たない。しかし、それらが実践的であっても月並みで近視眼的であれば、同じように役に立たない…」（ペンローズ［2010］：67）と言う。ペンローズは企業家を企業成長にとって役に立つ者という実務的視点から論じている。そして、「シュンペーターの『企業者』はもっとも華やかで識別しやすいが、我々の目的にとってはあまりにドラマチックな人物でありすぎる」（同書：75）としている。

（2）　中国温州市の例
①「商人性」による民営企業の発展

このような企業家コンセプトを主張するのには、現実の裏付けもある。

筆者は中国温州市の民営企業の調査に携わったことがある（2000～03年）。この時、「場面情報」の発見が、市場経済の生成・発展の原動力になっているとの強い印象を持った。温州市は計画経済の時代から個人企業の活動が活発で（と言っても当時は公式に認められたものではなく「地下工場」「地下商店」という存在だった）、1978年末の改革・開放路線の決定以後、地元資本による民営企業中心の発展を遂げている地域として有名で、「温州モデル」という名も与えられた。温州市で発展している工業は靴、アパレル、ライター、めがねフレーム、ボタン・バッジ、弱電機器、プラスチック製品、パイプなど軽工業が中心だが、自動車部品製造業（補修用部品が中心だが）の集積地もある。

温州市でこれら産業が急発展したのは、資本、技術、原料、市場、インフラのどれかに恵まれていたからではない。温州市は他地域より所得水準は低く、資本は乏しかった。蓄積された固有の技術も少なかった。特産原料があるわけでもなく、産業に原料立地のものはない。山に囲まれた地形のため外の市場へのアクセスがよかったわけでもない。輸送は不便で飛行場、鉄道の開設はそれぞれ1994、96年のことであり、道路、橋の整備も遅れていた。

温州市が他地域より優れていたのは、強い「商人性」に基づく「場面情報」発見能力である。温州人は生活のため、計画経済の時代から全国至るところに綿打ちなどの行商や出稼ぎに出かけていた。温州市の人口739万人（2001年）に対し市外にいる温州市出身者160万人（この他に海外に60万人いる）と言われ（温州市委政策研究室主任馬津竜による。2000年取材）、各大都市の近郊

には温州市から移住してきた人々がつくった「浙江村」「温州村」（職住一体型のコミュニティ）もある（丸川［2000］）。また、市内でも個人の経営活動が活発で、国有企業や集団所有制企業が混乱に陥った文化革命期（1966 ～ 77 年）に早くも個人企業が急増した（丸川［2004］）。なぜ、このような商人性が形成されたのか、筆者には定かでない。温州市の 1 人当たり耕地面積は小さく、台湾に近いため国有企業も少なかった。このため、人々は生活のために商人感覚を磨かざるをえなかったことも理由の 1 つではあろうが、貧しい地域は他にいくらでもある。

②「場面情報」が産業の発生源

　この点はともかく、この地域風土が市場経済化と共に企業家活動を花開かせた。行商人や出稼ぎ人は各地の現場で種々のことを目や耳にする。例えば、「…が品不足」「高価格の外国製品しかない」「…が在庫の山になっている」といったことである。これらの「生データ」が温州市に集まる。商人感覚豊かな人がこれらの「生データ」から市場機会に関する情報を見出し、事業を始めた。

　しばしば取り上げられるのは、温州市永嘉県橋頭鎮のボタン産業の発生に関するエピソードである。丸川［2004］とその他によると次のようである。

　1976 年に橋頭鎮の人が、江蘇省鎮江玻璃ボタン廠の生産するボタンが金魚の目玉のようなことに着目し、ビニール紐で編んだキーホルダーの金魚の目玉に使う材料とした。このキーホルダーを外地に行商したところ、バイヤーがボタンに着目し、ボタンをもっと仕入れるように頼んだ。これをきっかけに橋頭鎮の人たちによるボタンの行商が始まった。1979 年に黄岩県路橋（現在の台州市路橋区）で綿打ちの出稼ぎをしていた葉兄弟がボタンの安いことに気づき、買い付けて、橋頭鎮でボタンの行商人相手に販売したところよく売れた。次々に真似をする人が現れ、ボタンの卸売り市場も発展、1981 年後半には 100 あまりのボタン店が軒を並べた。それに刺激されボタンの製造も始まり、多くの家庭が裏庭を作業場に、家の正面を店舗にし（前店後廠）、ボタンの製造販売を行うようになった。

　また、楽清市（温州市の一部）柳子鎮は弱電気部品の一大産業集積地だが、林［2008］は陳凌・他『制度与能力：中国民営企業 20 年成長的解析』（世紀集団、2007）に基づき、産業の始まりを次のようにまとめている（同書：118）。

　1970 年に柳市鎮の農民、陳慶瑶が安徽省の炭鉱で働いている友人を訪ねた

第Ⅰ部　複眼的中小企業論

ところ、温州市に石炭の採掘機で使われる「交流接触器動静頭」（電磁接触器の一種）を生産する企業があるかを聞かれた。それは当時国有機械メーカーが採掘機械を製造しても、その部品を販売する発想はなかったため、消耗品である電磁接触器が炭鉱では非常に不足していたためであった。当時温州市に電磁接触器を生産できる企業はなく、強い需要を知った陳は柳市鎮に戻ってすぐに電磁接触器の生産に取り組んだ。地元の錠前メーカー「温州永久鎖」の技術者の手伝いもあり、1年後最初の模倣品が生産された。そして、72年にもう1人の農民陳維松と一緒に、柳市鎮所属企業の「茗東公社」の名を借りた「茗東五金電器製配廠」を開設した。同社の経営は順調で、75年には従業員125名を抱えるまでに成長した。しかし、76年に安徽省の炭鉱「淮北鉱務局」から代金として35万元が鎮の郵便局を通じ同社に振り込まれたことが、地元政府に大きな衝撃を与え、同社は「資本主義の道を歩んでいる」として解散させられてしまった。

　「茗東五金電器製配廠」は崩壊したが、この事件により弱電器の生産で大きな利益を得られることを知った地元の人々は、弱電器を生産する「地下工場」を開設し、弱電器産業が徐々に広がっていった。その後1978年末の中央政府の改革開放政策の決定に伴い、地元政府も弱電器を生産する民営企業の存立を認め、弱電器の民営企業の数は80年に70数社、81年には300社へ急増した。

③「庶民的企業家」による変革

　このように、温州人の見聞きした事実に基づく「場面情報」が温州市産業の有力な発生源になった。温州人が開発した生産物は農民にも生産可能な技術レベルの低いもので、シュンペーター流の飛躍的革新には程遠い。その点できわめて庶民的だが、彼らの合成された情報発見活動は爆発的に温州市の民間産業を発展させ、資本制的市場経済の形成に向かわせたのである*。カーズナーのように価格均衡機構の中に企業家活動を閉じ込める意味は薄い。

　　*黒瀬［2004］は温州産業の発展を「場面情報」による「下から」の原始的蓄積過程として分析した。参照していただけると、「場面情報」発見活動＝企業家活動は原蓄期資本主義においても重要な役割を果たしていることが了解されるだろう。

6. 競争主体としての企業の本質は情報発見システム

　以上では、市場競争の根幹は情報発見競争であり、企業家的競争と呼びうる

ものであることを明らかにした。次に考察の対象を企業に移そう。市場競争の根幹が情報発見競争ならば、競争主体としての企業は情報発見システムということになる。競争という視点から企業を見るならば、その本質は生産機能や流通機能にあるのではなく、情報発見機能にある。

筆者は1996年に極東ロシアのユダヤ自治州の州都ビロビジャン市を訪ねたことがある。その時期、ロシアでは市場経済化を急いだあまり産業システムが崩壊し、冬季に餓死者が出るのではないかと言われていた。ビロビジャン市でも、訪ねた企業はパン工場以外皆生産をストップしていた。しかし、訪問先企業の責任者はその工場の規模や生産能力を誇らしげに説明するものの、生産再開のために何をどのように生産するかに関する説明は皆無だった。これは無理もない。計画経済下の企業の責任者は指令に従って生産するだけで、自ら需要を発見し、自ら発見した技術でそれを満たすことはしてこなかった。計画経済下の企業の本質的機能は生産であり、情報発見機能を持っていなかった。それに対し、市場経済下の企業の本質的機能は情報発見にあり、生産機能は情報発見に従うものでしかない。

市場経済下の企業の本質的機能が情報発見にあるということこそ、中小企業が市場競争において大企業にない固有の発展性を持つ根源である。これを明らかにするには、企業が効率的な情報発見システムになる条件を考えなくてはならない。その条件とは企業が認知活動の原理に沿った構造を持つことである。

（1）「分散認知」という考え方

「分散認知」という考え方がある。認知活動の主体は個人だが、だからといって個人の頭の中での孤立した記号操作ではなく、頭の中と外にわたるもっと広い領域で起きていると考える。西山賢一はこのことを次のように説明している。

認知の核心は脳による記号処理にあるというのが、伝統的な「表象主義」の考え方である。だが、「表象主義」に立って、知能ロボットを作り、例えば室の中にあるものを探させようとしてもうまく行かない。ロボットの記憶素子の中に環境についてのすべての情報とすべての可能な行動のシナリオを入力し、膨大な計算をしなくてはならないからである。

認知活動に必要な知は、個人の頭の中だけでなく社会に広く分散している。

第Ⅰ部　複眼的中小企業論

知は他人の頭に分散しているし、人工物にも分散している。人工物とは製作物や記号システム（文献など）のことで、これらに人々の知が体化されている。個人は知の共有ループを形成し、他の知を自分の知と統合しながら、孤立した個人では不可能な認知を行っている。つまり、認知活動は個人を部分として含む、知の共有ループで結ばれたシステムとして遂行されている（西山 [1997]：18-31）。

　私たちの文脈に立ち、知を情報と言い換えると、情報は情報共有が生み出すと言える。先に、「場面情報」は「暗黙知」によって発見されるとしたが、「暗黙知」という情報発見活動も個人の孤立した過程ではなく、情報共有を基に進められるのである。

（2）　情報発見システムとしての企業

　企業の情報発見活動も、情報共有ループに基づいている。それには企業外とのループと企業内のループがある（図表 I-2-2）。

①企業外とのループ

　個人の場合と同じく、企業の孤立した認知能力には限界があり、企業は企業外との情報共有ループを構築し、企業外の知を活用して情報発見活動を行う。

　企業外とのループの中心は、顧客とのループと他企業とのループである。このことは、筆者ら（専修大学社会知性開発研究センター・中小企業研究拠点）の行った日本の中小企業に対するアンケート調査結果によっても示されている。図表 I-2-3 によると、どの企業規模でも「役立つ情報の入手先」として、取引相手が最も多く挙げられている。取引相手とは大部分顧客だろう。次いで、同業者と業界団体が続く。同業者は小規模層で多く、業界団体は大規模層で多いという違いはあるが、共に他企業も重要な情報源になっていることを示している。

a. 顧客とのループ

　企業にとって顧客は買い手というだけではない。需要に関する「場面情報」の元となる「生データ」を提供してくれるパートナーである。顧客にとっても企業は商品の提供者にとどまらず情報の提供者でもあり、両者の間には情報の共有関係が形成されている。

　電子部品、CD、プリント基板などに印刷する特殊な印刷機を作っている日

第 2 章　中小企業の発展性

図表 I-2-2　情報発見システムとしての企業

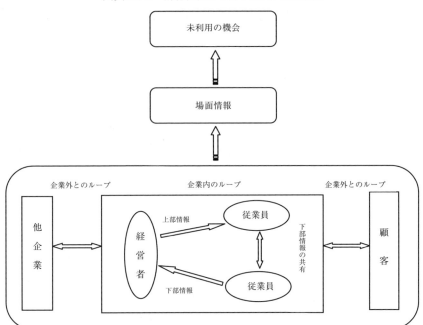

図表 I-2-3　役立つ情報の入手先（主なもの 2 つ）

単位：%

	標本数	取引相手との対話	同業者との対話	業界団体での会合	業界紙（誌）を読んで	新聞・雑誌を読んで	展示会・見本市での見聞
全　　体	650 社	77.2	31.5	16.5	12.5	10.3	14.8
19 人以下	351 社	81.5	35.6	12.0	9.7	7.7	14.0
20～49 人	157 社	72.0	36.3	17.2	13.4	12.1	12.1
50～99 人	95 社	69.5	17.9	22.1	20.0	16.8	22.1
100 人以上	46 社	80.4	13.0	37.0	15.2	10.9	15.2

注）　対象業種：機械製造業・金属製品製造業、繊維製造業・衣服その他繊維製品製造業
　　回答企業平均従業員数：34.2 人（2003 年度）
　　標本数の規模別合計と「全体」が合わないのは規模不明が 1 社あるため。
　　アンケート調査実施期間：2004 年 10 月 1 日～05 年 4 月 30 日、訪問面接にて実施。
資料）　専修大学社会知性開発研究センター・中小企業研究拠点「アジア諸国の産業発展と中小企業」に係る「日本の中小企業調査」（2005 年 4 月 28 日）より作成。なお、アンケートの質問票は筆者が設計した。

本文化精工(株)（従業員 33 人、東京都目黒区、2002 年取材）では、「来社した顧客から注文を獲得しなくてもよい、その代わりたっぷり雑談して帰す」こと

45

第Ⅰ部　複眼的中小企業論

を方針としている。雑談の中に「生データ」が含まれ、新需要が発見されるからである。一方的に情報をもらうだけではない。顧客に印刷方法などに関する情報を伝える。それにより顧客から重要情報が返ってくるという。耳寄り情報は耳寄り情報を発信する所に集まるということだろう。

　岡山県井原市はジーンズ用デニム生地の産地だが、激安の中国製品に押されて大打撃を受けていた。それにもかかわらず、吉河織物(株)(従業員18人、2005年取材)は1カ月に1つ新製品を開発する活発な開発活動で好調だった。経営者がよっぽどデザイン感覚に優れているかというと、「そっちの方は自信ない。ただ、全国からお客さんが訪ねてきてくれる。そのお客さん達に教えてもらっている。お客さんと一緒に歩んでいるだけだ」と言う。この企業だけでなく、「お客さんに教えられている」という中小企業は実に多い。

　b.　他企業とのループ

　企業は他企業の経営者、従業員などとも情報共有ループを持ち、企業内の人々の視野の外にある異質の情報を獲得する。このようなループの発展している地域の典型がシリコンバレーである。アナリー・サクセニアンによると、シリコンバレーでは地域のメーカー同士が至るところで情報を交換し、企業内では得られない情報を得ている。企業家や技術者がアイディアを交換し、うわさ話を楽しんだりするたまり場ができ、非公式の会話を通じて市場や技術の最新情報が交換されている。会話の相手には競争相手も含まれているという。彼らにとっては、社会的なつきあいやうわさ話さえ、仕事の欠かせない一部である。こうした中から新しいアイディアがはぐくまれ、イノベーションが生まれている（サクセニアン［1995］：68-70）。

　筆者は台湾で同じような産業集積に出合った（2005年取材）。台湾南部の高雄県岡山鎮を中心とする地域はネジ（ボルト）産業の一大集積地で、台湾のボルト製造企業1,200社中、この地域に600社が集積している。その生産量は台湾の68％、世界の16％を占めているとされる（『TAIPEI TIMES』2004年4月2日付）。この産業集積でも情報共有関係が観察された。インタビューした7人の経営者が言ったことを紹介すると、「経営者同士で得意先のことや経営戦略について話し合う」「商談中の顧客との食事に他企業の経営者を招くのは平気である」「電話一本で工場のレイアウトを見せてくれる」「他企業のことがよくわかるし、自分のことも知られるがかまわない」「ライバルを養成するこ

46

とになるが、そうすれば仕事が退屈でなくなる」「お互いによくわかるから、自分の特徴を打ち出し、差別化する動機になる」「産業集積全体が遠い親戚の集まりのような感じだし、教師と生徒の関係のようでもある」。

　企業は発見した情報を秘匿しようともするが、「分散認知」の原理に立てば、情報発見競争に勝つには情報共有が必要である。情報の秘匿ではなく交換へ向かう鍵は「信頼」の存在である。上の両地域の場合、シリコンバレーではフェアチャイルド社から、岡山鎮では春雨工廠（従業員423人、1949年設立、2005年取材）から、子が生まれ、孫が生まれるように、家系図型に企業が次々に独立開業して産業集積が形成された。多くの企業がもとを辿れば共通の祖先に行き着く。そういう共通感情に基づく信頼関係が、濃密な情報共有関係を作り上げた有力な要因である。

　企業間の情報共有は中小企業だけではない。戦後日本では、旧3大財閥グループが銀行を中核とし、株式の相互持合いを紐帯にした企業集団へ編成替えされた。かつてに比べ結合度の弱い連合体的組織だが、それでも有効だったのは集団内の情報交換の効果があるからだろう。情報交換を可能にしたのが、出自が同一で、互いに安定株主になっているという信頼関係にあった。

　以上のとおり、顧客とのループ、他企業とのループは企業の孤立した認知活動の限界を突破し、企業の情報発見能力を高める。企業外との情報共有ループはこれだけに限られず、情報発見活動の活発化につれて大学、研究機関、外部の専門家などとの間でも構築されるようになる。

②企業内ループ

　情報発見活動を行う企業は複数の従業者（経営者と従業員）から構成されている。企業は情報発見活動の主体である各従業者がシステムの一部となるように情報共有ループを内部に構築し、情報共有的組織運営による共同体的な情報発見活動を行わなくてはならない。このループは、次の3種類としてモデル化できる。

　a. マクロ・ミクロ・ループ

　これは、従業員が経営者層の持つ情報（「上部情報」）を共有するためのループである。経営全体を把握している経営者（マクロ）から個々の従業員（ミクロ）へのループだから、このように呼ぼう。

　「上部情報」とは経営意思決定に必要な情報を指す。最高意思決定に必要な

第Ⅰ部　複眼的中小企業論

経営理念・経営戦略、管理的意思決定に必要な調達・生産・販売などに関する方針、日常業務的意思決定に必要な売上・品質・コストの目標や実績データなどである。したがって、「上部情報」の大部分は「生データ」や「場面情報」ではなく「体系情報」だろう。

　米菓製造業の三州製菓㈱（従業員200人、埼玉県春日部市、1997年取材）では、全社員（パートを含む）が手帳形式にした「事業計画書」を持っている。これには「企業理念」「最高戦略」から始まって「お客様に関する方針」「新商品開発に関する方針」「販売（製造、設備投資）に関する方針」さらには「個人目標」「年間業務実行計画」が載せられ、各月の売上や利益も書き込めるようになっている。今述べたのは一部であって、内容は経営意思決定の上記3レベルすべてにわたっている。これを全社員が持っているので、社員1人1人が社長と同じ「上部情報」を持つことになる。

　その効果の第1は従業員の主体性が高まることである。「場面情報」発見活動のような創造活動は、命令や管理で活性化するものではない。内部から沸き起こってくる主体的な意思がないと遂行でない。従業員が「上部情報」を共有すると、命令されなくとも、自分で判断し、自分で行動できる。「上部情報」が共有されていない組織では、人を管理・統制によって動かさなくてはならない。従業員の主体性は奪われ、「場面情報」発見活動は抑えられる。三州製菓が「事業計画書」を手帳型にしたのは理由がある。手帳型にすればポケットに入れ、仕事中いつでも見られる。そうすればいちいち上司の指示を受けなくても自分で判断できるというわけである。同社には「一人一研究」という制度があり、総務部門の女性社員までが「研究発表」をしている。「どのようなタイミングでお客様にお茶を出したら一番喜ばれるか」というテーマだったという。「上部情報」の共有が、このような、社員の主体的、能動的な姿勢を生み出した。

　下請企業からプリント基板分割機のトップメーカーへ発展した㈱サヤカ（従業員40人、東京都大田区、2017年取材）も、「上部情報」の共有による従業員の主体性向上に力を入れている。同社では年2回（かつては4回）、1泊2日の全従業員参加の「泊まり込み全体会議」を開き、重要事項は全部この場で話し合う。今期の総括と翌期の方針はもちろん、就業規則・退職金制度、商社からメーカーへの転換、給与・賞与の自己申告制度、工場の移転計画、完全週

休2日制の決定など、同社の今日の姿はすべてこの会議を通して築き上げられた。この会議の意味は従業員参加による情報共有である。単に知らされたのではなく、自分も参加している場で生まれた情報だから、その情報に納得できる。現在、同社は2代目社長となっているが、このような組織運営を始めた創業者の先代社長は「人は人を真に動かすことはできない。人は自分で動くのだ。そのために必要なのは情報の共有である。泊まり込み会議はそのためだけにあったといってもよい」と述べていた。

マクロ・ミクロ・ループの第2の効果は、従業員の行動を企業の戦略に沿ったものにすることである。従業員それぞれが「問題意識」の中に上部情報を叩き込んでおけば、彼らが発見する「場面情報」も上部情報に沿ったものになる。従業員の行動は主体的で、戦略遂行という点で統一性も持つ。

以上のように、マクロ・ミクロ・ループは従業員個々の主体性を高め、戦略に沿った「場面情報」発見活動を活発化させる役割を持つ。

b. ミクロ・マクロ・ループ

これは、経営者が個々の従業員の持つ「生データ」や「場面情報」（これらを一括して「下部情報」と呼ぶ）を共有するためのループである。個々の従業員（ミクロ）から経営全体（マクロ）へのループだから、このように名づけた。

最高意思決定者は「下部情報」を経営に活かさなくてはならない。ところが、現場から離れている経営者には「下部情報」が伝わりにくい。これが大きな問題になることを、レジス・マッケンナは次のように述べている。

「起業家は、スタート時には正しい見解、つまり、自分たちが対象としている市場について、直感的な感覚を持っている。経営陣は顧客と直接対話しているので、市場で起こっていることに常に敏感なのである。これが、高成長業界で数多くの小規模企業が成功している主要因であり、小企業の方が大企業よりもうまく波長を合わせることができる理由である。／しかし、企業の規模が大きくなるにつれ、市場に対する感覚を失いがちになる。（中略）スタッフの数が増えるにつれ、最高責任者が市場から切り離されてしまう。責任者は、市場のニーズよりも大量生産の効率性について関心を持ち始め、もはやリスクを取りたがらず、思考のプロセスが変わってきてしまう」（マッケンナ［1992］：250）。

こういう事態を防ぐために、経営者による「下部情報」の共有が不可欠であ

第Ⅰ部　複眼的中小企業論

る。経営者が従業員の持つ「場面情報」を認識し、経営意思決定につなげ、従業員の持っている「生データ」を共有し、情報に変換する。

　義農味噌(株)(従業員75人、愛媛県伊予郡、2007年取材) は主製品麦味噌のほか、伊予柑をはじめ地元産食材を使ったドレッシングなどを開発・生産している。以前、この企業は社長自身が多い時には年20も新製品を開発、しかし、売れるのはせいぜい1つだった。社長が開発、従業員に「売って来い」、従業員「売れませんでした」——この繰り返しだった。この企業が加入している「愛媛中小企業家同友会」の仲間から社長の独断専行の問題を指摘され、2002年に従業員参加の商品開発会議を立ち上げた。はじめは、ただ話し合っているだけで、何にも決まらなかった。社長は仲間の忠告どおり、口出しをせず、じっとがまんした。やがて、この会議が機能し始めた。

　社長「宮崎の冷汁のようなものはどうだろうか」。社員「いや、愛媛はさつま汁だ。私のおばあちゃんが作っている」。「おばあちゃん」に作ってもらったさつま汁をみんなで試食し、「これで行こう」。

　同社では開発会議立ち上げ後、新製品の開発は年平均2つに減ったが、すべてヒットしている。その原因は製品開発にお金をかけたからでない。外部の専門家を呼んだからでもない。人々の頭脳が突然よくなったからでもない。「開発会議」の設置でメンバー間に情報共有ループが形成され、経営者による孤立した情報発見活動から脱却したからだ。資金力も人的資源も以前とまったく同じなのに、社長も社員も自分自身が一部となる情報発見システムが構築された結果、情報発見力は数倍になった。

　義農味噌は商品開発会議を立ち上げたが、ミクロ・マクロ・ループは日常業務の中に埋め込まれた形で存在する場合が多いようだ。

　先に挙げた(株)ヤマト屋（→33頁）は顧客からのクレームを製品開発の種と位置づけている。社員がクレームを発生させた責任を問うことは一切しないが、クレームを社長に隠した場合は厳しく対処している。武田工業(株)では工場長が不良品を社長の机の上に置いたのが、新技術開発のきっかけになった（→33頁）。普通、工場長は不良品の発生を言いたくないものだが、この企業では社長の技術開発重視の姿勢が従業員から社長へのループを創り出している。また、ある中小企業経営者は社長室を設けず、開発部門と営業部門にデスクを置き、社員との会話や社員の電話を聞くなどして自然にデータを入手する

50

第2章　中小企業の発展性

ようにしている。ジュンク堂書店（現丸善ジュンク堂書店）にも社長室がない。女性社員と同じスチール机が社長用で、イスには肘掛もない。社長室がない理由は、作るのがもったいないだけでなく、「社長室を持てば裸の王様になります。社員との間に壁を作ったらアカンと体験的に思います」（工藤恭孝社長）ということである（『朝日新聞』2007年3月10日付）。

　以上のようにミクロ・マクロ・ループの役割は、「下部情報」を経営幹部へ伝えて経営意思決定につなげ、また経営者の情報発見活動を促進することである。

c.　ミクロ・ミクロ・ループ

　これは、従業員同士が「下部情報」を共有するためのループである。

　「場面情報」発見のためには、従業員が多くの「生データ」と接触しなくてはならない。個々人のデータ取得には限りがあるが、共有化すれば個々人が触れるデータ数は一挙に拡大する。また、全員が同じ「生データ」を持ち、その意味について意見を交換すれば、1人で情報への変換を試みる場合より変換率が高まる。「三人寄れば文殊の知恵」である。従業員間で水平的に共有されるのは「生データ」だけでなく、それが意味変換された「場面情報」も共有される。「場面情報」は他の「生データ」に関する解釈の手がかりとなり、これによっても「生データ」の情報変換率が高まる。

　医療用の流体（血液）制御機器などの販売を行っている商社の電装産業(株)（従業員15人、東京都目黒区、1998年取材）では、毎朝、全営業部員参加によって「生データ」の水平的交換を行っている。その模様は次のようである。

　ある従業員が、担当の顧客が特殊なポンプを欲しいといったことを話題にする（顧客の言葉という「生データ」の提供）。それを聞いた他の従業員は、そのポンプが必要ならばそれを動かす電源や、トランスも必要なはずだと言う。また、第3の従業員はそのポンプの使い道を聞き、自分が接触している顧客にも必要なはずだと気づく。こうして、この「生データ」は新たな需要を示唆する情報へと変換される。さらに、第4の従業員がそのポンプを製作できる技術を持つ企業を思い出す。彼が持っていた「特有の技術を持つ企業」という「生データ」は新需要に関する情報と結びつけられ、新たな技術供給源に関する情報に変換された。「生データ」の共有が「場面情報」を生み出し、その情報が他の「生データ」の情報変換を促進するという構図が見られる。

51

第Ⅰ部　複眼的中小企業論

　以上のように、ミクロ・ミクロ・ループの役割は、限られた人的資源の中で情報産出数を増やすことである。

　以上の３つの企業内ループを見事に展開している中小企業を紹介しよう。

　印刷会社㈱アイワード（従業員 245 人、札幌市）は、経営方針の１つとして「開かれた経営…情報を共有」を挙げ、情報共有化の具体的内容をホームページ（http：//www.iword.co.jp）で説明している（2011 年 10 月現在）。

　まず、「経営計画や決算内容などのオープン化を図って社内秘は全くありません」と「上部情報」の共有化を宣言している。中小企業経営者たちが言う「ガラス張り経営」である。

　次が「下部情報」の共有。「日報体制──全社員が毎日欠かさず日報を書きます。内容は、日常業務の報告や感想、お客様からの要望や御礼・叱責、世の中の動き、家族のこと、どんなことでも良いので、感じたことを書きます。それは職場のリーダー、所属の役員から社長へ届きます」。

　そして、「社内報フォーラムの発行──日報の中から共有化すべき情報を選択し、原文のまま実名で掲載します。そのほか業績報告なども含め社内の動きを全社員が把握できるようになっています」。これは「下部情報」の水平的共有である。

③根幹はマクロ・ミクロ・ループ

　以上、３種類の情報共有ループについて述べたが、根幹になるのはマクロ・ミクロ・ループである。マクロ・ミクロ・ループは従業員の主体性を高める作用を持つ。従業員の持つ「下部情報」を経営幹部に伝えるミクロ・マクロ・ループも、従業員同士が「下部情報」を共有するためのミクロ・ミクロ・ループも、マクロ・ミクロ・ループによって従業員の主体性が高まっていてこそ形成可能である。従業員の主体性が確立していなければ、上部への情報発信、従業員同士での情報発信は実行されえないからである。マクロ・ミクロ・ループの形成が他の２つのループの形成につながる＊。

　　＊初版では情報共有ループに関する説明をミクロ・マクロ・ループから始めていたのに対し、本版ではマクロ・ミクロ・ループから始めた。その理由は以上のとおりである。

第2章　中小企業の発展性

（3）　ループの集合体（ネットワーク）としての企業：共同体的企業家活動
①企業家活動とは共同体的活動

　以上のように、情報発見システムとしての企業は、企業内外における情報共有ループの集合体である。一般にループの集合体をネットワークと呼ぶから、情報発見システムとしての企業とはネットワークであると言ってもよい。

　私たちは先に企業家活動の中枢は「場面情報」発見活動としたが（→ 36 頁）、以上のように見てくると、「場面情報」発見活動は決して個人的な活動ではなく共同体的活動であり、情報共有ループの構築と切り離しえないことがわかる。したがって、企業家活動には企業を効率的な情報発見システムへ昇華させる活動も含まれると考えるべきである。

②「経営パートナー主義」という企業文化

　企業内の情報共有ループ構築に関し重要なのは、企業文化が土台になることである。本書では企業文化を「企業における人々の共通の行動様式とその基盤となる共通価値観」と定義しておく。企業内情報共有ループと企業文化との関係についてキーポイントとなるのは、最初に挙げたマクロ・ミクロ・ループである。情報の独占は所有権と並ぶ支配の源泉だから、一般従業員による「上部情報」の共有は、その地位を引き上げることになる。企業を家業と考え、従業員を使用人とみなすような経営者やそれを疑問と思わないような従業員からなる企業では実行できない。従業員は経営者と人格的に対等で、共通の目標を達成するためのパートナーと考える経営者と従業員でなくてはならない。このような見方が共通価値観となっている企業文化を「経営パートナー主義」*と呼ぼう。この文化がないとマクロ・ミクロ・ループは形成されず、したがって他の2つのループも形成されない。情報共有ループは「経営パートナー主義」を土台とするのである。

　先にミクロ・マクロ・ループ構築の例として麦味噌を作っている義農味噌（株）（→ 50 頁）を紹介したが、同社も「経営パートナー主義」が貫かれていた。筆者が同社の社長室を訪れた時、目に入ったのが机の上に置かれている社長夫妻に対する表彰状だった。贈ったのは「社員一同」で、大まかな内容は次のとおりである。

　「社長は経営理念の実現に尽力され、種々の製品の開発から販売に至るまで大きく貢献されました。農水省の賞や県知事賞を獲得し、企業のイメージ向上

53

第Ⅰ部　複眼的中小企業論

にも貢献されました。これは社長のたゆまぬ努力の賜物であり、社員の模範とするところです。また、取締役（妻）はご家庭を商品開発の研究所として提供され、商品開発に全面的に協力されました。その献身的な働きは社員の模範とするところです。お二人の行動は私たちの誇りになるもので、ここにその栄誉を称え表彰いたします。社員一同」。

　この表彰状は、従業員が自分たちと社長夫妻の関係を、製品開発という目的で結ばれたパートナーと見なしていることを示している。共同体的企業家活動は、以上の「経営パートナー主義」というべき企業文化に支えられており、経営者のテクニカルな能力により遂行できるものではない**。

　　*日本には伝統的な経営思想として温情主義の一種、「経営家族主義」があった。企業活動の目的を家族に擬制された企業構成員の福祉向上に置き、親たる経営者は子の面倒を見、子たる従業員は親の恩に報いるために働く――こういう施恩・報恩の関係を企業の秩序原理にする。この家父長主義的な経営思想は、経営者は身分的に労働者に優越していると見なしている。それに対し、「経営パートナー主義」は、労使は身分的に対等で、仕事に対する誇りでつながれた、共通目的達成のためのパートナーと考える。1970年代までは中小企業でも労使対立が激しく、それに対処するため、民主主義を重んじる経営者たちから現れた考え方である。中小企業家同友会（全国会員数46,227人、2018年1月1日現在）の「中小企業における労使関係に関する見解」（1975年1月）もその一つで、「見解」は、経営を発展させるには色々やることがあるが、根幹になるのは労働者の自発性が発揮される「正しい労使関係」を築くことであり、そのためには経営者が「労使は相互に独立した人格と権利を持った対等な関係」であることを認めねばならぬとしている。また、あらゆる機会をとらえて労使の意思疎通を図るべきで、業界や企業の現状や経営者の考え、姿勢をはっきり説明する日常的努力が必要とし、私たちの言う情報共有的組織運営と相通じる主張をしている。反労働組合意識の強いとみなされていた中小企業経営者から、こういう見解が出されたのは画期的だった。激しい労使紛争がなくなった現在でも、「見解」が同友会会員の経営上のバイブルとなっているのは、経営パートナー主義が実際に中小企業発展の原動力になっているからである。「中小企業における労使関係に関する見解」について詳しくは黒瀬［2015］。

　　**初版では情報共有ループの形成に企業文化が重要なことを明示していなかったので、②を初版より拡充した。

7. 共同体的企業家活動の効果の実証

　情報共有に基づく共同体的企業家活動の効果を示す資料を紹介しよう。筆者

第2章　中小企業の発展性

は日本の中小企業に対するアンケート調査のなかで、年間の経営計画について、次の3つのどれに当てはまるかを訊ねた。

　a.「年間の経営計画の作成に関し、一般従業員も参加する」、b.「年間の経営計画を経営幹部層だけで決めている」、c.「年間経営計画を決めるということは特にしていない」。

　aは一般従業員も経営計画の作成に参加しているから、経営計画を自分自身のものとしてよく知っている。その程度は一般従業員が計画作成に参加しないbより上だろう。また、一般従業員の計画作成への参加を通じて、経営幹部も一般従業員と濃密なコミュニケーションを持ち、その際、従業員同士のコミュニケーションも活発に行われるから、経営幹部による一般従業員の持つ情報の共有と従業員間の情報共有の程度もbより上だろう。このように、一般従業員の経営計画作成への参加は、企業構成員間のコミュニケーションを格段に高めるため、aはbより企業内の情報共有が濃密だと想定できる。cは経営計画がなく共有のしようがない。その他の情報についてもおそらく受発信は低調と思われ、情報共有の程度は最も低いと見なせる。

　図表I-2-4によってaとbを比較するとすべての項目に関し、bよりaのパフォーマンスのよいことがわかる。

　まず、aを選んだ企業では、経営理念の一般従業員への浸透努力を行っている企業や販売高などの経営情報の公開をする企業も多く、一般従業員の経営計画作成への参加以外によっても情報共有を推進している企業の多いことがわかる。

　そして、注目すべきは、「98〜03年度売上伸び率20％以上」と「1人当たり平均年間給与総額400万円以上」の企業の割合が高く、経営実績が優れていることである。これと密接に関係しているのが、自社ブランド製品を生産している企業と最多販売先への依存率を10〜19％にとどめている企業が多いことである*。それほど大きな差ではないが、製品価格を希望どおりに貫ける企業も多い。この3点は、「独自市場」（「情報参入障壁」で囲まれた市場→76頁）の構築に成功している企業が多いことを示唆し、これが相対的に高い売上伸び率や高い給与水準に結びついていると解釈できる。

　また、自社の強みとして他社にない加工技術、製品開発力、販売力という要因を挙げる企業が多く、開発専門スタッフを置いている企業も多い。これらは、

55

第Ⅰ部　複眼的中小企業論

図表 I-2-4　経営計画の決め方と経営のパフォーマンス

パフォーマンス / 経営計画の決め方		a. 一般従業員も参加 (130 社)	b. 経営幹部層のみで決める (308 社)	c. 経営計画は決めていない (204 社)	a－b	b－c
従業員との情報共有	経営理念の一般従業員への周知徹底に努力	69.8%	43.5%	19.1%	+	+
	月ごとの売上・利益を一般従業員へ知らせている	60.0%	21.1%	12.7%	+	+
経営実績	98～03 年度売上伸び率 20%以上	21.9%	17.1%	13.2%	+	+
	1 人当たり平均年間給与総額 400 万円以上	53.8%	38.8%	33.4%	+	+
	自社ブランド製品を生産	37.0%	23.5%	21.2%	+	+
	最多販売先比率 10～19%	28.7%	20.2%	19.6%	+	+
	製品価格（加工単価）大体希望通り	28.5%	22.1%	23.5%	+	－
自社の強み	他企業にない独特の加工技術	26.2%	23.7%	19.1%	+	+
	製品開発力が優れている	13.8%	9.7%	7.8%	+	+
	販売力が充実している	10.0%	6.5%	1.0%	+	+
	技術開発専門スタッフあり	65.0%	48.7%	23.9%	+	+
誇り	中小企業が新分野を切り拓き、産業発展の主役となる	50.0%	40.0%	21.2%	+	+

注)、資料)　図表 I-2-3 と同じ。

「独自市場」の基盤である、技術や需要に関する情報発見活動が活発であることを示唆している。ちなみに、中小企業が産業発展の主役とする企業も多く、中小企業に誇りを持っていることもわかる。

　次にbとcを比較すると「製品価格（加工単価）大体希望通り」を除くすべての項目に関し、cよりbの数値が高く、bを選んだ企業の方がパフォーマンスのよいことが示されている。このように、cよりb、bよりa、つまり情報共有の密度の濃いほどパフォーマンスがよいという結果が得られた（このことは、a－bとb－cの数値が1カ所を除いてすべて＋になっていることで示されている）。情報共有に基づく共同体的企業家活動の効果を示すものと言えよう＊＊。

　　＊なぜ「最多販売先への依存率 10～19%」を良好なパフォーマンスと理解するかというと、このアンケート調査によると、売上伸び率が相対的に高い企業層では、最多販売先

第2章　中小企業の発展性

への依存率10～19％という企業が一番多かったからである。これは次のように解釈できよう。依存率19％以下ということは、特定販売先に従属せず自らの力で市場を開拓できる力があることを意味する。しかし、依存率が低いほどよいとも言えない。10％以下というのは浮動的な供給者で、販売の不安定性を示すからである。

　＊＊aを選んだ企業のパフォーマンスがよいのは、中小企業でも規模が大きい企業が多いからではと考える向きもあろう。図表I-2-5によるとcはa、bに比べ圧倒的に小企業が多い。小企業には計画を策定する余裕や能力が欠けている企業が多いからである。cのパフォーマンスの悪さには、情報共有の密度が低いことだけでなく、小規模性に起因する他の要因も影響していると考えるべきだろう。だが、aとbでは規模別構成にほとんど差はなく、両者のパフォーマンスの差は規模とは関係ないのである。

　私たちは市場競争の本質は情報発見競争、企業の本質は情報発見システムにあると捉えた。先にこのことこそ、中小企業の固有の発展性の根源であるとした（→43頁）。具体的にはどういうことか、今まで人々が着目していなかった中小企業固有の発展要因について次節で述べる。

図表 I-2-5　情報共有と従業員規模

単位：％

経営計画の決め方 ＼ 従業員規模	1～19人	20～49人	50人～	計
a．一般従業員も参加（130社）	44.6	25.4	30.1	100.0
b．経営幹部層のみで決める（307社）	43.6	27.1	29.3	100.0
c．経営計画は決めていない（204社）	75.0	19.1	5.9	100.0

注）、資料）　図表 I-2-3 と同じ。

第2節　企業家活動に関する「中小規模の経済性」

1．近接性による高い情報生産性：太い情報共有ループ

　情報発見活動の主体は個人だから、当然、従業者の少ない中小企業は大企業より情報産出数は少ない。だが、問題は情報生産性、つまり、従業者1人当たりの情報産出数である。情報こそ付加価値の源泉だから、これが高ければ付加価値生産性の高い経営を実現できる。筆者は中小企業の情報生産性の方が大企業より高くなりうると考える。それは中小企業が精神的にも身体的にも「近接性」を発揮でき、情報共有ループが太くなるからである。

57

第Ⅰ部　複眼的中小企業論

（1）　太い企業外とのループ：企業外との近接性

①顧客との近接性

　まず、顧客との情報共有ループについて。中小企業は立地している地域を市場とする場合があり、顧客と顔の見える関係を築きやすい。この身体的近接性により顧客との情報媒体として「フェース・トゥ・フェース（face to face）」を使うことができる。「フェース・トゥ・フェース」は後で述べるように「場面情報」の共有には不可欠であり、顧客とのループを太いものにする。

　さらに次の点が重要である。大企業では、大規模な体系的設備による連続的な大量生産と自前の流通組織による大量販売を行う。そのシステムは従業者個人から離れ、客体的な構築物としてそびえている。顧客からの情報といっても、次の例のように、システムに適合しないものは、受け入れを拒否せざるをえない。

　看板を製作していた㈱タテイシ広美社（広島県府中市、従業員19人、2006年取材）は、1990年代の不況に突入後、売上が30％も落ちてしまった。そうしたところ、ある大手家電メーカーが電光掲示板の販売店を募集しているという話を聞いた。情報伝達業という点では看板業と同じと思い、代理店になった。販売成績は上々で、メーカーからもよく接待された。セールス活動をしていると、お客から「もっと大きいもの」「縦長のもの」と、メーカーの規格にはない製品を欲しがられた。それらを図面にしてメーカーにFAXしても一向に返事がない。電話をすると、「たった1台の注文には応じられない、1,000台まとまれば別だが」という答え。大企業は均質で大量の需要をターゲットにする。この企業の経営者は「多様な製品を作れるのは中小企業だ。これはビジネスになる」とひらめき、オーダーメードの電光掲示板の製作を始めた。その後、インターネットで全国から様々な電光掲示板を受注するまで発展した。

　中小企業では、大企業のようにシステムが客体化し、人がそれに付属しているのではない。システムは小規模・単純で人がそれを支配しているから、従業者はシステムより顧客の都合を優先でき、様々な需要に対応できる。中小企業はいわば顧客に精神的に近接し、顧客に内在化できる。特殊な印刷機を作っている日本文化精工㈱（→44頁）では、顧客とたっぷり雑談し、雑談の中で発見される様々な需要に対応することにしていた。顧客との関係を優先できるからこそ、このような方法を取れる。この顧客との精神的近接性が顧客との情報

共有ループを太いものにする。

　従業者の少ない中小企業では、顧客ループの数は少ないが、以上の身体的・精神的近接性により1本1本が多くの「生データ」を流す太い顧客ループを持つことができる。

②他企業との近接性

　中小企業では他企業とも近接できる。中小企業は多くの場合、産業集積（同業種や関連業種の企業の地域的集まり）をはじめ地域産業集団として存在し、相互に身体的に近接し、情報媒体として「フェース・トゥ・フェース」を使える。また、中小企業の経営者や従業員は、地域コミュニティを基盤に共通文化、共通価値観で結ばれているから、人間的な信頼関係が厚く、精神的にも近接している。もちろん、相互に競争関係に立つこともあるが、その場合でもどこかで通じ合うものを持っている。このことは、競争企業同士でも情報交換を行うシリコンバレーや台湾岡山鎮のネジの産業集積の例で明らかだろう（→46頁）。以上の他企業との身体的・精神的近接性により、中小企業は他企業とも太い情報共有ループを形成できる。

(2)　太い企業内ループ：企業内での近接性

　企業内においても、中小企業は従業者同士の近接性故に、太いループを形成できる。

①身体的近接性：「フェース・トゥ・フェース」が使える

　中小企業は従業者規模が小さく、全従業者が同じ場にいることができる。この身体的近接性のため、中小企業では「フェース・トゥ・フェース」が企業内の主要情報媒体になる。ある中小企業では、営業担当者が帰社すると社内に大声で注文獲得を報告、全社員が拍手で迎える。全社員が「フェース・トゥ・フェース」で一挙に情報を共有している。

　なぜ「フェース・トゥ・フェース」が重要かというとリッチなメディアだからである。Lengel and Daft［1988］は情報媒体を「リッチネス（richness）」を尺度に分類した。「リッチネス」は、a.同時に多様な情報表現（information cues）をとれる、b.素早くフィードバックできる、c.個人に焦点を当てられる、という特性で構成され、3条件すべてを満たしているのが最もリッチ（rich）で、その逆が最もリーン（lean）である。「フェース・トゥ・フェース」によ

第Ⅰ部　複眼的中小企業論

る伝達は、a. 言葉と同時に身振り、手振りでも情報を表現でき、b. 相手の反応に合わせて伝達内容をすぐ変えられ、c. その場に相手が複数いても特定の人に焦点を当てられる。つまり、「フェース・トゥ・フェース」は、この最もリッチな情報媒体であり、濃密なコミュニケーションを可能にする。

「双方向のメディア（interactive media）」（電話、電子メディア）はaが欠け、「個人宛の静態的メディア（personal static media）」（メモ、手紙、個人宛コンピュータ・レポート）は a、b が欠け、「一般向けの静態的メディア（impersonal static media）」（チラシ、掲示板、一般向けコンピュータ・レポート）は a 〜 c すべてが欠けるので、これが最も「リーン」である。

「生データ」やそれから生まれた「場面情報」のように、人による解釈の違いがありうる「非定型的伝達事項（nonroutine message）を共有するには、「フェース・トゥ・フェース」による濃密なコミュニケーションが絶対必要である。その点、中小企業では「フェース・トゥ・フェース」が企業内の主要媒体であることは非常に有利なことである。

大企業でも「フェース・トゥ・フェース」を復活させようとするが、なかなか容易ではないことを、次の新聞記事が示している。

「味の素は総務や人事、品質保証、生産技術などの本社機能を担当する役員の個室を撤廃、複数の役員が同じ部屋に常駐する大部屋制度を導入した。（中略）。役員同士が対話する機会を増やすほか、上司を訪ねてきた部下同士の交流も深まる。部門間の壁を越えた横断的な意見交換や戦略立案に役立てる。社内の風通しをよくするためにホンダが実践してきた『ワイガヤ会議』の味の素版とも言えそうだ。（中略）床面積は 62 平方メートルで、東京・中央区にある本社七階に設けた。ガラス張りの壁に改装し、室内の四角に役員各自の机を置いた。中央には打ち合わせ用の丸テーブルとイスを 1 セット配置した。（中略）個室に比べると、1 人当たりの床面積は狭くなったが、室内の会話が互いに聞こえるほか、訪問者も自然と視界に入る」（『日本経済新聞』2005 年 11 月 24 日付）。

この記事によると役員同士ですら、対話が不足していたらしい。部門間の壁を越えた部下同士の対話も同様のようだ。これを改善するため、わざわざ役員の大部屋を作るという特別の努力が必要なのである。だが、こういうことをしても、大企業では「フェース・トゥ・フェース」によるコミュニケーションの

範囲は限られ、経営幹部と一般従業員とのコミュニケーションの主要手段が「フェース・トゥ・フェース」ということにはならないだろう。

②精神的近接性：内部障壁がない

中小企業では、従業者同士は身体的にだけでなく、精神的にも近接している。それは大企業に見られるコミュニケーションに対する組織内の障壁＝内部障壁がないからである。内部障壁は身体的に近い人でも精神的には遠い人にする。人はこの障壁を思い浮かべただけで、コミュニケーションの意欲を喪失することもある。

内部障壁をもたらす要因の1つが、コミュニケーションのために必要な手続である。

大規模な集団を維持するには、職階制、事業部制など、垂直的、水平的に分業組織を構築しなくてはならない。分業組織は大規模・複雑で、人が従わなくてはならぬものとして客体化している。そのため、大企業ではコミュニケーションのために職階間、部署間で面倒な手続が必要である。例えば、部署の違うメンバー同士で情報を伝え合う場合、それぞれの上司の了解が必要だろう。その了解を得ないことは上司の無視と受け取られ、組織の一員としては致命的である。

次の記事は、大企業におけるこの種の内部障壁の好例である。

「新製品開発のための営業部門と研究開発部門の協力。これは多くの日本企業が抱える古くて新しい問題だ。ほとんどの企業の場合、営業部門と開発部門の連携はできていない。（中略）仮に優秀な営業マンが開発のヒントになりそうな情報を顧客から聞いても、それを開発部門に伝えるには、まず、自分の上司に話し、そこから開発部門の管理職を経由してようやく担当者に届く。これでは時間もかかりすぎるし、"伝言ゲーム"の間違いも生じかねない。さらには、開発の側は、営業が情報を寄せてきても無視するか、時には『余計なこと』と反発することすらある。逆に、開発の側から営業部門に市場調査を依頼しようとしても、営業は『忙しい』と取り合わないことも多い」（「特集／今、チームワーク経営のすすめ」『NIKKEI VENTURE』1996年3月号）。

分業組織が単純な中小企業にはこの種の内部障壁はない。

内部障壁を生み出すもう1つの要因が、共通の解釈基盤形成の困難である。

大企業は規模が大きく事業も多部門化しているから、従業者が企業の全体像

第Ⅰ部　複眼的中小企業論

を認識するのは容易ではない。規模が小さい中小企業では従業者が具体的に企業の全体像を認識でき、従業者間に共通の解釈基盤ができやすい。このことも中小企業におけるコミュニケーションを促進し、内部障壁の発生を抑える。

　以上のように、中小企業は企業内においても身体的・精神的近接性により太い情報共有ループを張り、情報生産性を高めることができる。

2.　企業家活動に関する「中小規模の経済性」：中小企業固有の発展要因
(1)　「中小規模の経済性」

　1.で述べた中小企業の有する「近接性」は、誰でも知っている卑近なことのため、軽視されがちである。価値あるものも見慣れると空気のような存在になる。だが、これは中小企業の発展性を説明するキー・コンセプトとして再認識されなくてはならない。すなわち、中小企業はこの「近接性」を活かして効率的な情報発見システムを構築し、共同体的企業家活動を展開できる。したがって、「場面情報」発見活動を中枢とする企業家活動には「中小規模の経済性」があると言える。人は経済性というと生産コストに関する規模の経済性を思い浮かべるが、それは経済性の1つにすぎない。

　次の中小企業、大企業別の従業員当たりのイノベーション数に関するアメリカの研究（Edwards et al.［1984］）は、情報発見活動に関する「中小規模の経済性」の存在を示唆している。

　この研究では、イノベーションを「発明とその応用開発を経て新製品、新技術、新サービスとして結実する過程」と定義し、1982年に業界誌記事に現れたイノベーションを収集した。集められたイノベーション数は8,074で、362産業（製造業282）にわたっている。そのうち、中小企業（従業員500人未満）が実施したもの2,104件、大企業2,834件、分類不明3,136件である。分類不明が多いが、分類できた限りでは中小企業と大企業の比率は43：57である。分類不明は従業員数に関するデータが入手できなかったためとされている。この種のデータは大企業ならば入手しやすいはずだから、分類不明企業の多くは中小企業と推測される。仮に分類不明企業の6割が中小企業だとしても、中小企業によるイノベーションは約5割となる。

　この研究は、イノベーションのレベル（significance）を4段階に分け、レ

第2章　中小企業の発展性

ベルの分布に関しては中小企業と大企業の間で大差はなく、中小企業が大企業より簡易なイノベーションに集中しているわけではないことを明らかにしている。さらに、中小企業のイノベーション効率が高いという主張もしている。イノベーションを行った企業の従業員1人当たり売上高は、中小企業181.7千ドルに対し大企業は96.1千ドルにすぎない。また362産業の全中小企業従業員、全大企業従業員を分母にし、100万人当たりに換算した中小企業と大企業のイノベーション数は、図表 I-2-6 のとおり、どのレベルのイノベーションでも中小企業の方が多い。イノベーションは「場面情報」発見活動により推進されるから、企業家活動に関しては中小企業の方が効率的であることを間接的に証明している（なお、Edwards et al.［1984］に関し詳しくは黒瀬［2006］：35-36）。

図表 I-2-6　中小企業と大企業の従業員当たりのイノベーション数

	中小企業	大企業
Significance2	5.0	4.3
Significance3	36.2	31.0
Significance4	311.4	208.9

注1)　従業員100万人当たりイノベーション数
注2)　significance1：全く新たなカテゴリーの構築
　　　significance2：すでに存在するカテゴリーの初めての市場化
　　　significance3：既存技術の重要な（significant）改善
　　　significance4：既存製品刷新のためのちょっとした（modest）改善
　　　significance1 は存在しなかった。
注3)　中小企業：従業員500人未満
出典)　Edwards et al.［1984］

(2)　最適規模の存在
①「場面情報」発見活動に関する最適規模

「中小規模の経済性」とは、規模が小さいほど経済性が働くということではなく、企業家活動には中小規模で最適規模があるという意味である。

従業者規模が小さすぎれば、企業の物理的な活動に人手をとられ、「場面情報」発見活動を行う余裕がないだろう。従業者が増えると情報発見活動の余裕ができる。そして、経営者の良きマネジメントがあれば、従業者は濃密な情報共有が可能な太い情報ループをそれぞれ持つようになり、従業者数の増加以上に情報産出は増加する。だが、大規模化につれ組織が人を支配するようになる。顧客との間でも、他企業との間でも、また企業内の従業者同士においても身体

第Ⅰ部　複眼的中小企業論

的・精神的近接性が薄れ、情報共有ループは細く、情報共有の密度は低くなる。このため、ある規模を超すと、情報産出の絶対量は増え続けても、従業者1人当たりの情報産出数は低まる。

②最適規模を意識する中小企業経営者

最適規模が従業者数で言うと何人程度かということは、筆者には言えない。しかし、中村［1990］が紹介する次の例のように、中小企業経営者も、従業者数に関するある最適規模を意識しているように思われる。

システムハウスのコア・グループ（従業員1,500人）は26社からなっているが、その理由は同社社長の「エンジニア集団である企業の規模はバス1台の定員（80 〜 100人）に抑えることが理想とする『バス理論』によっている。そこには、この規模ならばトップの人材をうることが比較的容易であり、技術者集団の相互理解・情報交流と創造によるその活性化を堅持できるという判断がある」（同書：61、62）。(株)非破壊検査（従業員528人）も26社のグループ企業を持っているが、同社社長の挙げる理由の第1は「検査サービスは人と技術と企業の三位一体として提供されねばならず、その際決定的なのは、第一線社員とトップとの良好なコミュニケーションだが、それには500名規模が限度であるためだ」（同書：73）。筆者も、ある縫製品企業の経営者が、全従業員の誕生日を覚えられる100人までを規模拡大の限度としていると言ったのを記憶している。

また、（財）中小企業総合研究機構が行った「中小企業の経営者と開業支援に関する調査」（1993年）によると、「あなたはご自分の会社を大企業にしたいと思いますか」という問いに、「ゆくゆくは大企業にしたい」23.9％に対し「大企業にならない方がよい」63.7％と、大規模化をはっきりと拒絶した中小企業の方が多い＊。その理由は「ナンバーワン企業よりも、狭い分野でもオンリーワン企業を目指す」「ビッグカンパニーよりもグッドカンパニーを」というもの、あるいは「業種特性として地域密着型あるいは中小企業向きなので、大企業になるつもりはない」というものだった（中小企業総合研究機構編［1995］：15-16）。この大規模化を拒否するアンケート結果も、中小企業経営者がある最適規模を意識していることを窺わせる。

　＊佐藤芳雄はこの調査結果を「画期的な発見（ファインディングズ）である」と述べた（中小企業総合研究機構編［1995］：16）

64

第2章　中小企業の発展性

"Small is beautiful" を唱えるシューマッハは「一切の活動には適当な規模というものがある」（シューマッハ［1976］：49）と言い、「人間は小範囲のグループの中でのみ彼ら自身でありうる」（同：56）とも言う。情報発見活動という創造活動に適当な規模とは、人間が自分自身でありえるため自立的で、情報共有も容易な小範囲のグループなのである*。

> *霊長類の研究者山極寿一によると、組織する集団の人数に比例して人間の脳は大きくなり、現代人と同じ脳の大きさになった60万年前、集団は150人程度に増えていた。この人数は、年賀状を書くときに思い出す人の数、常に顔を覚えていて、信頼関係を持てる人の数とほぼ同じだと言う。なお、人が言葉を得たのは7万年前だから、これは言葉なしに構築した信頼空間である（『朝日新聞』2017年1月1日付「耕論」）。これも信頼関係を保てる人間集団にはある適正規模があるという主張と言える。

③小組織集合体の意味すること

ただ、この最適規模については次の問題がある。上記2社もその例だが、独立的小組織の集合体という形での規模拡大がありうることである。

船舶用冷凍機や産業用冷却システムで世界シェアトップの前川製作所（東京都江東区、従業員2,100人）は、「独法経営」で有名だった。「独法（独立法人）」とは、通常の企業で言えば部や課、工場などを法人化したもので、国内76社、海外を含め約100社あった。1980年代半ばから地域別、業態別に設立を始め、1社は10～20人程度。社長や社員は出向の形をとり、営業だけは前川製作所の名で行う。本社部門（300人）は給与と人事、財務機能のみを担う。「独法」は財務諸表を作成し、利益の最大50％までが還元される。規模が小さいから商談の場にいつも社長がいるなど、「場面情報」を共有しやすい。鶏のもも肉の骨を自動的に取り出す機械、「トリダス」などのヒット製品もこの体制が生み出した。「独法」間の競争・補完関係も全社の成長を支えたと言われる（『日刊工業新聞』2007年4月11日付）。

このように2,000人規模まで、小組織の集合体として拡大したという例がある。こうすれば大企業でも情報生産性を維持できることになる。しかし、「独法経営」は2007年6月1日付で3カンパニーに再編されることが決定された。事業の重複や方向性の不一致が目立ち始めたためである（『日刊工業新聞』同上）。結局、小組織の集合体としての拡大はある規模までは有効だが、限度があり、やはり、企業家活動には中小規模で最適規模があることになる。小組織

第Ⅰ部　複眼的中小企業論

集合体制は、企業家活動に関する「中小規模の経済性」が存在するから試みられるのであり、企業家活動に関する「中小規模の経済性」を証明するものとして注目すべきだろう。

④中小企業固有の発展要因

中小企業は大企業と違って資本力もなく、生産コストに関する規模の経済性も発揮できず、市場支配力もない。ないない尽くしの中小企業だが、「場面情報」発見活動を中枢とする企業家活動には「中小規模の経済性」がある。これは大企業体制が形成されても消滅するものではない。これこそが、大企業体制下においても中小企業に発展性をもたらす、中小企業固有の発展要因である。生産コストに関する規模の経済性は経済合理性の１つにすぎない。中小企業は企業家活動を効率的に展開できるという合理性を持っているのである。勿論、現実の中小企業の発展は、このような内生要因だけでなく、経済拡大・産業構造高度化・社会的分業の発展という外生要因にも強く規定される。しかし、それは大企業も同じである。このような企業発展の共通要因とは別に、中小企業には企業家活動の効率的展開という固有の発展要因が内在していることを強調したい。

(3)　伝統的最適規模論との違い

①ロビンソンの理論

周知のように、中小企業が合理的存在であることの説明として、E.A.G.ロビンソンを筆頭とする「最適規模論」がある。ロビンソンによると、規模拡大がもたらす技術的利益による経済性は、いつまでも続くものではない。それのみならず、大規模組織には「整合の問題」（部署間、工程間で活動の整合性をとるための困難、私たちの言う「内部障壁」）があるため、規模拡大とともに経営管理費用が逓増する。また、規模拡大は「小規模経営管理の有利性」（決定のすばやさ、経営者の個人的エネルギー）も喪失させる。以上のため、規模拡大による技術的経済性がなくなる前から経済性が相殺され、ある規模を超えると平均費用曲線は逓減から水平へ形を変える。この最初に平均費用最低に達する規模が最適規模ということになり、これ以降の水平部分には異なる規模を持つ企業が並立しうるとした（ロビンソン［1969］：48-70）。

わが国ではこの最適規模論に基づき、大規模ではなく中小規模が最適規模の

第2章　中小企業の発展性

産業もあるから、中小企業は最適規模の達成により合理的な存在になり、経営困難を軽減できるはずと主張されたこともある（例えば、末松［1954］）。

②伝統理論との違い

私たちも大企業に内在する不効率性、中小企業に内在する有利性を主張する点で、この伝統的最適規模論と共通する。しかし、大きな違いがあることをはっきりさせたい。

a. 伝統的最適規模論では完全競争を仮定し、情報は完全、製品は均質で、個別需要曲線は水平としたうえ、平均費用と規模との関係を論じている。仮に最適規模達成のため価格を下げねばならぬとすると、不利益が生じ、最適規模には至らないから、完全競争の仮定が必要なのである。それに対し、「場面情報」発見活動に関する「中小規模の経済性」という主張は、動的競争観にたち、企業は情報の絶えざる不完全化と絶えざる市場変化の下で、「場面情報」発見活動を行うものとする。後で述べるように、そこから差別化競争により種々の異質製品が生み出される。「場面情報」の発見は情報参入障壁で囲まれた「独自市場」の構築を可能とし、中小企業は価格形成力を持つことになる。私たちは非現実的な完全競争を仮定することなく、現実に根ざした動的な競争を土俵に、費用ではなく価格を論じ、中小企業に内在する有利性を主張する。この背後には、真に発展している中小企業は価格形成力を持っており、コスト安を武器にはしていないという事実認識がある。

b. 伝統的最適規模論は大企業の圧力を全く考慮に入れていない。これは完全競争を前提にする以上当然ではあるが、このため、中小企業が最適規模を達成すれば、中小企業の経営困難は軽減するという短絡的な見解が発生する。私たちも、今のところ大企業の圧力についてなんら触れていないが、第3章で明らかにするように、現実には中小企業は大企業体制下に存在し、大企業のひき起こす中小企業問題の圧力を受けている。そのため、「場面情報」発見活動に関する「中小規模の経済性」の発現は、妨げられる可能性がある。中小企業に有利性が内在していることと、それが発現されることとはイコールではない。両者を区別せず、中小企業の有利性の発現が、大企業体制によって阻止される可能性を無視しているのが、伝統的最適規模論である。

c. 伝統的最適規模論に関しては、生産技術や管理技術の一定を前提にして成り立つにすぎない。実際には生産技術や管理技術の進歩を前提にして規模が拡

第Ⅰ部　複眼的中小企業論

大し、生産性も上昇しているのだから、最適規模論は無内容な抽象にすぎないという批判が以前からある（中村・豊川［1957］）。この批判は、伝統的最適規模論には当てはまるが、「場面情報」発見活動に関する「中小規模の経済性」という主張にはあてはまらない。「近接性」による中小企業の有利性は、技術進歩によっては消えないからである。

ICT の進歩が大企業でも濃密な情報共有を可能にし、中小企業の有利性を破壊するとの反論が予想される。だが、ICT が情報共有に役立つのは定型的な情報についてであり、「場面情報」のような不定型の情報を共有するには、どのように技術が発展しても、「フェース・トゥ・フェース」が不可欠である。この情報媒体は論理的な言葉だけでなく、論理化以前のいわば泥のついたままの言葉、さらに身振り手振り、感情表現などにより、論理的な言葉に依るものの何倍もの情報を交換できる。「フェース・トゥ・フェース」では「暗黙知」が作用し、決まったことの伝達でなく、内容を豊富化させつつ情報が交換されるのである。このため、不定型な「場面情報」を共有する上で、ICT は「フェース・トゥ・フェース」にとって代われるものではない*。

私たちの「場面情報」発見活動に関する「中小規模の経済性」という主張は、技術一定を前提にしなくても成り立つ。

　　*逆に、ICT は一人ひとりの仕事を孤立させ、他人との相互作用を減らし、日本企業の
　　組織力毀損の一因になったとの指摘も見られる（守島基博「やさしい経済学」『日本経済
　　新聞』2017 年 3 月 23 日付）。それは、さして机が離れているわけでない上司にも e メー
　　ルで伝えるというように、ICT 化が「フェース・トゥ・フェース」を排除する作用を持
　　っているからだろう。

3. 経営者能力の重要性

「場面情報」発見活動を中枢とする企業家活動には「中小規模の経済性」があると述べたが、重要な点を付け加えなくてはならない。それは、中小企業であれば自動的にこの経済性が発揮されるわけではないということである。「中小規模の経済性」は経営者の能力・資質に大いに左右される。

（1）　企業家的能力

まず、経営者自身が企業家活動に強い意欲を持たなくてはならない。中小企

第2章　中小企業の発展性

業では企業家活動の中心は経営者であり、経営者は企業家活動を行わないが企業は企業家活動を行うということはまず考えられない。経営者は自ら「場面情報」を発見するため、進んで生産や販売の現場に出、「生データ」の取得に努めなくてはならない。また、「場面情報」発見に必要な「問題意識」に磨きをかけるため、熱心に勉強し「体系情報」獲得に努めねばならない（→35頁）。こうして技術や需要に関する「場面情報」が蓄積されると他企業にない独自の経営資源となり、それが土台となってさらに「場面情報」発見能力が高まる。そして、忘れてはならないのは、情報共有ループ構築能力も企業家的能力に含まれることである。企業家活動は「場面情報」発見活動を中枢とするが、情報発見活動は情報共有ループで結びつけられた共同体的活動として実施されないと効果的でなく、情報共有ループの構築も情報発見活動の一環をなすからである。

　この共同体的企業家活動を支えるものとして、次の(2)(3)も必要である。

(2)　民主的な人間関係観

　先に企業内の情報共有ループの構築は企業文化を土台にするもので、必要なのは「経営パートナー主義」だとした。「経営パートナー主義」とは「労使は身分的に対等で、仕事に対する誇りでつながれた、共通目的達成のためのパートナー」というものである（→53頁）。この企業文化を形成するには、経営者自身が、労働者は経営者と人格的に対等であり、資本の価値増殖も共同労働の成果という考えを持たなくてはならない。だが、こういう認識の持ち主は多くない。

　市場では労働者も労働力という商品の持ち主として経営者と対等な関係にあるが、購入後の労働力の使用権は経営者にあり、労働力の使用については労働者は経営者の支配に服する。また、経営者が調達した資本を維持し、増殖するのは労働者の共同労働であり、資本価値の内実は共同労働の成果に入れ替わっているが、現実には経営者の所有する価値の増殖として現れる。以上のため、中小企業のオーナー経営者には上記のような考えを受け入れられない人が多い。それどころか、資本所有に基づく絶対的な支配力は、往々、経営者は身分的に従業員に優越するという観念を生み出し、経営者の家父長的な振る舞いを引き起こす。このため「経営パートナー主義」は、民主的な人間関係観を持た

69

第Ⅰ部　複眼的中小企業論

ないと実現できない。

(3)　戦略構築能力

　共同体的企業家活動を行うには経営管理能力、特に経営理念・経営戦略を構築する能力も必要である。人々が共感を覚え、働く意欲を湧かせる経営理念、環境変化と自社の経営資源を勘案した、合理的で説得力のある経営戦略──これらがないと一体的な企業家活動はできない。

　カッツは経営管理者の能力を3つのスキル（知識を活動に転換する能力）に分けた（Katz［1955］）。

　第1はテクニカル・スキル。特定分野の仕事の方法、進め方、技術などに関する理解や熟練のことで、業務的専門能力と言える。

　第2はヒューマン・スキル。グループのメンバーとして効果的に働く能力、また、リーダーとしてチームに協調的な行動を生み出す能力である。その中心は相手のニーズやモチベーションを嗅ぎ取り、自分の行動がどのような反応をもたらすかを判断できる感受性。対人関係能力と言える。

　第3はコンセプチュアル・スキル。企業を全体として捉え、組織の種々の活動や利害を共通の目的に向け調整、統合する能力である。組織の各種機能の相互関係、企業と社会との関係を理解していなくてはならない。概念化能力と言える。

　以上の中で戦略構築に必要なのが、コンセプチュアル・スキルであり、中小企業経営者もこの蓄積が必要である。

　小川英次は経営者のタイプを「技術家型経営者」（製造作業や生産技術など企業経営に必要な機能の一部に専門化している経営者）、「動機づけ型経営者」（従業員の動機づけを中心に経営を展開する経営者）、「戦略型経営者」（進むべき方向を戦略的に決定する経営者）に分類し、「技術家型経営者」→「動機づけ型経営者」→「戦略型経営者」という進化が必要としている（小川［1991］:16-20）。この経営者類型はテクニカル・スキル、ヒューマン・スキル、コンセプチュアル・スキルに対応しており、経営者の管理能力はこの順で形成されると考えられる。

　問題は3つのスキルの原理が違うから、テクニカル・スキルを身につければ、ヒューマン・スキルへ、ヒューマン・スキルを身につければコンセプチュアル・

スキルへと自動的に発展はしないとことである。カッツは各スキルの養成方法にも触れているが、筆者の考えでは、テクニカル・スキルは反復によってあるレベルには到達し、ヒューマン・スキルも生得的な差はあるが、人の中でもまれる中で身についていく。だが、コンセプチュアル・スキルについては、日常業務から一歩離れた広い視野に基づく勉強とそれを続けられる知性が必要である。このため、このスキルに関しては経営者間で差がつき、戦略構築能力の優劣が目立つことになる*。

　以上、中小企業経営者に必要な能力・資質として、企業家的能力、民主的人間関係観、戦略構築能力をあげた。中小企業経営者にはこのような総合的な能力・資質が必要である。企業家活動に関する中小規模の経済性は自然に発生するのではなく、この経営者能力・資質を通じて発生するのである**。

　　*カッツは、Katz［1955］を再録した『ハーバード・ビジネス・レビュー』（1974年9-10月号）で「回想的コメント（Retrospective Commentary）」をつけ、その中でコンセプチュアル・スキルは人生の初期に学ばないと獲得が難しく、この意味で生得的なものかもしれないと述べている。

　　**そのために、経営者能力の向上＝自己革新を活動の大きな柱にしている中小企業の経営者団体もある。1957年結成の中小企業家同友会（全国会員数46,227人、2018年1月1日現在）は，「よい会社を目指す」「よい経営者になる」「よい経営環境をめざす」を目的として活動している。最初の2つが直接、自己革新にかかわる活動で、各地例会で経営者同士の体験発表、アドバイスで相互研さんしている。詳しくは黒瀬［2015］を参照。

　　初版では「経営者能力」を体系的に論じておらず、本版で(1)～(3)として体系化した。

第3節　企業家活動による中小企業発展の態様

1. 質的発展（価格形成力の強化）と量的発展（存立分野の拡大）

　中小企業に発展性をもたらす固有の要因は、企業家活動を効率的に行いうることだとした。では企業家活動はどのように中小企業を発展させるのだろうか。

　まず、企業家活動は中小企業の価格形成力を強化する。商品生産者が商品生産者として生き残る上での最大の課題は、「販売の不確実性」を低下させることだった。「販売の不確実性」の低下とは、商品生産者の立場に立つと、商品に「価格形成力をつける」ことにほかならない。商品生産者にとって販売とは、自分が社会的に妥当と考えた価格で商品を貨幣に換えることだから、「販売の不確実性」を低めるとは、商品生産者が「社会的に妥当と考えた価格」を市場

第Ⅰ部　複眼的中小企業論

で貫ける力を持つことである。価格形成力は商品生産者としての生命力の表現である。企業家活動は中小企業を価格形成力を持つ企業へ発展させる。さらに、企業家活動は新市場開拓を通じて中小企業の存立分野を拡大する。企業家活動は中小企業の価格形成力を高めつつ（質的発展）、中小企業の存立分野を拡大する（量的発展）。これが中小企業の企業家的発展の姿である。具体的に述べてみよう。

2. 企業家活動による価格形成力の獲得

(1)　「場面情報」の専有性による「情報参入障壁」の形成

①「場面情報」は専有性が強い

　先に、「場面情報」は「未利用の機会」を察知すると述べた（→ 32 頁）。情報の消費は非排他的（対価なしに消費可能）、非競合的（共同消費が可能）であり、情報は公共財的性格を持っている。「場面情報」で「未利用の機会」を発見しても、その情報がすぐに共有化され、「未利用」性の享受は短期間で終わってしまうかもしれない。だが、「場面情報」は情報の中では専有性が強く、「場面情報」の発見者に「未利用の機会」をある程度独占させる可能性がある。

　「場面情報」の専有性が強いのは、第1に、「場面情報」を発見する人が限られるからである。「暗黙知」を働かせるには、「生データ」の発生した「場面」にいなくてはならない。「体系情報」は書物などから得られるが、「場面情報」はその「場面」にいた人だけが発見できる。さらに、「場面情報」は「場面」にいたとしても発見できるとは限らない。「暗黙知」による情報発見には鋭い「問題意識」に基づく、「諸断片」から一挙にその背後にある何かを察知する高度な能力が必要である。それは、客体化している知識体系からある部分を切り取る作業（これは学者が得意とする）よりはるかに高度な能力である。

　第2に、「場面情報」は他の人に伝わりにくいという性質を持っているからである。「暗黙知」が生み出した「場面情報」自体が、暗黙の存在であることは大いにありうる。例えば、試行錯誤という作業がある。これも肝心なところは「暗黙知」として遂行される。試行錯誤から得られた新技術は、ある条件がある結果をもたらすという形では認識されていても、科学的原理は不明な場合が少なくない。そのため、その技術情報をすべてにわたっては記号化できず、他者に伝わりにくい。

第2章　中小企業の発展性

　読者は、缶のふたについているタブを引っ張って缶をあけたことがあるだろう。その時、切り口が丸まり、指を切る危険がないように工夫されていることに気づいたと思う。これを開発したのは東京都大田区の（有）谷啓製作所（従業員7人、2003年取材）の社長で、そのきっかけはアメリカのピアニストが缶で指を切ってしまい、訴訟で多額の賠償金を取ったという雑誌記事を読んだことだった。彼はその後5年間正月休みもなく、金型150個をつぶし、ようやく指の切れないプルトップ缶を開発した。

　では缶の構造はどうなっているのか。図表I-2-7のとおり、大変複雑である。筆者はこの職人経営者にどうしてこのような形を思いついたのか尋ねた。「それを聞かれるのが一番困る。アーでもない、コーでもないとやっているうちに、こういう形になってしまった」。構造の発見過程を言葉では説明できない。「暗黙知」によって導かれたのである。谷啓製作所はこの製法の海外特許をアメリカの大手食品メーカー、ハインツに売却したが、実地指導しても技術を移転するのは大変だったという。発見された製法自体に言葉にできない部分が多いか

図表 I-2-7

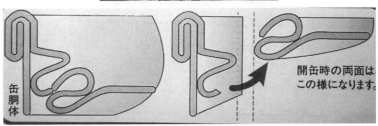

開けた時の相乗効果で切り口が丸まり安全になる構造です。
出典）（有）谷啓製作所ホームページ

73

らである。

「暗黙知」を伝えにくいという例はスポーツにもある。福島大学陸上競技部監督の川本和久は女子短距離を中心に、教え子が次々に日本記録を出すので話題となった（『朝日新聞』2008 年 4 月 26 日付）。彼はカール・ルイスのコーチ、トム・テレツからの教えで、速く走る技術を感覚的につかめたという。「感覚的につかめた」というのは、「暗黙知」としてつかんだということである。だが、それを日本語に置き換え、選手に伝えられるようになるのに 10 年近くかかった。コーチの仕事は肉体の動きをどこまで言語化できるかにかかるとされる*。当人が伝える意思を強く持っていても「暗黙知」は伝えにくい。

> *ただし、「暗黙知」の理論化が必ずしも良いとは限らないようだ。プロゴルフツアーで賞金王をとりトップクラスとして活躍しているようなゴルファーが突然不調に陥ることがある。理由として考えられるのが感性で操作していたスイングを理論化し、才能を封じ込めたこと。トップになって注目を浴びるとスイングを理論的に解説しなくてはならない機会が増える。無心に打っていたものを理詰めで解明させられることで、本来の感性が失われ、体が拘束される。消えかけた感性の代わりに理論にすがるとますます悪化する（『熊本日々新聞』2017 年 1 月 16 日付「鈴木規夫のゴルフは心」）。「暗黙知」の価値を示すエピソードだ。

② 「情報参入障壁」として機能

このような「場面情報」の専有性が「情報参入障壁」、つまりその情報を獲得していないために他企業が市場に参入できないという機能を発揮する。次がその具体例である。

（株）カニエ（従業員 40 人、東京都目黒区、2007 年取材）は一般機械器具用歯車と鉛筆削り器用カッター（歯車の形をしたカッター）を製作している。カッターは歯車の台形の歯の先端部分を薄くして刃にしたもので、歯切り盤を使う点で、歯車製作と技術基盤は同じである。製作開始当初は鉛筆削りの完成品メーカーを含め 3 社が製作していたが、その後同社の独占となった。ホームページによると「鉛筆削り器用カッター部門においては、国内製造メーカーとしては唯一であり、（中略）国内シェア 100％、海外数カ国にも輸出しており、品質に関しても高い評価を受けて」いる（http：//www.kanie.com/index_j.htm 2018 年 2 月）。

筆者が同社を最初に訪問したのは 1990 年代初め頃だったが、当時の社長から興味深い話を聞いた。鉛筆削りの完成品は大手有名企業が製作している。あ

第2章 中小企業の発展性

る時、技術力を売り物にしている大手企業が、内製するので、次期から発注をとめると連絡してきた。だが、内製化1年後、再びカニエに発注が戻った。名だたる大手企業でも同社のような良品ができなかった。なぜか。重要工程の1つに焼入れがある。どのくらいの温度の油にどのくらいの時間つけておけばよいか、マニュアルはできている。しかし、マニュアルどおりにしても決して良品はできない。完成品メーカー各社のカッターは、長さ、断面の形状、刃の傾きに微妙な差がある。それに応じて、微妙に焼き入れの温度や時間を調整しなくてはならない。だが、そこまではマニュアル化できない。技術者の勘で判断するほかないとのことだった。

勘とは私たちの言葉では「暗黙知」のことで、この過程を推進する原動力は、総合化された経験であり、資金や理論ではない。だから、大手企業でも良品はできなかった。つまり、「暗黙知」の生み出す技術情報が壁になって、大手企業でもカッター製造に参入できなかった。同社現社長によると、鉛筆の木質や芯の成分の変化にも対応しなくてはならない。このような各種のノウハウを「しぶとく」受け継いできたことがオンリーワン企業の地位を維持してきた理由だと言う。

10年以上前から中国でも生産が始められ、量は伸びている。低価格のためだが、耐久度、切れ味を総合的に評価すると、当社製品100点に対し70〜80点程度で、品質にもばらつきがある。中国製品はかつては50点程度だったので、追い上げが心配なものの、まだ日本国内では市場を獲得していない。これは2007年の取材時点での話だが、上記のとおり同社ホームページによると今日でも国内では100%のシェアを維持しており、同社は筆者が最初に訪ねた1990年代初めから数えても30年近く、技術情報を参入障壁に、国内で独占的地位にあったことになる。

このように専有性の強い「場面情報」は、その情報がないために参入できないという市場＝「情報参入障壁」を持つ市場を創り出す。

③「情報参入障壁」を構築するのは「経験技術」

カニエの例のように、専有性の強い場面情報は技術情報の場合が多く、そして、専有性の強い技術情報には「経験技術」と呼ぶべき特性が見られる。技術を存在の形態で分けると、第1に、科学知識を適用して生まれ、科学知識で体系化された技術がある。客体化した技術といってもよい。第2に、現場での多

75

くの試行錯誤、失敗を含む様々な実践から生まれたもので、必ずしも科学的に体系化されたとはいえない技術がある。ノウハウとしての技術と言えばわかりやすいか。

第1と第2の区分は厳密にはできない。第1の場合も、すべて科学知識で解明されているものは少ない。第2も、全く科学知識を適用しないことはありえない。ただ、その技術を生み出した直接的な要素として、現場経験の比重が高い。そこで、第2を「経験技術」と呼びたい。「暗黙知」は現場での実践を通じてこそ発揮され、「経験技術」は「暗黙知」が生み出し、暗黙の存在になっていることが多い。このため、「情報参入障壁」を構築する技術とは、この「経験技術」である場合が多い。

④「情報参入障壁」構築に関する需要情報発見活動の重要性

ただし、「情報参入障壁」の構築には需要情報発見活動も大いに関係する。自ら需要情報を獲得しないと、特定の他人から言われたものを生産するしかない。その場合、技術内容は特定の発注者にすでに知られているものか、あるいは自ら開発してもその活用は発注者の意向にも左右されることになり、技術の専有性は低くなる。技術情報は種々の需要への対応を通じて発見され、蓄積され、専有性も高まる。技術情報は需要情報に支えられているのである。

(2)「需要多様分野」における差別化による「独自市場」の構築

「情報参入障壁」で囲まれた市場を「独自市場」と呼ぼう。中小企業の「独自市場」構築には需要が多様で変化の速い分野（以下、「需要多様分野」）が適している。この分野では種々の需要とそれを満たす技術に関する「場面情報」をすばやく発見しなくてはならず、中小企業の有利性を活かせるからである。このことは、大手企業が対応できないオーダーメードの電光掲示板の製作を始めた(株)タテイシ広美社（→58頁）の例が示している。

①製品の差別化

この分野で「販売の不確実性」を低下させるには、まず需要の細かな差異に対応しなくてはならない。顧客との太い情報共有ループにより需要の差異を見つけ、それを満たす技術も開発する。先に、企業は「販売の不確実性」を低めるため、「二重の競争」、すなわち需要への適合性と生産性を高める競争に突入するとしたが（→22頁）、「需要多様分野」ではまず需要適合性を優先し、そ

第2章　中小企業の発展性

の上で生産性上昇に努力することになる。結果、全体として製品は多様化し、1つ1つの製品は特殊な需要を基盤とする唯一性の高い製品となる。すなわち製品差別化である。多様化の下での生産性上昇には限度があるが、それぞれの製品で独占的地位を獲得するため、コストをカバーし、適正利潤を得る価格を形成できる。「需要多様分野」ではこういう製品差別化による「独自市場」構築が目指される。

②技術の差別化

「需要多様分野」では受注生産も多い。受注生産では製品仕様は顧客に指示され、自らが製品差別化を行う余地はない。そこで、受注生産型企業は技術の差別化を追及する。ある中小企業は、今まで切削加工で多くの工数をかけていた加工をプレス加工にし、劇的な低コスト化に成功した。特殊な金型を開発する唯一性の強い技術が成功の原因である。技術の差別化は既存製品の低コスト化だけでなく、その企業だけしかできない加工による唯一製品という姿でも現れる。例えば、岡野工業(株)（従業者6人、東京都墨田区）は携帯電話用のリチウムイオン電池の継ぎ目なしケースを、硬い金属材料（ステンレス）のプレス絞り加工で作るのに成功した。これはそれまで誰もやろうとしなかった難加工であった（岡野［2003］: 23-28）。同社は刺しても痛くない極細の注射針の製法開発でも名を広めた。同社には名だたる世界的企業が製法の開発に相談に来るという。技術の差別化は、日本の機械工業関係の中小企業が得意とするところである。

③差別化による「独自市場」構築

中小企業庁の調査によると、低コスト戦略より差別化戦略をとっている中小企業が圧倒的に多く、かつ差別化戦略をとっている企業の売上高営業利益率の方が高い（図表 I-2-8）。これは、中小企業が「需要多様分野」における差別化

図表 I-2-8　中小企業の経営戦略

	コスト面で 優位に立つ戦略	品質の差別化を 図る戦略
企業数割合	27.2%	72.8%
売上高営業利益率平均値との乖離幅	-0.21%	0.10%

資料）　中小企業庁「経営戦略に関する実態調査」（2002年11月）
出典）　『中小企業白書2003年版』: 第2-1-39図、第2-1-40図を再編。

77

第Ⅰ部　複眼的中小企業論

により「独自市場」の構築を目指していることの証左である。

　中小企業にとって大企業分野は、大量な必要資本量という参入障壁が聳え立っている。中小企業分野にはそのような参入障壁はなく、必要資本は大体誰でも調達できる。しかし、中小企業は「需要多様分野」という土俵での差別化により、「情報参入障壁」を構築することができる。「情報参入障壁」で囲まれた「独自市場」では、中小企業は過当競争に巻き込まれず、社会的に妥当と考える価格を貫く力＝価格形成力を獲得できる。具体例を示そう。

（3）　強い価格形成力の例

　麦味噌を作っている義農味噌（株）（→ 50 頁）は味噌関係の製品を多様化するだけでなく、地元産の伊予柑、梅、たまねぎを使ったドレッシングなど、製品開発の幅を地元産素材を使った製品へ拡大している。有名メーカーの製品が210 円（200ml）程度に対し、たまねぎと伊予柑ドレッシングは 525 円、梅ドレッシングは 682 円とかなり高い。地元の厳選された素材を使い、風味がよくなるように伊予柑の皮は手で切るなど、手作りを基本とし、人口調味料は一切使わない――という製品差別化のためである。同社の経営者は「値段のことをいう客とは一切話をしない」と強気である。『中小企業白書 2007 年版』は、地元資源活用型中小企業の農林水産製品の価格は大企業に比べて高く、その理由は高コストでなく高付加価値にあるとしているが（同書：56-69）、同社にもこれが当てはまる。

　（株）エイト（従業員 61 人、大阪市、2004 年取材）は国内唯一の六角レンチ専門メーカーである。機械や金型はキャップスクリュー（六角穴つきボルト）できつくとめる。キャップスクリューを締めるのが六角レンチ。同社の主製品は高級品で、通常製品の 5 倍はもち、締め具合もよい。大手鉄鋼会社に依頼し、同社でしか使えない高級素材の開発、6 つの角には JIS にはない独自の形状や JIS を超える精度の実現、自動ではできない均等な硬質クロムメッキの開発、斜めにネジ穴に入れるための独自の工夫（特許取得）など、10 年かけて製品差別化を追求した結果である。製品価格は通常製品の 3 倍を維持している。

　100 万分の 1 グラムの世界一小さいプラスチック歯車で有名な、（株）樹研工業（従業員 70 人、豊橋市）でのエピソードを紹介する。

　ある大手メーカーから 120 数点の金型部品に関する見積もり依頼が来た。e

第2章 中小企業の発展性

メールの時代なのに、上海から発注するので現地に来いという。わざわざ出向いた女性の営業担当者が、1点も注文がもらえなかったと怒って帰ってきた。中国価格の2倍だったからである。しかし、社長の松浦元男はわかっていた。彼女に「あと1カ月半もすれば30点ほど見積もってくれと必ず言ってくる。その時は勝手に見積もらないでおれのところにもってこいよ」と伝えた。案の定、37〜38点の再見積もりを出せと言って来た。「社長どうしますか」、「どうもこうもないよ。全部1割値上げしておけ」。先方は怒り心頭に達した。「もうお前のところは二度と相手にしない。仕事はいらないんだな」。松浦「うちはその値段ならいりますが、それ以下ならいりません」。営業課長は「大丈夫ですか」と心配したが、松浦には37〜38点のうち、世界中で同社しかできないものが10点はあるとわかっていた。その読みどおり、2週間ほどして12〜13点の見積もり依頼がまた来た。「どうしますか」、「もう1割値上げ」。結局、120数点の仕事をするより、12〜13点の仕事の方が利益の出る単価にまで上がった（松浦［2003］：146-148）。大手企業の買い叩きに泣く中小企業が多いが、こういう痛快な企業もある。

　以上ほど強力ではなくとも、同業他社では不可能な、顧客の要望に柔軟に対応できる技術力により従来と同じ製品でも価格をあげることに成功している中小企業、大手企業が相手の場合でも、同業他社が手掛けていない製品に狙いをつけて新製品開発を行い、従来の同種製品より価格をあげるのに成功している中小企業、大手自動車部品企業の設計部門に接触し、他社との価格コンペにかけられる前の部品開発段階で設計提案をし、価格コンペ段階では自社仕様の図面で他社より安く作れるため、利益幅も厚くして交渉に入っている中小企業など、差別化によって価格形成力を保持している中小企業は決して珍しくはない。

（4）「独自市場」による価格形成力、その本質は「複雑労働」
①「複雑労働」は高価値を生む

　「独自市場」による価格形成力の本質について考えたい。この価格形成力はあとで述べる寡占大企業の場合と違って、価格を価値（厳密には価値の転化形態としての生産価格）以上に引き上げる力ではない。同種の他商品より高価格になる場合が多いから、価格を引き上げる印象を受けるが、高価格の本質はマルクスの言う「複雑労働」の生産物であることにある。人間の労働には簡単な

第Ⅰ部　複眼的中小企業論

ものもあれば、複雑なものもある。市場では「複雑労働」は倍加された「簡単労働」と評価され、同じ労働時間で「簡単労働」より多くの価値を生む。

「複雑労働」と「簡単労働」の差は何か。情報集約度の差である。マルクスは人間と動物の労働の違いについて次のようなことを言っている。

蜜蜂は人間の建築師が赤面するような構造の巣を作るけれど、どんな下手な建築師でも最良の蜜蜂より優れているのは、実際に巣を蝋で建築する前にすでに頭の中で建築し、それにしたがい、合目的的に活動する点である。人間は労働で自然物を変化させるだけでなく、自然物のうちに彼の目的を実現する（Marx［1962］：訳234）。

人間は物を作り出す前に頭の中でどういう物をどのように作るか描く。この作業は、商品生産の場合には市場に適合するためにどういう需要を想定し、どのような技術でそれを満たすか、つまり、どのような需要情報と技術情報を持っているかに依存する。労働のあり方は情報の豊富さで決まり、頭の中で表象された目的物により豊富な需要情報や技術情報が含まれている場合、労働は複雑と言え、出来上がった製品には多量の情報が体化される。「独自市場」の「情報参入障壁」とは、このような高い情報集約度の現れに他ならない。

「情報参入障壁」は中小企業に価格形成力をつけると述べたが、以上から言えることは、「情報参入障壁」は価値以上に価格を引き上げるのでなく、価値どおりの販売を実現させているだけということである。「情報参入障壁」の根源は労働の高い情報集約度にあり、それは、「複雑労働」の高い価値形成能力を市場で実際に実現する仕組にほかならない。「独自市場」製品の高価格は、高価値という実体を持っている。

②「情報参入障壁」は短命

「複雑労働」の生み出す高価格製品が中小企業にも超過利潤（平均利潤率以上の利潤）をもたらす。だが、「場面情報」にも情報集約度に差があり、情報集約度が高い場合、前記のカニエのようにかなりの期間専有できるが、情報集約度の低いものは真似されやすい。また、情報集約度が高い場合でも情報の公共財的性格を消し去ることはできず、いつまでも専有できるものではない。したがって、一般に「情報参入障壁」は寡占大企業の資本の集積・集中を基にした参入障壁と比べれば短命である（寡占大企業の参入障壁については後述→90頁）。

「情報参入障壁」の消失、すなわち、かつての「複雑労働」の「簡単労働」化により「独自市場」は崩壊し、超過利潤は消滅する。その一方で、新たに「独自市場」の形成に成功する中小企業も現れる。したがって、発展主体が交代しながら中小企業は全体として発展することになる[*]。

> [*]「独自市場」製品の高価格の実体が、マルクスの言う「複雑労働」にあるという見解については、名城大学教授渋井康弘から示唆を受けた。ただし、以上の論理展開に氏の責任は一切ない。

3. 企業家活動による「需要多様分野」の拡大

　以上のように、中小企業は「需要多様分野」を舞台に企業家活動を展開し、「独自市場」の構築を通じて価格形成力を獲得する。これが、中小企業の質的発展である。これはまた、母体の「需要多様分野」を拡大し、中小企業を量的に発展させる作用も持つ。中小企業分野の拡大・中小企業の量的発展は経済全体の拡大に強く影響されるが、経済の拡大により自動的に進むものでもない。経済拡大は中小企業分野拡大の可能性を提供する。その可能性を実際に実現するのは、次のような中小企業による特定分野への特化を伴う「場面情報」発見活動である。

　「需要多様分野」に存在する中小企業が情報発見活動を効率的に行うには、ある分野に特化しなくてはならない。企業は加工→部品生産→完成品生産という生産段階のどこかに特化し（垂直的特化）、さらに、各生産段階において特定種類の生産に特化する（水平的特化）。企業の垂直的、水平的特化が進むと、それぞれが独立した産業部門となり、産業の垂直的、水平的分化が進む。

　この分化は、産業が地域的に集中していると加速される。地域的集中による競争関係の直接化が、企業の特定分野への特化を促すからである。東京都大田区や東大阪市に集積している中小機械・金属工業がその典型で、完成品生産、部品生産、加工へと垂直的に分化し、さらにそれぞれが水平的に分化している。例えば加工の場合は、鋳造、鍛造、プレス、切削、研削、熱処理、塗装、メッキ、板金、溶接等々へ分化し、さらにそれぞれが再分化・再々分化している（例えば、切削加工では旋盤加工やフライス加工へ、旋盤加工では素材別や大きさ別へ）。

　このように中小企業分野（「需要多様分野」）は、中小企業の特定分野への特

第Ⅰ部　複眼的中小企業論

化を伴う「場面情報」発見活動により、枝葉が分岐しながら成長するように、分化を繰り返しつつ拡大する。

　経済拡大は中小企業分野拡大の客体要因、情報発見活動は主体要因と位置付けられる。両者相まって中小企業分野を拡大するが、経済拡大の鈍化により既存中小企業分野が停滞し、全体としては中小企業の量的発展が抑制されている時期でも、中小企業の企業家活動による中小企業の新たな分野の拡大が見られる。

　以上のように、企業家活動＝「場面情報」発見活動は、第1に「独自市場」の形成により中小企業の価格形成力を強化し、第2に産業を分化させて中小企業分野を拡大する作用を持つ。中小企業は企業家活動に有利性があり、この独自の発展要因に基づき質的・量的に発展するのである*。

　　*ブラックフォード［1996］は、中小企業に焦点を当てたアメリカの経営史として貴重
　　である。同書は、アメリカの中小企業は専門品への特化と絶えざる革新により発展し、そ
　　れを支えたのが現場における経営陣と従業員の一体的活動であることを具体的な史実によ
　　って示している。これは、中小企業が共同体的企業家活動、特定分野への特化、差別化な
　　どにより内発的に発展しうるという、私たちの主張と重なる。なお、初版ではブラックフ
　　ォード［1996］の主要点を紹介したが、本版では紙幅の都合で割愛した。

第4節　中小企業存立に関する不完全競争理論との相違

　私たちは中小企業の発展性の根拠を中小企業の「場面情報」発見活動を中枢とする企業家活動の有利性に求め、それに基づく発展の具体的態様を描いた。ところで、私たちが主張する「独自市場」の形成という中小企業発展の態様は、E. H. チェンバリン（『独占的競争の理論』）、J. ロビンソン（『不完全競争の経済学』）による伝統的な不完全競争理論に基づく中小企業存立論と一見似通っている。そこで、中小企業の発展性に関する論述の締めくくりとして、中小企業存立に関する私たちの理論と伝統的不完全競争理論との相違を明らかにする。

1. 不完全競争理論による中小企業存立の説明

　不完全競争理論は、実際の競争では競争的要素と独占的要素が絡み合っているとし、完全競争理論と完全独占理論を融合させ、両者の中間領域で価格理論

を再構成する。すなわち、不完全競争理論では、売り手は多数だが、完全競争と違い生産物は完全に同質ではなく、分化している。そのため、売り手は競争しつつも自己の商品に関し一定の独占力を持ち、価格受容者ではなく、価格設定者となる（個別需要曲線は右下がり）。当然、一物一価も成立しない。また、チェンバリンの場合は、売り手は価格だけでなく生産物の質も操作するとされる。

　この理論に立つと次のように言える。同じ産業に大企業と中小企業が存在し、中小企業が生産性で劣っても、中小企業は異質の商品を提供し、特定顧客をひきつけることにより存続できる。商品の異質性とは、チェンバリンによれば、生産物それ自身の質の変化、新しい包装や容器、敏速丁寧なサービス、商売の仕方の工夫、立地面での工夫などである（チェンバリン［1966］：91）。ロビンソンは輸送費用の差、商標による差、便宜（サービスの迅速さ、売子の立派な作法、信用の長さ、個々の顧客に払われる注意）、価格（高い価格はよい品物のしるし）、広告による影響を挙げている（ロビンソン［1966］：109、110）。

　不完全競争下の中小企業はこれらの点で顧客を引き付けることができるので、一定の独占力を行使でき、右下がりの個別需要曲線に基づき利潤極大となる価格・生産量を決定する。その価格が平均費用以上だと超過利潤が発生するが、類似製品による参入は自由なので、供給が増え、価格は超過利潤ゼロになるまで低下し、産業均衡が成立する。均衡価格が大企業製品の価格より高くてもその下で一定数の中小企業が存立する。こうして、大企業より生産性の低い中小企業の存立根拠が与えられる。

2. 中小企業の発展性の過小評価

　このような考えと本書の「独自市場」論とはどこが違うか。「独自市場」論は動的な競争（市場）観に立ち、市場の変化が次々と新たな「未利用の機会」を生み出し、それを「場面情報」で察知した企業が「情報参入障壁」を持つ「独自市場」を創り出すと考える。「独自市場」は情報発見活動という創造的な企業家活動の成果である。それに対し、不完全競争理論は完全競争理論と同じく、情報の完全性を前提にし、情報発見活動の存在を認めていない。この理論の中心は商品の異質性が一定の独占力を与えるとする点にあるが、商品の異質性は

第Ⅰ部　複眼的中小企業論

情報発見活動の成果ではない。商品の異質性がどうして現れるかに関する理論的説明はなく、市場における所与とされているにすぎない。そして、この異質性の結果、完全競争の場合の均衡点に比べ価格は高く、生産量は少なく、設備過剰も発生する。商品の異質性は市場に不効率性をもたらす要因であり、中小企業はそのような不合理性により不利をカバーできる。中小企業は市場が理想的でないがゆえに存続できる企業である。

　こういう見方は中小企業の発展性の過小評価であり、実際に見られる発展的な中小企業の独創性を説明できるものではない。不完全競争理論は生産物の異質性を理論に組み入れ、完全競争理論に比べ現実に近づいたとはいえ、静的な競争観に立っている点では変わりなく、動的な競争と一体的な企業家活動を認識できない。このため、中小企業の発展性に関しても現実を反映しない低評価に行き着かざるをえない。

　なお、不完全競争理論に対しては、従来、マルクス経済学に立つ中小企業論からも批判が加えられていた。中村・豊川［1957］は、上記の不完全競争理論が例示した商品の異質性を「いちじるしく消費者的見地、ないしはセールスマン的色彩」を濃厚に持っており（同：126）、生産諸部門の中小企業に本来適用できる性格のものではないとし、不完全競争理論による中小企業存立論を無効とした。しかし、この批判はこれで終わってしまい、製造中小企業の情報発見活動による「独自市場」構築という、企業家活動の存在に気づかなかった。かつてのマルクス派中小企業論は問題型中小企業論から抜けられなかったためである。

3. 巨大企業の独占との同一視

　不完全競争理論の中小企業存立論としてのもう１つの問題は、この理論が巨大企業（寡占大企業）と中小企業の独占を同一視し、巨大企業の中小企業発展に対する抑制を無視することである。

　この理論では独占を「価格に対するコントロール」と捉え（チェンバリン［1966］：7）、それをもたらすのが生産物の分化だとする。ここから巨大企業と中小企業の独占の同一視が派生する。街角の小さな八百屋でもその愛想のよさにより大根の値を上げられれば、巨大企業と同じ独占者ということになる。だが、巨大企業の独占というのは、後で述べるように高度に進めた資本の集積・

第2章　中小企業の発展性

集中を基盤に、協調して価格を価値以上に引き上げるなど、市場を管理する力を持っている。私たちは中小企業も「情報参入障壁」を築き、独占を構築できると考える。だが、それは巨大企業のように協調して価格を価値以上に引き上げるのではなく、過当競争を阻止し、「複雑労働」の生産物を価値どおりに販売できるようにするにすぎない。

　巨大企業と中小企業の独占は全く異なるが、異なるだけでなく、後で述べるように、巨大企業の独占は中小企業の発展を抑制する力も持つ。不完全競争理論は中小企業と巨大企業の独占を同一視するから、巨大企業の独占が中小企業に問題性を課すということには思い至らない。中小企業の発展性は不完全競争理論におけるより高く評価されるべきだが、同時に、中小企業が巨大企業により、発展性の発現を妨げられるという事実にも目を向けなくてはならない。

　本章で取り上げたのは、先に述べた複眼的中小企業論の3つの課題（→19頁）のうちの第1、「資本力もなく、規模の経済性も発揮できず、市場支配力もない中小企業が、大企業体制下でもなぜ発展しうるのか。それを産業の拡大という外生要因からではなく、中小企業の内生要因から明らかにする」ことだった。

　この課題に対して、市場競争の根幹は情報発見競争（したがって、競争主体としての企業の本質は情報発見システム）であり、情報発見競争で鍵となる「場面情報」発見活動（企業家活動）に関しては「中小規模の経済性」があること、これが中小企業に内在する固有の発展要因だとした。巷間、中小企業は情報力がないと言われる。それは、「競争」と「情報」に関する考察に欠けた俗論にすぎない。

　積極型中小企業論は中小企業観を革新したが、中小企業の発展性を理論的に明らかにしたとは言えなかった。私たちは、市場競争の本質を捉えなおすという根源的な作業を基に中小企業固有の発展性を明らかにし、積極型中小企業論の欠陥を補った。

85

第3章　中小企業の問題性

本章では、複眼的中小企業論の第2の課題、「なぜ、大企業体制下の中小企業に問題性が生じるか」を明らかにする。大企業体制とは、中枢産業部門で独占的市場構造が構築され、寡占大企業を筆頭とする大企業セクターが、国民経済の再生産を支配する体制である。まずは、大企業体制がどのようにして成立するかを述べる。

第1節　資本の集積・集中と大企業体制の形成

大企業体制の形成も、商品は売れなければ商品ではないが、売れるとは限らないという商品生産社会一般における矛盾、「販売の不確実性」に起源を持つ。「販売の不確実性」は中小企業の発展性と問題性の共通の根源である。

1. 資本の集積・集中と大企業の形成

(1) ドミナント・デザインによる需要均質化

大企業の形成は「需要均質分野」（需要が均質・大量な分野）の発生とともに進む。ある分野で潜在している均質・大量の需要が発見され、あるタイプの製品によって満たされると、それが市場の支配を勝ち取ったデザイン、「ドミナント・デザイン（dominant product design）」になる（アッターバック[1998]：48）。その他の製品は駆逐されるか周辺に追いやられ、需要は均質化し、製品1種類当たりの需要が大量化する。

例えば、自動車の大量生産を最初に開始したアメリカでも、20世紀初頭には自動車会社が69社も存在し、車の型では三輪車、四輪車、動力源では電力、ガソリン、蒸気と多様な車を生産していた。主な市場は富裕層で、1台1,000ドル以上する高級車が中心だった。電気自動車に執着していたエジソンと袂を分ったヘンリー・フォードのフォード・モーター（以下、フォード）も、当初は高級ガソリン車を作っていたが、1908年、念願の農民向けの大衆自動車、モデルTを投入した。アメリカ農民の自動車に対するニーズは、「堅牢」「操作が容易」「余裕のある馬力」といった自動車の基本機能に絞られたものであ

第Ⅰ部　複眼的中小企業論

った。この潜在していた均質・大量のニーズに適合したのがＴ型フォードで、自動車に対する広大な市場を創出し、ドミナント・デザインの地位を獲得した。

(2)　大量生産技術の追求

先に、企業は「販売の不確実性」を低めるため、「二重の競争」、すなわち需要への適合性と生産性を高める競争に突入するとしたが（→ 22 頁）、「需要均質分野」がいったん開かれると、生産性上昇が競争の中心となる。「需要均質分野」の需要は大量だから、生産性の上昇には規模の経済性の働く大量生産技術が有効である。「需要多様分野」での差別化の追求に対し、「需要均質分野」では大量生産技術による低コスト化が追求される*。

　　*このことは、「需要均質分野」では需要適合を考えなくてよいということを意味するのではない。自動車工業では、1920 年代後半、市場の成熟化とともに、乗用車の買換え需要が中心となったことにゼネラル・モーターズ（以下、GM）が着目、高級車から低級車までそろえるフルライン政策を追求し、乗用車の多層化が始まった。この動きに乗り遅れたフォードが GM にトップの座を奪われたことはよく知られている。「需要均質分野」でも長期的には「二重の競争」が展開されるが、「需要多様分野」に比べ、大量生産技術による低コスト戦略の比重が格段に高い。なお、「需要均質分野」でも製品差別化が見られるようになるが、後述のように、これは寡占大企業の市場管理行動の一環であり、内容的にも中小企業による差別化とは異なる。

Ｔ型に絞ったフォードも、低コスト化のため大量生産技術のイノベーションを追求し続けた。製品の標準化を徹底した上、部品・治工具の標準化、加工工程の細分化、工程毎の専用機械を開発した。さらに、部品の移動組み立て方式の成功後、1914 年、自動車組み立ての基軸工程であるシャーシー組み立ても移動組み立て方式にし、この工程に部品加工、部品組み立てが同期化する、連続的な大量生産方式を完成させた。この過程では、後のフォードシステムで見られる IE 技術者と現場従業員の分離はなく、現場の全従業員が参加し、アイディアを出し合った。さまざまな「場面情報」の発見と交換が行われたに違いない。

連続生産方式確立の効果は劇的で、固定組み立て方式の最も効率的な場合の組立時間が 12 時間 28 分であったのが 1 時間 33 分に短縮した。このイノベーションにより、Ｔ型の価格は下がり続けた（図表 I-3-1）。大量生産方式の導入に失敗した企業は駆逐され、1917 年にはフォードの競争相手となる主要自動

第 3 章　中小企業の問題性

車メーカーは 8 社となり、1920 年時点で T 型フォードは全アメリカの自動車の 3 分の 2、全世界の自動車の半分を占めた。フォードは 18 年間にわたって唯一 T 型を作り続け（1927 年 5 月生産中止）、延べ生産台数は 1,500 万 7,033 台にも達した（以上のうち、アメリカ自動車産業については下川［1992］、チャンドラー Jr.［1970］［1993］による）。

図表 I-3-1　T 型フォード・ツーリングカーの価格推移

（1908 年 10 月 1 日～ 1926 年 2 月 11 日、デトロイト渡し価格）単位：ドル

1908.10.1	1909.10.1	1910.10.1	1911.10.1	1912.10.11	1913.8.1	1914.8.1	1915.8.1	1916.8.1	1918.2.21
850	950	780	690	600	550	490	440	360	450

1918.8.16	1920.3.4	1920.9.22	1921.6.7	1921.9.2	1922.9.16	1922.10.17	1923.10.2	1924.12.2	1926.2.11
525	575	440	415	355	348	298	295	290	310

資料）『アメリカ政府租税控訴局報告書』第 11 巻 116 頁
出典）チャンドラー Jr［1970］：第 1 表

（3）　資本の集積・集中と大企業の形成

　「需要均質分野」では大量生産技術の確立と価格の低下が進むが、これと平行するのが資本の集積・集中である。生産規模拡大のため、各企業は資本の集積（資本蓄積による資本量増大）に拍車をかける。資本の集積に遅れをとった企業は、大量生産技術の持つ規模の経済性を実現できず、駆逐されるか、他企業に吸収される。この資本の集中（複数の資本が単一の大資本へ転化すること）により一挙に資本規模・設備規模を拡大した企業は、さらに生産性を高め、資本の集積を加速する。それがまた資本の集中を推進する。こうして、資本の集積と集中が相互促進的に進む。

　また、銀行や株式制度も資本の集積・集中を進める。

　銀行は信用のある有力大企業へ貨幣資本を供給し、資本の集積と集中を促進する。銀行が企業間の提携や合併を仕掛け、集中を直接進めることもある。資本規模拡大で信用のついた大企業は、株式発行により資本を広く社会から直接調達し、これによっても資本の集積・集中を進める。株式取得による他企業吸収も、集中の新たな手段となる。アメリカの自動車産業でも株式取得による吸収・合併が盛んに行われた。

　こうして、「需要均質分野」では資本の集積・集中が進み、大企業が形成され、

第Ⅰ部　複眼的中小企業論

中小企業は排除される。大企業の特徴は第1章で示したが（→3頁）、繰り返すと次のとおりである。

第1に、株式発行により資本を社会的に調達する。第2に、多くの場合、高度に体系化された大量生産設備による連続生産を行う。第3に、膨大化した生産物を確実に販売するために、自前の流通組織を構築する。第4に、大規模化した生産や流通システムを管理するため、組織的な経営管理システムを備える。

アメリカ自動車産業もこのような大企業によって占められることになり、1929年の中小メーカーのシェアは15.9％、35年には2.6％となり、中小企業は自動車産業からほぼ完全に排除された（下川［1992］：130）。

2.　寡占大企業と大企業体制の形成

（1）　寡占大企業の形成

資本の集積・集中は大企業部門を生むだけでなく、独占的市場構造（価格競争の制限が可能な、高度の市場集中度と高い参入障壁を備えた市場構造）を基盤とする寡占大企業部門も創出する。

①市場集中の高度化による競争制限

大企業部門で資本の集積・集中がさらに進み、産業が少数の巨大企業のみによって構成されると（市場集中が高度になると）、企業間の協調が容易となり、価格競争の制限が可能となる。その可能性を現実化するのが、価格政策に関する相互依存関係である。高い市場集中度の下では、ある1社の価格引下げがその他の企業の売上を直ちに低下させ、価格引下げの報復を呼び、泥沼的な価格競争に陥る。このおそれが引き金となって、各企業は協調による価格競争の回避に向かう。

②参入障壁の形成

しかし、この産業への参入が自由ならば市場集中度は下がり、協調の基盤が崩れる。協調の維持には参入障壁が必要だが、少数巨大企業からなる産業は、低い参入期待利潤率（参入後長期的に実現できるであろうと予測できる利潤率）という参入障壁も構築している。

参入期待利潤率を引き下げる要因として次の3点が挙げられる。

a.参入企業には既存企業に負けぬ、規模の経済性の働く分割不可能な巨大設備が必要なため、参入後、供給量の一挙拡大による価格低下が予想される。そ

れを避けようとすれば操業度を低めざるをえず、いずれにしろ低い利潤率しか得られない。この要因は、独占的市場構造に例外なく存在するという意味で最も基本的なものである。

b. 既存企業は特許などによる優れた技術の独占、原料資源の排他的占有、排他的部品調達（例えば、海外の機械工業メーカーの日本進出を妨げていたものに、閉鎖的な下請系列システムがあると言われたことがある）、運送機関や販売組織の排他的利用（海外の電気製品メーカーが日本市場に参入できない理由の1つが、日本家電メーカーの排他的な販売網だと言われたことがある）を行っていることが少なくない。この場合、参入企業は技術、原料、部品、運送、販売に関し、既存企業よりコストのかかる手段をとらざるをえず、その利潤率は低くなる。

c. 既存企業は参入者に対し闘争的な対抗手段をとる可能性がある。既存企業が生産に関する余裕能力を持っていると、供給量増加による大規模な反撃が可能で、aについてもっと状況を悪化させる。また、原料買い占めにより原料価格をつり上げるなど、bに関する状況を悪化させることもできる。

こうして、資本の集積・集中は寡占化を進め、独占的市場構造を構築する（以上の独占的市場構造の形成については、北原［1977］：1編1章に負っている）。

アメリカの自動車産業では、1929年の大恐慌を通じ、独占的市場構造が形成された。1920年代、GM、フォードと他の独立系自動車会社とはかなりの格差があったが、なお、新規参入の機会があった。30年代、そのような機会は全くなくなり、ビッグスリーによる寡占体制が確立した。競争は非価格競争へ移り、品質、デザインによるシェア競争が展開されるようになった（下川［1992］：130）。後述のとおり、1950年代になるとGMを盟主とするプライス・リーダーシップも形成された。

独占的市場構造を形成しているのは少数の巨大企業だから、それらを寡占大企業と呼ぼう。大企業も資本の集積・集中の結果形成されるが、他大企業との競争で、時によっては中小企業の挑戦で、価格競争を強いられる。それに対し、寡占大企業は資本の集積・集中をより高度に進め、独占的市場構造を基盤に市場価格を管理する力を持っている。

（2） 大企業体制の形成

①中枢部門での寡占大企業の形成

　各種産業の結節点となる中枢産業部門は需要が均質・大量で、資本の集積・集中が進みやすく、寡占大企業がいち早く形成される。それとともに、寡占大企業の支配が当該産業だけでなく、社会的再生産構造を通じ全産業に及ぶ。寡占大企業を起点とする取引関係が全国民経済を覆い、中小企業の経営のあり方も、寡占大企業の経営方針に左右されることになる。中枢産業部門で独占的市場構造が構築され、寡占大企業を筆頭とする大企業セクターが、国民経済の再生産を支配するのが大企業体制である。

②大企業と中小企業の取引構造

　『中小企業白書2007年版』は大企業体制下の取引構造を具体的に示している。
　同書は㈱東京商工リサーチ提供の、製造業約14万社における主要仕入先、主要販売先データ（製造業企業の約3割をカバー）をもとに、上場大企業に販売している1次取引企業、1次取引企業に販売している2次取引企業というように、企業を上場企業との結びつき方によって分類した。一方、上場企業に直

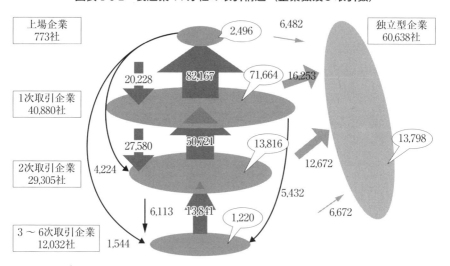

図表 I-3-2　製造業14万社の取引構造（企業数及び取引数）

資料：㈱東京商工リサーチ「TSR企業情報ファイル」再編加工
(注)　矢印及び吹き出しの値は、それぞれの層における取引数を示す。
出典）『中小企業白書2007年版』：第3-1-6図①

接的にも間接的にも販売していない企業を独立型企業とした。そうしたところ、上場企業を直接的、間接的に販売先とする企業が、合計で約 82 千社、独立型企業は約 60 千社で、図表 I-3-2 に示す取引関係を持っていることがわかった。また、図表 I-3-3 によると、上場企業以外では大部分が中小企業によって占められているから、図表 I-3-2 は大企業と中小企業の取引関係を示すものと言える。

③大企業体制の支配構造の具体化

白書は次のように述べる。

「上場企業を起点とした垂直取引以外にも多くの取引関係が存在している点に注目すべきである。製造業 14 万社においては、約 36 万の主要仕入・販売関係が存在する。このうち、赤い矢印（上向きの太い矢印—筆者）で示される垂

図表 I-3-3　製造業 14 万社の取引構造（層別の企業属性）

	企業数（社）	300 人以下企業数（社）同比率(%)	従業員数平均（人）同中央値	当期決算売上高平均（百万円）同中央値	当期決算利益金平均（百万円）同中央値	主要仕入先企業数平均（社）同中央値	主要販売先企業数平均（社）同中央値	利益率平均（%）同中央値
上場企業	773	65 8.4	2,372.8 1,013	144,916.8 56,309	6,277.1 1,713	109.5 49	46.1 21	3.55 3.19
1 次取引企業	40,880	39,250 96.0	71.3 25	2,966.4 510	83.4 7	4.7 3	5.0 3	1.31 1.33
2 次取引企業	29,305	28,827 98.4	36.2 13	1,418.4 220	17.7 3	3.1 2	2.8 2	0.96 1.12
3 次取引企業	8,545	8,457 99.0	29.4 12	987.7 220	28.9 2	2.7 2	1.9 1	1.49 0.95
4 次取引企業	2,400	2,385 99.4	27.6 12	876.3 240	13.7 2	2.6 2	1.9 1	0.82 0.81
5 次取引企業	754	746 98.9	29.5 13	1,077.3 290	10.4 2	3.1 2	2.1 1	0.96 0.71
6 次取引企業	333	326 97.9	35.3 13	1,146.3 275	20.6 3	2.9 2	1.7 1	1.30 1.00
独立型企業	60,638	59,926 98.8	20.8 10	582.8 180	11.4 2	2.0 1	1.3 1	▲ 7.66 0.91
計	143,628	139,982 97.5	51.8 14	2,234 250	82 3	4.27 3	3.84 2	▲ 2.30 1.07

資料：（株）東京商工リサーチ「TSR 企業情報ファイル」再編加工
（注）　利益率の値は、個別企業ごとに当期決算利益金を当期決算売上高で除して算出した。
出典）　『中小企業白書 2007 年版』：第 3-1-6 図②

第Ⅰ部　複眼的中小企業論

直的な取引関係は、約 15 万（約 4 割）にすぎない。同じ層に属する企業同士の関係や、垂直取引とは反対方向の関係、独立型企業との取引関係が全体の 6割を占めている」（同書：165、166）

　だが、この分析には次のような問題がある。

　白書は、上場企業（773 社）起点の取引数が、全体の 4 割（正確には41.4％）に「すぎない」としているが、それが全企業数のわずか 0.54％（773社の全サンプル数における割合）の上場企業により生み出されていることに無関心である。大企業の中枢産業部門支配により、他企業が割合ではわずかの少数大企業に市場を依存せざるを得なくなっている。この肝心なことを白書は指摘していない。「上場企業起点の取引が 4 割も占めている」という見方が必要である。しかも、以下で述べるように「4 割」という認識は過小評価である。

　まず、上場企業起点の垂直取引数割合は実質的にはもっと多いはずである。垂直取引と反対方向の取引には、下請発注に伴う原材料や部品の有償支給が含まれるはずである。1 次（2 次〜6 次）取引企業間の取引で生産された部品が上位企業に納品されることもよくある。これらは垂直取引に包含されることになる。

　次に、取引額で見れば垂直取引の割合はもっと高くなる。図表 I-3-2 によると、1 次取引企業は上場企業に向けて 82,176 の取引を行う一方、2 次取引企業と 3 〜 6 次取引企業に向けて合計 33,282 の取引を行っている。1 次取引企業における垂直取引と垂直取引と反対方向の取引数の比率は 1 対 0.41 である。しかし、自社より規模の大きい上場企業向けと自社より規模の小さい 2 次、3 〜6 次企業向け（規模の差については図表 I-3-3 を参照）の取引単位は、前者の方が大きいであろう。したがって、取引額については 1 対 0.41 という比率はもっと拡大するとみるべきである。同じことは 2 次取引企業における垂直取引と垂直取引と反対方向の取引についても言えよう。1 次、2 次取引企業における垂直取引と同じ層に属する企業同士の取引についても、垂直取引のほうの取引単位が大きく、やはり取引額については垂直取引の割合が、より高くなると推測できる。また、独立型企業起点の取引が 55,877 あり、全体の 15.7％を占めるが、独立型企業は最も規模が小さく（図表 I-3-3）、取引単位も小さいはずなので、取引額に占める割合はもっと低くなるだろう*。

　　*なお、垂直取引と反対方向の取引については次の点も重要である。この取引が下請発

94

注に伴う有償支給でない場合でも、鉄鋼に見られるように、購入者の中小企業には仕入先選択や購入価格に関する自由は事実上なく、決められた供給体制の中で購入せざるを得ない。寡占大企業の供給独占が購入者の中小企業をこのように制約しているのであり、この点を無視し、垂直取引と反対方向の取引を中小企業を起点とする自由な取引のようにみてはならない。

　垂直取引以外の取引の存在を軽視してはならぬが、大企業を起点に中小企業を垂直的に組み込んだ垂直的分業組織が、日本の取引構造の中枢であることは否定できない。白書の掲げた図は、白書の意図とは逆に大企業体制の支配構造を具体的に示しているのである。

3. 寡占大企業と「販売の不確実性」

　「販売の不確実性」は商品生産者共通の難問である。しかし、寡占大企業にとって「販売の不確実性」はさらに重大化する。高度な資本の集積・集中の結果形成された寡占大企業の生産設備は、分割不可能な巨大な体系をなし、投資額は膨大である。しかも、特定範囲の製品しか作れず、他への転用は不可能である。また、製品設計・試作も長期間となり、その費用も巨額化する。大組織を動かす管理費用も膨大化し、以上のため、寡占大企業の固定費は巨額化する。

　フォードが1903年6月16日に設立された時の払込資本金はわずか28,500ドル（同年の平均雇用者数125人）で、固定資本投資も少額だった。10月に最初の自動車を売り出したように、製品開発も短期間ですんだ。61年後の1964年春、ムスタングを発売したが、同年の資産は約60億ドル（平均雇用者数317千人）に達した。固定資本投資が巨額化していたからである。ムスタング製作には3年半の準備期間が必要で、機構上の設計と型作りの費用は900万ドル、ムスタング生産に必要な道具作りの費用は5千万ドルに達した（ガルブレイス［1972］：37-38）。

　このように固定費が巨額化した寡占大企業にとり、「販売の不確実性」という難問はますます重大化する。ムスタングの販売が不調だったならば、フォードは巨額の固定費を回収できず、損失は莫大だっただろう。寡占大企業がより大きな利潤を求め市場を拡大する場合も、「販売の不確実性」を高めるものであっては絶対ならない。だが、幸いなことに寡占大企業は「販売の不確実性」を低める新たな行動をとれる。それは、「販売の不確実性」を生む市場そのも

第Ⅰ部　複眼的中小企業論

のを管理することである。寡占大企業の独占的市場構造を基にするに強力な市場支配力が、それを可能にする。寡占大企業は市場を管理しつつ資本利潤率の最大化を追求するのである。この寡占大企業固有の行動が中小企業問題を引き起こすことになる。

第2節　寡占大企業の市場管理行動

　寡占大企業の市場管理行動は、産業内での価格管理と需要管理、複数の産業と地域にわたる市場多角化、これらを金融面から支える金融市場支配に分けることができる。

1. 価格管理

　寡占大企業は「販売の不確実性」の元になっている産業内の競争者や買い手の動きを管理する。それは、「販売の不確実性」を構成する「価格面の不確実性」と「需要面の不確実性」に対応して、価格管理と需要管理に分けられる。価格管理には自己の商品の市場価格に関する管理と商品の購入価格に対する管理がある。

(1)　市場価格の管理

　自己の商品に設定した価格に社会的妥当性がないかもしれない――これが「価格面の不確実性」だった。大企業体制が成立する以前、これに対処する手段は生産性の上昇だった。寡占大企業はこれに加え、自らの設定価格に合わせて市場価格を形成し、「価格面の不確実性」を低下させようとする。

　寡占大企業は販売市場で価格競争を制限できる独占的市場構造を形成している。この販売寡占を基盤に協調して市場価格をある水準に引き上げ、維持しようとする。

　どのようにして協調するかというと3つの形態がある。明示的な協定を結ぶ「カルテル」、文章など明示的な協定を残さない「暗黙の協定（紳士協定）」、何らの協定も結ばず暗黙理に諒解し合い、共同歩調をとる「暗黙の相互諒解」である。後者になるほど高い市場集中度が必要であり、また反独占政策の影響もあって、協調の形態は「カルテル」→「暗黙の協定」→「暗黙の相互諒解」と推移してきた。

96

第3章　中小企業の問題性

　重要なのは、「暗黙の相互諒解」という目に見えない仕組みによっても「カルテル」と同じ効果を持つ、寡占大企業の強力な価格管理力である。「暗黙の相互諒解」の一種にプライス・リーダーシップがある。これは産業内の最強の寡占大企業が自らの設定価格を市場価格として提案し、他企業が追随するというルールを、暗黙の同意により慣習として成立させたものである。単なる「相互諒解」よりも確実迅速に価格を統一でき、寡占大企業の最強の価格管理形態である（北原［1977］：64-65）。自動車産業と鉄鋼産業におけるプライス・リーダーシップの具体例を示そう。

（2）　プライス・リーダーシップの例
① GM とフォード
　フォードは 1956 年 9 月 29 日、1957 年型各車の価格の引き上げを発表した。3 週間後には GM が 1957 年型シボレー各車の価格を発表した。新しいシボレー価格は、4 つの型についてはフォードより 5 ドル低く、1 つの型については同じ価格であり、9 つの価格については、フォードよりも 23 ドルから 50 ドル高かった。すると、その 1 日か 2 日あとフォードは再び新価格を発表した。新しいシボレー価格の方が 5 ドル低かった 4 つの型については、第 1 次価格より 5 ドルないし 6 ドル切り下げた。他の 4 つの価格についてはシボレーの方が 50 ドルから 53 ドル高かったが、フォードは今まで任意取り付けだった装備の分 41 ドルがシボレーの方では標準になっていたのでフォードでも標準車に取り付けることにし、その価格を 51 ドルから 53 ドル引き上げた。シボレー新車価格がフォードより 24 ドルから 39 ドル高かった 5 つの型では、フォードはその装備を何ら変更することなく、先の第 1 次価格を 24 ドル〜30 ドル引き上げた。その結果、フォードの各型のうち、わずか 2 つを除いて全型がシボレーの価格に比し 2 ドル以内の差に決められ、その 2 つについても差額は 10 ドルと 11 ドルだった（ルーサー［1962］：150-151）。
　この例ではフォードがまず新価格を発表したが、プライス・リーダーは最大自動車会社 GM であり、フォードは価格を再改訂して追随したのである。
②トヨタと日産
　これほど明瞭ではないが、今日の自動車産業でもプライス・リーダーシップを伴う価格協調が存在する。

97

第Ⅰ部　複眼的中小企業論

　2004 年、国内需要の頭打ちが続く中、日本車のアメリカ市場でのシェアは初めて 30％を突破（30.5％）、一方、米ビッグスリーのシェアは 58.7％へ低下した（『日本経済新聞』2005 年 1 月 6 日付）。トヨタ自動車会長の奥田碩は 2005 年 4 月 25 日の記者会見で、経営不振に陥った GM とフォードに配慮し、北米での値上げを示唆した。「GM を含め米自動車産業を憂慮している。…技術提携をするとか、価格を変えるとか可能性はある」「（日本メーカーが）昔やっていたような制度をやっていくことがあってもいいのではないか」と述べ、モデル改定のたびに値上げしてきた慣行の復活により、日本車が値上げすることも選択肢との考えをにじませた（『日本経済新聞』2005 年 4 月 27 日付）。

　そして、実際に 2005 年 7 月 1 日、トヨタ自動車は米国で基幹車種の「カムリ」など 4 車種を 0.7 ～ 1.5％値上げすると発表した。値上げはトヨタだけではなかった。日産自動車も同日、北米向けの高級車「インフィニティ M35」（日本名フーガ）の 3 車種を 1.2 ～ 1.3％値上すると発表した（www.sponichi.co.jp/car/special/200507topics）。トヨタ自動車の値上げ意向に追随し、同じ日に値上げを発表するという協調ぶりである。トヨタと日産は協調により、顧客動向とは関係なく、米国の競争相手を支援するという理由だけで、価格を引き上げることができるのである。雨宮高一本田技研工業副社長が「値上げは市場の中で決める。顧客を無視した支援的な値上げは考えられない。…反トラスト法をどう考えているのか」（『日本経済新聞』2005 年 4 月 27 日付）と述べたのは、至極もっともである。

　2008 年、鋼板価格*の上昇を背景に、次のように協調的な価格引き上げが行われた。

　日産自動車のカルロス・ゴーン社長は 2008 年 6 月 25 日の株主総会後の記者会見で、鋼板価格の車輌価格への転嫁は避けられないとし、2007 年比で 2 ～ 3％の値上げが必要と表明、その上で「市場のリーダーが動かないと大幅な値上げは難しい」と述べ、トヨタ自動車の先行値上げに期待を示した（『日本経済新聞』2008 年 6 月 26 日付）。『朝日新聞』（同日付）は「日産ゴーン社長、トヨタに値上げを催促」の見出しをつけ、ゴーン社長が「1 社で（値上げを―筆者）やると総スカンを食う。複数社がやらないとうけいれられない」と述べたと報じた。

　このゴーン社長の期待にすばやく応えるがごとく、翌日の『日本経済新聞』

98

は、トヨタ自動車が全車種一斉の値上げを視野に入れた価格引き上げの検討に入り、7月に最終判断を下すと報道した。引き上げ幅も1～3％ということで、日産の要望に応えている。実際にはトヨタの値上げ決定は遅れ、8月25日になった（9月1日より実施）。自動車の販売が低迷し、社内で論争があったからである。値上げも全車種ではなく、法人需要のためさほど価格に敏感でない商用車と、乗用車では人気のハイブリッド車、プリウスにとどまった。値上げ幅は予定どおり1.0～3.3％。トヨタに値上げを促していた日産は、商用車は追随値上することにし、乗用車についてはハイブリッド車を持たないため断念した（『朝日新聞』2008年8月26日付）。販売低迷期の価格引き上げは、寡占大企業でも容易でない様子が伝わってくるが、それでもプライス・リーダーシップにより価格が引き上げられたのである（しかも、この場合には何らのモデルチェンジもしていない）。

　　＊鉄鋼価格は次のように決められる。毎年製品ごとに最大手メーカーと最大手ユーザーとの交渉が行われ、そこで決まった価格に他のメーカーとユーザーも追随する。先導するのは、車用鋼板価格では新日本製鉄とトヨタ自動車、自動車部品などに使う線状や棒状の特殊鋼の価格では神戸製鋼所とトヨタ、船舶用厚鋼板では新日鉄と三菱重工との交渉である。その中でも、新日鉄とトヨタの交渉で決められた車用鋼板価格は、自動車だけでなく、造船や電機などの鋼材取引価格にも影響する。2008年5月に決まった価格に関しては、交渉が2007年末から始まり、1トン当たり2万円台後半（3割強の値上げ）で決着した（『日本経済新聞』2008年5月17日付、18日付）。このような鉄鋼価格の決定方式も、プライス・リーダーシップと言える＊＊。

　　＊＊2012年に新日本製鉄と住友金属が統合、新日鉄住金の誕生後は上記新日鉄の役割は同社が引き継いでいるようである。『日本経済新聞』（2017年2月18日付）によると、トヨタと新日鉄住金は半期に1度、鋼材価格を決めており、トヨタは両社で合意された16年度下期（16年10月～17年3月）の鋼材価格を基に17年度上期にトヨタが部品メーカーに卸す自動車用の鋼材価格を決定（16年度下期に比べ大幅上昇）、これが家電製品や造船にも影響するとしている。

（3）　価格水準
①共同利潤の長期最大化がベース

　寡占大企業はこのように協調して市場価格を引き上げることができるが、価格水準はどのように決定されるのだろうか。北原［1977］によると、共同利潤（その部門全体の利潤）を長期的に最大化する水準がベースとなる。上述のよ

第Ⅰ部　複眼的中小企業論

うに、寡占大企業の価格競争は相互の利益にならない。価格に関し同一歩調を
とり、共同利潤の最大化を狙うことが利潤の長期的最大化につながる。

　利潤最大の価格水準は、需要の平均的状態のもとでの産業需要曲線と産業費
用曲線をつきあわせ、求められる。ただし、「共同利潤の長期最大化価格」は
ベースであって、実際の価格は生産条件の異なる企業間の妥協の仕方により、
その上下にばらつく。生産条件の優れた企業は「共同利潤の長期最大化価格」
より低い価格が有利である。そのため、一般的傾向として、価格は生産条件の
優れた企業の持つ強い影響力により、「共同利潤の長期最大化価格」より低く
なる傾向がある（同書：68-75）。

②慎重な投資行動による価格維持

　しかし、いずれにしろ、その価格水準は参入が自由で、競争が全面的に展開
すると仮定された時に成立する「生産価格」（平均利潤を含んでいる価格）よ
り引き上げられている。というのは、その価格水準は参入制限と慎重な投資行
動により、供給が制限された上で成立するものだからである。

　慎重な投資行動とはどういうことか。寡占大企業の設備は規模の経済性のあ
る分割不可能な巨大設備だから、設備投資は供給能力を一挙に拡大し、価格競
争を呼び起こすきっかけとなる。そのため、寡占大企業はかなりの需要拡大が
予想されれば設備投資をするが、そうでない時は投資を抑制する。では小幅な
需要変動にはどう対応するのか。最初の設備投資の段階で意図的に余裕能力を
持っておく。需要が拡大すれば余裕能力を使って操業度を上げ、需要が縮小す
れば操業度を下げる。需要変動には操業度の変化で対応し、一度設定された価
格は需要の多少の変動では変更しない。これは、価格変更をきっかけに寡占大
企業間の利害対立が表面化し、価格競争に落ち込むのを防ぐためである。かく
して、価格の協調的引き上げ維持のため、余裕能力を意図的に保持しつつ慎重
な投資行動をとることが寡占大企業の特徴となる（同書：185-191）。

　以上のように、寡占大企業は特有の設備投資行動を土台に、共同利潤の長期
最大化をベースに価格を設定する*。

　　*このことは、当然ながら価格が低下しないということを意味しない。産業費用曲線が
　　下方移動し、価格低下が共同利潤の増加になるならば、低下する。

　もっとも、この価格政策が常に実現されるとは限らないと考えるべきだろ
う。鉄鋼メーカー（売り手）対自動車メーカー（買い手）のように、買い手も

100

寡占大企業の場合には価格交渉での抵抗も強く、売り手の意図通りの価格を貫けないことがある。深刻な不況で急速に需要が減退し売り手の取引力が弱まる場合、操業度を落とすだけでは対応できず、密かな値引きや種々の方法で実質値引きをすることもある。このように、寡占大企業も完全には価格を管理できないが、寡占大企業の価格政策が市場価格を主導するという事実は変らない。今や、市場価格は市場で社会的に決定されるのではなく、寡占大企業の価格政策によってリードされる。

（4）　購入価格の管理

　購入価格の管理も「価格面の不確実性」に対処する新手段となる。寡占大企業は販売市場で独占的市場構造を形成しているだけでなく、購入市場では購入寡占を形成している。これを背景に強い交渉力を発揮し、原材料や部品の購入価格引き下げを図る。購入価格引き下げによるコスト・ダウン（いわゆる購買原低）で、「価格面の不確実性」を低下させ、一定の利幅の獲得も確実にする。

　寡占大企業による購入価格管理は、特に下請中小企業に対し強力に行使される。下請中小企業の競争は発注者により操作されやすいからである。

　下請中小企業はまず発注者の寡占大企業との競争にさらされている。寡占大企業は make or buy の決定を経て外注する。その決定は内・外製におけるコストや品質、供給能力の検討などのうえ行われるから、外注と内製は代替関係にある。このため、下請中小企業から見れば、発注企業は最有力の潜在的競争相手であり、現実の競争相手とならぬよう発注企業の意向に従わなくてはならない。

　寡占大企業は外注をする場合、複数の下請中小企業を選ぶ。安定供給確保のためだけでなく、下請中小企業の価格、品質、納期、サービスなどを比較し、下請中小企業をしのぎを削る競争に追い込み、取引上の優位を獲得するためである。

　さらに、寡占大企業はまだ取り引きしていない潜在的な外注先企業の競争圧力も利用する。トヨタ自動車のホームページにはかつて「調達情報」というサイトがあった。そこは新規の外注先企業を募集しており、取引希望者が書き込む「コンタクトフォーム」には「貴社の売り込み品」と「トヨタの現行品」とを構造、性能、工法、コストなどで比較する欄がある。「現行品」を製作して

101

第Ⅰ部　複眼的中小企業論

いるトヨタの既存取引先が、常にトヨタの潜在的取引先との競争にさらされていることを示す良い例である。

以上のようにして、下請中小企業の競争は寡占大企業によって「操作され管理された競争」（佐藤［1976］：161）となり、寡占大企業は購入価格を有効に管理できる。

特に下請単価に関しては購入寡占による厳しい管理が行われているが、その他の場合についても、寡占大企業は購入側で競争が全面的に展開されている場合に成立する「生産価格」（平均利潤を含む価格）より購入物の単価を低くできる。これにより、金をかけて設備投資をしなくても、コストを引き下げ、設備投資に伴う副作用——供給量を増やし、価格競争を引き起こす危険も避けられ、「価格面の不確実性」を低下させる。しかも、一定の利幅の獲得も確実にする。

「価格面の不確実性」を低下させるため、寡占大企業は市場価格と購入価格の管理という新たな手段を行使することを述べた。ただし、寡占大企業が大量生産技術追及の結果、形成されたことから明らかなように、高い生産効率も依然「価格面の不確実性」低下の重要な手段であることに変わりはない。寡占大企業といえども何らかの理由で生産効率が低下すれば、価格競争を仕掛けられ、敗退せざるをえない。寡占大企業の「価格面の不確実性」低下は「生産効率＋価格管理」による。

2.　需要管理

寡占大企業は「需要面の不確実性」についても「販売努力」による管理で低下させようとする。「販売努力」はより多くの利潤を求める市場拡大策であるが、需要管理策でもあり、市場拡大は需要管理と一体化して推進される。「販売努力」は販売促進活動と製品変更政策からなる（北原［1977］：247）。

(1)　販売促進活動

寡占大企業は製品差別化と一体化した販売促進活動により買い手をコントロールする。

102

第3章　中小企業の問題性

①幻想的差別化へ

　価格競争を回避する寡占大企業は、価格を一定レベルに維持しつつ製品差別化で市場を拡大しようとする。品質・機能、デザイン、包装などに関し競争相手の製品と区別される特徴を持たせ（唯一性の追求）、買い手を引きつける。このために、買い手の種々の欲求を「場面情報」によって把握しなければならない。この点は中小企業の製品差別化と同じである。だが、寡占大企業にとって「場面情報」の把握は差別化の1つのきっかけにすぎない。寡占大企業は他企業製品との差を誇張して伝え、実質的な差別化だけでなく、幻想的な差別化へ進む。その手段になるのが、巨大な資本力をバックにした強力な情報発信、具体的には、広告、セールスマン販売、商品展示などによる圧倒的な販売促進活動である。製品差別化と一体化した販売促進活動で、買い手に実質以上に使用価値上の差があると思わせ、価格も納得させる。いわば、商品の幻想的な使用価値に合わせ、買い手の欲求を創造する。場合によっては、実質的差別化が全くないものを、あると思わせさえする。

　その典型例がかつてブームとなった「マイナスイオン」商品である。エアコン、除湿機、加湿器、空気清浄機、扇風機、冷蔵庫、ヘアドライヤーなどの家電製品の他、繊維製品、家具・寝具類、アクセサリー等々で「マイナスイオン」を発生する商品が発売、宣伝された。2007年にパソコンの生産から撤退した日立製作所は、背面から「マイナスイオン」の出るパソコンまで発売したことがある（2002年10月26日）。しかし、「マイナスイオン」が健康に良いというのは科学的には証明されていなかった。森林や滝の周辺では「マイナスイオン」が多く、そして森林や滝の周辺では一般に快適だというにすぎない。「メーカー側は、『マイナスイオン』という言葉に、『体に良さそう』『自然な快適さが得られそう』というイメージを付加しているが、これはあくまでイメージにすぎない。『マイナスイオン』という言葉は、呪文、お札のようなものであり、信じる信じないかは、あなた次第」である（川口 [2003]）。

　中小企業は寡占大企業のような強大な情報発信力は持たず、需要の方を商品の幻想的な使用価値に合わせることはできない。すでに、述べたように、中小企業の製品差別化はマルクスの言う「複雑労働」に基づく実質的な差別化である（→ 79頁）。寡占大企業の独占的市場構造を基盤とする差別化と中小企業による差別化は、区別されなくてはならない。

103

第Ⅰ部　複眼的中小企業論

②企業への忠誠化

　買い手は個々の製品の購入を「説得」されるだけでない。度重なる寡占大企業からの情報発信により、買い手は寡占大企業への忠誠心を強め、製品ではなく「企業を買う」ようになる。この効果を狙い、企業イメージだけを売り込むコマーシャルもよく見られる。売り手企業への忠誠心が強くなるのは個人消費者だけでなく、企業が買い手の場合も同じである。購買担当者には有名大企業の製品を買っておけば、その製品に問題が起きても責任は問われないという安心感がある。この心理を利用し、IBM は「FUD」をマーケティング戦略の中核に据えた。FEAR（不安）、UNCERTAINTY（不確実）、DOUBT（疑問）の略だが、「どうしてわざわざ小さな企業から購入するリスクを冒すのですか？ IBM を選んで首になった人は今まで 1 人もいませんよ」と、名もない小企業に関する不安をあおり、IBM 製品を買わせる戦略である（マッケンナ[1992]：135-136）。

　寡占大企業は以上の販売促進活動によって買い手を操作し、商品選択の主体性を奪い、価格も受け入れさせる。買い手の自由がなくなったわけではないが、寡占大企業は「消費者の自由裁量を企業にとって耐えうる限界内に押しとどめておく」ことができ（ガルブレイス[1972]：285）、「顧客の自由な選択の行使によって大規模な脱落を心配しないですむ安定した顧客群を持つこと」ができる（同：283）。販売促進活動は買い手の主体性を奪い、市場を拡大しつつ需要を安定化させる方策である。

(2)　製品変更政策

　「販売努力」のもう 1 つの方策が製品変更政策であり、耐久消費財のモデルチェンジがその代表である。既存製品の外観、品質、機能を変更し、既存製品を陳腐化させる。これにより買い換え需要を継続的に創り出し、既存需要を安定的に維持・拡大する。この手法は多様な車種でモデルチェンジを繰り返したGM が代表例だが、1980 年代までの日本の乗用車産業の製品変更策には、特に綿密な需要管理がうかがえる。

　日本の乗用車メーカーは 4 ～ 5 年でフル・モデルチェンジをしてきた。モデルチェンジによる売上増の効果はモデルチェンジをした年を含めて大体 2 年ぐらい続き、それをすぎると売上は落ちる。そこで製品毎のモデルチェンジの時

第3章　中小企業の問題性

期をずらし、ある製品の売上減を他の製品のモデルチェンジによる売上増でカバーし、総体として売上と操業度を安定させる。モデルチェンジを理由に価格を引き上げることも、売上を支える。図表 I-3-4 のように、トヨタのモデルチェンジの場合、1988年以前は3車種が同時にモデルチェンジされたことはなく、主力車種に対する総需要管理の意図がよく示されている。

図表 I-3-4　トヨタ主力車種モデルチェンジ

	1970	71	72	73	74	75	76	77	78	79	80	81	82	83	84
カローラ	FC				FC					FC				FC	
コロナ	FC			FC				FC				FC			
マークⅡ			FC					FC				FC			FC
カリーナ		○						FC				FC			
クラウン		FC				FC				FC				FC	

	85	86	87	88	89	90	91	92
カローラ			FC				FC	
コロナ				FC				FC
マークⅡ				FC				
カリーナ				FC				FC
クラウン			FC				FC	

注）　FC：フル・モデルチェンジ　　○：発売
資料）　『トヨタ自動車の実態』『新車発表ニュース』
出典）　伊丹＋伊丹研究室［1994］：表5-3

　以上のように、寡占大企業は販売促進活動と製品変更政策により、市場拡大を図りつつ需要を管理し、「需要面の不確実性」を低下させる。この需要管理は「需要面の不確実性」を低めるだけでなく、価格管理力も高める。販売促進活動、製品変更政策は、価格に関しても買い手を納得させる効果を持つ。寡占大企業の市場価格管理は独占的市場構造に基づく強力な取引力を基礎とし、その上に価格に関する「説得」が加わっている。以上で述べた需要管理の「需要」とは寡占大企業が設定する価格の下での「需要」である。

（3）　需要変動のバッファーを利用
　寡占大企業はこのように需要を管理しても、景気による需要変動まで免れる

第Ⅰ部　複眼的中小企業論

ことはできない。これに対し、寡占大企業は次の対処策をとる。

　寡占大企業は需要変動のバッファーとして下請企業を利用する。需要減少に見舞われた寡占大企業は、内製化により生産の減退を防ごうとする。これは、その下に階層的に組織されている下請企業の売上を需要の減少以上に引き下げる。その場合、下請下層ほど引き下げ率は高くなる。言い換えると、下請企業が大きく売上を落とすことにより寡占大企業の調整が可能となる。また、需要減退に伴う寡占大企業による在庫調整についても同じことが言える。詳しい説明は後に譲るが（→ 297 頁）、これは「階層的下請構造におけるしわ寄せ原理」と言え、需要変動の影響を下請企業に押し付ける仕組みである。需要に働きかけるものではないが、需要変動への対処という意味で広義の需要管理に含めてよいだろう。

3. 市場多角化

　寡占大企業は価格・需要管理により「販売の不確実性」の低下を図るが、事業が一市場領域に限られるならば、製品ライフサイクルやその製品特有の景気循環の影響を脱することができない。この問題は複数の市場領域を持ち、各市場での変動を相殺することにより突破できる。複数の市場領域への進出すなわち市場多角化は、売上・利潤拡大だけでなく、市場の作用を抑制する管理的行動としての性格も持つ。市場多角化には製品多角化と地理的多角化がある。

(1)　製品多角化
①新製品分野進出による価格競争回避と需要変動吸収

　これは複数の製品分野へ進出することで、次のように、寡占大企業固有の動機が働いている。先に述べたように、寡占大企業は自部門での追加投資については、それが一挙に供給を拡大し、寡占大企業同士での価格競争を引き起こしかねないので慎重である（→ 100 頁）。そこで、価格競争発生の危険のない製品分野への進出に強い動機を持つ。そういう分野とは、まだどの寡占大企業も生産を始めていないか、一部の先駆的企業が生産を開始したばかりの新製品分野である。また、製品は存在するがもっぱら中小企業が生産している分野も対象となる。寡占大企業は需要を奪い合わない複数の製品分野へ事業を多角化し、売上を拡大すると同時に単一の製品分野依存による「販売の不確実性」か

第3章　中小企業の問題性

ら脱することができる。

②戦略として定着

　製品多角化は新市場開拓と一体化した販売安定策として、寡占大企業の戦略として定着していることを吉原・他［1981］が示している。同書は Rumelt［1974］に倣い、企業戦略を「専業戦略」（製品分野が1つのケース）、「垂直的統合戦略」（1つの素材原料からその最終製品までの長い工程を統合しているケース）、「本業中心多角化戦略」（本業と呼べる製品分野を持ち、かつ多少の多角化をしているケース）、「関連分野多角化戦略」（本業と言える比重の高い製品分野が1つあるわけではないが、大半の製品分野が互いに何らかの関連を持っているケース）、「非関連多角化戦略」（大部分が関連のない製品分野からなっているケース）に大別する。なお、「製品分野」とは、その分野の意思決定（事業規模の変更、技術などの生産上の変更、製品価格・品質などマーケティング上の変更）が他の分野に大きな影響を及ぼすことなく行える程度に独立性を持った分野と定義され、多角化とは、製品分野の多様性が増すこととされている。

　図表 I-3-5 は日本の寡占大企業と見なせる 118 社に関するデータだが、多角化型3種の構成割合の合計は 1973 年では 64.5％を占め、多角化戦略が定着していることがわかる。15 年間の推移を見ると、専業型の構成割合は 26.3％から 16.9％へ大きく低下し、多角化型の合計は 60.5％から 64.5％へ増加している。多角化型の増加は、積極的な多角化と見なされる関連分野多角化型が増加したためである。もっとも、垂直統合型も増加しているが、この期間が高度成長期であり、既存分野の成長もまた急であったためである。

　図表 I-3-6 は Rumelt［1974］を元にしているが、アメリカの上位 500 社の大企業では、1969 年には専業型と垂直統合型の構成割合の合計は 21.8％しかなく、特に専業型は 6.2％と 1958 年の 26.3％から急減し、もはや例外的存在になっている。1969 年の多角化型の合計は 78.2％と圧倒的で、中でも積極的多角化と見なせる関連分野多角化型が半分近くの 45.2％も占め、1949 年の 26.7％から急増しているのが注目される。

107

第Ⅰ部 複眼的中小企業論

図表 I-3-5 戦略タイプの分布 (日本)

	1958 年	1973 年
専業型	30 社 (26.3%)	20 社 (16.9%)
垂直統合型	15 社 (13.2%)	22 社 (18.6%)
本業中心多角化型	24 社 (21.0%)	21 社 (17.8%)
関連分野多角化型	35 社 (30.7%)	47 社 (39.8%)
非関連多角化型	10 社 (8.8%)	8 社 (6.8%)
合　　計	114 社 (100.0%)	118 社 (100.0%)

出典) 吉原・他 [1981]：表 2-1 より部分引用。

図表 I-3-6 戦略タイプの分布 (米国上位 500 社)

	1949 年	1969 年
専業型	34.5%	6.2%
垂直統合型	15.7%	15.6%
本業中心多角化型	19.8%	13.6%
関連分野多角化型	26.7%	45.2%
非関連多角化型	3.4%	19.4%
合計	100.0%	100.0%

出典) 吉原・他 [1981]：表 2-3 より部分引用。

(2) 地理的多角化

①地理的多角化による価格競争回避

　これは輸出市場の開拓や国外への直接進出により、市場を地理的に多角化することである。寡占大企業にとって国外市場への進出は、新製品開発の場合と同様に、国内の寡占大企業と衝突しない市場拡大の機会となる。進出先として有望なのは、まだ寡占大企業によって支配されていない国外市場、例えば、発展途上国のように前近代的な小企業が類似商品を生産している地域、寡占大企業の存在する先進資本主義国であっても、商品開発や生産性上昇に遅れをとっている地域などである。国外市場の開拓に遅れをとると市場拡大の機会を失うだけではない。有望な国外市場を先に獲得した競争相手が、それによって強力化すれば、国内の既存市場における自企業の支配権も脅かされるため、国外市場進出に拍車がかけられる。

　国外進出は輸出市場の開拓から始まるが、やがて、輸入代替政策をとる発展

途上国政府や、国内市場における自国寡占大企業の地位を守ろうとする先進国政府の輸入制限措置と衝突する。この輸出障壁を乗り越えるために国外への直接投資が始まる。また、自国での賃金上昇、為替レート上昇などにより国際競争力が低下した場合、低賃金の発展途上国へ直接進出し、そこから迂回輸出することも必要となる。こうして、寡占大企業は国外市場確保のため多国籍企業化する。

②**地域別販売量の変動を吸収**

市場の地理的多角化は販売量を増やすだけでなく、販売の確実性を高める。一国市場に依存していると、その国の市場成熟度、景気循環、為替相場、政府の政策等により販売量が左右される。市場が地理的に多角化されれば、国別の差は吸収される。図表 I-3-7 はトヨタ自動車の地域別の世界販売台数（四輪車）の推移である。国内販売台数は 1996 年（2,135 千台）をピークに低下を始める。それを補っているのが北米での販売台数の伸長で、2001 年には国内販売台数を上回る。北米に比べれば量は少ないが、ヨーロッパ、アジアも伸び、これらにより世界販売台数は伸び続ける（世界販売台数 1996 年 4,757 千台、2007 年 8,429 千台）。地理的多角化の成果である。最大の販売地域北米での販売台数がリーマンショック前の 2007 年をピーク（2,822 台）に低下に転じると、それを

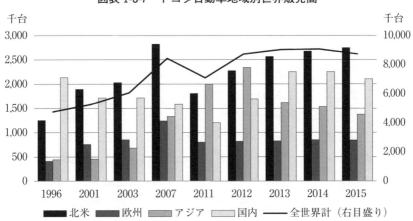

図表 I-3-7　トヨタ自動車地域別世界販売高

注）年次は等間隔ではない。
資料）「トヨタ自動車の概況」「トヨタ自動車決算報告書 2014 年 3 月期、2016 年 3 月期」より作成。

第Ⅰ部　複眼的中小企業論

補うようにアジアでの販売台数が伸び続ける。アジアは 1997、98 年の金融危機以後販売が落ちていたが、2002 年、03 年から急回復、11 年、12 年には北米を抜く。アジア市場が北米と国内販売台数の減少をカバーした。アジア市場が 2012 年をピーク（2,341 台）に減少を始めると、13 年以降、国内市場の販売台数が増加、リーマンショック後の落ち込みから回復を続ける北米市場と共にアジア市場の減少をカバーした。

　以上のように、トヨタ自動車では主として北米、国内、アジアからなる市場ポートフォリオを編成し、各地域における販売量の増大と減少の交差により、販売量を安定させつつ、総体として世界販売台数の増加を達成しているのである（1996 年 4,757 千台→ 2015 年 8,726 千台）*。

　　*以上は初版にはなかった図表 I-3-7 を基に全面的に書き改めた。

4. 金融市場支配

　寡占大企業は以上で述べた市場管理行動の実行や、その土台となっている大量生産・大量販売システム構築のため、大量の資金を必要とする。そこで、社会の遊休資金を調達するため、寡占化した銀行と緊密な関係を取り結ぶ。

　銀行業においても資本の集積・集中により寡占化が進む。銀行は社会の遊休資金を預金として集め、銀行券や預金通貨の発行という形態で貸付を行う。銀行が扱っている貨幣は等質物であり、貨幣自体を差別化することはできない。先に、産業を「需要多様分野」と「需要均質分野」に分けたが、銀行業は「需要均質分野」の典型である。ここでは、規模の経済性の追求による低コスト戦略（その結果としての低利子率での貸付）が、競争の主要手段となる。このため資本の集積・集中が促進され、寡占化が進み、少数の巨大銀行が社会の遊休資金の多くを支配下におさめることになる。

　寡占化した銀行は資金需要が大量で、大きな預金源でもある寡占大企業との取引関係を緊密化しようとし、寡占大企業も安定した資金源確保のため、寡占銀行との取引関係を強めようとする。両者の関係は、株式会社制度の発展によっても緊密化する。銀行は寡占大企業の発行する株式を購入し、また株式発行の際の引受業者になり、短期商業金融だけでなく、長期資本も供給するようになる。関係の緊密化と共に寡占銀行と寡占大企業との間では共通の利益基盤が形成され、単なる取引関係を越えて人的、資本的な結合に基づく企業集団の形

第3章　中小企業の問題性

成にも進む（北原・他編 [2001]：37-45）。戦後、日本では銀行と事業会社の株の相互持合いという形で資本的結合が進み、かつてより減少したとはいえ、現在でもなお「3メガバンク」（三菱 UFJ、三井住友、みずほ）の自己資本における株式の比率は平均 30%程度に達している（『日本経済新聞』2018 年 7 月15 日付）。

　寡占銀行との関係を緊密化した寡占大企業は金融市場での需給関係の影響をあまり受けることなく、優先的に社会の遊休資金の多くを獲得できるようになり、中小企業などへの資金供給量は、寡占大企業の資金需要によって左右されることになる。

5. 計画原理の台頭と企業行動の階層化

　寡占大企業は「販売の不確実性」を低めるため、市場管理行動により市場の作用を抑制する。市場を完全にコントロールできるわけではないが、市場は「見えざる手」より、寡占大企業の経営計画という「見える手」の作用を大きく受けることになる。競争原理に対する計画原理の台頭である*。これにより中小企業も、生産内容、販売量、販売単価、投資行動などが、寡占大企業の経営計画に強く左右されることになる。

　　*北原勇は独占的市場構造を構築した独占企業は価格、利潤率、需給の動きを左右できる力を持ち、企業の予測、判断、決定の持つ意義が格段に重要になった。このため、社会的再生産の総過程に対し、無政府的競争原理に代わる計画原理の作用範囲が著しく拡大しているとする（北原 [1984]：136-137）。また、ガルブレイスは技術進歩により現代の大企業では生産工程が長期化したこと、多額の投資が必要なこと、その投資は特定の仕事に固定化することなどから、何がどのような価格で、生産され、消費されるかを、企業が決める「計画化」が必要になったとしている（ガルブレイス [1972]：47、54）。

　寡占大企業でも「場面情報」発見活動は行われる。寡占大企業が独占的市場構造を構築しても、市場を完全にコントロールはできないから、適切な計画を立てるには市場の動きに沿うことも必要である。例えば販売促進活動で流行を創り出す場合でも、無から有は創り出せない。新たな需要の芽を捉え、販売促進活動により計画に沿って誘導する。だから「場面情報」の発見はやはり重要だが、それは今や計画遂行の手段になっている。経営は「場面情報」によって導かれるのではなく、計画遂行のために「場面情報」を活用するのである。そ

111

第Ⅰ部　複眼的中小企業論

のため、計画に沿わない「場面情報」は死蔵される。例えば、有望な技術情報が発見されても、それが従来の価格政策や需要管理政策を危うくし、既存設備を無価値化するおそれがあると、特許をとったまま使わない。かくして、寡占大企業の行動では、今まで私たちが「販売の不確実性」低下の主役と考えていた「場面情報」発見活動は、計画の枠内に組み込まれた、2次的な地位に置かれる。寡占大企業は「場面情報」発見活動の比重の低い、非企業家活動を特徴とする*。

　　*2000年前後、日本の大企業で社内ベンチャー制度がブームになったことがある。マス
　　コミも大いに持ち上げていたが、いつの間にか消えてしまった。所詮、企業家活動は大企
　　業には合わないということである。

　このように、寡占大企業の計画原理に立つ市場管理行動が出現し、各種産業の結節点である中枢産業を支配することにより中小企業の企業家的競争のいわば上部に聳え立つ。これが次のように中小企業問題を発生させる。

第3節　中小企業問題の発生

　中小企業問題とは、大企業体制が中小企業に課す資本蓄積制約要因である。それは中小企業の企業家活動を廃絶しないが抑制する。中小企業問題には資本蓄積に対する制約の仕方により、収奪問題、経営資源問題、市場問題の3つがある。

1．収奪問題：中小企業の生産した価値を収奪

　収奪問題とは、中小企業の生産した価値が、その取引上の優越性により寡占大企業に吸収されることである。収奪問題は中小企業から資本蓄積の源泉そのものを奪うため、中小企業問題の中でも最も鋭く中小企業の資本蓄積を妨げる。

(1)　中小企業の購入価格吊り上げ・販売価格切り下げによる収奪

　寡占大企業は独占的市場構造を基盤に市場価格と購入価格を管理し、自己の商品の市場価格は「生産価格」（平均利潤を含む価格）以上に引き上げ、購入物の価格は「生産価格」以下に引き下げると述べた。中小企業はこの寡占大企業の価格管理により価値を収奪される。

　「需要均質分野」では資本の集積・集中が急速に進み、大企業、さらに寡占

112

第3章　中小企業の問題性

大企業が形成される。この分野から排除された中小企業は大量の資本が必要でない「需要多様分野」に殺到し、競争が激しくなる。寡占大企業部門の成立が中小企業間の競争を激化させるのである。寡占大企業部門は「競争制限性」を、中小企業分野は「激しい競争性」を特徴とするため、中小企業は寡占大企業の価格政策に抵抗できず、以下のような経路で収奪を受ける。

①中小企業の購入価格吊り上げ

　中小企業が寡占大企業の前方（下流）部門に位置し、寡占大企業の商品を直接購入する場合、販売寡占の力により「生産価格」以上での購入を押しつけられる。しかし、この中小企業が収奪を一手に受けるわけではない。賃金切り下げにより、収奪を労働者に転嫁する。また、その販売先が中小企業や消費者であれば、購入価格上昇の一部を販売価格に転嫁できる。こうして、販売寡占による収奪は労働者、中小企業、消費者へ分散されつつ遂行される＊。収奪対象の分散は、特定の中小企業に収奪が集中するのに比べ、寡占大企業の収奪を確実にする。

　　＊以上のほか、収奪を受け、利潤を減らした中小企業が、収奪を受けていない他の中小
　　企業部門へ移動し、その部門の市場価格を低下させる。一方、元の部門の市場価格は一定
　　程度回復するから、両中小企業部門で被収奪を分け合うことになる――こういう経路での
　　収奪分散も考えられる。だが、中小企業の部門間移動はそう容易でないので、これは長期
　　の過程になるだろう。

②中小企業の販売価格切り下げ

　部品下請企業のように、中小企業が寡占大企業の後方（上流）部門に位置し、寡占大企業に直接販売する場合、購入寡占の力により販売価格を切り下げられる。この場合も販売寡占による収奪と同じく、収奪の一部が労働者や他の中小企業に転嫁される。実例で示そう。

　トヨタ自動車の2次・3次下請企業23社（従業員50～150人、豊田市）が、ベトナム人技能実習生に対する違法雇用で、豊田労働基準監督署から是正勧告を受けた。ある下請企業の1時間当たりに換算した賃金は、産業別最低賃金807円に対し702円、時間外労働については25％増しの1,009円支払うべきところ450円。人材派遣会社を介した場合、トヨタ本体や1次下請の賃金水準は1時間1,800円とされるからひどい低賃金である。2000年から始まったトヨタ自動車の原価低減活動 ccc21（construction of cost competitiveness）は3年

113

間で 30％、1 兆円近い原低に成功したと言われるが、その一環としての「購買原低」（購買費削減）が、超低賃金の背後にあるのは間違いないだろう（『東京新聞』2006 年 9 月 3 日付、その他）。

　次は、他の中小企業への転嫁の例。

　『日本経済新聞』2002 年 5 月 30 日付によると、日産自動車は 2002 年 3 月期、過去最高の 4,892 億円の連結営業利益を達成し、経営難からよみがえった。その原動力は 1999 年 10 月発表の「リバイバルプラン」。2002 年度までに購買費 20％削減などを柱とするもので、実際にはこれを 1 年前倒しで実現した（2 年間で 2 割削減）。だが、販売単価の切り下げを迫られた、日産及び日産系を主要取引先とする部品各社の連結営業利益は 1 社を除いて軒並み大幅減や赤字に転落した。この部品各社への圧迫はその下請中小企業にしわ寄せされた。その一端を示すのが『日本経済新聞』2000 年 5 月 26 日付の「下請代金法」違反に関する次の記事である。

　日産グループの中核である日産車体の子会社新和工業は、日産車の内装や外装に使う金属プレス部品を系列の下請会社と孫下請会社に委託している。「新和工業は 2000 年 3 月期決算の利益を確保するため、発注済みの下請部品代金を親会社の地位を利用して納入代金を 2 億円以上減額した疑いがもたれている。下請法では親会社が発注時に決めた下請代金を下請会社に責任がないのに、発注後に減額すると同法違反となり、公取委から代金支払などの勧告を受ける」。

③中小企業の相対価格の不利

　中小企業は他者への転嫁を試みつつも、寡占大企業からの購入価格を吊り上げられ、寡占大企業への販売価格を切り下げられる。これが中小企業問題の代名詞にもなっている「原料高・製品安」問題である。ただし、寡占大企業の価格管理による収奪は、実際には相対価格（販売価格／仕入価格）を中小企業より高位に保つことにより実行される。寡占大企業の販売、購入に関する価格政策は完全に自由に行われるものではなく、市況も考慮しなくてはならない。そのため、販売価格を下げること（中小企業の購入価格の低下）も、購入価格を上げること（中小企業の販売価格の上昇）もありうる。だが、企業にとっては販売価格が下がってもそれ以上に仕入れ価格が下落すれば問題ない。また、販売価格が上がってもそれ以上に仕入れ価格が上昇すると経営は圧迫される。つ

第3章　中小企業の問題性

まり、相対価格が上昇するか下落するかが問題だが、多くの場合、相対価格は大企業に有利に動く。

　寡占大企業は販売寡占、購入寡占に基づく強い取引力に基づき、販売価格が低下するような市況の時でも低下幅は中小企業より小さく、仕入価格が上昇するような時でも上昇幅を中小企業より小さくすることができる。つまり、寡占大企業はそれほど低下していない価格で中小企業に売り、中小企業からはより低下した価格で買う（中小企業はより低下した価格で寡占大企業に販売し、それほど低下していない価格で寡占大企業から買う）。このように、寡占大企業は相対価格を中小企業より有利に保つことにより中小企業が生産した価値を奪う。「原料高・製品安」問題は、具体的には中小企業の相対価格の不利という形で現れる＊。

　　＊本書初版ではこの相対価格に関する記述は行っていなかった。

(2)　買い手を通じる間接的収奪

　寡占大企業と中小企業が直接的にも間接的にも取引関係がなくても収奪が発生する。寡占大企業が製品価格を引き上げることにより、消費者の中小企業製品への支出余力が低下するから、中小企業は消費者に対する価格を引き下げざるをえない。これは、消費者を媒介にした寡占大企業による収奪である。次例のように、寡占大企業製品の買い手が企業の場合にも、間接的収奪が発生する。

　前出の米菓製造業の三州製菓(株)(→ 48 頁) は当初、問屋を通じて大型店へ販売していた。問屋は有名大手米菓企業の製品を必ず揃えなくてはならぬため、高値をおしつけられる。そこで、利益を出すため同社のような中小企業の製品を買い叩く。問屋を媒介とする大手企業による収奪である。このため同社の収益は改善されず、たまりかねて大型店向け販売ルートから退出した。

(3)　価格関係以外による収奪

　寡占大企業による収奪は価格以外を通じても行われる。特に、購入寡占による下請企業収奪は様々な局面で行われる。例えば、代金の支払いを引き延ばし、一時的に循環中の中小企業の資本を奪う。製品納入後に値引きを要求したり、親企業の収益計画達成のために「協力金」支払いを要求する。多頻度納入化や短納期化を強いながらコスト増加分は支払わない。欲しくもない親企業の製品

115

第Ⅰ部　複眼的中小企業論

を買わせたり、親企業の購買担当者が飲食した請求書を下請企業に回す*。

　*北見［2006］は次のような例を紹介している。ある大手家電メーカーB社を親企業と
　するA社の社長には販売キャンペーンの時期になると、B社の購買担当者から協力要請
　の電話がかかってくる。社長は嫌な顔もせず協力してきた。そのため社長の自宅はテレビ、
　洗濯機、掃除機などいりもしない家電製品の山になった。A社にはB社の購買担当者が
　飲んだ請求書も回ってくる。高級クラブでの飲み代だから数万円もする。そのため、銭単
　位でのコスト・ダウンに取り組んでいるA社の交際費は毎年2,000万円にも達し、それだ
　けで赤字転落になるくらいの負担だった（同書：186、188）。

　以上は、古くから見られる収奪だが、下請企業や中小企業の技術進歩につれ、知的資産の無償利用も頻発するようになった。例えば、親企業が品質向上の研究などを名目に下請企業に加工ノウハウを提供させ、その後発注をストップする。親企業から中国の企業に技術指導を頼まれ、断るわけにもいかないので行ったら、その後中国企業に発注を切り替えられた。数年かけて新製品を開発し、市場で評判を呼んだところ、大企業が特許に触れないように上手に真似をした。ある技術について大企業に秘密保持契約を結んだ上で説明したのに、自社の特許として出願された*、などである。知的資産の無償利用で特に大きな問題になったものに、親企業による金型図面の無断流用があるが、これについては第Ⅱ部で紹介する（→388頁）。中小企業はこれらによっても本来得るべき価値を奪われる。

　*『朝日新聞』（2008年5月12日付）社説は次のように述べている。
　「中小企業の中には、長年にわたって特定の技術に磨きをかけ、大企業にもまねのできな
　い高度な技術を獲得しているところも少なくない。そんな企業には企業系列の枠を超え
　て、国内だけでなく世界中から注文が舞い込む。／ところが、そこに大きな壁としてたち
　はだかっているのが、実は国内の大企業なのである。／精密機器のある中小メーカーは、
　独自の技術を大企業に模倣される経験を何度も味わっている。／次世代薄型テレビの画面
　に必要な網状の部品を作る技術について、特許の出願中に、大手電機メーカーに秘密保持
　契約を結んだうえで説明したところ、大手メーカーが自社の特許として後から出願してき
　た、という。争いは、特許庁の審判に持ち込まれた。／医療機器や半導体検査装置の部品
　でも、別の大企業から同じような苦い思いをさせられている。／この中小メーカーの社長
　は『外資の方が知的所有権の契約や法令をきちんと守る。日本の大企業は、中小企業の技
　術を盗み得と考えているのではないか』と怒りを隠さない。契約があっても、裁判になる
　と経営の体力と時間を消耗するので、中小企業は泣き寝入りを強いられることが多い。」

2. 経営資源問題：中小企業の価値生産を制約

中小企業問題の第2は経営資源問題である。中小企業が大企業に資金、労働力といった経営資源を優先吸収されるため、経営活動を制約され、価値生産が抑制されることである。

（1）　資金難
①収奪問題

中小企業は資金調達面で寡占大企業に比べ大きな不利を抱える。その第1の要因が収奪問題で、これにより中小企業が生産した価値を奪われるため、内部資金（利潤と減価償却費が源泉）の蓄積ができない。

②銀行寡占の圧迫：中小企業の借入れ上の不利

第2の要因が銀行寡占による圧迫である。内部資金が不足する中小企業は外部金融に頼るが、信用の薄弱な中小企業は直接金融、すなわち株式、社債など有価証券発行による資金調達を公募市場で行うことはできず、せいぜい株式を親族など限られた範囲で引き受けてもらえるにすぎない。そこで、中小企業は銀行借入れに頼らざるをえないが、販売寡占の地位にある銀行は、中小企業に次の借入れ上の不利を押し付ける。

寡占大企業との関係を緊密化している寡占銀行（→ 110 頁）は、寡占大企業の資金需要を優先し、中小企業を限界的貸付先に置く。銀行は資金需給が逼迫するとまず中小企業から融資を引き揚げ、資金需給が緩むと中小企業に貸し出す。中小企業は資金需給の変動のクッションとして利用されるため、借入は不安定となる（「借入の不安定性」）＊。また、中小企業の資金需要に対し量的に不十分な貸付けしか行われない（「借入の量的不足」）。特に、設備投資資金のように回収に時間のかかる長期資金の借入が、信用力のない中小企業には困難となる（「長期資金不足」）。

＊『日本経済新聞』2013 年 1 月 23 日付「人間発見」には、瀬谷俊雄氏（当時企業再生支援機構社長）の談として、都市銀行が、資金が余った時に「ごぶさたしています」と中小企業を訪ねることを、「ごぶさた融資」と呼んでいたことが紹介されている。

中小企業は借りられる場合にも、銀行から不利な条件を押しつけられる（「借り入れ条件の不利」）。銀行は寡占大企業への貸し付けをめぐって激しく競争しているので貸付金利は下がるのに対し、中小企業に対しては販売寡占の地位に

第Ⅰ部　複眼的中小企業論

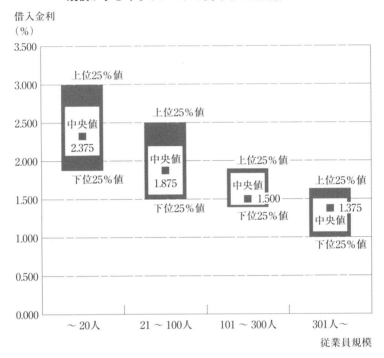

図表 I-3-8　従業員規模別短期借入金利（2001年）
〜規模が小さくなるにつれて高くなる短期借入金利〜

資料：中小企業庁「企業資金調達環境実態調査」（2001年12月）
（注）1. 2001年10月末時点での短期金利を指す。
　　 2. 10月末時点で短期借入がない場合は直近の短期金利、短期借入金利が複数ある場合は最も高い短期金利を用いた。
　　 3. 2001年10月末時点における、最も多くの都市銀行が採用した短期プライムレートは1.375%である。
出典）『中小企業白書2002年版』：第2-4-3図

あるから貸付金利を引き上げ、大企業に対する低い利鞘を補う（したがって、銀行にとって貸し付け対象となる中小企業は上顧客である）。図表 I-3-8 は企業規模別の表面金利の格差を示すが、中小企業は預金を強制され（拘束預金）、表面金利以上に実質金利を上げられることもある。また、図表 I-3-9 に見られるように、企業として物的担保を差し出すだけでなく、代表者などの個人保証もとられる。

　銀行にとって、中小企業金融は小口でコスト・パフォーマンス（費用対効果）が悪く、また、中小企業の情報開示力の不足から情報の非対称性に陥るという

第 3 章　中小企業の問題性

図表 I-3-9　従業員規模別メインバンクへの保証提供
〜規模が小さくなるにつれてメインバンクへ保証を提出している企業が多くなる〜

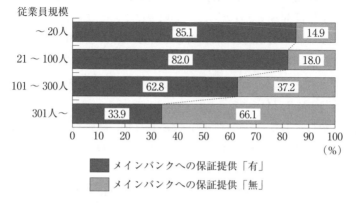

資料：中小企業庁「企業資金調達環境実態調査」(2001 年 12 月)
(注)　メインバンクからの借入がある企業のみ集計した。
出典）『中小企業白書 2002 年版』：第 2-4-5 図

問題も、中小企業に対する貸し付け条件を厳格化させる*。

　　*以上で述べた「寡占銀行」とはいわゆる都市銀行を想定しているが、当然ながら銀行の寡占化の中小企業への影響は都市銀行にとどまるものではない。地方銀行に関しても都道府県別の寡占化の度合いにより貸出金利が左右されることが分かっている。日銀金融機構局［2015］とこれを解説した『日本経済新聞』2017 年 2 月 20 日付記事「エコノフォーカス」によると、都道府県別に地方銀行の貸出シェアのハーフィンダール・ハーシュマン指数（各銀行の貸出シェア％の二乗和）と上位・下位行を除いた平均貸出金利を比較したところ、同指数が 3000 超の都道府県では平均金利が年 1.5 〜 1.9％程度だが、1200 以下の地域では 1％前後が目立ち、寡占化が進むと中小企業は不利な貸し付け条件を押し付けられることが示されている。

③銀行寡占の圧迫：不公正取引

　銀行の中小企業に対する優越的な地位は、独禁法上問題となる不公正な取引として現れることがある。次の事件はその典型例である。

　三井住友銀行が中小企業に融資の条件として金融派生商品「金利スワップ」の購入を迫ったのに対し、公取委は 2005 年 12 月 2 日排除勧告を行った。この中小企業は 2005 年 4 月設備投資の融資を申し込んだところ、同行の担当者は「購入してくれると、融資の決済が下りやすくなるんだけど」と、金利スワップの購入を要請した。この企業の社長は 3 年前にも 3 年間の金利スワップを購

第Ⅰ部　複眼的中小企業論

入、2006年の満期を目前にして「ようやく重荷が下りる」と考えていた。しかし、新たな購入要請に対し「融資を引き合いに出されたら断れない」と、また購入契約を結ばざるをえなかった。公取委によるとこうした行為は全国各地で行われ、少なくとも10数件が判明している。購入した中小企業の中には同行から融資が受けられると示唆され、土地の購入手続きを始めた直後、融資の条件として金利スワップを購入するよう迫られた企業もあった（『日本経済新聞』2005年12月3日付）。

　三井住友銀行は旧さくら銀行時代、支店長らが、融資先の中小企業から小泉純一郎首相への献金を首相就任直前までの4年半にわたって集めるという、寄付強要事件を起こしたこともある。

　公正取引委員会は『金融機関と企業との取引慣行に関する調査報告書—融資先企業に対する不公正取引の観点からのアンケート調査結果—』（2001年）、『金融機関と企業との取引慣行に関する調査報告書』（2006年）、『金融機関と企業との取引慣行に関する調査報告書−平成23年フォローアップ調査報告書』（2011年）で、優越的地位の濫用に結び付きそうな金融機関による取引先への各種要請の実態を発表している。各年次を通じて件数が多いのは、「借り手企業からの借入の申し出がないときの借入の要請」「預金以外の金融商品・サービスを購入することの要請」「預金を創設・増額することの要請」「一定率以上の借入シェアを維持して借り入れることの要請」などである。そして、2011年の報告書は、金融機関からの各種要請を「断りにくく感じる」という借り手企業の回答割合が27.2％あると報告している。

④買入れ債務への依存

　以上のように、間接金融でも不利な中小企業は、資金繰りを買入れ債務にも頼ることになる。これは余裕のある資金を背景に与信で販売を拡大しようとする寡占大企業の思惑と一致する。だが、他方で寡占大企業は取引上の優越的な地位を利用し、資金繰りに余裕があっても中小企業への支払いに手形を使うのを半ば商習慣化させ、資金需給の逼迫期になると手形割合を増やし、支払いサイトも長期化させる。このように、企業間信用における中小企業の純受信の増減は寡占大企業に主導権があり、中小企業は資金調達の不安定性から依然逃れられない。

120

第3章　中小企業の問題性

（2）　労働力不足

　中小企業は労働力不足にも直面する。労働力不足には仕事量に見合った従業員を確保できないという量的不足と中核労働者の不足という質的不足がある。中核労働者とは、変化への柔軟な対応能力を持つ若年労働者、熟練技能・技術開発・マーケティング能力を持つ専門人材、マネジメント能力を持つ管理人材、そして企業存続に必要な経営後継者などである。中小企業においても量的不足は不況期には解消するが、質的不足は解消せず、慢性的な問題として経営を圧迫する。

①収奪問題

　労働力不足をもたらす第1の要因が収奪問題である。中小企業は価値収奪で資本が蓄積できないため、賃金支払い能力が不足し、収奪をカバーしようと労働時間も長くなる。その結果、特に、大企業も優先的に採用する中核労働者の獲得が困難で、採用しても定着率の悪さに悩む。北見［2006］は低賃金による中小企業における若年労働者の定着難について次の例を紹介している。

　大手メーカーを得意先とする下請部品企業A社は毎年値段を叩かれ、従業員の昇給が満足にできなかった。平成15、16年は若手従業員だけ2,000円上げたが、平成17年は全従業員とも昇給ゼロにした。従業員のBさんは高卒後すぐに入社し30歳になったが、基本給187,000円、係長手当10,000円、家族手当（配偶者と子）10,000円、時間外手当（20時間分）28,468円の計235,468円で、手取りは20万円を切る。そのためBさんは毎日、新聞の求人広告欄を見ている。A社の従業員は100人だが、20人採用すると20人辞められるというように、定着率が悪い。辞めるのは入社3年未満の若手従業員だ。A社の仕事は3年で一人前と言われているので、会社の人材育成努力も無駄となる（同書：134-135）。

②寡占大企業の強力な情報発信力

　労働力不足の第2の要因は、寡占大企業の強力な情報発信力である。仮に、中小企業の賃金支払い能力や労働時間が寡占大企業と同じとしても、中核労働者は寡占大企業に吸収される。既述のように、寡占大企業は市場管理の一環として強力な販売促進活動を通じ企業情報を発信し続け、社会的知名度（ステータス）を高める。寡占大企業は人々の顧客としての忠誠心を獲得するだけでなく、人々のその企業への所属欲求も引き起こす。幼児期から有名企業の名を刷

第Ⅰ部　複眼的中小企業論

り込まれてきた人々には、有名企業に入社することが一流の人生と映る。J.ハーバーマス流に表現すれば、市民的公共圏への経済的権力の浸透である（ハーバーマス［1994］）。

このことは、日本以上に大企業への経済力集中が進んでいる韓国でも同じである。同国産業の頂点に立つのがサムソングループで、韓国社会ではサムソンが一流の象徴、一流の代名詞になっている。大学生の人気を呼び、入社試験は司法試験や外交官試験並みに難しい。就職支援会社では「サムソン特別コース」を設けるほどである（『日本経済新聞』2007年6月6日付）。2013年のサムソングループの韓国での大卒相当採用試験には9,000人の募集枠に20万人が殺到した（『日本経済新聞』2014年5月17日付）。

それに対し、中小企業は社会一般向け情報発信活動を行えないため、無名企業としてかたづけられる。労働者にとって中小企業の魅力は、労働条件は劣っても、労働の主体性発揮など自己実現の機会が高い点にある。しかし、情報発信力のない中小企業にはそれも知らせることができない。

③特に不足の著しい中核労働者＝労働力の質的不足

こうして中小企業は特に中核労働者の不足に陥り、低賃金の縁辺労働力（中高年齢者、女性パート、外国人労働者など）に依存せざるをえなくなる。中小企業は好景気時には労働力の量的不足にも陥るが、中核労働者の不足という質的不足は慢性的である。

図表Ⅰ-3-10によると、バブル景気末期の1990年、「人材の充実」が中小企業の経営体質強化の課題として圧倒的な比重を示している。この時期には「人手

図表Ⅰ-3-10　経営体質強化のための課題（機械・金属工業）

（単位：％）

	人材の充実	情報力の向上	技術力の向上	設備の充実	販売力の向上	資金力の向上	その他・不明	回答企業数
1990年調査	85.5	4.0	48.2	25.6	9.1	12.0	1.5	4,517
1994年調査	66.9	7.0	52.3	17.2	22.3	18.8	2.7	2,735

注）　複数回答（2つ以内で選択）、調査対象は機械・金属工業の企業で1990年調査では従業員299人以下が98.7％、94年調査では98.9％。
出典）　1990年調査―中小企業事業団・中小企業研究所編［1992b］
　　　　1994年調査―中小企業総合研究機構編［1996］
　　　　なお、両書のための調査の企画、調整は筆者が中心となり、執筆も分担した。

第 3 章　中小企業の問題性

不足倒産」が発生するほど、労働力の量的不足が深刻だった。だが、円高の急進で不況が深まった 94 年においても、比重は低下したとはいえ「人材の充実」が依然 1 位である。不況化しても中核労働者の不足という質的不足は一向に解消されなかったからである。

　また、経済産業省「商工業実態基本調査」（1998 年 6 月調査）によると（図表 I-3-11）、製造業、卸売業では「受注量の確保」を「経営課題」として挙げる企業が一番多いが、2 位は「人材の確保・育成」である。98 年は消費税引き上げ、アジア経済危機、金融危機などによって不況が一段と深刻化し、マイナス成長に陥った年だが、それでもなお、中小企業では人材不足が大きな比重を占めているのは、労働力の質的不足のためである。

図表 I-3-11　中小企業者の経営課題

(単位：%)

業種区分	課題があるとした企業の割合	課題があるとした企業を 100 とした割合（複数回答）								特にない
		人材の確保、育成	後継者がいない	資金調達債務保証	経営ノウハウの導入	受注量の確保	研究開発新製品開発	大型店との競合	低価格競争	
製造業	84.6	38.8	30.4	26.1	10.5	72.2	18.0	2.1	32.2	13.3
卸売業	85.9	45.2	23.7	32.9	18.3	47.8	13.2	10.6	41.9	11.9
小売業	80.8	25.2	33.7	20.2	17.5	14.8	4.9	35.3	40.8	17.3

注）　下記調査結果より数値の低い項目を除いて掲載。
出典）　経済産業省「商工業実態基本調査」（1998 年 6 月調査）

(3)　その他の経営資源問題

　経営資源問題の中心は以上の資金難と労働力不足だが、その他の経営資源問題もある。中小企業固有の経営資源問題として見逃せないのが立地問題、具体的には住工混在が進み工場の稼働が制限されるという問題である。日本では 1960 年代後半以降、住工混在が拡大し、中小企業の立地環境が悪化、中小企業団地の建設などによる立地環境改善が中小企業政策の大きな柱になったこともある（→ 318 頁）。土地は生産手段として経営資源の一部をなすから、立地問題も中小企業の経営資源問題の 1 つとして重要である。また、日本では戦後間もない時期、重要産業復興策により大企業優先の資材割り当てが行われ、中小企業の資材不足が激化した（→ 162 頁）。これも経営資源問題と言えよう。

123

第Ⅰ部　複眼的中小企業論

3. 市場問題：中小企業の価値実現を困難化

　中小企業問題の第3は市場問題である。寡占大企業の市場進出や下請政策で中小企業の市場が直接圧迫されることがある。また、寡占大企業の行動が産業構造の変化などを通じ、間接的に中小企業の市場を圧迫することがある。寡占大企業の行動により中小企業の市場が圧迫され、商品価値の実現が困難化するのが市場問題である。

（1）　寡占大企業による中小企業市場の圧迫
①直接的な中小企業市場の圧迫

　相互の価格競争を避けたい寡占大企業にとって、中小企業分野は他の寡占大企業との衝突を避けながら売上を拡大できる分野である（→ 106 頁）。そこで、寡占大企業は市場多角化の一環として、大量生産技術を開発し、圧倒的な生産性格差をもって中小企業分野に進出する。また、一時的にコスト以下での販売を行う、取引相手によって価格を変える（差別対価）、製品流通業者に中小企業との取引を禁じる契約を結ばせる、資金力にものを言わせ圧倒的な宣伝を行う——などの独禁法上問題のある手段を使い市場を獲得することもある。

　先述の（→ 106 頁）、寡占大企業が下請企業を需要変動のバッファーとして利用することも中小企業の市場を直接圧迫する。寡占大企業は需要が拡大し、供給力が不足すると小零細企業までも 3 次、4 次下請企業として動員するが、需要が減少するとそれに応じて外注を減らすだけでなく、稼働率維持のための内製率引き上げや適正在庫率維持のための在庫減らしにより、売上減少率以上に 1 次下請企業への外注を減らす。同じことが 1 次→ 2 次→ 3 次下請企業というように行われるため、下層下請になるほど売上低下率は高くなる。こうして、下請企業は親企業の下請政策により売上の大きな変動にさらされる（詳しくは296 頁）。

②間接的な中小企業市場の圧迫

　寡占大企業の製品多角化が産業構造の変化を通じて、中小企業の市場を圧迫することがある。価格競争を避けたい寡占大企業は、他の寡占大企業が進出していない新製品分野の開発に強い意欲を持つ（→ 106 頁）。こうして生み出された新産業は中小企業に新たな市場を用意する一方、旧来の産業に部品などを納入していた中小企業の市場が縮小・消滅する。また、新産業が新たな素材を

第3章　中小企業の問題性

生み出すと、それを使用する中小企業分野が新たに生み出される一方、旧来の
素材を使った中小企業製品の需要は縮小する。

　寡占大企業の狙う市場の地理的多角化（→ 108 頁）も、国際経済関係の変化
を通じ、中小企業の市場を圧迫することがある。寡占大企業が国外市場を開拓
し、輸出増進により為替レートが上昇すると、輸出中小企業の国際競争力が低
下し、輸出市場が縮小する。日用消費財の輸入も増加し、中小企業の国内市場
も奪われる（→ 304 頁）。寡占大企業が国外へ直接進出すると、分業関係の国
際化を通じ、従来国内に向けられていた部品発注等が国外に流出し、国内中小
企業の受注が縮小する。部品発注等の国外流出による中小企業市場の縮小は、
1990 年代以降、大規模に進行した（→第Ⅱ部第 4 章第 2 節 1.）。

(2)　中小企業の適応困難
①経営資源問題と寡占大企業の強力な販売促進活動

　中小企業はこういう市場の圧迫や衰退に、次の要因で適応困難となる。

　第 1 に、経営資源問題が人材や資金を不足させ、衰退市場から成長市場への
転換など、市場変化への対応を遅らせる。これについては説明の必要がないだ
ろう。

　第 2 の要因は、寡占大企業の強力な販売促進活動である。中小企業は市場変
化に対応し、自らも新製品開発を積極化しようとする。だが、寡占大企業の販
売促進活動が次のように中小企業の新製品開発を圧迫し、中小企業の努力を無
駄にする。

　寡占大企業の強力な販売促進活動により、買い手の寡占大企業に対する忠誠
心が市場にビルト・インされると、知名度の低い中小企業の信用度が反射的に
下がる。ある者への忠誠心は他の者へのマイナスの忠誠心を生み出し、「忠誠
心の合計」はゼロとなる。寡占大企業の強力な情報発信力は、寡占大企業に対
する忠誠心を創り出すと同時に中小企業の信用度を下げる二重の効果を持つ。

　顧客は寡占大企業の製品を買うのではなく「企業を買う」ようになるため、
寡占大企業は製品を市場に出す前に半ば需要を獲得している。それに対し、中
小企業は信用度が低いため、製品そのものの評価を受ける前に半ば買い手から
拒絶されている。中小企業は「場面情報」の発見により新製品を開発しても、
「名もない企業であるが故に売れない」という状況に追い込まれることを、次

125

第Ⅰ部　複眼的中小企業論

の例が示している。

　(株)竹中製作所（従業員155人、東大阪市、2000年取材）は石油化学プラント用などのボルト・ナットを生産していたが、スケールメリットの追求に限界を感じ、差別化製品の開発にとりかかった。その1つが錆びないネジの開発。経営者は従来から、ステンレス製や亜鉛メッキ製のボルト・ナットは海上では腐りやすく、何とかならないかという声を聞いていた。1979年、ヒューストンで開かれた海洋構造物の展示会でフッ素樹脂を塗ったパイプを見かけ、「フッ素を塗れば錆びないネジができると」と思いつき、開発を始めた。大学教授の支援も受け、84年に製品開発に成功、日米韓など9カ国で特許を獲得した。亜鉛メッキのボルト・ナットは海上では5年で交換する必要がある。この製品の価格は2〜3倍だが、保守なしで20年錆びない。そのため、東京湾横断道路で130万本も使用されるなどのヒット製品になったが、開発してもすぐには売れなかった。プラント・メーカーにセールスに行ったが、名も知らない中小企業に対し最初はけんもほろろで、会ってもくれない。気の毒に思った技術担当者がようやく会ってくれた。様々なデータや試験を要求され、その間、半年。これで採用してくれるかと思ったら、自分の一存ではどうにもならないと言われ、次に係長、課長と会わされ、それぞれ品質の証明に半年かかった。最後に、採用権限を持つ技術担当部長にようやく会えた。だが、彼が言うには「品質がよいのはわかった。しかし、ネジは一基500億〜1,000億円もするプラントに使われ、はじめて採用したネジが原因で万一事故が起きたら、私のサラリーマン生命は終わりになる。オタクと心中するわけにはいかない」。こうして、結局採用されなかった。この製品が本格的に売れはじめたのは開発後5年以上たった1990年代に入ってからだった。思いあまった経営者がアメリカのエクソンに飛び込んだ。エクソンも最初は試験データの要求など日本企業と同じだった。しかし、担当者が品質を認めると即座に推奨ベンダーリストに載せてくれた。その信用効果は抜群で、以後、日本国内で次々に顧客を獲得することができた。だが、このネジが有名大企業の開発したものだったならば、もっと早く売れ始めたに違いない。このような例は枚挙に暇がない。特に日本で目立つが、アメリカでも珍しくないことは、IBMのFUD戦略が示している（→104頁）。

②**市場問題に伴う2極化**

　ところで、産業構造の変化は新たな中小企業分野とそこでの企業家活動によ

126

り「未利用の機会」も生み出す。そのため、産業構造の変化で市場問題に見舞われる中小企業があるときは、新たな市場機会の発見で発展する中小企業があるのも普通である。また、寡占大企業による中小企業市場に対する直接の圧迫を契機として、新市場を開拓する中小企業もある。市場問題はこういう中小企業の２極分解を伴いつつ発生する。とは言え、市場変化が激しく、しかも不況と重なると、発展する中小企業は限られ、市場から退場する中小企業の方が多くなる。1990年代以降の日本でこれが発生している（→第Ⅱ部第４章第２節1.）。

4．中小企業問題の全体像

　寡占大企業の市場管理行動が、以上の３つの中小企業問題を発生させる。中小企業問題とは寡占問題に他ならない。

　なお、非寡占大企業が中小企業問題と無縁かというと、そうは言えない。非寡占大企業も寡占大企業ほどではないにしても、中小企業に対し取引上、競争上の優位に立ち、中小企業問題を引き起こす力を持っている。また、寡占大企業の収奪を受けた非寡占大企業はそれを中小企業に転嫁することもでき、この場合には、寡占大企業・非寡占大企業が一体となって中小企業問題を起こすと言える。したがって、中小企業問題は寡占大企業を筆頭とする大企業セクターが発生させると見なすべきである。今までは、「中小企業」には「寡占大企業」を対置させてきたが、それは中小企業問題の本質をはっきりと示すためであり、非寡占大企業もまた中小企業に対する優位性に基づき中小企業問題を引き起すことを否定するものではない。

　図表 I-3-12 は中小企業問題の全体像を示す。

　縦の矢印は寡占大企業の市場管理行動が、それぞれ中小企業問題を発生させることを示す。３つの中小企業問題の発生要因は異なり、最下行に書かれているように、中小企業の資本蓄積に対する制約の仕方が異なる。以上の点で、３つの中小企業問題は独立しているため、時代によってある中小企業問題が激化し、他が緩和するということがある。

　だが、すでに述べたように、収奪問題が経営資源問題の一因となり、経営資源問題が市場問題の一因にもなる。右への矢印はそれを示す。中小企業問題の発生を収奪問題→経営資源問題→市場問題の順で述べてきた今までは、この関係だけしか述べることができなかったが、３つの中小企業問題を一覧できる現

127

第Ⅰ部　複眼的中小企業論

図表 I-3-12　中小企業問題の全体像

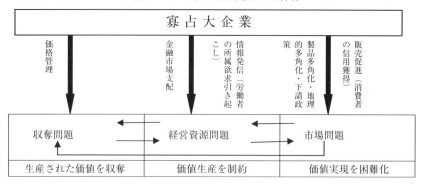

段階では、逆方向の矢印も発生することがわかる。すなわち、市場問題が中小企業間の競争を激化させ、収奪問題を悪化させることがある。また、市場問題が中小企業の売上を減らすことにより、資金不足や労働力不足（賃金支払い能力の低下のため）をひき起こす。そして、経営資源が不足するため、中小企業は取引力が弱くなり、収奪問題が激化することもある。左への矢印は以上を示す。

このように、3つの中小企業問題は独立しつつも相互に影響し合いながら存在している。

5．中小企業問題の緩和作用

寡占大企業は中小企業問題を発生させる一方、中小企業問題を緩和する作用も持つ。

寡占大企業を筆頭とする大企業セクターの下に中小企業セクターが組み込まれ、一個の再生産構造が形成されている。前掲図表 I-3-2 は、企業数の 0.54％を占めるにすぎない上場企業を起点に1次～6次取引企業にわたる多層の取引が形成され、それが全取引数の4割を占めること示していた。これは大企業セクター中心の再生産構造の一端を示している。

この再生産構造を通じて寡占大企業は中小企業問題を引き起こすが、同時にこの再生産構造の中で、大企業セクターと中小企業セクターは相互依存関係に置かれる。そのため、中小企業の育成・発展が寡占大企業発展の条件になるという関係や、寡占大企業分野の拡大が中小企業分野を拡大するという関係が現

れる。

（1）　寡占大企業発展の条件としての中小企業の育成・発展

　寡占大企業を筆頭とする大企業セクターは、再生産構造の中で、後方関連の中小企業を部品供給者や設備供給者として、前方関連の中小企業を商品価値の実現に協力するものとして活用している。こういう異部門の寡占大企業との間で、中小企業は不利な取引関係を強制され、収奪を受けることは先に見たとおりである。

　一方、このような有機的な産業連関の下では、中小企業の技術水準や需要開拓力の停滞は、寡占大企業の資本蓄積を制約することになる。

　1950年代半ば、日本の寡占大企業が重化学工業の国際競争力の強化を課題とした時、そのボトルネックとなったのが中小企業の前近代性だった。そして、1970年代に入って実現された日本の自動車産業の強い国際競争力が、優れた部品中小企業に支えられていることはよく知られている。このように中小企業の発展が寡占大企業発展の条件になることがあるため、寡占大企業は中小企業間の激しい競争を利用しつつ、技術の優れた中小企業に優先発注し、他方では多額の製品を購入する中小企業には割引価格を適用するなどしてその発展を促進しようとする。この選別的支援により劣った中小企業は淘汰されるが、それは新たな中小企業の参入を呼び、競争は相変わらず激しく展開される。そこからまた寡占大企業の発展の条件となるような中小企業を育成する。寡占大企業は中小企業の競争を利用しつつ中小企業を育成するのである。

　また、同一部門内の寡占大企業と中小企業の場合、基本的には中小企業は淘汰される傾向にあるが、製品の差別化に成功し、市場範囲は限られるが企業家的な発展をする中小企業も現れる。そのような積極的な差別化に成功しない場合でも、寡占大企業が設定する高価格が中小企業製品の価格維持を可能にし、中小企業は「寡占の雨傘」（佐藤［1976］：37）の下で生き残ることもある。寡占大企業にとって少数の残存中小企業を市場から排除しても利益はなく、いわば自由競争の証として中小企業を残存させた方が得策である。

　寡占大企業は自分に役立つ中小企業に対しては、一種の同盟軍としてフェーバー（favor）を与え、維持・発展を図る。しかし、これによる中小企業問題の緩和は、一部の中小企業に限られる。

第 I 部　複眼的中小企業論

(2)　新産業創出による中小企業分野の拡大

　大企業体制は間歇的にだが、新産業創出による大規模な経済拡大を通じ、中小企業問題を緩和することがある。この影響は広範囲の中小企業に及ぶ。

　先に、寡占大企業にとって製品開発による新製品分野進出は、他の寡占大企業のシェアを奪うものではないから、価格競争を引き起こさずに市場拡大を実現する重要な手段であると述べた（→ 106 頁）。寡占大企業の既存の自部門には、大規模な需要拡大がない限り有利な投資機会はない。寡占大企業が投資する設備は分割不可能な巨大設備体系であり、供給能力を一挙に高める。そのため、自部門で拡張投資をすると需要のかなりの拡大がない限り、シェアを守ろうとする他の寡占大企業から価格引き下げによる反撃を食い、泥沼の価格競争に陥る。他の寡占大企業が支配する分野への投資についても同様の危険がある。そのため、寡占大企業は他の寡占大企業と衝突しない新産業創出に強い動機を持つことになる。

　この寡占大企業の新産業創出が、時に大規模な経済拡大を引き起こすことがある（北原［1977］：288-300）。寡占大企業の投資行動は普段は慎重だが、ある先駆的な企業が開拓した新製品分野が有望となると複数の企業が相次いで参入し、シェア獲得のための激烈な設備投資競争が始まる。有望な大規模市場でのシェア争いに敗れると、資本蓄積に大きく後れをとることになるからである。寡占大企業の巨大設備体系の相次ぐ投資により、新産業は急激に拡大を始める。新産業に設備や原料を提供する既存部門の寡占大企業も、従来の慎重な投資行動を捨て去り、競って大規模投資に踏み込む。設備投資需要は急激に増大し、労働手段（機械・設備）生産部門とそこに原材料を供給する部門の生産が急拡大する。それによって雇用労働・消費需要が増えるので、生産手段（機械・設備、原材料）生産部門ほどではないが、消費財生産部門の生産も拡大する*。

　　*その価値が徐々に生産物に移転する固定資本の性格上、生産増加のために固定資本投資を増やすと、その増加率は生産増加率の何倍にもなる。例えば、耐用年数 10 年の設備が 10 台あり、残存耐用期間がそれぞれ 10 年、9 年、8 年、…1 年とし、減価償却分相当の更新投資だけを行ってきたとする。つまり、残存耐用期間 1 年の設備を次期首に入れ替えていただけだとする。次期に生産を 10％増加させるため、10 台を 11 台にしたとする。設備投資金額は従来の 2 倍、100％増になる。生産の 10％増はその 10 倍の設備投資増加

第3章　中小企業の問題性

率を呼ぶのである。しかも、寡占大企業の設備投資は巨額で、それが競って行われる。このため、設備投資需要が急激に増大、労働手段生産部門を中心に生産手段生産部門が急拡大し、それに次いで消費財生産部門が拡大する。

　このようにして大企業体制下では、大規模な市場拡大が確信されると、寡占大企業特有の積極的投資行動が起き、急激に経済が拡大する。これと同時に、中小企業分野も新生、拡大する。まず、新産業形成の後方・前方連関効果により「需要多様分野」が新生、拡大する。例えば、新産業の製品が機械であれば、そこに種々の部品を提供する産業の新生・拡大が必要となる（後方連関効果）。新産業の製品が素材ならば、それを種々の消費財へ加工する産業の新生・拡大が必要である（前方連関効果）。さらに、拡大する既存産業各分野での後方・前方連関効果によっても、また雇用所得の増大で消費財分野が拡大することによっても「需要多様分野」が新生、拡大する。大規模な新産業の創出は旧産業に関連していた中小企業分野を縮小させるものの、それをはるかに上回って中小企業分野を拡大する。

　中小企業市場の拡大は中小企業間の「激しい競争性」を緩和する。そのため、「原料高・製品安」など、中小企業の価格関係上の不利が改善され、収奪問題を緩和する。また、市場問題も緩和する。市場問題は、大企業の拡大が中小企業分野へ及んだり、旧産業関連の中小企業市場の縮小によって生ずるが、中小企業分野全体としての拡大が中小企業の業種転換を容易化するからである。だが、経済の拡大で寡占大企業でも労働力、資金が不足するので、経営資源問題は悪化し、資本蓄積を妨げられる中小企業も現れる。しかし、それは、収奪問題と市場問題緩和の効果を相殺するほどではなく、総体として見れば資本蓄積を進展させる中小企業が増加する。

　寡占大企業の新産業創出による大規模な経済拡大は、上記の「寡占大企業の発展条件としての中小企業の育成・発展」が一部の中小企業に働くのみであるのに対し、多くの中小企業に好影響を及ぼし、中小企業問題の緩和に力がある。

　以上のように、大企業体制は中小企業問題を緩和する作用も持つ。中小企業問題を引き起こすだけだと、大企業体制というシステムは持続可能ではないだろう＊。

　　＊ただし、今日、寡占大企業の新産業創出力は衰退している。寡占大企業の新産業創出による大規模な経済拡大は、日本では、1950年代後半から60年代の高度成長期に発生し

第Ⅰ部　複眼的中小企業論

た。この時期には、新鋭重化学工業が次々に創出され、経済が爆発的に拡大した。その後、寡占大企業は新産業創出力を劣化させ、1990年代以降は、産業創出どころか縮小をリードしている。それが今日の中小企業問題の深刻化につながっている（→第Ⅱ部第4章）。

第4節　「寡占と中小企業の理論」について

　私たちは、寡占大企業の市場管理行動が中小企業問題をひき起こす様を述べてきた。積極型中小企業論の流布と共に、大企業体制と関連させて中小企業問題や中小企業の存立根拠を論じる研究は、今日ではすっかり少なくなったが、かつてはよく見られた。

1. 欧米の研究

　欧米では Steindl［1947］、Sylos-Labini［1962］、Vatter［1955］が、同一産業部門における寡占大企業と中小企業の関係を論じた。スタインドルは、大規模経済の利益により大企業がプライス・リーダーシップなど独占力を行使できるまで巨大化する一方、中小企業は低利潤率に押し込められている。それにもかかわらず中小企業が存続しているのは、製品市場や労働力市場における不完全競争による保護など、消極的な要因のおかげにすぎないとする。また、シロス＝ラビーニは、フル・コスト原理に立つ価格理論を展開しつつ、中小企業を排除するより存続させた方が大企業総体の利潤総量が増加すると判断した場合、大企業は中小企業が存続できる価格政策をとり、中小企業を封じ込めつつ存続を容認するとした。両者とも寡占大企業による中小企業発展の抑制と一定範囲内での存続許容という見方で共通している。ヴァッターも同じで、寡占大企業にとって中小企業が無視できる市場影響力の範囲内にまで縮小されれば、中小企業は長期の存続が許されるとした。なお、彼は中小企業理論と寡占理論の統合を強調し、中小企業問題は寡占問題であるとする私たちと通底する主張をした。このほか、Averitt［1968］がアメリカの産業を寡占セクターを中核とし、中小企業セクターを周辺とする「二重構造経済」と捉え、寡占大企業との関係を軸に中小企業の存立形態を整理したのも注目される。

第3章　中小企業の問題性

2. 日本マルクス派の研究

(1) 後進資本主義日本の特質研究の一環

日本では戦前来、マルクス経済学により後進的な日本資本主義の特質研究の一環として、中小企業の（前期的な）存立形態や問題性に関する研究が行われた。小宮山［1941］など今でも参照すべき成果をあげたが、日本の深刻な中小企業問題は、後進資本主義国独特のものだと考えられ、そこでは、先進資本主義共通の独占支配と結びつけて中小企業問題を論じる視角はなかった。

(2) 独占資本主義一般からの説明

戦後、先進国における中小企業問題の存在が明らかになると共に、中小企業問題を独占資本主義一般の性格から説明する方向へ向かった。この動きをリードした伊東岱吉は次のように述べた。「…中小企業問題がわが国だけの問題だと早合点してはならない。おそかれ、早かれ、独占資本主義の展開とともに各国にも中小企業問題が登場してくる。わが国の中小企業問題の特殊性と深刻さは十二分に認識する必要はあるが、同時に独占資本主義が一般的に生み出す矛盾の一つとしてもこの問題を認識しなければならない」（伊東［1957］：24）。

この観点からの研究には、独占資本の中小企業に対する支配形態の摘出・範疇化に力点を置くものもあったが（例えば巽［1960］）、今日でもなお有効な理論的枠組みを提供したのが北原勇である。北原はマルクスの資本蓄積論を、資本の集積・集中（大企業、寡占大企業の形成）と分裂・分散（中小企業の残存、新生）の統一として具体化し、中小企業の存在をこの運動法則から説明した（北原［1957］）。この理論的枠組みは中小企業問題に関する硬直的、観念的な解釈を排除し、競争の階層化による規模別利潤率格差として中小企業問題を捉えるなど、市場競争という場で中小企業問題を具体化する道を開いた。先に示した中村［1961］もこれを理論的土台としていた（→8頁）。

本書と北原理論との関連は次のとおりである。

先に、複眼的中小企業論の先行研究として佐藤［1981］、同［1983］を挙げたが（→18頁）、北原［1957］は問題型中小企業論に立ちながらも、その表題「資本の集積・集中と分裂・分散」が示すように、資本蓄積のもたらす2つの反対傾向を「統一理解」しようとする点で複眼的中小企業論に通ずるところがある。すなわち、当時、マルクス経済学の研究で見られた「大資本による小資

第Ⅰ部　複眼的中小企業論

本の駆逐・破滅・吸引があらゆる部門で一様に進むというような公式的理解は誤りである」とし、「その傾向は、小資本を執拗に残存させ、また、新たな小資本分野をたえず生み出すという反対傾向との交錯の中で、貫徹するのである」とした。「公式理解」が単眼的思考であるのに対し、北原は小資本の残存・新生も視野にいれる複眼的思考をしている。本書はまず場面情報発見競争に基づく中小企業の発展性を論じ（前章）、次に資本の集積・集中によって成立する大企業体制が中小企業の問題性をもたらすとしたが（本章）、これも「資本の集積・集中と分裂・分散」という構図を前提にしている。

　異なるのは次の点である。北原は資本の「分裂・分散」をもたらすものとして、社会的分業の発展とともに相対的過剰人口のもたらす低賃金労働力の存在を重視したが、本書は積極型中小企業論に立ち、「分裂・分散」を引き起こすものとして、中小企業の企業家活動を強く重視する。ただし、後述のように本書も、企業家活動を貫徹できない結果、低賃金に依存する「停滞中小企業」が、中小企業の構成要員になることを認めている。つまり、資本の「分裂・分散」においても、企業家活動という中小企業の発展性と、寡占大企業によって課せられる中小企業の問題性の「交錯」を見ている。本書は「集積・集中と分裂・分散」という北原理論の構図を引き継ぐ一方、資本の「分裂・分散」も複眼的に捉えてる点が同理論と異なる。

（3）　産業組織論の応用

　このマルクス派中小企業研究はその後産業組織論の応用へと向かい、佐藤[1976]が現れる。佐藤芳雄は中小企業問題を現代資本主義の構造矛盾の一局面として把握するが、マルクス派に見られがちな矛盾分析視点の硬直化を排除すべく、中小企業をはじめから独占資本に従属しているものと措定するのではなく、「寡占体制における中小企業」という構図の下で、寡占体が支配と競争を通じて中小企業をいかに被支配に追い込むかを研究すべきとした。具体的には、寡占と中小企業（非寡占）の関係局面を「同一産業部門における寡占と非寡占の関係」と「異種産業部門間における寡占と非寡占の関係」に分け、それぞれの局面において中小企業の問題性がいかに発生するかを分析・理論化した。

　佐藤はこれを中小企業問題に対する「競争論的アプローチ」と呼んだが、以上で、私たちが行った寡占大企業の市場管理行動を起点とする中小企業問題の

体系化も、基本的には「競争論的アプローチ」に属する。

(4) 複眼的中小企業論による視野の拡充

ただ、佐藤の場合は産業組織論がベースにあり、その拡大援用として上記のような関係局面が設定されている。そのため、中小企業問題の中でも、私たちの言う収奪問題が分析の中心となり、中小企業問題の全体像に触れるには至ってなかった。

また、佐藤は複眼的中小企業論の先行者だが、佐藤［1976］では問題型中小企業論に立っていたため、寡占と中小企業の関係をもっぱら中小企業問題解明のために追求している。私たちも中小企業問題を引き起こすものとして寡占大企業の行動を捉えている。しかし、すでに明らかにしたように中小企業は固有の発展性も内在させている。したがって、私たちにとっては、大企業体制が課す中小企業問題と中小企業固有の発展性との関係――この追求も「寡占と中小企業の理論」の重要局面となる。複眼的中小企業論に沿って「寡占と中小企業の理論」の視野も拡充されなくてはならない。これを次章で行う。

| 第4章 | 中小企業は発展性と問題性の統一物 |

第2章では中小企業の発展性の根拠を明らかにし、第3章では中小企業問題がなぜ発生するかを述べた。これらは、先に提示した複眼的中小企業論の3課題の第1と第2に答えるものであった。本章では第3の課題、すなわち、中小企業の発展性と問題性がいかなる原理で関係づけられ、中小企業が「発展性と問題性の統一物」になるのか、また、それがどうして中小企業発展の多様性という形で現象するかを明らかにする。私たちは今や、発生論的に展開してきた複眼的中小企業論の最終段階にさしかかっている。

第1節 「二重の制御」による発展性と問題性の結合

1. 企業行動の階層化と「境界制御（周辺制御）の原理」

（1） 大企業体制の階層秩序の原理は何か

大企業体制では異なる原理の企業行動が現れ、階層化する。中枢産業で寡占大企業の市場管理行動が出現し、中小企業間の企業家的競争の上部に聳え立つ。両者はどのような関係にあるのか。寡占大企業の市場管理行動は中小企業問題をひき起こし、企業家的競争による中小企業発展の壁となる。しかし、中小企業の企業家活動そのものを廃絶するわけではない。つまり、寡占大企業の行動は中小企業の発展を抑制しても、発展性そのものは廃絶しない。これが、私たちが目にしている現実である。ここで検討するのはこのような関係をもたらす原理である[*]。

　　*レーニンは「…独占は、自由競争から生じながらも、自由競争を排除せず、自由競争のうえにこれとならんで存在し、そのことによって幾多のとくに鋭くて激しい矛盾、あつれき、紛争を生み出す」と述べた（レーニン［1952］：115）。この有名な規定は、独占と自由競争（その中心的担い手は中小企業）が階層を形成することにより中小企業問題が発生することを的確に表現している。ただ、レーニンは階層秩序を構成する原理を解明の対象にしようとはしていない。

（2） ポランニーの「境界制御（周辺制御）の原理」

市場管理行動と企業家活動という異原理の企業行動を関係づけ、両者を包括

第Ⅰ部　複眼的中小企業論

する上で理論的な導きになるのは、第1章でも活用したマイケル・ポランニーの理論である。

　ポランニーは知識、社会、自然の階層秩序には、「境界制御の原理」(「周辺制御の原理」とも訳す) が働いているとする (ポランニー [2003]：第Ⅱ章)。階層秩序の例に言語活動がある。これは発声、単語、文章、文体という階層からなっており、それぞれは音声学、辞書学、文法、文体論で示される秩序原理を持っている。ではこれらの階層はどのように結びつき、包括されているのか。

　発声は音声学に制御されているが、音声学は発声をいかに組み合わせて単語にするかということには何ら関知しない。発声の組み合わせは音声学にとって自分では決定できない周辺の分野である。発声を組み合わせて単語にするのは、単語の秩序原理である辞書学である。辞書学は音声学に影響を及ぼすことはないが、音声学が未決定にしていた発声の組み合わせを制御する。これによって単語を生み、音声との間に境界を引く。このように、上位層（単語）における秩序原理は、下位層（発声）の秩序原理そのものを制御することはないが、その働き方を制御し、新たな秩序を形成すると共に下位層との境界を設定する。同じことは単語と文章、文章と文体の間に関しても言える。文法は辞書学に何ら影響しないが、単語の組み合わせを制御する。文体論は文法に何の影響も与えないが、文章の組み合わせを制御する。ポランニーは部品と機械という階層秩序も例示している。機械の作動原理は部品の物理的・化学的属性を支配することはないが、部品の働き方を制御している。

　以上の、階層中の上位層の原理が下位層の原理の働き方を制御することが、「境界制御の原理 (the principle of marginal control)」である。

　「境界制御の原理」は下位層の諸構成要素にとっては「二重の制御」を意味する。発声は音声学により秩序付けられていると同時に上位層の原理である辞書学によりその組み合わせ（働き方）を制御されている。同様に、部品は物理学・化学に制御されているが、その働き方は機械の作動原理に制御されている。「境界制御の原理」は「二重制御の原理」とも言える。

(3)　大企業体制でも作用し、中小企業は「発展性と問題性の統一物」に

　この「境界制御の原理」が階層秩序の1つである大企業体制においても作用している。

第4章　中小企業は発展性と問題性の統一物

　すでに示したように、寡占大企業の行動原理である市場管理が、下層の中小企業セクターに中小企業問題を課し、中小企業の企業家活動による発展を抑制する。寡占大企業が産業の急拡大で中小企業を発展させる場合も、寡占大企業に関連する分野では中小企業の製品仕様、販売量、販売単価、投資行動などが、寡占大企業の計画に左右される従属的な発展になりがちである。こうして寡占大企業の行動は企業家活動による中小企業発展の限度や方向を規制している、つまり企業家活動の境界を制御している。

　だが、寡占大企業の市場管理行動は企業家活動そのものを廃絶することはない。寡占大企業が発展しても、企業家活動の舞台（客体的条件）である「需要多様分野」は消滅しない。大量生産技術の発展が「需要多様分野」を消滅させるのではないかと思われていた時期もあったが、むしろ、現代では、所得の上昇と共に「需要多様分野」は拡大している。また、企業家活動の主体的条件も廃絶されない。大企業体制が形成されても、企業家活動に関する中小企業固有の有利性、すなわち、「場面情報」発見活動における「中小規模の経済性」は何ら変化しない。この有利性を発揮する上で不可欠な「暗黙知」を発揮する力を持ち、共同体的企業家活動に必要なマネジメント・スキルを有する中小企業経営者も必ず生み出される。

　以上のため、寡占大企業の市場管理行動は中小企業問題を発生させ、企業家活動による中小企業の発展を妨げたり、発展方向を規制するが、企業家活動そのものを廃絶することはない。その結果、中小企業は「二重の制御」を受ける。企業家活動の有利性という内生要因による発展的制御と中小企業問題という外生要因による抑制的制御である。中小企業に2つの制御が対抗的に作用する。そのため、中小企業は「発展性と問題性の統一物」となる。ただし、統一と言っても、それは相対抗する作用による動的統一であり、両者の力関係により「統一物」の姿が変化する。これについては、すぐ後で述べる＊。

　　＊本書では2つの点をポランニー［2003］に負っている。1つは、ポランニーの分析により普遍性を獲得した「暗黙知」でもって、本書の重要概念である「場面情報」を基礎付けたことである。もう1つが、「暗黙知」理論の一部をなす「境界制御の原理」により中小企業の発展性と問題性を包括したことである。筆者は中小企業の発展性と問題性の並存を早くから意識していたが、両者を包括する理論については壁に突き当たっていた。手探りを続けていくうちにポランニーの「境界制御の原理」に出会ったが、科学哲学の理論を

139

第Ⅰ部　複眼的中小企業論

中小企業論に持ち込むことにためらいがなかったわけではない。「境界制御の原理」を言語活動の例で説明したが、言語活動と大企業体制に共通する実体的構成要素は1つもなく、両者はあまりにもかけ離れている。このことが、言語活動で明らかなこの原理を大企業体制の研究に適用することをためらわせた。しかし、言語活動も大企業体制も階層秩序という点では共通している。要素的共通性はないが関係的共通性はある。「境界制御の原理」は階層の包括に関するものであり、大企業体制という階層構造でこの原理が働いてもおかしくない。

　種々の現象を貫き、それらを根源で規定している同一不変性（法則性）を発見するのが科学だが、上のためらいは要素的同一不変性の追求が科学だという固定観念のせいだろう。同一不変性には関係的同一不変性もあることが了解されれば、言語活動と大企業体制における包括の原理に共通性を求めるのは当然とされるはずである。

　そればかりか、関係的同一不変性の追及は部分を全体に統合する原理の追求でもある。これは、部分への分解には長けていた従来の科学が不得意としてきた。中小企業論において中小企業の発展性と問題性が別々に論じられる傾向があったのも、このような科学の欠陥のためかもしれない。関係的同一不変性への着目は、全体性の追求を意味し、本書は中小企業論に関しそれを試みたのである（以上に関しては蔵本［2003］から示唆を受けている）。

2.　発展性と問題性の統一理解

　今までの論述を振り返ってみよう。

　商品は売れなければ商品ではないが、売れるとは限らないという矛盾的存在であり、商品生産者は等しく「販売の不確実性」という難問を抱えている。それが、一方で中小企業の企業家的発展をひき起こすが、他方で寡占大企業の形成・中小企業問題を引き起こし、中小企業の発展を抑制する。ニュートンは、惑星の運行とりんごの落下を共に重力の作用として「統一理解」した。重力に当るのが「販売の不確実性」であり、中小企業の発展性も問題性も共に根源は「販売の不確実性」にある。この認識が中小企業の発展性と問題性の「統一理解」の第一段階である。

　私たちはこの段階からさらに前進した。寡占大企業セクターと中小企業セクターは階層秩序を成し、マイケル・ポランニーの言う「境界制御の原理」で結合しているのを見た。具体的には寡占大企業セクターの秩序原理である市場管理は、中小企業の企業家活動を廃絶しないが、中小企業問題を課すことにより中小企業発展の「境界」、つまりその限度や方向を制御する。したがって、中

第4章　中小企業は発展性と問題性の統一物

小企業は企業家活動の有利性による発展的制御と中小企業問題による抑制的制御という対抗的な「二重の制御」を受け、「発展性と問題性の統一物」となる。中小企業の発展性と問題性は根源が同一で、かつ「境界制御の原理」で結合している。こういうものとして両者は「統一理解」できる。

　このような「統一理解」に立つと、中小企業を発展性においてのみ捉える積極型中小企業論も、問題性においてのみ捉える問題型中小企業論も誤りだということになる。中小企業の発展性の承認は中小企業の問題性を否認するものであってはならず、問題性の承認は発展性を否認するものであってはならない。両者は共に中小企業の本質を形成する。従来の問題型中小企業論と積極型中小企業論は中小企業の一面のみを強調し、中小企業の複雑な本質を単純化した部分理論にすぎない。2つの中小企業論を理論的に統合可能にした複眼的中小企業論こそ、中小企業の本質を正しく捉えるのである*。

　　*複眼的中小企業論の実践的意義も強調したい。この理論は、大企業が課す中小企業問題がなければ、中小企業は自力で企業家的発展をしうる力を持っていることを示唆している。従来から日本の中小企業政策は、中小企業問題とは寡占問題に他ならないのに、大企業体制の改革には及び腰であった。中小企業政策は大企業の優越的地位の濫用等を強力に規制することに本腰を入れるべきである（黒瀬［2006］：9章）。複眼的中小企業論は中小企業政策の革新を要求するものでもある。

第2節　中小企業の多様性：中小企業の類型分化

　第Ⅰ部で残された最後の課題は、「中小企業は発展性と問題性の統一物」というが、実際にはどのような実在（リアリティ）として現れるか、ということである。

　上述のとおり、統一といっても発展性と問題性が対抗し合う動的な統一であるため、両者の力関係により統一物の姿は変化する。すなわち、中小企業は競争を通じて、問題性を打ち破って発展性の十全な発揮に成功する企業（「企業家的中小企業」）、発展性と問題性を共に抱える企業（「半企業家的中小企業」）、問題性に押しつぶされ、発展性を消失させる企業（「停滞中小企業」）、というように分かれる。発展性と問題性の統一物という中小企業の本質は、白色光がプリズムで分光するように、競争というプリズムを通じ中小企業発展の多様性として現象するのである。

141

第Ⅰ部　複眼的中小企業論

　以下では、この 3 類型の内容を具体的に明らかにするが、発展性と問題性の力関係に大きな影響を及ぼすのが経営者能力である。先に、企業家活動に関する「中小規模の経済性」の発揮には、経営者の企業家的能力、民主的な人間関係観、戦略構築能力が必要だとした（→ 68 頁）。こういう経営者能力が中小企業の発展性を現実化させ、中小企業問題の圧迫に対抗するのである。このため、以下では随所で経営者の活動に言及することになる。

1.「企業家的中小企業」

　このタイプは、「場面情報」発見活動を中枢とする企業家活動を、需要に関しても技術に関しても活発に展開し、中小企業問題の壁を突破、「独自市場」構築による価格形成力の獲得に成功している。つまり、「第 2 章　第 3 節　企業家活動による中小企業発展の態様」で示した発展を大企業体制下においても実現し、中小企業の発展性を体現している企業群である。

　大企業体制の引き起こす中小企業問題が存在しながら、どのようにして、こういう中小企業が誕生するのか。次の 4 つの壁の突破が必要である。

(1)　第 1 の壁：需要情報発見活動の困難

　先に中小企業の企業家活動の舞台は「需要多様分野」であり、そこでは需要適合性を優先し、唯一性を追求する差別化戦略により「独自市場」構築が目指されると述べた（→ 76 頁）。この分野で必要な需要の細かな差異への適合は、中小企業の特性に合う活動とはいえ、決して容易というわけではない。需要適合性を得るのに必要な需要情報発見活動には、技術情報発見活動にはない固有の困難があるからである。

　需要情報発見活動は、差別化＝唯一性の追求に必要な新たな需要の探索、次に実際の購買客の獲得というように進む。

　まず、新たな需要の探索が技術情報の探索に比べ困難である。技術は生産の手段だから、生産目的に照らした範囲内で技術情報を探せばよく、獲得した情報が適切か否かも目的に照らし確実に判断できる。技術情報に関しては、自分にとって必要なものを選べばよいということが、確度の高い情報の獲得を比較的容易にする。それに対し、需要情報は他人の必要性に関する情報だから、技術情報のように探索範囲を限定できない。また、それは他人の発言や行動など

第 4 章　中小企業は発展性と問題性の統一物

から発見することになるが、他人の思いを正確に汲み取るのはなかなか難しい。このため、確度の高い需要情報の獲得は容易ではない。

　この困難を突破できず、あとで述べるように、需要情報発見活動をあきらめ、他企業の外注に販路を依存する中小企業も現れる。だが、リュックサックを担いで走っている人の姿から、走っても肩紐がずれないリュックサックの必要性を察知した経営者のように（→ 33 頁）、鋭敏な「問題意識」により「生データ」を情報に変換し、需要に関する「未利用の機会」を察知する人も必ず現れる。「暗黙知」の働きを止めることは誰にもできないからである。

　だが、需要に関する「未利用の機会」を察知し、市場に商品を出しても購買客を獲得できるとは限らない。名も知れぬ、信用のない中小企業の商品はなかなか受け入れられないからである。

　市場問題の説明で触れたが、寡占大企業は強力な販売促進活動により市場で高い信用を得ている。購買客は寡占大企業の製品ではなく企業名を買っているのである。この寡占大企業の高い信用度が、反射的に中小企業の信用度を低める。

　この問題は、需要探索の困難が市場経済であればどこにでも発生するのに対し、大企業体制固有のものである。だが、これも突破できないわけではない。よく見られるのは次のようなケースである。

　初期の買い手との間に太い情報共有ループを創り上げ、信用を獲得する。冷ややかだった市場に初めて味方が現れる。味方になってくれた初期の買い手からの紹介や口コミによって次の買い手が現れ、徐々に市場が広がる。もちろん、買い手を味方にするのは簡単ではない。そもそも、名もない中小企業には顧客に接触すること自体が大変である。企業を顧客とするある中小企業経営者によると、知り合いがいない場合、最初に突破しなくてならぬのが守衛である。その経営者は日本人に多い「鈴木さん」や「田中さん」に会うことにして、通過したことがあるという。こうした苦労の上、買い手の信用を獲得し、そのおかげで次の顧客を得るという形で、買い手を拡大していく。

　信用を獲得する手段が、技術的要望への誠実な対応である。顧客の需要は多様で、それを満たすには種々の技術的対応が必要である。それを厭うことなく、1 つ 1 つ解決していくうちに「経験技術」（→ 75 頁）が蓄積され、技術水準も上昇する。それが評判となり、他では断られた技術難度の高い仕事が持ち込ま

143

第Ⅰ部　複眼的中小企業論

れるようになる。それを技術情報蓄積のチャンスと捉え、積極的に取り組む。技術水準はさらに高まり、それがまた顧客の拡大を呼ぶ。こうして、顧客の拡大と技術の向上が好循環を形成し、市場は拡大する。

(2)　第2の壁：大企業の参入

　市場が拡大したところで第2の壁が現れる。市場拡大に刺激され参入を試みる大企業・寡占大企業の出現である。だが、需要や技術に関する専有度の高い「場面情報」を先行的に蓄積していた中小企業は、多角化大手企業の一部門とならば十分対抗できる。

　筆者は韓国仁川市で中・小型フォークリフトの専門企業（従業員58人、2004年取材）を訪ねたことがある。大宇重工業、現代重工業などが大型フォークリフトから中・小型へ進出したため、競合が生じた。大宇は初め、同社にOEMを申し込んできたが、断ると、1988年、別会社で生産を始めた。しかし、同社は勝利した。大手企業ではフォークリフトは多角化の一分野でしかなく、中・小型フォークリフトはそのまた一部分でしかなかった。同社は中・小型フォークリフトの専業メーカーであり、この分野では大手企業より優れた技術、ノウハウを持っていた。しかも、同社は必死だった。大手企業は3年間で撤退、取材時、中小型に関しては同社が100%のシェアを占めていた。また、先に紹介した鉛筆削りのカッター製造への大手企業の参入を阻止した(株)カニエも、専業中小企業の力の強さを示している（→74頁）。

　こうして、中小企業は情報参入障壁で囲まれた独自市場の構築に行き着く。価格形成力がつき、収奪問題からも逃れられるようになり、内部資金の蓄積も可能となる。初めは相手にしなかった金融機関も有望と見ると門戸を広げ、経営資源問題のうち資金難は緩和する。ここまで前進すれば、「企業家的中小企業」の誕生と言える。

(3)　第3の壁：人材獲得の困難

　しかし、この「企業家的中小企業」はまだサステイナブル（持続可能）とは言えない。中核労働者（→121頁）の獲得難という人材問題を解決していないからである。「企業家的中小企業」は有望な事業を行っていても、社会的知名度はまだ低く、人材のリクルートは容易ではない。企業家活動は情報共有のル

144

第4章　中小企業は発展性と問題性の統一物

ープで結ばれた共同体的活動でなくてはならない。経営者個人の活動に頼って
いては、企業家活動は持続できない。そこで、「場面情報」発見活動を主体的
に行えるような人材が必要だが、そのような人材は大企業に優先吸収される。
ある経営者の言だが、「わが社の門をくぐってくれれば、説得のしようもある
が、門をくぐってくれないのだからどうしようもない」。

　筆者はかつて都立工業高校の先生たちに呼ばれ、話し合いを持ったことがあ
る。中小企業の実態を勉強したいということだったが、先生たちが反省して言
うには「バブル景気のころは、従業員1,000人以下の企業からの求人は無視し
た。そのせいで地元の中小企業とのつながりがなくなってしまい、工業高校が
統廃合されようとしている今、応援団がいなくなってしまった」。中小企業は
生徒の就職先として初めから除外されていたのである。

　しかし、人材不足の打破に成功している中小企業もある。主なものとして、
次の中小企業の努力を指摘したい。

①働き甲斐のある労働組織の構築

　その第1が「経営パートナー主義」に立つ情報共有の推進である。これは共
同体的企業家活動を推進するものだが（→53頁）、従業員の労働を自己実現的
にし、働き甲斐を高める効果も持つ。

　資本制的企業における労働には次のような問題がある。労働者は労働力の使
用権を（時間決めで）企業に売っているから、労働力の支出である労働も企業
のものである。労働は労働者の力の発揮ではなく企業の力の発揮であり、労働
者にとって強制されたものにならざるをえない。また、労働の成果物も企業の
ものだから、成果物が豊かに産出されても労働者は自己実現の喜びも、人への
役立ちの喜びも感じない。このため、労働は労働者に対立するものとして現れ、
いわゆる労働の疎外が発生する。

　「経営パートナー主義」には労働の疎外に対抗する機能がある。労働者は経
営者のパートナーとして、経営・生産目標、仕事の仕方に関する情報を共有し、
労働過程に主体的に入り込める。基本的には労働が企業のものであることは変
わらないが、労働者の労働に対する支配権が部分的だが取り戻せる。労働の成
果物が企業のものであることも変わらないが、支配力を回復した労働の成果物
は自己の力の実現として認めることができる。こういう働き甲斐のあることが
労働者を吸引し、労働も活性化する。一例を示そう。

145

第Ⅰ部　複眼的中小企業論

　(株)ヒロハマ（従業員135人、本社東京都墨田区、2017年取材）は一斗缶などの缶パーツ（キャップ、手環）を製缶メーカー、食品メーカー向けに生産している。缶パーツ業界全体の売上はピーク時1990年の6割に落ち込んでいるのに、売上は拡大を続け、シェアは60%に達している。同社の新卒採用はすべて後述の中小企業家同友会の共同求人を通じているが、この10年間新卒採用者でやめた人はいない。育児休業後の女性の職場復帰もほぼ100%である。完全週休2日制、月平均残業時間10時間以下という働きやすさと働き甲斐のある労働システムのためである。同社では情報共有が徹底され、主体的に働ける環境が整っている。例えば、経営理念「缶パーツとその関連技術を通じて、缶の社会貢献を全面的に支援しよう」が十分共有されているため、顧客の缶パーツの装着工程で不具合があれば、同社製品に原因がなくても、その解決を支援するという行動が社員から自然に現れる。また、社員は共有された事業計画を基に自分のアクションプランを立てる。アクションプランには仕事の計画だけでなく個人の能力向上のための計画も入っている。社員一人ひとりが自分の仕事と能力向上を計画し、毎週成果を確認する——こういう個人の主体的なPDCAサイクルも働く喜びを生み出している。

　働き甲斐のある労働組織構築の第2が、大量生産でない中小企業の特性を活かし、1人の人間が仕事の受注から納品まで一貫して担当する仕組みを作っていることである。これにより、生産の目標も作り方も、労働者が主体的に関与できるため、労働の疎外は緩和される。

　筆者は1980年代末のいわゆる「バブル景気」時に高精度の研削盤の製作で有名な長島精工(株)（従業員40人、京都府城陽市）を訪ねたことがある。工場の外壁は白で塗られ、瀟洒な住宅を思わせるスマートさだった。超人手不足の時期だったので、筆者はてっきり人材集めのための3K（きつい、きたない、きけん）対策と思ったが、そうではなかった。この企業は1台の研削盤を作るのに「きさげ」（金属摺動面をのみを大きくしたような工具で削ること）から組み立て、据付けまで同一人が行い、機械には製作者の銘板もつけられる。達成感のある仕事のため、若い人の方から工場の門を叩いてくれ、人材不足を感じたことはない。きれいな工場にしたのは、のこぎり屋根のような工場だと、銀行がそれだけでダメな企業と判断するからとのことだった。

　以上のようにして労働者の自己実現が可能な、働き甲斐のある労働組織を構

築すると、大企業より賃金が低くても人々を吸引できる。

②**労働条件基準原理**

労働条件の改善自体を経営目標とし、そのために生産性引上げを図る——という労働条件改善に格段の努力をする中小企業もある。

ファインケミカル関係の研究開発型企業の(株)トリケミカル研究所（従業員31人、神奈川県愛甲郡）は、1日の労働時間が6時間40分など、きわめて優れた労働条件を実現していたが、創業当初の数年は普通の中小企業並みの労働条件だった。しかし、一にも二にもよい人材を採用したい。そこで、生産性上昇を待って労働条件を改善するのではなく、毎年15分の時短を経営目標として掲げ、その達成のために生産性上昇を図ることにした。もしだめだったら元に戻すという合意で始めたが、結果的には4年間これを続け、1時間の時短を達成した。労働条件優先はこれだけではない。この企業の従業員は、年間の有給休暇日数の半分を年初に年間の取得予定として会社に提出し、会社はこれを見てから事業計画を決めるため、有給休暇消化率は90％に達する。さらに、完全週休2日制のほか、ゴールデンウィーク、夏季、年末年始休暇はそれぞれ連続9日間。このような優れた労働条件のため、1980年代末の「バブル景気」期においても理工系学生を毎年数名、10倍近い応募者の中から採用することができた（『経営者会報』1989年12月号、日本実業出版社）。

ギアポンプ製造の大東工業(株)（従業員102人、東京都荒川区、1994年取材）は、毎年2日程度休日を増やすのを目標としていたが、経営者はそれを先行投資論と呼んでいた。労働条件の改善と収益増加を結びつけるのに、収益をまず増やし、そのあとで分配を考えるという方法は、資本の側の勝手な考えである。年間休日が100日に達していないなら、思い切って100日まで引き上げ、コスト増はその後の生産性上昇で吸収すべきである。労働者は休日増で労働密度を高めるし、休日増が合理化のきっかけにもなる。したがって、休日増は生産性上昇のための投資だというのである。同社は取材時、平均勤続年数17年と中小企業としては定着率がよく、社員が人を紹介してくれるので、「バブル景気」の時も人材不足に見舞われなかった。

日経連は1970年代、賃金上昇率を生産性上昇の範囲内にとどめるべきという生産性基準原理を唱えた（今日では生産性が上がっても賃金が低迷しているので、賃金抑制のためにこういう主張をする必要もなくなっている）。それに

対し、上記の中小企業が行っているのは、経営目標として労働条件改善を掲げ、それを達成するため生産性を上げようというのだから、労働条件基準原理と呼べる。

③共同求人

中小企業は1社単独では労働者の関心を引きつけられないため、共同で求人する試みも現れた。

1954年に始まった集団求人もその1つである*。中小企業の地域団体や同業種団体が一定以上の労働条件を約束した上、地方の職安に共同で求人を申し込み、農家の中学校新卒者を獲得するもので、中小企業はリクルートコストの引き下げ、公的機関の信用の利用というメリットを得られた。

> *1954年秋、東京・世田谷区の桜新町商店街の商店会会長菅沼元治は、商店会が合同で求人するアイディアを新潟県の高田公共職業安定所（上越市）に持ち込んだ。「郷里の人がまとまっていれば心強いはず」と強調、休日や給料を確約し、独立に備えて給料の4％を積み立てる退職金制度も設けた。最初は不審がっていた高田職安も提案を受け入れ、55年3月26日夜行列車で中学を卒業したばかりの15人がやってきた。これが評判を呼び、労働省は2年後に全国に広げた。61年には533団体5万8千人の求人に約1万1千人が応じた。職安経由で60年代に東京・神奈川に就職した中卒生は全国から40万人に上った。当時、農村では家を継ぐ長男以外は仕事にあぶれる「次三男問題」が深刻で、この制度は農家にもメリットがあった（『朝日新聞』2011年7月22日付「昭和史再訪」）。
>
> 以上では東京の地元の職安について触れられていないが、加瀬［1997］は「集団求人は昭和29年度において東京都渋谷公共職業安定所管内の商店連合会が、傘下20余店の求人60人をとりまとめて、同所に求人申し込みをし、同所が新潟県高田公共職業安定所とタイアップして、集団的職業紹介を実施したことが」発端という『職業安定広報』（1959年7月号、26頁）の記事を紹介している（同書：145）。

だが、大企業の雇用拡大が始まるとともに集団求人の効果は薄れ、集団求人による就職者数は1959年3月卒業生がピークで、1960年代の半ばを越えると急速にその規模を縮小させた（有沢監修［1976］：417、加瀬［1997］：160-161）。

集団求人は新中卒者を獲得できない都市部の小零細企業と就職機会の少ない地方農村部の新中卒者とをつなげるものだが、72年に北海道中小企業家同友会が始めた共同求人活動は、そのような社会的構造に限定されない、中小企業経営者による大卒者等、新学卒者への働きかけである。

第4章　中小企業は発展性と問題性の統一物

　上述のとおり、求職者は中小企業の門をくぐってくれないため、自企業をアピールする機会さえない。そこで、中小企業が同一の会場に集まり、各企業が説明コーナーを設ける。求職者は多くの中小企業経営者に会えるのが魅力で来てくれる。来てくれれば自社の特色を説明できる。71年の北海道中小企業家同友会の活動方針には、「多少経済的条件は劣っても、発展途上にある中小企業には、創造する喜びと経営全般に参画できる機会が大きく開けていることを訴えるため、共同求人を行いたい」旨、記されている。これは中小企業ならではの長所を積極的にアピールし、経営の中核となる人材を獲得しようとする、集団求人よりレベルの高い活動である。その後、共同求人は他都府県の中小企業家同友会のみならず、他の中小企業団体にも広がり、中小企業のリクルート方法として定着した。なお、近年の中小企業家同友会の共同求人活動の実績は図表I-4-1のとおりである。有効求人倍率が高まると合同説明会への参加学生は減り（参加企業は増加）、大企業の人材吸引力の強さがうかがえるが、求人倍率が高い時でも一定数の参加学生を確保していると言えよう。また、各地同友会は共同求人活動と同時に地域の大学への経営者の講師派遣、学内企業ガイダンスへの協力などにより学生の中小企業への関心を高める活動も行っている。

図表 I-4-1　中小企業家同友会合同企業説明会の参加企業数・参加学生数（全国）

年度	参加企業数	参加学生数	有効求人倍率
2010	1,793	19,406	0.56
2011	1,663	20,215	0.67
2012	1,912	15,494	0.80
2013	2,319	13,589	0.98
2014	2,155	8,309	1.10
2015	2,652	6,554	1.24
2016	2,994	7,148	1.40

注1）有効求人倍率は2010年度の場合2010年10月現在（他も同様）。
　2）参加企業数、参加学生数とも延べ。
資料）「中小企業家しんぶん」（中小企業家同友会全国協議会）各号より作成。

　中小企業は以上のような努力で人材も確保でき、共同体として企業家活動を遂行できるようになったとき、「企業家的中小企業」として定着したと言える。

149

第Ⅰ部　複眼的中小企業論

2.「半企業家的中小企業」

このタイプは、企業家活動の成果が一部にとどまっているため、発展性も問題性も抱えており、「発展性と問題性の統一物」という中小企業の本質規定を典型的に体現している企業群である。

(1)「独自市場」構築に到らない中小企業

企業家活動の成果が一部にとどまるとは、具体的にはどういうことだろうか。第1に、企業家活動の成果が技術情報発見活動に偏る場合、第2に、需要情報発見活動も技術情報発見活動もほどほどの成果しかあげていない場合、第3に、企業家活動の成果が需要情報発見活動に偏る場合である。

第1の例は下請中小企業に見られる。すぐ前で述べたように、需要情報発見活動には新たな需要探索の困難と中小企業の知名度・信用度の低さによる顧客獲得の困難がある。また、顧客を獲得しても、大量生産技術の開発や圧倒的な販売促進活動を行う大企業の参入で市場を奪われ、需要情報発見活動が無為に帰すこともある。このようなことから、一般市場における需要情報発見活動をあきらめ、特定企業の外注に売上を依存する中小企業が現れる。

寡占大企業のように外注規模の大きい企業には多数の中小企業が殺到し、相互に激しく競争する。そのため、取引力は非対称化し、中小企業は不利な取引を強いられる。発注者側の競争が制限される一方、受注者側の競争が激しいため、発注者側が優越的地位に立つ「対等ならざる外注関係」が下請関係である（北原［1955］）。下請企業は親企業から価格引下げを強いられ、また、能力以上の生産を迫られるかと思えば受注が途絶えるなど、生産調整のクッションにもされ、「販売の不確実性」は高い。だが、販路が全く閉ざされるよりはましだから、親企業への従属と引き換えに、販売市場を一定程度確保する道を選択する。

このような下請企業でも、生産技術面では企業家活動を活発に展開し、専有度の高い「経験技術」（→75頁）を蓄積している企業がある。その専門分野に関する技術は親企業の内製部門より高度で、親企業が解決できない技術課題を解決できる能力を持っている。そのため、親企業にとって重要な下請企業となり、他の下請企業より「販売の不確実性」を低めている。日本では、1970年代以降、このような技術面で大企業と並ぶ専門性を獲得した下請企業が増えて

きた。

　ただ、優れた技術力を持つ下請企業も、特定の親企業に販売の多くを依存している
ため、対等な取引関係を構築できず、価格形成力を持つには至っていない。こういうのが下請型の「半企業家的中小企業」である。

　第2の例は自社製品型中小企業に見られる。製品市場を持ち、品質、コスト、納期に関する標準的な要求は満たしている。しかし、上記の需要情報発見活動の困難から、新たな需要とその顧客を効果的に発見できない。そのため、技術レベルもほどほどにとどまり、製品の差別性は弱い。自社の強みを尋ねられても、「高品質」や「短納期」といった、製造業者としての基本的事項を挙げるにとどまり、製品開発力や販売力を挙げることができない。簡単に言うと、需要情報発見活動、技術情報発見活動ともほどほどの水準にとどまり、情報参入障壁を備えた「独自市場」の構築には至っていないのが、自社製品型の「半企業家的中小企業」である。

　第3の例はかつて中国でよく見られた。第1、第2のケースで企業家活動の成果が一部にとどまるのは、需要情報発見活動が困難なためである。しかし、絶対的な物不足から出発し、基礎的需要が満たされた後も所得水準上昇が著しい中国では、需要情報発見はそれほど困難ではない。そのため、1つの製品にこだわらず、商人的感覚で次々に新たな需要を対象に事業を起こすのが見かけられた。例えば、筆者が訪れた上海浦東新区のある企業は、機械部品製作→健康器具製作→フランスパン生産→ホテル経営というように事業を推移させていた。だが、技術面では「経験技術」の蓄積は薄い。なぜなら、需要のレベルが高度とは言えないため「経験技術」を必要とせず、また、技術より商機を重視するため、技術蓄積への関心が薄いためである。上記の事業推移もそうだが、新事業の展開も技術の蓄積を基盤にするのではなく、技術的には関連のない「非関連型新分野進出」が珍しくない。技術的蓄積が薄いから製品はまねされやすく、それが次の事業を探すきっかけにもなっている。

　このように、需要情報発見活動は活発だが、技術情報発見活動は低位にとどまっているため、「独自市場」の構築には至っていない「半企業家的中小企業」もある。ただし、このタイプは日本のような先進国では少ない。

第Ⅰ部　複眼的中小企業論

(2)　「企業家的中小企業」への成長

　この「半企業家的中小企業」が「企業家的中小企業」へ成長するには、経営者能力が重要である。先に、企業家活動に関する「中小規模の経済性」は自動的に発生するのではなく、経営者の企業家的能力、民主的な人間関係観、戦略構築能力が重要と述べたが（→ 68 頁）、ここでは優れた戦略構築能力により、「企業家的中小企業」へ成長した例を挙げよう。

　(株)大橋製作所（従業員 94 人、東京大田区、2008 年取材）は、フレキシブル基盤とガラス基板などを貼り合わせて導電する ACF（異方導電フィルム）実装装置、「ACF ボンダー」（1998 年開発）の専門メーカーである。この装置は携帯電話の普及とともに需要が拡大し、同社は世界市場で活躍する「企業家的中小企業」へ発展した（売上は 1993 年度 10 億円に対し 2008 年度売上予定 25 億円。1999 年度に日経優秀製品・サービス賞の優秀賞を獲得）。

　もともとは大手エレクトロニクス・メーカーを親企業とし、パソコン、プリンターなどの筐体を板金加工する下請企業であった（2008 年現在でも売上の 35％は下請加工）。精密加工技術を武器に売上は伸ばしていたが、「独自市場」の形成には到らない「半企業家的中小企業」で、90 年代に不況に突入すると共に売上は急減した（1993 年度の売上は 90 年度の 40％減）。

　しかし、同社発展の種はまかれていた。ME 化（マイクロ・エレクトロニクス化）という市場の基本トレンドを読み取っていた大橋正義社長は、80 年代に入ると ME 技術の専門家を入社させ（電子機械事業部の設立）、顧客の要請を基に、カメラの電子シャッター関連のプリント基板相互をつなぐ、自動ハンダ付け装置を開発していた。これが結果として ACF ボンダーの源流になったのだが、そこには簡単には行き着かなかった。

　90 年代の不況に突入後、売上回復のためセーフティーボックス、はがきカウンター、ゲーム機、生ゴミ処理機などを開発したが、一部を除きことごとく失敗した。そこで、政府系金融機関のアドバイスもあって、かつて開発した自動ハンダ付け装置の原理の用途開発に集中し、顧客の需要を探ったところ、顧客からそれが液晶ディスプレイとプリント基板をつなぐことに役立つと教えられた。この情報を得るまで 7 年間かかったとのことで、的確な需要情報は簡単には入手できないことがわかる。

　このような同社の活動をリードしたのは、大橋社長が掲げた「独立企業体質

第4章　中小企業は発展性と問題性の統一物

の確立」という戦略であり、電子機械事業部の設置も製品開発も、これに基づいていた。肝心なことはこの戦略が経営計画として具体化され、全従業員に共有化されていたことである。

　同社は70年代末に初歩的な第1次経営計画を作成した後、取材時点まで3年程度の経営計画を10次にわたり作成、「独立企業体質の確立」は83年作成の第3次経営計画に組み込まれた。同社の経営計画は一部の幹部によって作成されるのではない。全社員が泊まり込み、社長の構想を基にグループに分かれて討論し、計画を作成していく。これを通じて情報共有が徹底され、社員に当事者意識を呼び起こし、上記の需要情報の発見につながった。

　このような戦略構築と組織運営を可能にしているのは、優れたコンセプチュアル・スキルを備えた「戦略型経営者」の存在である。企業は「半企業家的中小企業」でも、経営者自身は将来の「企業家的中小企業」を現在において概念化できる能力を持つことが、「半企業家的中小企業」を「企業家的中小企業」に成長させる鍵である。

3.「停滞中小企業」

　このタイプは、企業家活動を展開できず、経営上の強みがないため中小企業問題に圧迫され、主として低賃金など消極的要因によって存立している、中小企業の問題性をもっぱら体現している企業群である。

(1)　半失業型「停滞中小企業」

　「停滞中小企業」には2種類ある。1つは膨大な過剰労働力の存在により高失業率と低賃金が基調となっている時代に、経営者も労働者も失業を避けるため開業、就業した、技術的な基盤のない半失業型の「停滞中小企業」である。仕事は単純労働集約的な組み立てや、定型的な部分加工、例えば旋盤などの単一機種による狭い範囲の加工などである。受注は不安定で、低い下請単価を押し付けられ、低賃金労働への依存と経営者の自己搾取的な強労働によって存立を続けている。

　こういう半失業型の「停滞中小企業」も経済発展と共に他律的に経営が拡大することがあるが、その発生基盤の高失業率と低賃金が解消すると存立基盤を失う。日本でも、戦後間もなくはこのタイプの「停滞中小企業」が多かったが、

153

第Ⅰ部　複眼的中小企業論

1950年代後半からの高度成長による人手不足・賃金上昇とともに減少した。

（2）　非適応型「停滞中小企業」

　代わって、非適応型の「停滞中小企業」が増加した。これは、経済発展に伴う企業家活動の高度化に対応できず、かつて持っていた経営上の強みを失い、中小企業問題に対抗できなくなる。そのため市場から退出するか、低賃金の縁辺労働力依存によりしばし延命している中小企業群である。具体的には次のとおりである。

　高度成長期の人手不足・賃金上昇により、中小企業は生産性の上昇か製品の高付加価値化が必要になった。70年代中ごろからの減速経済期には、産業が高付加価値分野へ急速に移行し、中小企業は製品や技術に関する開発力が必要になった。90年代以降の長期停滞期には、生産の東アジア化が進み、中小企業は自分自身で市場を創出する力が必要になった。このように、中小企業発展のためのハードルが高まり、技術と需要に関する「場面情報」発見活動のレベルを上げねばならなかった。同時に、減速経済期以降、下請単価の強力な引き下げ等収奪問題は強まり、中小企業市場は拡大鈍化から縮小へ向かい、市場問題も悪化した。人材難を中心に経営資源問題も継続し、深刻な金融難に見舞われることもあった。企業家活動のレベルを上げられない中小企業は、このような中小企業問題の悪化を跳ね返すことができず、収益は低下し、市場から退出するか、低賃金の縁辺労働力に頼って延命することになった。

　以上のように、中小企業は発展性と問題性の統一のあり方によって3類型に分けられる。競争がプリズムとなって中小企業を分化させ、発展性と問題性の統一物という中小企業の本質は、中小企業発展の多様性として現象する（→前掲図表Ⅰ-1-2、同Ⅰ-1-3）。このため、中小企業は切り取り方により発展性に満ちた企業も、問題性に満ちた企業も現れ、中小企業のこの本質は中小企業を群として見た場合にはっきりすることになる。

　だが、中小企業発展の多様性は、中小企業が定義不可能な「ばらばら」な存在であることを意味しない。中小企業は円錐に例えることができよう。円錐を底面に垂直な平面で切断すると双曲線が、母線に平行な平面で切断すると放物線が、底面に平行でない平面で切断すると楕円が得られる。円錐が多様な2次

154

第 4 章　中小企業は発展性と問題性の統一物

曲線の統一物であるように、中小企業も多様だが「ばらばら」ではない。多様性は「発展性と問題性の統一物」という本質の現象であり、中小企業はそういうものとして円錐と同じく一体物なのである。

図表 I-4-2　複眼的中小企業論の理論構造

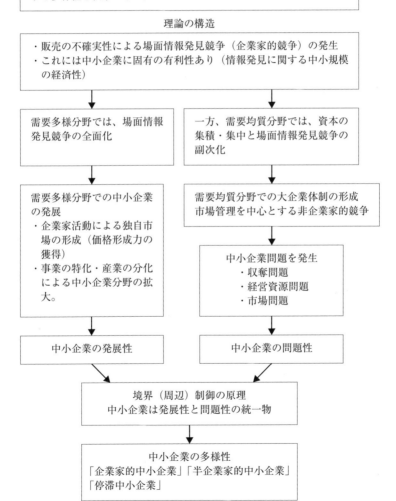

第 I 部　複眼的中小企業論

　以上で第 I 部を終える。第 I 部では「販売の不確実性」という商品生産の矛盾を理論の基点とし、中小企業の発展性と問題性の根拠と両者の結合原理を明らかにすることにより、「中小企業は発展性と問題性の統一物」であることを示した。そして、この本質規定に立ち中小企業を類型化し、中小企業の多様性の根拠も明らかにした。従来の問題型中小企業論と積極型中小企業論は、中小企業の発展性と問題性のどちらかを無視ないし軽視してきた。中小企業の発展性と問題性の「統一理解」を可能にした複眼的中小企業論により、従来の中小企業論の対立は止揚され、複雑な中小企業の実態を包括的に捉える道が開かれるのである。

　参考として複眼的中小企業論の大まかな理論構造を掲げる（図表 I-4-2）。

第 II 部

戦後中小企業発展史・問題史

はじめに：第Ⅱ部の目的と方法

　第Ⅰ部では、大企業体制下の中小企業は発展性と問題性の統一物になることを明らかにした。第Ⅱ部の目的は、中小企業のこの本質がどのような姿で現れたかを、製造業を対象に、戦後日本経済の歩みの中で描きだすことである。

　以下では戦後を4期に分け、第1に、大企業体制がどのような中小企業問題を生み出したか、すなわち、収奪問題、経営資源問題、市場問題がどのような内容を持って発生したかを明らかにする。

　第2に、中小企業問題の重圧に抗し、中小企業がどのように発展し、あるいは発展に限界があったかを述べる。ここで本来必要なのは、時期ごとに「企業家的中小企業」「半企業家的中小企業」「停滞中小企業」それぞれの実態を明らかにし、「発展性と問題性の統一物」としての中小企業を具体化することである。だが、このような広範囲にわたる作業は困難であるので、各期における中小企業の発展を代表する中小企業群（「代表的発展中小企業」）を摘出し、その経営体質を明らかにすることにする。「代表的発展中小企業」が現われるのは、時代ごとに需要動向や技術動向が変化し、このトレンドに沿って企業家活動を行った中小企業群が、新たな発展タイプとして登場するからである（→24頁）。「代表的発展中小企業」も中小企業問題の重圧を受けているから、「企業家的中小企業」としての体質を獲得しているとは限らない。そこで、その時代の「代表的発展中小企業」を上記3つの企業類型（実際には「企業家的中小企業」か「半企業家的中小企業」）のどれに属するかを分析する。望まれるのは「企業家的中小企業」であることである。時代別に「代表的発展中小企業」の経営体質を追うことにより、中小企業発展の主流が「企業家的中小企業」に向かっているかを明らかにする。

　第3に、中小企業はその発展段階に応じ、経済・社会において時期ごとに異なる役割を担うので、それを分析する。これは経済・社会における役割という視点から、各期の中小企業の発展性・問題性を総括する意味を持つ。

　なお、第Ⅰ部では、中小企業問題の本質は寡占問題という認識から、「中小企業」に対しては「寡占大企業」を対置し、「大企業」という用語はあまり使わなかった。しかし、非寡占大企業も寡占大企業ほどではないが中小企業問題を引き起す力がある（→127頁）ので、以下では中小企業問題を起こす企業を「大企業」とし、寡占大企業と非寡占大企業を含むものとして使う。

第1章　戦後復興期の中小企業（1945〜55年）

第1節　中小企業問題

1. 中小企業の乱立

　敗戦により政府統制が緩んだのをきっかけに中小企業が続々と開業した。その基盤になったのが膨大な過剰労働力だった。

　日本は戦前、地主的土地所有の農村に膨大な過剰労働力が堆積し、そこから流出する低賃金労働者を基盤に多数の中小企業が発生、過当競争を繰り返していた。地主制の解体した敗戦後も、軍需工場の全面閉鎖、生産活動の麻痺、復員・引揚者などにより推定1,300万人の厖大な過剰労働力が発生し（井村［2000］：11）、戦後の経済危機のため吸収されずに農村や都会に堆積した。

　過剰労働力が生み出す低賃金労働者を雇用すれば、開業は容易にできる。しかも、敗戦後は絶対的なモノ不足により「作れば売れる」という状況だった。このため、戦時中、軍需転換や廃業を強制されていた中小企業が続々復活し、失業者による開業も続き、中小企業は乱立した。

　中小企業による消費財生産の開始で、戦後数カ月、戦前（1934〜36年平均）の10分の1に縮小していた鉱工業生産は増加に向かった。その一方、戦時統制に安住していた大企業は、自己のリスクで経営する能力を失っており、軍需からの転換が遅れた。このため、中小企業が経済活動の主人公となり、当時の新聞（『日本経済新聞』1946年4月29日付）は中小企業を「時代の寵児」と呼んだ（中村・秋谷・清成・山崎・坂東［1981］：22）。

　だが、中小企業中心の生産回復は長くは続かなかった。戦時中の設備酷使により鉄鋼等の基礎資材生産は戦前の数％に低下し、中小企業は軍の放出資材や手持ち資材に頼って生産していた。既存資材は1年もたつと枯渇し始め、中小企業は資材難に陥り、鉱工業生産も1946年9月に戦前の36％に達したのをピークに低下を始めた（林［1987］：37-38）。

　政府はこの縮小再生産からの脱出と敗戦後急激に進んだインフレ鎮圧のため、重要産業復興策を開始した。これが中小企業の資材難を一層激化させ、中

161

第Ⅱ部　戦後中小企業発展史・問題史

小企業の短い繁栄は完全に終わることになった。

2. 戦後復興策と中小企業問題

(1)　重要産業復興策の開始

　重要産業復興策とは一律の産業復興は不可能なため、全産業の基盤である基礎産業の復興を優先しようというものである。石炭、鉄鋼の復興を優先させる傾斜生産方式（1946 年 12 月 27 日閣議決定）や経済緊急対策（1947 年 6 月 11日閣議決定）による石炭、鉄鋼、肥料、電力、海運などの復興策がそれである。

　これらの重要産業には 1947 年に復活強化された物資統制を利用して資材を優先配分し、全額政府出資の復興金融金庫（重要産業に対する長期事業資金の供給が目的、1947 年 1 月設立）や価格調整補給金制度（基礎物資の公定価格と生産費の逆ザヤを一般会計から補給するもの、1947 年 7 月から本格化）から厖大な資金も投入した。

(2)　資材難・資金難：戦後最初の中小企業問題

　この施策により、1948 年には重要産業の生産はかなり拡大したが、重要産業を構成する企業は圧倒的に大企業が多いため、大半の中小企業は割当てから外され、資材難が激化した。

　例えば、中小機械器具工業では、生産資材の割当ては使用総量の 10%前後にすぎず、ストックは 1947 年夏頃底をつき、公定価格の 2 ～ 3 倍もするヤミ資材に依存せざるをえなくなった。電力の重点配分が始まると中小企業は真っ先に配分から除外され、電力割当ての実施された 47 年 12 月には輸出指定工場を除き、中小企業は週平均 24 ～ 25 時間しか操業しなかったと言われる（楫西編［1957］：88）。

　中小企業は金融からも締め出された。復興金融金庫の新規融資は 49 年 3 月末をもって停止されたが、それまでの中小企業（資本金百万円未満）に対する貸出実績は、全体の 2.3%にすぎなかった。また、48 年末の大蔵省調査では、当時の全国銀行、信託銀行の貸出のうち、中小企業融資と推定されるものは総額の 22%、特に大銀行の場合は 15%にすぎず、貸付期間も 2 ～ 3 カ月という短期が多かった（日本開発銀行［1963］：467、476）。さらに、中小企業には高価なヤミ資材の支払、インフレによる賃金上昇、重要産業復興策に必要な財政

162

第1章　戦後復興期の中小企業（1945～55年）

を賄うための租税重課、下請代金支払遅延が襲いかかった。

こうして中小企業は資金難にも陥り、中小企業庁調査によると「金詰まり」で「非常に苦しい」「苦しい」が計74.5％に及んだ（図表II-1-1）。資金繰りに行き詰った中小企業は、一般金利水準よりはるかに高いが、即時融資を行う個人貸金業に飛び込むことになった。ヤミ金融業者は繁栄し、例えば、47年末、京都市の市中銀行貸出残高8億8千万円に対し、ヤミ資金は1億円と推定された（中村・秋谷・清成・山崎・坂東［1981］：42-43）。

図表II-1-1　金詰まり状況調べ

非常に苦しい	苦しい	何とかやっている	不明
33.2%	41.3%	22.9%	1.9%

資料）　中小企業庁「中小企業金融実態調査・1948年12月末日現在」（東京、名古屋、京都、大阪、神戸の従業員200人未満の工場及び作業場対象）
出典）　中小企業庁指導部編［1949］：第2表

敗戦により日本の大企業体制は解体されたから、資材難・資金難は大企業体制が引き起こしたものではない。しかし、大企業に経済資源を集中する重要産業復興策は、大企業体制再構築のための政策でもあり、大企業の本来の資本蓄積活動復活のために資本を蓄える「原始的蓄積」（「再版原蓄」と呼ぶ人もいる）の推進策と言える。重要産業復興策に伴う資材難・資金難は、大企業体制に関連する戦後最初の中小企業問題（経営資源問題）と言える*。

　*中小企業庁指導部編［1949］も次のように述べている。

　傾斜生産方式の対象業種に属しない産業部門、「特に中小企業は『野放しの時代』の夢破れて、資金、資材及び各種の便宜よりオフ・リミットを食った形となるのである。従って多くの中小企業は資金、資材の入手に狂奔し、ここに戦後初めての中小企業問題がクローズアップされるに至る」（同書：23）。

（3）ドッジ・ラインによる市場問題の激化

これに続く中小企業問題として市場問題が発生した。中小企業は資材難・資金難に苦しんだが、それでも1948年春頃までの市場は「作れば売れる」状況だった。中小企業は高価なヤミ資材でもなんとか調達すれば、インフレを利用して利益をあげられた。

だが、この頃から原始的需要の一巡、インフレによる購買力減退のため、需要の伸びが鈍化した。さらに、47年春頃から巨大軍需工場の民需転換が始ま

163

第Ⅱ部　戦後中小企業発展史・問題史

ったことが中小企業の販売難を悪化させ、48年夏頃には中小企業の破たんが広範に進行した（中小企業庁指導部編［1949］：80）。しかし、その後のドッジ・ラインによる販売難に比べれば、まだ序の口だった。

　重要産業復興策は生産を拡大したが、厖大な資金供給ほどではなかったので、かえってインフレを激化させた。ドッジ・ラインはインフレを一挙に収束することにより単一為替レートを設定、国際経済とのつながりを実現し、企業の合理化と日本の輸出拡大・経済自立を達成しようというものである（GHQ財政金融顧問として来日したドッジ・デトロイト銀行頭取が指揮監督したため、ドッジ・ラインと呼ばれた）。

　ドッジ・ラインにより1949年度は超均衡予算（黒字予算）が組まれ、復興金融金庫融資の停止、価格調整補給金の大幅削減、徴税の一層の強化が行われ、インフレは収束に向かった。それと共に、資材のヤミ価格が公定価格を下回るなど、資材難は急速に薄れていった。だが、同時に強烈な市場収縮が中小企業に襲いかかった。

　大企業に設備機器を納品してきた中小企業は、復金融資の停止で大企業が購入をやめたため、一挙に受注を失った。消費財関係の中小企業は、縮小した市場を民需転換した大企業と争い敗退していった。下請中小企業では親大企業が過剰人員吸収のため内製化を進め、受注量が大幅に減少したうえ、代金の支払遅延も受け、苦境に陥った。中小企業を販売先とする中小企業では、販売先の倒産による連鎖倒産が続出した。

　このように、資材難に代わり販売難という企業存立に直結する市場問題が一挙に拡大した。

　1949年初から50年までの企業整理件数は1万1千、解雇者数は51万人を超えたが（経済企画庁編［1976］：25-26）、企業整理件数のほとんどは中小企業だった。また、49年度下半期の大蔵省のサンプル調査によると、製造業では企業の67％のみが営業中だが、資本金5千万円以上の大企業では97.4％が営業を継続、それに対し資本金50万円未満の零細企業は58％しか営業していなかった（有沢監修［1976］：309）。戦後最初の中小企業危機が叫ばれたのがこの時だった。

　その一方、大企業は激烈な労使紛争を経て労働者に対する支配権を確立し、大量人員整理・賃金カットによって合理化の基礎をつくった。また、中小企業

第1章 戦後復興期の中小企業（1945～55年）

に対する取引上の優越性を強め、下請加工賃の引き下げ、代金遅払など、中小企業を踏み台とする資本蓄積を強めた。さらに、重要産業の大企業は対日援助見返り資金からの融資や日銀貸し出し増による市中銀行融資など、政策的支援も受けた。

こうして、ドッジ・ラインもまた、大企業への資本集中を進め、大企業体制再構築のための「原始的蓄積」政策としての役割を果たした。

3. 大企業体制の復活

(1) 朝鮮戦争特需と戦後初の合理化投資

以上のように、日本経済は大企業体制復活へ向かってきたが、それを一挙に進めたのが朝鮮戦争だった。

深刻なデフレ不況下にあった日本は、1950年6月に勃発した朝鮮戦争による特需（朝鮮戦争遂行のためのアメリカ軍による買い付けなど）と輸出急増で一挙に生産を拡大し、50年3月からの年間鉱工業生産は46.0％増加、戦前水準を突破してしまった。

特需により大企業は巨額の利潤を獲得、一挙に資本蓄積を進め、さらに、重点産業（電力、鉄鋼、海運・造船）の大企業は産業政策を活用し*、外国技術・外国設備の導入により戦後初めての合理化投資も遂行した。合理化投資は石油精製や重点産業関連産業でも進み、大企業は中枢産業における生産能力と市場集中度を高め、産業における支配的地位を再確立した。

*この当時の産業政策の第1の柱は封鎖経済体制である。政府は「外為法（外国為替及び外国貿易管理法）」（1950.6.30全面施行）に基づく外貨割当制により、重要機械設備の輸入に対しては外貨を優先的に割り当てる一方、競合外国製品の輸入には外貨割当を制限した。また、「外資法（外資に関する法律）」（1950.6.8施行）により外国企業の日本への直接進出を制限した。第2の柱は基礎産業や重化学工業に対する産業育成政策である。日本輸出銀行（1950年）、日本開発銀行（1951年）など政府系金融機関の設立と財政投融資制度の整備（1951年）、特定の近代化設備に対する「傾斜減税制度」、「企業合理化促進法」（1952.3.14施行）による産業基盤整備、重要産業に関する合理化計画の作成（個別産業ごとに合理化の目標を定め、税制上の優遇措置、低利融資などを実行するもの）などである。なお、中小企業へ長期資金を供給する政府系金融機関として中小企業金融公庫も設立されたが（1953年）、政策の中心は大企業の合理化に置かれた。

その一方、中小企業に特需の恩恵は少なかった。中小工業には朝鮮戦争のよ

165

第Ⅱ部　戦後中小企業発展史・問題史

うな近代戦の需要に応じるほどの生産能力を持つものは極めて少なく、特需を
受注しえた中小工業は9％に限られ、中小企業庁「中小企業金融実態調査」
（1950年11月）によると、戦争勃発後半年間に生産上昇をみた中小企業は全
体の32.2％、売上増は23.9％しかなかった（楫西編［1957］：106）。多くの中
小企業はむしろ、インフレ再発・生産財価格高騰による「原料高・製品安」、
運転資金の増加に悩まされた（楫西編［1957］：106、中村・秋谷・清成・山崎・
坂東［1981］：55）。産業政策による合理化支援もこの時期はもっぱら大企業向
けだったため、中小企業の資本蓄積・合理化は遅れた。

(2)　中小企業の下請化・系列化

　大企業は朝鮮戦争特需をきっかけに資本蓄積を急速化したものの、先進国企
業に比べ不足している資本を節約するため、また、低賃金労働力を迂回的に利
用するため、中小企業の下請化を進めた。

　下請取引では、多数の中小企業が購入寡占の地位にある大企業の外注獲得を
巡り、相互に激しく競争するから、取引は対等でなく、下請単価も切り下げら
れる（収奪問題）。それにもかかわらず、中小企業は自力での市場開拓が困難
なため、下請化を受け入れざるをえなかった。

　寡占大企業はさらに朝鮮戦争反動不況（1951年秋〜52年）をきっかけに、
コスト切り下げのため、下請企業の「系列化」を始めた。「系列化」とは、下
請企業が親企業に専属化し、長期継続的な取引関係を結ぶことにより、親企業
が資本所有関係では独立している下請企業であっても自企業の内部組織のごと
く支配することである。親大企業による外注関係の準内部組織化と言ってもよ
い。

　これにより、親企業は市場取引のコスト（取引相手を探す費用、交渉する費
用、監視の費用）なしで下請企業と取引できる。同時に、下請企業は親企業に
とってあくまで別企業だから、完全な内部組織だったら不可能な賃金格差の利
用や景気変動のバッファーとしての利用も可能である。つまり、親企業は「系
列化」により組織内取引と市場取引のメリットの双方を享受できる。

　一方、下請企業は親企業の内部組織の一部の如く指示に従わなくてはならぬ
が、発注と技術指導を他の下請企業より優先的に受けられる。

　系列的下請関係は、原料系列──鉄鋼2次製品、繊維（綿紡、合繊）・プラ

166

スチックの加工分野——から始まり、生産系列——自動車、家電など機械工業の部品分野——へ広まった。「系列化」は下請再編成を通じて進展し、上記の定義に合うような「系列化」が完成するのは、1960年代に入った自動車工業においてである。下請関係は先進資本主義国に共通して見られるが、下請関係における系列的性格は日本固有の特徴であり、「日本的下請制」と言える（黒瀬［1995]）。

　このように、寡占大企業は下請化・系列化により中小企業を直接的に自己の再生産過程に組み込んだ。

(3)　戦後復興と大企業体制の復活

　以上の寡占大企業を中核とする経済の拡大により、日本経済は1955年に1人当たり実質国民総生産が戦前（1934～36年平均）水準を突破するなど、輸出入数量、住宅を除いて主要経済指標は戦前を超え、経済復興を達成した。それは同時に、大企業体制すなわち「中枢産業部門で独占的市場構造が構築され、寡占大企業を筆頭とする大企業セクターが、国民経済の再生産を支配する」産業体制（→92頁）の復活でもあった。敗戦により、中小企業に対する寡占大企業や問屋資本の重圧は後退し、多くの独立小生産者が現れた。中小企業セクターが国民経済の中心になるという可能性も見られたが、大企業体制の復活はそれを完全に断った。

　なお、この時期の産業構造は、軽工業の高い比率など、基本的にはまだ戦前と同質であり、戦後の新産業構造に基づく大企業体制の完成は1960年代中頃となる。

4.　大企業体制による中小企業問題の発生

　従来の中小企業問題は、大企業体制再構築のための「原始的蓄積」政策によるものだったが、朝鮮戦争以後進んだ大企業体制の復活により、中小企業問題は大企業体制そのものに起因するものになった。

(1)　収奪問題の発生

　その第1が、大企業体制が引き起こす収奪問題である。

　50年代前半の中小企業問題の焦点は資金難だったが、従来の資金難の主因

第Ⅱ部　戦後中小企業発展史・問題史

が大企業優先の復興策であるのに対し、この時期においては収奪問題が主因となった。

図表Ⅱ-1-2 に示した中小企業庁「中小企業金融実態調査」が、それを表している。

金詰まりの原因は、傾斜生産が実施されていた 1948 年 12 月調査では、1 位が「租税負担の過重、徴税強行」、2、3、4 位がインフレと資材難を反映して「賃金増加」「物価騰貴による購入資金増加」「原材料購入費増加」、5 位が「売掛金回収不円滑」となっている。ドッジ・ライン下の 49 年 11 月調査では、1 位は同じく「租税負担の過重、徴税強行」、2 位には市場問題を反映して「売行き不振」、3 位が「売掛金回収不円滑」となっている。

以上において、「売掛金回収不円滑」は下請代金支払遅延という大企業の中小企業収奪を意味するが、租税重課、インフレと資材難、「売行き不振」は、重要産業復興策、ドッジ・ラインという大企業体制復活を促進する「原始的蓄積」政策の結果であり、それらが「原因」の上位を占めている。

図表Ⅱ-1-2　金詰まり原因別業者数

単位：％

原因	1948.12	1949.11	1951.11	1952.11
租税負担過重・徴税強行	19.8	19.5	9.3	13.4
賃金増加	13.9	5.9	4.4	5.6
物価騰貴による購入資金増加	13.5	—	—	—
原材料購入費増加	13.5	8.1	9.5	8.7
売行き不振	6.8	15.6	—	—
国内売上減少	—	—	6.3	8.7
輸出減少	—	—	1.9	4.0
売掛金回収不円滑	11.2	14.9	15.4	22.4
親工場・問屋支払遅延	4.8	5.9	—	—
売上利益の減少	—	—	12.1	20.0
売掛の増加	—	—	7.1	13.4

注1)　複数回答
　2)　「原因」のうち、指摘が多いものを抜粋。
　3)　調査年次によって「原因」の表現が変わっているものがあるが、筆者の判断により統一。
　4)　—は調査の選択肢として挙げられていなかったもの。
出典）　楫西編［1957］：第 5 表、第 17 表、第 21 表より再編。原資料は中小企業庁「中小企業金融実態調査」各年版、対象は従業員 299 人以下の工業。

第 1 章　戦後復興期の中小企業（1945 ～ 55 年）

　だが、朝鮮戦争特需で大企業体制の復活の始まった51 年11 月調査では、「売掛金回収不円滑」が１位に上がり、「売上利益の減少」が２位に入り、「原材料購入費の増加」も３位に位置している。52 年12 月調査でも「売掛金回収不円滑」と「売上利益の減少」が1、2 位を占め、しかもその割合は高まっている。「売掛の増加」が増えているのも目立つ。大企業体制の復活による収奪問題が激化したのである。

①下請代金支払遅延

　売掛金関係の指摘が増えたのは、この時期から下請代金支払遅延が一般化したためである。

　例えば、機械工業の場合、終戦時、軍需工場などに 66 万台もの膨大な粗悪工作機械とそれを操作する熟練工が残され（伊東監修［1977］：106）、この失業工作機械と失業熟練工が供給圧力となって下請企業の過当競争が始まり、大企業がそれを利用した。機械工業に限らないが、戦前の下請取引では、材料支給・下請代金前払（一部前払）が多かったが、戦後は後払いになった上、「下請企業の納入した部品や資材が、工場で使用されているにもかかわらず検収書を出さない。ようやくそれを出させると、次には支払日をおくらせる。その上支払日が来ると現金より約束手形による支払い分を多くする。その手形の期限がまた長期である。手形をうけとれば、下請企業は相当の利子を払わなければ割引いてもらえない」ということが起きた（中島［1968］）。

　これにより親企業は下請企業の回転中の資本を一時的に奪い、無利子で自己の資本蓄積の不足を補う。資金繰りに困った下請企業は安値受注に走らざるをえず、ようやく手形を受け取っても上記のように高金利で割り引かねばならない。下請代金支払遅延は 1951 年下半期頃から著しく悪化し、ほとんど商習慣化したと言われる（楫西編［1957］：107）。

②「原料高・製品安」

　「売上利益の減少」は販売・購入寡占による相対価格（販売価格／仕入価格）の低下、いわゆる「原料高・製品安」により、本来中小企業の手元に残るべき価値が収奪されることを意味している。

　中小企業は下請単価の抑制、大商社・問屋・外国商人の買い叩き（後述のミシン産業、双眼鏡産業を参照）、資金繰り難からの投げ売りによって製品価格を引き下がられる一方、販売寡占による「原料高」を押し付けられた。その中

169

第Ⅱ部　戦後中小企業発展史・問題史

心になったのが、通産省の勧告による操短である。公正取引委員会はこれを行政庁による統制行為とし、企業間の共同行為としての生産制限カルテルとは見なさなかった。だが、勧告操短は自主的カルテルであると発生しうるアウトサイダーを防止する効果を持ち、国家権力により補完されたより強力なカルテルに他ならない。

1952年7月綿紡績業、スフ綿製造業、自動車タイヤ製造業で始まり、セメント、薄板、線材、石炭など各種産業に広がった。この「勧告カルテル」だけでなく、独占禁止法の第1次改正（1948年）・第2次改正（1953年）により実施可能となった不況カルテル・合理化カルテル、各種の独禁法適用除外法によるカルテル、さらに「紳士協定」をはじめとする「地下カルテル」も全産業に波及し、カルテルが網の目のように張り巡らされた。

このため、朝鮮戦争反動不況による大企業製品（原料）価格の低下は、中小企業製品価格より遅れ、かつ小幅となった。図表Ⅱ-1-3はこの時期の「原料高・製品安」の状況を示している。「日銀の卸売物価指数中、巨大な数社によって

図表Ⅱ-1-3　物価群別推移

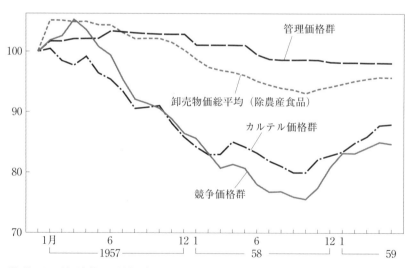

（備考）(1) 管理価格は、銑鉄、板ガラス、アルミニウム、写真フィルム、ナイロン、腕時計。
　　　(2) カルテル価格は綿糸、人絹糸、鋼材、銅、ガソリン、塩ビ樹脂、過燐酸石灰。
　　　(3) 競争価格は、綿織物、人絹織物、亜鉛鉄板、針金、合板、染料。
　　　　　以上を日銀卸売物価によって平均、指数（1956年平均＝100）化したもの。
出典）御園生［1960］：第4図

全生産の100%または90%内外生産されている業種」の「管理価格」群、「カルテルがかなりの効果をもって結成されているとみられる商品」の「カルテル価格」群、「主として中小企業によって生産の大部分が占められているか、あるいはこれに準じて企業数が多く、競争が激しく行われていると認められる商品」の「競争価格」群の動きを見たものである。管理価格は安定し、カルテル価格は競争価格と動きが接近している時期もあるが、1958年に入ってからの差はカルテル価格の業種に「勧告カルテル」、「不況カルテル」が集中的に実施された効果である。その結果、特に綿糸と綿織物、人絹糸と人絹織物、鉄鋼素材と鉄鋼2次製品の間で価格差が開き、典型的な「原料高・製品安」が発生した（御園生［1960］：95-100）。

以上のように、大企業体制復活とともに収奪問題が激化し、中小企業の資本蓄積が妨げられた*。

> *ただし、1952年11月調査においても「租税負担過重・徴税強行」が依然多いことに示されているように、大企業体制再構築のための「原始的蓄積」政策による中小企業への圧迫が続いていることも無視できない。戦後の日本では1947年制定の財政法により公債政策を捨てる一方、納税者の大衆化とその負担が増やされ、戦前は課税されなかった零細企業者その他低所得者が、大量に納税者層に組み入れられた。戦前の所得税納税者95万人に対し1949年には1,911万人と20倍になった。また、「税収目標割当」を達成するため、当時の税務官吏は実地調査や帳簿検査をせず、納税者の申告に対し事務的に更正処分をおこない、申告額さえ重いと思っていた事業主に高額の査定を加えた（中島［1968］）。

(2) 融資集中による資金難

大企業体制復活による第2の中小企業問題が、大企業への融資集中による資金難の発生である。

第Ⅰ部で述べたように、資金難は収奪問題に起因すると同時に、寡占大企業が社会の遊休資金を優先的に吸収することによっても発生する（→117頁）。

国家資金による重要産業復興策が取られていた時、中小企業は政策的に金融から閉め出されていた。ドッジ・ラインから民間金融が復位し始め、旧財閥系銀行など都市銀行は、日銀借入に依存しながら金詰まりに苦しむ旧財閥系企業など大企業に融資をしたが、中小企業は融資から締め出された。第Ⅰ部で述べた寡占銀行と寡占大企業の結合が復活しつつあったのである（→110頁）。朝鮮戦争反動不況や、1953年の金融引き締めによる資金難発生の際にも、都市

第Ⅱ部　戦後中小企業発展史・問題史

銀行は大企業向け貸出しを優先し、中小企業向け貸出しを大幅に圧縮した。

　戦前、日本の中小企業は運転資金を問屋制前貸しに依存することが多かった。問屋制は戦前すでに弱体化し始めていたが、戦後において決定的になった。しかも、大企業による中小企業への手形支払いが一般化し、それを銀行で割り引かなくてはならないから、戦前に比して中小企業の運転資金調達に関する銀行依存は著しく増大した（中村［1961］：267-268）。また、後述のとおり、中小企業の設備は老朽化し、設備資金もまた銀行に頼る必要があった。その上、収奪問題による資金難が発生していたのだから、中小企業の融資ニーズは大きく、都市銀行からの融資締め出しは中小企業に大きな打撃を与えた。

（3）　市場問題の発生

　第3の中小企業問題が大企業体制復活による市場問題である。具体的には大企業の中小企業分野への進出による中小企業市場の浸食である。

　消費財分野では、1950年の統制撤廃を契機に、中小企業分野であったマーガリン生産に大規模油脂メーカーが進出し、49年に112工場あったのが、51年には45、59年には22に激減、中小企業生産量（全国マーガリン製造協同組合の生産量）のシェアは54年の31.3％から58年23.8％に減少した。

　石鹸製造業も中小企業分野だったが、朝鮮戦争反動不況期に大企業の進出が急速化し、大企業（従業員300人以上）への生産集中度は、1953〜54年の45％から58年の54％へ高まった。

　その他、ビール資本・製菓資本の清涼飲料業界への、乳業・製缶大資本の製パン業界への、製缶資本のビン製造への進出が見られた（中村［1961］：215-217）。

　生産財分野でも大企業は生産分野を拡大した。例えば、高炉一貫メーカーは従来中小企業分野であった2次製品に乗り出すとともに、塗装用鋼板、港湾ダム建設用鋼材、建設用足場パイプ等、大量生産方式で新製品の生産を始め、中小企業の進出可能性を断った（井村［2000］：129）。

　このように、大企業の進出による既存中小企業市場の侵食、中小企業の発展可能な市場空間の縮小が生じた。もちろん、大企業の生産拡大はそれと産業連関を持つ中小企業分野も拡大するが、大企業の進出に直面する中小企業には企業存続にかかわる重大問題となった。

172

第1章　戦後復興期の中小企業（1945 ～ 55 年）

　以上の、大企業体制復活に伴う中小企業問題は中小企業の経営を圧迫し続け、1954 年不況では朝鮮戦争反動不況以上に多くの中小企業が没落した。

5. 大きな規模間格差

（1）　欧米には見られない大きな規模間格差

　このような大企業体制が引き起こす中小企業問題は、どの先進国にも見られるが、日本では特に深刻化したため、大企業と中小企業との間に大きな賃金格差と付加価値生産性格差が発生した。

　図表 II-1-4 に見られるように、従業者規模が小さくなるにつれ 1 人当たり現金給与総額、付加価値生産性は低下し、従業者 1,000 人以上と比べた場合、4 ～ 9 人層ではそれぞれ 3 割と 3 割以下という大きな格差がついた。従業員 199 人以下層と 200 人以上層を比べても、前者の現金給与は後者の半分を超える程度、付加価値生産性は半分にも達していない。このような大きな格差はアメリカ、イギリスには見られなかった（図表 II-1-5）。

図表 II-1-4　規模間格差（1950 年代前半）

従業者規模	1 人当たり現金給与額（指数）		1 人当たり付加価値額（指数）	
	1951 年	1954 年	1951 年	1954 年
4 ～ 9 人	30.9	32.8	25.9	28.0
10 ～ 19 人	40.9	40.6	32.2	34.1
20 ～ 29 人	47.0	45.3	37.0	38.7
30 ～ 49 人	59.3	48.5	48.2	44.3
50 ～ 99 人	57.9	54.6	51.5	53.5
100 ～ 199 人	66.8	61.9	62.9	67.7
200 ～ 499 人	78.2	72.3	77.9	85.5
500 ～ 999 人	89.7	84.2	103.5	91.6
1,000 人以上	100.0	100.0	100.0	100.0
4 ～ 199 人	52.7	54.8	43.6	48.7
200 人以上	100.0	100.0	100.0	100.0

資料）　経済産業省「工業統計表」より作成。

第Ⅱ部　戦後中小企業発展史・問題史

図表Ⅱ-1-5　1958年の賃金と付加価値生産性の規模間比較（国別）

従業者規模別	国別	日本	アメリカ	イギリス
賃金格差	1 ～ 19 人	37.5	70.9	—
	20 ～ 99 人	49.5	77.3	—
	100 ～ 199 人	58.8	80.2	—
	200 ～ 499 人	69.9	82.7	—
	500 人以上	100.0	100.0	—
	1 ～ 499 人	50.1	78.6	—
付加価値生産性格差	1 ～ 19 人	32.6	73.8	82.5
	20 ～ 99 人	45.8	75.2	79.1
	100 ～ 199 人	61.0	81.6	80.9
	200 ～ 499 人	76.9	86.3	84.3
	500 人以上	100.0	100.0	100.0
	1 ～ 499 人	48.4	79.6	81.7

資料：「各国工業統計表」
（注）　従業者500人以上規模を100とした各規模の比率。
出典）　『中小企業白書1970年版』：第1-1表

（2）　中小企業問題深刻化の理由

　日本で中小企業問題が特に深刻化したのは、日本特有の過剰労働力が中小企業間の過当競争を倍加させ、大企業体制が引き起こす中小企業問題をより激しくしたからである。他の先進国にも共通する寡占問題と日本的特殊性である膨大な過剰労働力との合成作用と言える。

　先に述べたとおり、日本は戦前、地主的土地所有の下、膨大な過剰労働力が堆積していたが、地主制の解体した戦後も、敗戦に伴い推定1,300万人の厖大な過剰労働力が発生し、農村や都会に堆積、低賃金労働者の給源となった。低賃金労働者を雇用し、労働集約的に生産すれば小資本で開業できるため、軍需転換や廃業を強制されていた中小企業が次々復活した。失業を回避するため過剰労働者自身も開業に向かった。いわゆる窮迫的自立化である。48年夏頃から中小企業の破たんが広範化するが（→ 163頁）、その一方、小零細企業の開業が増加、図表Ⅱ-1-6のように最小規模層を中心に中小企業は増え続けた。

　また、大企業は朝鮮戦争以後生産を急回復したが、正規雇用者の増加を極力抑え、臨時工・社外工の採用増加でもって対処し、不況になれば解雇したから（正規労働者の増加を極力抑えるのは、現在にまで続く日本の大企業の特徴）、

第 1 章　戦後復興期の中小企業（1945 〜 55 年）

過剰労働力圧力は解消せず、図表 II-1-7 に見るように、中小企業の開業が廃業を上回り続けた。

　以上のように過剰労働力を基盤に小零細企業層を中心に中小企業は増え続け、いわゆる中小企業の「過小過多構造」が形成され、中小企業間の競争を激化させた。これを利用し、大企業は中小企業に対し優越的な取引を行い、中小企業への収奪を強めた。そのため、中小企業は近代化に必要な資本蓄積ができず、低生産性で低賃金依存の中小企業が滞留することになった。

図表 II-1-6　事業所数（製造業）の推移（1948 〜 50 年）

従業者規模	1948 年		1949 年		1950 年	
〜 4 人	119,772	100	131,464	110	222,966	186
5 〜 49	91,206	100	96,298	106	125,416	138
50 〜 99	4,605	100	5,284	115	5,439	118
100 〜 199	1,853	100	2,274	123	2,416	130
200 〜 499	1,144	100	1,328	116	1,456	127
500 〜 999	337	100	317	94	419	124
1000 〜	288	100	334	116	339	118
休業中	871	100	2,908	334	—	
計	220,076	100	240,207	109	358,451	163

注）　1948 年の「従業者規模」は「雇用工員数」、1949 年は「常用労働者数」（「職員」と「労務者（工員）」の合計）。
資料）　経済産業省「工業統計表」より作成。なお、「工業統計表 1950 年」は従業者 4 人以上の規模別事業所数の合計と記載されている従業者 4 人以上の事業所数「総計」が合致しないため、本書では「総計」を誤記と判断し、規模別合計を総計とみなした。

図表 II-1-7　製造業開廃業状況

単位：％

規模	1951 年		1954 年	
	開業率	廃業率	開業率	廃業率
5 〜 29 人	7.9	2.9	4.9	2.0
30 〜 199 人	2.4	1.6	—	—
30 〜 99 人	—	—	2.5	2.0
100 〜 199 人	—	—	1.8	1.6

注）　開業率（廃業率）とは各月推定事業所数で各月開業（廃業）件数を除したもの。ただし 1954 年は同年の事業所数で除す。
出典）　中村［1961］：153 より作表。原資料は労働省職業安定局「中小企業事業所開廃業調査」。

175

第Ⅱ部　戦後中小企業発展史・問題史

6. 中小企業の経営体質

　ここで、この期の中小企業の経営体質について、付加価値生産性に焦点を合わせ具体的に分析してみよう。

　付加価値生産性は V/N＝O/N×(p−c)（V：付加価値額　N：従業員数　O：生産量　p：販売単価　c：製品 1 単位当たり原材料費）で表わされる。O/N は物的生産性で生産技術・管理技術に左右される。(p−c) は付加価値で販売と購買、特に販売に関する取引力に左右される。付加価値生産性をあげるには、生産技術・管理技術の向上で物的生産性を上げ、販売取引力を高めて製品単位当たりの付加価値を増やさなくてはならない。

(1)　低い物的生産性
①生産技術の問題

　まず、物的生産性に影響する生産技術に関しては、中小企業の多くが老朽設備に依存していることが問題だった。「焼け旋盤」「焼けモーター」など、被災機械を修理して使っている企業も多かった。図表Ⅱ-1-8 によると、中小企業では設備資金調達が困難なため、1955 年末においても保有機械の 20％以上が経過年数 15 年以上、つまり戦中からの設備の場合が多く、新たに取得する場合も中古品が多かった。しかも、その多くは多様な加工はできるが効率の悪い汎用機だった。さらに、職人気質の強い製造業経営者が多く、技術の記述化の努力を嫌うこと、従来の技術に固執しがちという問題もあった。

②管理技術の問題

　管理技術のレベルも低く、生産計画を立てたり、計数で正確に品質管理することが不得手だった。生産計画に関しては親企業の発注が不安定で、計画の立てようがないという事情もあったが、そもそも合理的な管理を志向する経営体質が形成されていなかった。

　それを示すのが図表Ⅱ-1-9 である。これによると、従業員 50 人未満の企業の場合、1957 年においても「営業と家計費の未分離なもの」が半分以上に達し、単式帳簿さえ付けていないのが 3 分の 1 以上もある（帳簿をつけている場合でも主として税金対策が目的であった）。つまり、中小企業でも生業的経営（→図表 I-1-1）が多く、資本制的な合理性を追求するという経営体質を持ち合わせていなかった。

176

第 1 章　戦後復興期の中小企業（1945 ～ 55 年）

図表 Ⅱ-1-8　中小企業機械設備老朽化状況の一例（1955 年 12 月 31 日現在）

単位：%

	計	経過年数別割合				年間取得台数	
		5 年未満	5 ～ 10 年	10 ～ 15 年	15 年以上	新品	中古品
綿スフ自動織機	100	34	41	8	17	65	35
綿スフ小巾織機	100	28	35	8	29	27	73
絹人絹広巾織機	100	23	36	13	28	64	36
絹人絹小巾織機	100	33	29	13	26	75	25
ミシン業							
旋盤	100	11	22	35	32	19	81
ボール盤	100	29	30	24	16	71	29
フライス盤	100	9	27	37	28	13	87
自動車部品付属品業							
機械プレス	100	23	26	26	24	49	51
旋盤	100	11	19	36	33	14	86
ボール盤	100	29	23	27	21	51	49
フライス盤	100	10	20	38	32	8	92
研磨盤	100	17	22	36	24	33	67
自転車、リヤカー及び同部分品業							
機械プレス	100	22	29	26	23	47	53
旋盤	100	18	29	35	18	15	85

資料）　中小企業庁調「中小企業機械設備調査報告」による。
出典）　『経済白書 1957 年』：第 54 表を再編。

図表 Ⅱ-1-9　小規模企業（製造業）の帳簿組織等

単位：%
1957 年 12 月 31 日現在調

従業員規模	営業と家計費の未分離なもの	複式帳簿のないもの	単式帳簿すらないもの	青色申告を行っていないもの
1 ～ 3 人	79.5	89.6	58.7	84.3
4 ～ 9 人	40.5	54.9	19.9	47.6
10 ～ 19 人	18.9	29.0	5.5	29.2
20 ～ 29 人	9.7	14.0	1.6	21.6
30 ～ 49 人	5.4	8.3	0.9	16.6
50 人未満平均	54.3	63.2	35.9	59.5

資料）　中小企業庁・通商産業大臣官房調査部統計部「中小企業総合基本調査」1959 年
出典）　中小企業庁振興課編 [1960]：第 3 表より部分引用。

177

第Ⅱ部　戦後中小企業発展史・問題史

（2）　低い取引力

　販売に関する取引力を高めるには、主体的な需要情報発見活動に基づき、製品の差別性を高めなくてはならないが、多くは、発注者の言うままに、どのような消費者が使用するのか、どのような製品にその部品が使われるかを知らぬままに生産するのが一般的だった。現在では不適切な表現になったが、海外向け製品に関する「めくら貿易」という当時の言葉がこれを象徴している。また、技術的にも中小製造業者は設計図を与えられて加工するのは得意でも、設計技術を持つ者は少なく、製品開発力は限られ、製品を模倣し合うことにより過当競争を強めていた。

　以上のように、この時期の多くの中小企業は物的生産性と取引力が低いため、低付加価値生産性から抜け出せないまま、低賃金労働と経営者自身の自己搾取的な強労働により経営を維持することになった。私たちは、このような消極的な要因により存続する中小企業を「停滞中小企業」と呼ぶが、この時期の「停滞中小企業」は膨大な過剰労働力による高失業率、低賃金が生み出したものだから半失業型の「停滞中小企業」と言える（→ 153 頁）。深刻な中小企業問題と半失業型「停滞中小企業」の広範な存在、これが戦後中小企業の出発点での状況だった。

7.　二重構造論

　このような「停滞中小企業」の広範な存在、大企業・中小企業間の大きな格差を背景に、1950 年代後半に入り二重構造論が提起された。

　このコンセプトの最初の提唱者は有沢広巳で、「日本の経済構造は欧米先進国のような単一の同質の構造を持たない。いわゆる 2 種の階層的な構造から成り立っている。すなわち近代化した分野と未だ近代化していない分野とに分かれ、この両分野の間にかなり大きな断層があるように考えられる。近代化した分野は、たしかに先進諸国の企業にくらべてそう劣らない分野であるが、これに対して近代化していない前期的な分野が—中小企業、小型経営—広汎に存在している。この近代化した分野は、どんどん前進しているが、非近代的な分野は停滞的である。この非近代的分野の停滞性が、就業構造を停滞ならしめている基盤ではなかろうか」（有沢［1957］：14）とした。この二重構造論は『経済

第1章　戦後復興期の中小企業（1945〜55年）

白書　1957年』によって広まり、当時の中小企業観のベースとなった。

　有沢二重構造論は次のような理論に立っている。中小企業分野は「前期的な分野」、つまり日本資本主義特有の前資本主義的遺物であるため停滞性が強く、農村や都市に堆積している膨大な相対的過剰人口が生み出す低賃金労働に支えられている。他方には資本主義的に高度に発展した、相対的に高賃金の大企業セクターがあるが、中小企業セクターと大企業セクターの労働市場は分断されているため、中小企業セクターからの労働移動はなく、中小企業セクターにおける不完全就業状態が維持される、というのである。

　この二重構造論は、労働市場の分断という認識は正しいものの、中小企業セクターは寡占大企業をトップとする大企業セクターに支配され、両者は一個の再生産構造を形成しているのに、異質な両セクターが無関係に並立しているかのごとくとらえている。また、その再生産構造の中で、大企業セクターは過当競争に陥っている中小企業を収奪することによって資本蓄積を進め、低賃金依存の中小企業を再生産しているのに、もっぱら過剰労働力にのみ中小企業の低賃金の理由を求めている。そして、中小企業のすべてを一律に停滞分野とし、企業家活動の展開をはじめ中小企業のダイナミズムを無視している——という欠陥を持っていた。

　以上のように、二重構造論は日本の経済構造を正しく捉えているとは言えない。それにもかかわらず、「二重構造」は「低賃金に依存する近代化の遅れた中小企業が広範に存在し、近代的な大企業と対照をなしている」ことを指す言葉として広まった。このような現象が一時期存在したのは間違いないので、本書でも、この現象を指す言葉として「二重構造」を使う。

第2節　中小企業の発展

　前節では半失業型「停滞中小企業」の広範な存在を指摘したが、中小企業のすべてが中小企業問題に抑圧されていたと見るのは誤りである。一部とはいえ、低賃金労働に依存しつつも技術的な基盤を持って発展した中小企業も現れた。その担い手は、戦前から大企業と取引しうる技術力を持ち、戦時統制で事業を中断されたが戦後再出発した中小企業、軍工廠や民間軍需工場で技術を習得し、戦後開業した中小企業などである。また、人々がまだ気づいていない新たな市場を察知し、製品開発を始めた企業家的人材も現れた。伊藤伝三（伊藤

179

第Ⅱ部　戦後中小企業発展史・問題史

ハム)、井深人 (ソニー)、本田宗一郎 (本田技研工業)、塚本幸一 (ワコール)、
堀録助 (厚木ナイロン) などである (中村・秋谷・清成・山崎・坂東 [1981]：
59-64)。後者から高度成長期に大企業への発展が見られたが、すでにこの時期
に国民経済的な重要性を持つ発展をしたのが、前者に属する輸出軽機械工業で
ある。

1. 輸出軽機械工業

　輸出軽機械工業を含む輸出中小企業は、1950 年代前半に発展を開始した。
輸出先は主としてアメリカだった。アメリカでは第 2 次大戦中に抑えられてい
た生活用品に対する購買力が一挙に噴き出たが、もともと遅れていた軍需産業
の民需への転換が、朝鮮戦争の勃発でさらに遅れた。日本の産業は植民地市場
の喪失に加え、国内の購買力不足に直面していたから、貿易再開とともに供給
不足のアメリカ市場に日本製の生活用品が向かうのは当然だった。

　中村・秋谷・清成・山崎・坂東 [1981] は、輸出中小企業の製品の代表とし
て「1 ドル・ブラウス」を挙げている。縫製品は 1953 年アメリカ向け輸出に
成功、以後急拡大するが、その中でもブラウスの伸びが急だった。その理由は
アメリカ製品の半額以下という安さにあった。安いのは日本の賃金が国際的に
低水準であった上、細分化された社会的分業体制をとって賃金水準を下げたか
らである。縫製業では、注文を受けた輸出縫製メーカーが裁断と仕上げを担当
し、ミシン縫製、ネーム付け、穴かがり、ボタン付けなど、細分化された工程
を担当する専門業者に下請発注する仕組みが取られた (大阪を中心に発展)。
この工程細分化により、労働は単純化し、国内でも低賃金の家庭婦人を動員し
た結果、縫製労働の賃金水準はアメリカの1/7 ～ 1/8 だった。しかし、輸出が
伸びたのは低賃金・低価格のためだけでなく、低級品としてだが、先進国アメ
リカ市場で受け入れられるだけの技術と品質も備えていたからである。当初ブ
ラウスの輸入は米国商社によって行われていたが、やがて、アメリカ縫製業者
の大手が日本の業者から直接買い付け、自社のブランドを入れてアメリカ国内
で売り出したことが、このことを示している (同書：65-71)。

　低賃金だけでなく、技術的基盤もあって発展したという点で縫製業より注目
されるのは、ミシン、双眼鏡、カメラ、ラジオなど、輸出軽機械工業である。
その特徴は、部品標準化と部品別社会的分業により大量生産と高品質を実現し

180

第1章　戦後復興期の中小企業（1945〜55年）

た点にある。その製品は高級品ではないが、機械的、電気的に安定した機能や耐久性を持ち、その割には安価である。つまり、コスト・パフォーマンス（費用対効果）の高さを強みとしている。

輸出軽機械工業は低賃金依存という点では「停滞中小企業」と体質が重なるが、市場に適合する技術的裏づけを持っていた点で「停滞中小企業」とは区別される。あとで見るように大きな限界も抱えていたが、アメリカ市場の拡大という基本トレンドに技術的な裏付けをもって乗ることで発展したものとして、この期の「代表的発展中小企業」と言える。

2.　ミシン産業
(1)　強力な輸出競争力

輸出軽機械の代表がミシンである。戦前、日本のミシン・メーカーには帝国ミシン（現、蛇の目ミシン工業）、三菱電機、日本ミシン製造（現、ブラザー工業）があったが、国内需要のほとんどを満たしたのは、アメリカから輸入のシンガー・ミシン社製品だった。ところが、図表 II-1-10 に見られるように、戦後日本のミシン生産が急拡大し、一挙に輸出産業化してしまった。主要輸出先はアメリカで、日本製ミシンはアメリカにおける輸入ミシンの中で圧倒的なシェアを占めた上（図表 II-1-11）、1957 年にはシンガーと並ぶ大ミシン・メーカーのホワイト社、フリー社が日本製ミシンの輸入増加のため相次いで生産中止に追い込まれた（通商産業省重工業局産業機械課編 [1958]：37）。

(2)　社会的分業方式
①小零細企業による分業

伊東監修 [1977] と林・柴田 [2008] によると、輸出を担ったのは大手一貫生産メーカーでなく、大阪を中心とする小零細企業集団だった。彼らは、組み立て完成品メーカー（アセンブリー・メーカー）と多種の部品専業者とに分かれ、社会的分業によってミシンを生産した。アセンブリー・メーカーを始めたのは、戦前のシンガーのセールスマン、輸入ミシンの修理人、修理用部品の製作者たちで、長屋を改造して組み立て工場にした。200 以上ある部品に関しては、大阪砲兵工廠の下請けをしていた町工場や軍需工場で工作機械を扱っていた失業熟練工が生産を始めた。この分業方式は、アセンブリー・メーカーが部

第Ⅱ部　戦後中小企業発展史・問題史

図表Ⅱ-1-10　家庭用ミシンの生産と輸出

(単位：台、%)

年	生　産		輸　出		輸出比率	
	直線縫い	ジグザグ縫い	直線縫い	ジグザグ縫い	直線縫い	ジグザグ縫い
1945	2,150					
47	133,949					
49	274,468					
51	1,030,289		(842,494)		(81.8)	
53	1,318,059	18,382	(798,142)		(59.7)	
55	1,696,334	55,437	(1,510,990)		(86.3)	
57	1,923,182	258,239	(1,715,965)		(89.2)	
59	1,996,264	575,354	1,296,055	644,331	64.9	112.0
61	2,057,844	879,016	899,083	728,156	43.7	82.8
63	1,920,218	1,432,783	946,360	1,015,034	49.3	70.8
65	1,876,416	2,153,152	1,041,639	1,494,460	58.8	69.4
67	1,463,884	2,378,320	910,480	1,694,873	62.2	69.3
69	1,166,428	3,177,071	749,921	2,223,176	64.3	70.0
71	687,075	3,450,738	468,757	2,518,720	68.2	73.0
73	361,186	3,028,177	187,147	1,948,822	51.8	64.4
75	168,840	2,638,833	97,611	1,598,861	57.8	60.6
77	122,794	2,845,577	163,002	1,892,684	132.7	66.5

注1)　家庭用ジグザグミシンは1977年より統計品目として特掲されたが、それ以前は工業用ジグザグミシンに
　　　包含されていたため、それ以前の数量は工業用ミシンの伸張率などを勘案して推算した。
注2)　カッコ内は直線縫いとジグザグ縫いとを包含している。
資料)　1967年まではミシン協会「ミシン産業」N0.100および110の統計による。1968年以降は日本家庭用ミ
　　　シン工業会調べ。
出典)　藤井[1980]：第1-1表

図表Ⅱ-1-11　アメリカのミシン輸入における日本製品シェア

(単位：台)

	1954 年	1955	1956	1957
輸入総数	960,490	1,290,303	1,456,078	1,652,130
日本からの輸入	404,558	656,870	678,899	1,060,259
日本製品シェア	42.1%	50.9%	46.6%	64.1%

注)　USA商務省統計局による。1957年は一部推定。
出典)　通商産業省重工業局産業機械課編[1958]：第2-14表を再編。

第1章 戦後復興期の中小企業（1945 ～ 55 年）

品メーカーを主導するものではなかった。製品・部品はシンガー・ミシンの模
倣で、各アセンブリー・メーカーが独自の製品を持っているわけではないから、
部品メーカーはどのアセンブリー・メーカーとも取引できた。また、アセンブ
リー・メーカーは大した設備や技術を持つわけでなく、技術の専門性では部品
メーカーの方が「格上」だった。ミシン集団は参入自由な対等な産業組織だっ
た。

②その技術基盤

　この大阪式ミシン生産が強い輸出競争力を発揮したのは、低賃金のためだけ
でなく、技術上の理由があったからである。

　第1に戦時中に蓄積された熟練技能が高精度を実現した。ミシン部品はかな
りの精度が必要で、当時でも 100 分の 1 ミリあるいは 100 分の 0.5 ミリの精度
が要求された。精度の低い汎用工作機械しかないにもかかわらず、この精度を
達成できたのは、砲弾や機関銃などの兵器生産で蓄積された熟練技能を持つ人
たちがいたためである。

　第2に部品の標準化と部品別専門化が生産性と品質を高めた。当初、部品の
規格がいい加減で、アセンブリー・メーカーはシャフトが長すぎると言っては
やすりで削り、太すぎるとグラインダーにかけるという具合だった。そこで、
部品を標準化するため、一般家庭に普及していたシンガーの家庭用標準タイプ
のミシン「HA- I 」を分解し、部品の寸法を測り、切断して焼き入れの形や厚
さも調べ、部品別に標準図面を作成した（林・柴田 [2008]：169）。各加工業
者には設備に適合する部品図面が渡されたが、図表 II-1-12 に見られるように、
加工業者の扱い部品点数は大部分 1 つで、専門化が徹底された。1949 年から 3、
4 年でこのような分業体制ができあがったが、これには、大阪府の工業奨励館
の指導が大きな役割を果たした。

　部品の標準化と生産の専門化で、互換性部品を大量生産できるようになり、
アセンブリー工程も効率化し、完成品の品質も上昇した。これにより輸出が伸
び、それが部品生産を拡大し、規模の経済性が生まれる好循環が発生した。さ
らに、55 年頃になると、生産拡大が工作機械の専用機化も呼び、これがまた
部品の生産性と品質を高めた。

183

第Ⅱ部 戦後中小企業発展史・問題史

図表Ⅱ-1-12 ミシン主要部品メーカーの専門化状況（1956 年）

製造点数	会社数
1 部品	45
2 部品	14
3 部品	6
4 部品以上	0
合　計	65

出典）　通商産業省重工業局産業機械課編［1958］：第 2-3 表

（3）　一貫作業方式の問題

　では、一貫作業方式の大企業ではどのように作っていたか。三菱電機和歌山工場の場合、200 種類の部品をすべて内製していた。その方式は A 部品を 2 日間作ると B 部品にとりかかる。そのために A 部品用の工作機械、工具、治具を B 部品用にすべて取り換える。B 部品が終わると同じようにして C 部品を作り始める。したがって、必要な機械数は膨大化し、稼働率は低かった。生産量も月 200 台にとどまったのは、社会的分業方式の場合、部品メーカーが一斉に注文点数の部品を作り始めるのに対し、一貫生産方式では部品を順番に作り、生産リードタイムが長くなるからである（林・柴田［2008］：171）。

　ミシン頭部の輸出価格は FOB で 1949 年、50 年頃が 1 台 40 ドル、以後年々低下し 1960 年、61 年頃には 3 分の 1 以下の 12 ドルに下がった（伊東監修［1977］：70）。この間に資材価格、賃金が上昇していることを忘れてはならない。このような価格低下についていけない一貫メーカーの中には、ミシン生産から撤退したり、家庭用から工業用ミシンへ転換する企業もあり、1949 年に 25％あった一貫生産方式のシェアは 51 年には 5％に落ちた（伊東監修［1977］：69）。また、一貫メーカーが家庭用ミシンを生産する場合も大阪の部品メーカーに部品を外注するようになった[*]。

　　＊日本のミシン・メーカーだけでなく、アメリカのシンガーやヨーロッパのミシン・メーカーも大阪から部品を購入するようになった。

　社会的分業方式による製品は直線ミシンで、ジグザグミシンのような高級機ではない。差別性のない中・低機種分野で、安いのに品質がよい（コスト・パフォーマンスのよい）製品を大量生産することにより輸出を伸ばしたのである。

3. 双眼鏡産業

(1) 社会的分業方式

東京板橋区の双眼鏡も、戦時中に蓄積された技術・技能と標準化・専門化に基づく社会的分業方式により強い国際競争力を発揮した。まず、社会的分業方式について述べる。

①小零細企業による分業

戦前の双眼鏡は主に大手光学兵器企業が生産し、下請企業も使ったが大体一貫生産だった。大手光学兵器企業は敗戦後、手持ち部品を用い民需用に双眼鏡生産を再開したが、業務は大幅に縮小したため、各種工程から吐き出された技術者や技能者が、工程を細分化した社会的分業で板橋区や練馬区で双眼鏡生産を始めた。戦前からの大手企業と新興の小零細企業、これに従来からの下請企業も加わり、双眼鏡を作り始めたのである*。

> *板橋区の双眼鏡産業の主要ルーツは東京光学（現トプコン）である。陸軍は日本光学（海軍向けに光学兵器を開発・製造、1917 年設立、品川区）に匹敵する民間会社の設立を服部時計店精工舎（現・セイコー）に要請、同社は下請企業の勝間光学機械製作所を買収し、自社の測量機部門と合体させて東京光学機械株式会社を設立（1932 年）、陸軍兵器補給廠に近い板橋区志村本蓮沼で光学兵器の生産を始めた。日中戦争の開始（1937 年）で軍需が急増、日本光学、東京光学は下請企業を育成し、品川区、板橋区にはレンズ研磨や金属精密加工などの工場群が形成された。また、双眼鏡完成品を作れる民間企業も増やすべく、両社を含む光学 8 社は陸軍八光会を組織し、技術研究など相互に協力しながら双眼鏡等を生産した。メンバーはのちに 13 社に増え、光学兵器産業の中核を形成した（板橋区［2007］：22）。東京光学は、双眼鏡を主製品として 1945 年 11 月に生産を再開したが、敗戦時 7,000 人を超えていた従業員は、再開時 200 名、46 年 760 名程度と大幅に縮小した（東京光学［1982］：181）。

元ビクセン光学取締役社長の斎藤彰はこの当時の模様を次のように語る。

「昭和 20 年、敗戦となって、軍需工場として繁栄した大きな会社はすべて業務縮小を余儀なくされ、それらの会社をリストラされた多数の従業員、或いは復員して来た大勢の兵隊達、更には元特攻隊の生き残り兵等も含めて、彼等は戦争のためではなく祖国の復興のためまだ焼跡が点在する町並みの中にそれぞれの小さな一歩を踏み出したのでした。生活を賭けた新しい戦いが始まった感じでした。／板橋界隈にあった光学会社も同じ状況でした。会社を去った大勢の若者達は身につけた技術をもとに新しく加わった元兵士達などと共に新しい

民需用の光学製品生産に向けスタートを切ったのです。大半はカメラ関係へ、そして双眼鏡関係等々へと雪崩を打ったように集まりそれぞれが自由に全く新しい小さな会社を立ち上げたのです。／又、大きな軍需工場の下請けとして戦前から続いていたこの道の老舗工場も新会社とは別に民需に向けての新しい担い手になったのは勿論でした」（板橋区［2007］：156）。

　軍需工場出身者は一貫生産工程の中で担当していたものを作り始めた。レンズ、プリズム、鏡体、鏡体革張り、レンズキャップ、ストラップなどの各種部品製作と組み立て・調整などの完成品製作に分かれ、さらに、レンズ製作では、接眼レンズ、対物レンズ、芯取り、コーティングなどに、鏡体製作では成形、バリ取り、ねじ切りなどに分化した。「その結果、一匹オオカミの連中が造り出した生産のネットワークは一体どこまで細分化されていたのか、今では見当もつかない程徹底的な分業組織になって完成したのです」（板橋区［2007］：156）。各工程を担当した業者は、「レンズ屋」「プリズム屋」「鏡体屋」などと呼ばれ、ほとんどが「四畳半工場」だった。分業細分化により、レンズで言えば研磨機1台あれば仕事ができたのである。

　輸出業者から注文を受けるのは最終工程者の「調整屋」で、ここが「鏡体屋」や「レンズ屋」に発注すると、そこから上記の分業に沿って必要部品が発注・製作され、何日後かにセットされた部品が「調整屋」の自宅に届く仕組みだった。

　また、部品は市場性を持っているため、完成品メーカーと部品メーカーの関係は対等で、むしろ、設備を持たない「調整屋」より設備を持つ部品メーカーの方が「格上」の感があったのはミシンと同じで、板橋の双眼鏡産業も対等な関係で結ばれた、参入自由な生産者集団だった。

②その技術基盤

　ミシンと同様に、戦中に蓄積された技術・技能が土台になっている。双眼鏡は光学機器としては高度のものではない。しかし、そのレンズ、プリズムの面精度は高精度が要求され、研磨機の回転数、レンズの当て方、圧力のかけ方など種々の物理的条件を組み合わせなくてはならない。光学部品と機械加工部品の精度の開きのため、熟練を要する調整工程も不可欠である。これらの専門的な技術・技能は光学兵器を作っていた東京光学などの軍需会社やその下請企業に蓄積されていた。光学兵器企業は、双眼鏡より技術的に高度な射爆照準器、

弾着観測鏡、測距儀、潜望鏡なども製作していたから、その技術者・技能者に、双眼鏡に必要な鮮鋭なレンズ、機構等を設計・製作するには十分すぎる技術・技能が蓄積されていた。

さらに、専門化した社会的分業による技術の習熟と部品の標準化により生産性と品質を高め、大量生産も実現した。ただし、標準化はミシンほど厳密でなかったようである。斎藤彰は生産者の90％以上が図面を見たことがないのではないかと言う（板橋区［2007］：158）。それでも、製品の80％は「ツアイスタイプの7×50（倍率7倍、口径50ミリ）」（板橋区［2007］：157）であり、部品図面を見なくても身体が覚えており、部品メーカーの部品精度に大きな差はなかったという。部品点数が100以下で少なかったことも、ミシンほどの厳密性を要求しなかった理由だろう。

(3) 情報共有

小零細企業群は板橋区の中でも大山付近に集中し、近くには業界の司令塔的な役割を果たした望遠鏡双眼鏡輸出検査協会と望遠鏡双眼鏡技術協会もあり、地域内がすべて光学業界といった雰囲気だった。小零細工場群は「板橋村」、そこから生まれる製品は「町もの」と呼ばれた。「板橋村」は参入自由と同時に情報共有を特徴とした。

斎藤彰は次のように指摘している。

望遠鏡双眼鏡輸出検査協会と望遠鏡双眼鏡技術協会は、輸出検査と検査基準の作成、検査資料、技術資料、問題点とその解決方法、主な双眼鏡の各種図面の提供のほか、雑多な相談ごとにも応じた。検査協会にはあらゆる検査装置や道具がそろい、各企業で必要とされる検査機器類は協会を通じてどんなものでも購入できた。「とにかくなにもかもオープンで、必要なものはすべて自由に手に入ったのです」。だが、その反面、「特許や実用新案などに対しては指導も教宣もなく全く無防備の業界であった事が今では不思議に思えるのですが、逆にそれだけ開かれた業界であった事は間違いありません」（板橋区［2007］：157）。

以上から、両協会は品質検査のほか、技術情報を誰にも供給し、企業間でも知的所有権に無頓着に技術情報が共有されたことがわかる。「オープン」、「開かれた業界」という言葉は、第Ⅰ部で述べた企業の内と外を結ぶ情報共有ルー

第Ⅱ部　戦後中小企業発展史・問題史

プが張られていることを意味し（→44頁）、それが各企業の技術面での情報発見活動を活発化したことが窺がわれる。

（4）　輸出産業化

このような、大阪のミシンと共通する社会的分業方式による「板橋村」の強みが、アメリカ向けの輸出を伸ばした。双眼鏡は、当初は占領軍の米軍兵士のみやげもの用に米軍のPXや銀座、横浜、神戸などの露店や眼鏡店で販売していたが、1947年の貿易再開と共にアメリカ向け輸出が始まった*。

> *勝間光学機械(株)（従業員7人、東京都板橋区、1947年設立、戦前の勝間光学機械製作所の社長の甥が創業）は、筆者取材時点では自社ブランドを持つ双眼鏡を国内で生産している唯一の企業だったが（そのほかに下請として国内で双眼鏡を製作している企業が5社程度存在）、経営者の勝間修司は次のように話してくれた（2009年取材）。
>
> 　日本の双眼鏡の輸出商社の草分けは三井物産の出身者が設立した東洋実業で、アメリカの有力輸入業者ブッシュネルの社員と東洋実業の社長が銀座を歩いていたところ、勝間光学の製品をたまたま目にし、ブッシュネルの社員が「これならいける」ということでアメリカへの輸出を始めた。「町もの」が米軍兵士向けから輸出向けへ展開していく過程を示すエピソードである。
>
> 　なお、勝間光学機械が双眼鏡メーカーとして生き残ったのは、後述のような双眼鏡の安売りと品質引き下げの悪循環に陥らず、高品質を維持し、海外（ポルトガル、イスラエル、イラン、イラク）から軍事用の双眼鏡の受注を獲得したからである。

光学機器については戦前、ドイツが世界市場に君臨していたが、日本製双眼鏡の価格はドイツ製品よりかなり低く（図表Ⅱ-1-13、ただし、後述のように、これは日本の双眼鏡業界の過当競争の結果でもある）、6年間で数量は5倍以上、金額は4倍以上と、驚異的に輸出を伸ばし（図表Ⅱ-1-14）、アメリカ市場を独占した（図表Ⅱ-1-15）。戦前、軍需用の双眼鏡は発展したものの、日本は双眼鏡の輸入国で、輸出品は玩具程度のものだった。それが「町もの」の活躍で、双眼鏡は主要輸出品の1つに成長した。輸出拡大とともに業者数は増え、組立業者は終戦時、板橋区以外も含めて12社だったのが1949年には39社へ増加（中小企業庁指導部編［1949］：382）、その後も、図表Ⅱ-1-16に見るように増加を続けた。業者の増加をもたらしたのは、主として親方（組立業者とは限らない）のもとで修業した徒弟による独立開業であった。

一方、戦中からの双眼鏡メーカーは、社内規格に基づき「町もの」を上回る

188

第 1 章　戦後復興期の中小企業（1945 ～ 55 年）

図表 II-1-13　アメリカ国内の日独双眼鏡の小売価格

種　　類	製造国	価格（ドル）
6 × 30CF（ケース付）	ドイツ A 社	110.00
	ドイツ B 社	55.00
	ドイツ C 社	46.90
	日本 A 社	25.70
7 × 30CF（ケース付）	ドイツ B 社	65.00
	ドイツ C 社	56.90
	日本 B 社	32.50
	日本 A 社	32.45
8 × 30CF（ケース付）	ドイツ A 社	135.00
	ドイツ B 社	108.00
	日本 A 社	22.70

注）　JETRO 調べ
出典）　通商産業省重工業局産業機械課編［1958］：第 4-12 表、なお本
　　　表には年次が記されていない。

図表 II-1-14　プリズム双眼鏡輸出推移

年	数　　量	金額（ドル）	平均輸出単価（ドル）
1951	195,728（100.0）	2,583,675（100.0）	13.2（100.0）
1953	325,334（166.2）	3,992,778（154.5）	12.3（92.8）
1955	717,949（366.8）	7,961,166（308.1）	11.1（84.0）
1957	1,097,491（560.7）	11,722,084（453.7）	10.7（80.9）

注）　（　）は指数
出典）　通商産業省重工業局産業機械課編［1958］：第 4-1 表、第 4-2 表、第 4-11 表を再編。

図表 II-1-15　米国のプリズム双眼鏡の輸入額と日本のシェア

単位（金額）：ドル

年		輸入総額	日本からの輸入額	日本のシェア（%）
1952	個数	307,162	246,897	80.1
	金額	3,883,433	2,993,999	77.1
1954	個数	330,020	295,950	89.4
	金額	3,162,159	2,705,573	85.5
1956	個数	619,466	599,184	96.8
	金額	5,167,619	4,839,118	93.7

注）　出所：Report No. FT 110 United States Imports of Marchandise for Consumption
　　　Commodity by Country of Origin
出典）　通商産業省重工業局産業機械課編［1958］：付表 1 より算出。

第Ⅱ部　戦後中小企業発展史・問題史

図表Ⅱ-1-16　双眼鏡組立業者数

年　度	業者数
1954	93
1955	96
1956	153
1957	196
1958	208

出典）　通商産業省重工業局産業機械課編［1958］：付表5より部分引用。

品質の製品を生産していたが、価格競争では優位に立てなかった。東京光学
［1982］は次のように述べている。

　1947年の貿易再開で貿易公団を通じて計画的発注を受けることになったが、
その契約は年間双眼鏡1万5千台、オペラグラス5万台と予想を超えるもので、
1949年度下期（1949年10月1日〜50年3月31日）には当社製品が輸出の3
割以上を占めた。しかし、当社周辺の板橋、練馬地区には双眼鏡製造の小工場
が続々でき、「町もの」と称される双眼鏡が盛んに製造されるようになった。
これら工場の経営者や工員は当社出身者また戦時中下請工場として当社と関係
のあった人が多く、図面の流出もあったようだ。これらの工場群は「板橋村」
と呼ばれ、米国市場を独占するようになる。それに対し、当社製品のスペック
を落とさずに、「町もの」と価格で競争するのは困難で、高級品として徐々に
販路は絞られていった（同書：231）。

　このようにして、価格競争力を失った戦中からの老舗メーカーは、二眼レフ
カメラブームもあって、カメラ生産に重点を置くようになった。東京光学の場
合、1953年度下期にはカメラ類が売上の85.4％を占めたのに対し、かつての
主製品、双眼鏡類はわずか4.7％へ縮小した（同書：269）。また、有力企業は
双眼鏡の生産を続けても、製品ごと「板橋村」に外注するようになった。

4．輸出軽機械工業の発展性と限界

（1）　輸出軽機械工業の発展性

　大企業より強い競争力を発揮し、輸出産業として発展した大阪のミシン産業
や東京板橋区の双眼鏡産業などの輸出軽機械工業は、戦後日本最初の「代表的
発展中小企業」と言える。彼らはアメリカ市場の拡大という基本トレンドに社

第1章　戦後復興期の中小企業（1945～55年）

会的分業による大量生産という技術的な裏付けをもって乗ることで発展した。

①量産化の先駆け

　輸出軽機械工業が互換性部品に基づく大量生産を実現したのは、日本の中小企業にとって画期的なことである。

　戦前日本の機械工業で国際水準に近かったのは造船・造艦、機関車、発電機などの非量産型分野で、アメリカで1920年代に花開いた乗用車、家電等の量産型機械工業は芽が出ただけで、発展はしなかった。軍事経済化と大量生産能力の欠如がその理由だが、大量生産に失敗した原因の1つが、中小企業が互換性部品を大量生産できないことだった。戦前日本の中小機械工業は加工技術別に専門化していたが、部品別には専門化せず、汎用工作機械で種々の部品を加工するのが一般的だった。そのため、名人芸的な加工で精度の高い部品を少量生産することはできたが、作った企業が違っても互換性を持つ一定精度の部品の大量生産はできなかった（星野［1966］：139-140）。したがって、輸出軽機械工業における部品標準化と部品別専門化、それによる大量生産の実現は、中小企業発展史上の画期をなすものであり、高度成長期に進む中小企業の本格的量産化の先駆けと言える。

②企業家性

　また、ミシンや双眼鏡産業に見られた企業家性も注目される。効率的な社会的分業方式の形成は、企業家活動の合成の結果である。最初に、自分の持つ技術・技能を市場で活かせることをいち早く察知し、行動を起こした人たちがいたに違いない。それを見習う人々が続々と現れ、自然発生的に分業が形成されていった。大阪ミシン産業の場合は、大阪府の工業奨励館が効率的な分業形成に力があったが、基本的には小零細事業者たちのその場その場での事業機会の発見が、分業形成の原動力になった。先駆的に事業機会を発見した人々、それに続いて小零細企業集団という場において自分の事業機会を発見した人々――こういう人々の企業家活動の合成が大企業を上回る国際競争力を持つ産業システムを創り上げたのである＊。

　　＊戦時体制という旧体制の崩壊が中小企業による革新を生み出したのだが、似たような
　　ことが現代中国にも見られる。筆者は中国天津市の自転車産業を調査したことがある
　　（2004年）。そこでは市場経済化に対応できず経営不振に陥った国有企業の「天津自転車
　　集団」から放出された人々が、小さな完成品メーカーや部品メーカーとなり、社会的分業

方式によって自転車を生産していた。かつて、天津の自転車産業では「天津自転車集団」
1社が667万台（1988年）の自転車を生産していたが、同社の縮小と共に、完成車メーカ
ー477社と部品メーカー446社により2,402万台（2003年）を生産する（完成車メーカー
1社平均生産台数5万台）という産業体制に変化した（天津自転車工業会提供資料による。
なお、天津自転車産業については駒形［2005］、渡辺・周・駒形［2009］、駒形［2011］が
詳しくまとめている）。日本、中国とも歴史上の一時期に旧体制の中心だった大企業が崩
壊し、そこから流出した人々が活力にあふれた中小企業集団を形成し、生産の主役になる
という現象が見られるのが興味深い。

(2)　輸出軽機械工業の限界

しかし、この産業集団には重要な限界があった。生産面では企業家的だった
が、製品開発（需要情報発見活動）に関しては企業家活動を展開するに至らず、
価格競争に陥ったあげく、最終的には発展途上国製品に敗れてしまった。つま
り、企業家的発展の条件の1つである価格形成力を持たなかった（→77頁）。

①製品革新なし、価格競争激化

ミシンも双眼鏡も高いコスト・パフォーマンス（費用対効果）は実現したが、
製品の差別化につながる革新はなかった。その理由は、第1に、両者とも市場
情報のないまま、海外バイヤーの言うままに製品を作り、バイヤーズ・ブラン
ドで売るしかなかったことである（当時この状況を──今日では不適切な表現
だが──「めくら貿易」と呼んでいた）。第2に、技術的にも製品差別化の余
地が少なかった。ミシンでは直線縫いにとどまる限り、製品差別化の余地は少
なく、ジグザグ縫いミシンに進出するには経営資源が不足していた。双眼鏡の
80％は戦前来の「ツァイスタイプの7×50」だが、光学機械としては完成度
が高く、製品差別化の余地は少なかった。

これらのため、競争の中心は価格とならざるをえず、業者の増加、海外バイ
ヤーの買い叩きとともに競争が激しくなった。上記のとおり、ミシン頭部の輸
出価格は50年頃が1台40ドル、61年頃には12ドルに低下し、双眼鏡の輸出
平均単価は図表II-1-14のように年々低下したが、それは過当競争の結果でもあ
った。

通産省で国際経済部長等を歴任した林信太郎の次の言は、バイヤーズ・ブラ
ンドの下で価格引き下げに追い込まれる大阪ミシン業者の実態を示している。

「メーカーがバイヤーと契約して生産を始めると、最初のうちは、バイヤー

第1章　戦後復興期の中小企業（1945 ～ 55 年）

から輸出信用状を開いて送ってくる。しかし、2、3 カ月たつと信用状を送っ
てこなくなってしまう。メーカーの方は契約通りの生産を続けるが、在庫で倉
庫がいっぱいになったところでバイヤーがやってきてカネを払うけれども、2
ドルほど引けということになる。バイヤーズ・ブランドだから値引き要求にも
従わざるをえない。自己ブランドだとそんなことない。そういうことでミシン
は、売り方が非常に失敗した。安くてよければいいというけれども、やっぱり
売り方というものがある」（伊東監修［1977］：90）。

②経営の困難化、途上国に敗退

　ミシンは価格競争で経営が悪化する一方、小零細のアセンブリー・メーカー
はミシン需要の直線縫いからより複雑な機構が必要なジグザグ縫いへの変化に
も対応できなかった。前掲図表Ⅱ-1-10 によると、1960 年代に入り直線縫いミ
シンの生産量は減少に転じ、65 年にはジグザグ縫いミシンに追い抜かれた。
60 年代から始まった賃金の急上昇による採算圧迫、発展途上国におけるミシ
ンの国産化・輸入代替も生産減少に拍車をかけた。さらに、国内で家電製品、
オートバイ、軽乗用車の生産が始まると、低収益に陥っていたミシン部品メー
カーは、これらの部品生産へ転換し始め（林・柴田［2008］：173）、ミシンの
生産基盤の崩壊も始まった。このように大阪のミシン産業は市場面、生産面の
双方で基盤の崩壊に見舞われ、1960 年代に入った頃から衰退に向かった。70
年代には、台湾、韓国、ブラジルの直線縫いミシンが輸出も拡大し、海外で日
本製品のシェアを奪っていった。直線縫いミシンのような中級機種に関して
は、品質面での発展途上国のキャッチ・アップはそう困難ではない。それに円
高が加わったため、日本製品の競争力は急速に後退し、1967 年に 35 社あった
大阪のアセンブリー・メーカーは、79 年 1 月現在 15 社に減少してしまった（藤
井［1980］：197、199）。

　双眼鏡では価格競争による赤字化が品質の引き下げを呼び、それがまた価格
を引き下げるという悪循環が発生した。通商産業省重工業局産業機械課編
［1958］によると、「中小企業安定法」に基づきメーカー間で 7 × 50ZIF の最
低価格を 3,100 円とする協定が結ばれていたが、実際には 2,700 ～ 2,800 円で
取引されている例が多く、原価を割ってしまっていた（同書：80-81）＊。しかし、
分業は極端に細分化されており、もはや合理化余地はなく、赤字をカバーする
には品質を下げざるをえない。そこで、ついに望遠鏡双眼鏡輸出検査協会の輸

193

第Ⅱ部　戦後中小企業発展史・問題史

出基準が業界の要求で引き下げられてしまった。だが、それは問題を解決するものではなく、品質引下げがさらに買い叩きを呼び、価格低下を呼んだ。

　　*その一方、アメリカでは日本から8ドルで輸出されたものが20ドルで売られるなどバイヤーはたっぷりと収奪的な利潤を得ていた。図表Ⅱ-1-13によると、ドイツ製品は日本製品の2～5倍だが、両国製品に品質上の際立った差はないから、日本がいかに過当競争に陥っていたかが分かる。なお、ミシンの場合も14ドルで輸出されたものがアメリカの小売価格で50ドルとなるなど、日本の輸出軽機械のFOB価格と外国市場価格との開きは2～5倍と言われた（通商産業省重工業局産業機械課編 [1958]：17）。

　双眼鏡は光学機器としては技術レベルの高いものではなく、発展途上国でも品質を向上させ、コスト・パフォーマンス（費用対効果）を高めることができる。その上、品質基準を下げてしまったから、東南アジア製品の競争力は増した。1960年代に入るとアメリカ市場に香港、韓国、台湾製品などが出回るようになり、この時期から激しくなった賃金上昇で価格引き下げ余力のない日本製品のシェア低下が始まった。70年代半ば以降、円高により輸出競争力が一段と低下すると、大手の双眼鏡メーカーは韓国、タイ、フィリピンで生産を始めた。80年代以降は中国での生産へと移り、大手メーカーの下請けをしていた双眼鏡メーカーは仕事を失った。このころには日本からの輸出はほとんどなくなり、板橋の双眼鏡産業は消滅してしまった。

　以上のように、大阪のミシン、東京板橋の双眼鏡は、生産に関しては企業家活動により革新的な社会的分業を構築し、「停滞中小企業」を脱している。しかし、輸出製品はバイヤーズ・ブランドであり、また製品そのものの技術的限界もあって製品面での独自性を打ち出せず（需要情報発見活動を活発化するには至らず）、企業家活動は生産面に偏った。この企業家活動の限界から価格競争に追いやられ、最終的には発展途上国製品に敗れざるをえなかった。以上の点で、この中小企業群はまさに発展性と問題性の統一物であり、「半企業家的中小企業」と言える。

第3節　中小企業の役割

　中小企業はその発展に応じ、経済や社会においてある特徴的な役割を担う。この時期の中小企業の経済的役割として特筆されるのは、失業者の吸収と輸出

第 1 章　戦後復興期の中小企業（1945 〜 55 年）

の担い手という役割である。これは、低賃金依存の「停滞中小企業」が多いこの時期の中小企業の発展段階と表裏の関係をなす。

1. 失業者の吸収

　図表 II-1-17 に見られるように、戦後発生した厖大な過剰労働力にもかかわらず、1947 年の完全失業率は 0.74％にすぎない。49 年のドッジ・デフレのときにも完全失業者はそれほど増えず、54 年の不況時に急増したが、それでも完全失業率は 54 年 2.27％、55 年 2.50％にとどまった（以後失業率は低下している）。

　完全失業率が低かったのは、最初に農村が過剰労働力を吸収したからである。本図表によると、47 年の農林業就業者は戦前の 40 年に対し 361 万人、25％増加した。だが、農村の労働力吸収はこれが限度で、農林業就業者は以後漸減する一方、40 年に比べ 47 年には 250 万人ほど減少していた非農林業就業者が増加を始めている。まず、非農林業雇用者が 1947 〜 55 年に 523 万人も増加した。大企業は朝鮮戦争をきっかけに復興したが、労働コストを抑えるため新規採用を制限したから、雇用者が増えたのは、中小企業が次々に開業し、過剰労働力を吸収したためである。54 年に完全失業者数が一挙に前年の 2 倍になったのは、資金難などに苦しんできた中小企業が、54 年不況により多数没落したからである。

　また、非農林業では雇用者だけでなく、自営業主と家族従業者も増え、1947 〜 55 年に両者を合わせた増加数が 435 万人に達している。過剰化した労働者が失業回避のため、家族従業者を使って開業したことを物語っている*。

　　*そのため、図表 II-1-17 によると、1955 年以降、高度成長の開始で雇用需要が増すと、65 年までに雇用者は 1,216 万人も増加する一方、自営業主の伸びは横ばいに、家族従業者は減少に転じた。なお、自営業主は 65 年以降また増加を始めるが、これは労働力不足や下請企業不足を背景にしており、50 年以降の失業人口を背景とした増加とは性格が異なる。

　このように、過剰労働力は中小企業労働者、自営業主・家族従業者の増加によって吸収された。就業内容としては低賃金、低所得が問題とされ、中小企業は不完全就業の場、潜在的失業人口のたまり場ともされたが*、ともかくも中小企業により全部雇用が実現され、社会秩序が保たれた点が重要である（中村・秋谷・清成・山崎・坂東［1981］：15）。

　　*この点に関しては次の点に留意すべきである。図表 II-1-18 によると、「大工場」を 100

195

第Ⅱ部　戦後中小企業発展史・問題史

図表Ⅱ-1-17　就業構造推移

単位：万人

年	就業者合計	農林業	非農林業計	自営業主	家族従業者	雇用者	完全失業者	労働力人口	完全失業率(%)
1940	3,223	1,418	1,805	356	167	1,282	—	—	—
1947	3,333	1,779	1,554	289	142	1,123	25	3,358	0.74
1948	3,460	1,637	1,822	383	215	1,223	24	3,484	0.69
1949	3,606	1,808	1,799	391	220	1,188	38	3,644	1.04
1950	3,572	1,741	1,831	399	224	1,208	44	3,616	1.21
1951	3,622	1,617	2,005	438	249	1,318	39	3,660	1.07
1952	3,729	1,637	2,092	448	269	1,375	47	3,775	1.25
1953	3,936	1,607	2,329	473	334	1,523	46	3,989	1.15
1954	3,989	1,567	2,421	491	357	1,572	92	4,055	2.27
1955	4,119	1,604	2,514	508	358	1,646	105	4,194	2.50
1947 → 55 (増減)	786	△175	960	219	216	523	—	—	—
1957	4,303	1,521	2,854	510	340	2,000	90	4,387	2.05
1959	4,368	1,407	3,067	524	331	2,208	75	4,511	1.66
1961	4,518	1,353	3,260	501	310	2,449	59	4,614	1.28
1963	4,613	1,240	3,471	523	319	2,629	54	4,710	1.15
1965	4,730	1,154	3,590	528	320	2,862	57	4,787	1.19
1955 → 65 (増減)	611	△450	1,076	20	△38	1,216	—	—	—
1967	4,920	970	3,951	587	338	3,025	63	4,883	1.29
1969	5,040	899	4,141	613	355	3,169	57	4,787	1.19
1971	5,114	768	4,343	611	348	3,381	64	5,178	1.24
1973	5,223	656	4,557	655	349	3,565	67	5,229	1.28
1975	5,178	615	4,563	631	341	3,583	99	5,277	1.88
1965 → 75 (増減)	448	△539	3,487	103	21	721	—	—	—

資料）　総務省「労働力調査」より作成。

とした場合の「中小工場」の賃金は1946年11月から47年8月までの平均は112.6で中小企業の方が高い。47年9月から逆転されるが、48年8月までの平均は94.2でほとんど差がなく、格差が拡大し始めるのは9月からである。大企業の民需転換による中小企業への打撃が強まった時期と一致する。大企業支配が未確立の敗戦後3年間の中小企業は、大

第 1 章　戦後復興期の中小企業（1945 ～ 55 年）

図表 II-1-18　大阪における中小工場の男子労務者平均賃金推移（大工場＝ 100）

1946 年 11 月	12 月	1947 年 1 月	2 月	3 月	4 月	5 月	6 月	7 月
151	147	88	103	103	99	103	112	110

8 月	9 月	10 月	11 月	12 月	1948 年 1 月	2 月	3 月	4 月
111	97	99	97	92	92	97	93	93

5 月	6 月	7 月	8 月	9 月	10 月	11 月	12 月	1949 年 1 月
94	89	91	96	77	75	85	92	77

資料）　大阪商工会議所調査
出典）　中小企業庁指導部編 [1949]：第 5 表

企業より高い賃金で雇用を創出していたのである。

『日本経済新聞』1946 年 9 月 9 日付の次の記事も、このことを裏付けている。

　1946 年 8 月末には東京都内では 8,000 の中小工場が操業しているが、従業員の出勤率は平均 8 割から 9 割を維持している。6 月の平均賃金は男子 650 円、女子 350 円だが、このほかに自家生産の製品や食糧、生活必需物資の物品供与が行われ、実際にはその給与はかなり高額に上る（中村・秋谷・清成・山崎・坂東 [1981]：22）。

　大企業と中小企業の賃金格差が拡大し、中小企業が不完全就業の場となるのは、大企業が支配的地位を回復し、中小企業の過当競争が激しくなることによってである。

2.　輸出への貢献

　第 2 次世界大戦前、日本の輸出工業品中、中小企業製品の占める割合は 65％以上と推定されていたが（藤井 [1980]：8）、1956 年、59 年においても工業品輸出に占める中小企業の割合は 60％近くに達しており（図表 II-1-19）、戦後も中小企業が輸出の中核だった。どのような製品を輸出したのか。後掲図表 II-2-2 によると 1955 年の輸出額の 37.2％が「繊維品」で、雑貨が含まれる「その他」も 13.7％を占め、両者合わせると 50％を超える。そして、図表 II-1-20 によると、「繊維工業」「衣服その他繊維製品製造業」「その他の製造業」における輸出品の大部分が中小企業によって生産されている。中小企業が生産する繊維・雑貨がこの時期の輸出の中心だった。

　輸出製品の多くは産地製品で、中小企業が工程別に専門化して社会的分業を編成し、低賃金を基盤に「低価格」を訴求力とするものだった。輸出の中心という中小企業の役割は、失業者の吸収という役割ともども、戦前から続く低賃

197

第Ⅱ部　戦後中小企業発展史・問題史

図表Ⅱ-1-19　輸出工業製品中の中小企業の割合

単位：％

1956 年	1959	1962	1965	1968	1971
59.4	58.1	53.7	44.6	41.4	35.5

資料）　中小企業庁の依頼により、大阪府商工経済研究所が算出。
注）　外国貿易統計年表の品目別輸出額と、「工業統計表」の業種別中小企業出荷額ウエイ
トより算出。
出典）　『中小企業白書 1963 年度版』：第 1-9 表、『中小企業白書 1973 年版』：10 図

図表Ⅱ-1-20　業種別輸出品生産額に占める中小企業の割合　1956 年

単位：％

合　計	59.4	皮革同製品製造業	96.6
食料品製造業	76.5	窯業・土石製品製造業	51.7
繊維工業	79.8	鉄鋼業	19.3
衣服その他繊維製品製造業	95.5	非鉄金属製造業	32.9
木材・木製品製造業	82.4	金属製品製造業	95.1
家具・装備品製造業	97.9	機械製造業	53.6
パルプ・紙・紙加工品製造業	45.5	電気機械器具製造業	52.4
出版・印刷・同関連産業	69.9	輸送用機械器具製造業	8.7
化学工業	44.9	計量器、測定器、測量機械、医療機械、理化学機械、光学機械、時計製造業	66.7
ゴム製品製造業	27.8	その他の製造業	95.9

資料）注）　図表Ⅱ-1-19 と同じ。
出典）　『中小企業白書 1964 年度版』：第 2-2 表

金依存という中小企業の発展段階と表裏の関係にある。ただし、すでに述べた
ように、ミシン、双眼鏡など軽機械工業から技術的競争力を持つ中小輸出産業
が出現したのは、戦前と異なる点である。

3.「経済民主主義の担い手」は不発

　中小企業には経済的役割だけでなく社会的役割もある。その中でも特に重要
なのが、中小企業が「経済民主主義」の担い手になることである。戦後の中小
企業政策は「中小企業庁設置法」（1948.8.1 施行）の制定により本格化するが、
同法は「健全な独立の中小企業」は経済力集中を防止し、かつ企業を営もうと
する者に公平な機会を確保するから、中小企業の育成、発展を図るとしている。
筆者は多数者が主人公となる経済（経済力が分散している経済）を「経済民主

198

第1章　戦後復興期の中小企業（1945～55年）

主義」と呼ぶ*。戦後の中小企業政策は究極の目的を「経済民主主義」の実現に置き、そのために独立の中小企業を発展させるとしたのである。同じ時期に経済民主化理念に立って制定されたのが「独占禁止法」（1947.7.20 全面施行）である。同法が財閥解体の成果を守るため大企業の経済支配力の強化を防止するのに対し、「設置法」は大企業の経済支配力への対抗力として中小企業を発展させるもので、共に財閥解体政策の延長上にある経済民主化政策の一環であった（詳しくは黒瀬 [2006]：45-47）。

　　*筆者は「経済民主主義」の全体像を次のように考えている。a. 市場では多数の独立的な企業による対等取引と参入自由（「市場民主主義」）、b. 企業内では対等な労使関係と労働者の経営参加（「経営民主主義」）、c. 政策では以上のために必要な大企業規制・中小企業支援・労働者支援の装置の整備及び中小企業経営者・労働者の政策形成への参加（「政策民主主義」）、が実現している経済と考える。このような「経済民主主義」が存在しなければ、経済権力を持つ者に政治権力も集中し、真の民主主義社会は実現しない。「設置法」の目的には b. は含まれないが、c. の一環であり、a. を目指すものである。なお、本書初版では「経済民主主義」の要件として a. のみをあげていた。

　だが、この時期、「経済民主主義の担い手」という中小企業の役割は進展しなかった。すでに見たように、戦後一時期、中小企業が生産の主人公になったが、資材の入手難や大企業体制再構築のための「原始的蓄積」政策の開始とともにその地位からの転落が始まった。1950 年代前半になると、朝鮮戦争をきっかけに寡占大企業が各種産業の結節点である中枢産業部門を支配し、経済の拡大再生産を主導する大企業体制が復活した。それとともに、中小企業は大企業に対し従属的な地位に置かれ、産業組織は経済力分散・対等取引とは逆の方向に進んだ。

　このような経済民主主義への逆行が起きたのは、なによりもまず、「停滞中小企業」が多数を占め、大企業への対抗力になる独立的な中小企業が少なかったからである。また、東西冷戦の激化を背景に大企業体制復活による経済的安定が優先され、旧財閥グループの再結成容認や「独占禁止法」の緩和など、経済民主化政策が後退した影響も大きかった。以後、産業政策、中小企業政策から「経済民主主義の担い手としての中小企業」という問題意識は消えていき、「設置法」の理念の形骸化が進んだ（詳しくは黒瀬 [1997]：1 章、同 [2006]：5 章）。

199

第Ⅱ部　戦後中小企業発展史・問題史

　筆者は、「経済民主主義」は市場経済の歴史的進歩性を維持する鍵であり、この理念を維持し、「経済民主主義」の担い手としての中小企業の可能性を追求すべきと考える。このため、次章以降も「経済民主主義」の推進という観点から中小企業の状況に触れることがある。

第2章 高度成長期の中小企業（1955～73年）

第1節 「戦後大企業体制」の確立と高度成長

　1955年は戦後復興達成と同時に高度成長開始の年となった。世界的景気上昇による輸出大幅拡大、秋以降の設備投資活発化により55年度の対前年度GNP成長率は11.4％に跳ね上がった。それ以降73年まで高成長が続き1956～73年の実質GDP年平均成長率は9.3％に達し（図表II-2-1）、日本のGNPは67年にイギリス、フランスを、68年に旧西ドイツを抜き、資本主義社会では2位となった（経済企画庁編 [1997]：23）。この高度成長と同時に、重化学工業を基盤とし、輸出・設備投資依存的な拡大再生産構造を内包する大企業体制が形成された。これは戦後復興期に残っていた戦前来の産業構造の後進性を払拭した「戦後大企業体制」と呼ぶべきもので、以下では、井村 [2000] に大筋を依拠し、この形成過程をまとめる。

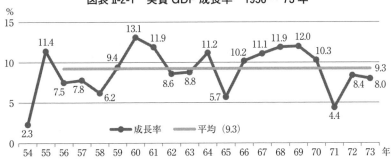

図表II-2-1　実質GDP成長率　1956～73年

注）　1954、55は年度でGNP。
資料）『経済財政白書2017年度版』;「長期経済統計」

1．大量生産型重化学工業の確立

（1）　重化学工業の国際競争力強化の必要

①後進的輸出構造

　日本は1955年に戦後復興を達成したが、輸出額に占める化学、鉄鋼、機械

第Ⅱ部　戦後中小企業発展史・問題史

のそれぞれの割合は低く、合計でようやく 38.0％、繊維品単独の 37.2％と変わらないという後進的な輸出構造だった（図表Ⅱ-2-2）。生産面の重化学工業化は戦前（1930 年以降）、軍需に牽引される形ではあったが進んでおり、それを土台に 57 年には生産の重化学工業化率は 50％を超えていた（図表Ⅱ-2-3*）。輸出面の重化学工業化が遅れたのは、重化学工業品の生産性と品質が低く、国際競争力がなかったからである。民需中心の重化学工業は需要の所得弾力性が高く、技術進歩率も高い成長分野であり、戦後復興後の課題である完全雇用を達成するにはその国際競争力強化が必須だった。

　　*本図表は毎年公表される「工業統計表」の中から、「事業所・企業統計調査報告書」（1991 年までは「事業所統計調査報告書」）の調査実施年次（1981 年までは 3 年ごとに実施）と重なるものを選んで計算した。「工業統計調査」は「事業所・企業統計調査」が作成する台帳に従って行われたため、両調査が一致する年次の「工業統計表」は他の年次と比べ企業捕捉率が高まり、比較には同じ条件の「工業統計表」を選ぶべきだからである（詳しくは渡辺［1997］：64-67）。以下、1970 年代までの「工業統計表」を利用する場合は、これを原則とする。

図表Ⅱ-2-2　輸出の品目別推移

単位：100 万ドル、％

	1955 年	1960	1965	1970
総計	2,001 （100.0）	4,055 （100.0）	8,452 （100.0）	19,318 （100.0）
食料品	125 （　6.2）	256 （　6.3）	344 （　4.1）	648 （　3.4）
繊維品	749 （ 37.2）	1,221 （ 30.1）	1,582 （ 18.7）	2,408 （ 12.5）
非金属鉱物製品	96 （　4.8）	169 （　4.2）	265 （　3.1）	372 （　1.9）
化学品	103 （　5.1）	181 （　4.5）	547 （　6.5）	1,234 （　6.4）
金属品	386 （ 19.2）	561 （ 13.8）	1,718 （ 20.3）	3,805 （ 19.7）
鉄鋼	259 （ 12.9）	388 （　9.6）	1,290 （ 15.3）	2,844 （ 14.7）
機械機器	276 （ 13.7）	1,031 （ 25.4）	2,975 （ 35.2）	8,942 （ 46.3）
一般機械	97 （　4.8）	212 （　5.2）	624 （　7.4）	2,006 （ 10.4）
電気機械	33 （　1.6）	290 （　7.2）	865 （ 10.2）	2,865 （ 14.8）
輸送機械	119 （　5.9）	433 （ 10.7）	1,243 （ 14.7）	3,443 （ 17.8）
自動車	10 （　0.5）	96 （　2.4）	266 （　3.1）	1,337 （　6.9）
船舶	78 （　3.9）	288 （　7.1）	748 （　8.8）	1,410 （　7.3）
精密機器	27 （　1.3）	96 （　2.4）	243 （　2.9）	626 （　3.3）
その他	276 （ 13.7）	636 （ 15.7）	1,201 （ 12.1）	1,909 （　9.8）
重化学工業品	765 （ 38.0）	1,773 （ 43.7）	5,240 （ 62.0）	13,981 （ 72.3）

注）　重化学工業品は化学品、金属品、機械機器の合計。
資料）　1955、1960、1965 は通産省『戦後日本の貿易 20 年史』、1970 は『通商白書（各論）』。
出典）　井村［2000］：表 3-9、表 4-9

第 2 章　高度成長期の中小企業（1955 〜 73 年）

図表 II-2-3　重化学工業割合の推移（出荷額）1954 〜 69 年

単位：上段 %　下段 10 億円

	1954 年	1957	1960	1963	1966	1969
重工業	32.0	40.4	44.6	45.0	44.7	50.4
	1,996	4,229	6,941	10,057	15,280	29,271
うち機械	16.2	21.1	25.7	27.5	26.7	31.6
	1,014	2,209	4,009	6,153	9,116	18,356
化学工業	12.3	11.6	11.8	12.2	12.0	10.8
	768	1,209	1,836	2,738	4,119	6,297
重化学工業	44.2	52.0	56.3	57.2	56.7	61.2
	2,764	5,438	8,777	12,795	19,399	35,568
製造業計	100.0	100.0	100.0	100.0	100.0	100.0
	6,247	10,456	15,578	22,353	34,202	58,106

注）　重工業は機械、鉄鋼、非鉄金属、金属製品、機械は一般機械、電気機器、輸送機器、精密機器、化
　　学工業は化学、石油製品・石炭製品。
資料）　経済産業省「工業統計表」（総務省「事業所・企業統計調査報告書」の調査年次と重なるもの）
　　より作成。

②輸入自由化

　しかも、輸入自由化が迫っていた。日本は 1952 年に IMF、55 年に GATT
に加入し、いずれ輸入貿易の自由化等、封鎖経済体制の解除が必要だったとこ
ろ、50 年代末、アメリカの国際収支の悪化、西欧諸国のドル商品の輸入自由
化などにより、日本への輸入自由化要求が高まった。日本政府も輸出拡大のた
めには輸入自由化が必要と考え、「貿易為替自由化計画大綱」（1960 年閣議決
定）により輸入自由化のスケジュールを決めた（早期に自由化するものから自
由化を相当期間遅らせるものに商品を 4 グループ化）。こうして重化学工業の
国際競争力強化は急務となった。

(2)　海外革新技術の一斉導入

　政府は 1950 年代前半に整備した産業育成の諸装置（→ 165 頁）を活用し、
重化学工業の育成に乗り出した。特に重要な働きをしたのは、「外為法」に基
づく外貨割当制だった。政府は最新鋭の革新的な外国技術や設備の導入に外貨
を優先的に割り当て、国産化と競合する製品の輸入には外貨割当を制限した。
大企業はこれを活用し、外国から最新鋭技術を一斉に導入し始めた。寡占大企
業は慎重な投資行動を特徴とするが（→ 100 頁）、この時期の日本は大幅な国

203

内市場の拡大が見込まれ、しかも輸入自由化を控えていたから、巨大な設備投資が強行された。

寡占大企業は新産業分野——戦前にはなかったか、芽の出た程度だった石油化学、合成繊維、乗用車、民生用電気機器など——で、海外最新鋭技術を基に巨大な化学装置・機械体系を備えた大型産業を構築し始め、耐久消費財など新製品を次々に市場に送り出した。これにより50年代前半に合理化投資を実施していた鉄鋼、電力、造船などの既存産業への需要が拡大し、この部門は一層革新的な技術・機械装置を導入し、60年頃に一貫生産体制（鉄鋼）や大規模生産体制（電力、造船）を確立した。

特筆すべきは、日本企業は外国技術・設備を移植するだけでなく、生産方法と製品の両面で改良を加えたことである。例えば、東京通信工業（現ソニー）はウエスタン・エレクトリック社からトランジスタ技術を導入しただけでなく、トランジスタ生産の歩留まり率の向上、製品特性の均質化を達成した。このトランジスタを基に、当時世界最小と言われた米リージェンシー社製品より小さく、高出力で、消費電力も半分以下のトランジスタラジオを開発（TR63型、1956年発売）、アメリカへの大量輸出に成功した。基本技術は外国に依存し、それに改良を加え、外国産業を上回る競争力を獲得するという日本産業の特徴が早くも現れた。

(3) 1960年代央に大量生産型重化学工業完成、60年代後半巨大量産化

以上とともに重化学工業出荷額の割合は上昇を続け、60年の重化学工業化率は56.3％となり（前掲図表Ⅱ-2-3）、アメリカ、イギリス、ドイツと同レベルに達した。61年に過剰生産能力が顕在化し、既存産業の設備投資が鈍化したため、60年代前半、重化学工業化は鈍化した。だが、石油化学、乗用車、合成繊維では新産業開発的な設備投資を64年頃まで続け、革新技術に基づく本格的な大量生産体制を構築した。60年代央は大量生産型重化学工業の完成の時期としうる。

65年に新産業も含めて生産能力が過剰化し、戦後最大の不況に陥ったが、66年以降、ベトナム戦争による輸出拡大の見通しと資本自由化に備えた大型化設備投資が、鉄鋼、石油化学、自動車などの分野で一斉に起こり、生産施設は巨大化した。60年代後半は重化学工業の巨大量産化の時期である。重化学

工業化率はさらに高まり、69 年には 60％を突破した。

　重化学工業は後述のとおり強力な国際競争力を発揮し、輸出志向の発展を
し、遅れていた輸出面の重化学工業化も急速に進んだ。輸出に占める重化学工
業の割合は 70 年には 70％を突破し（前掲図表 II-2-2）、55 年にはまだ後進的だ
った輸出構造は一新された。

（4）　機械工業の発展、産業の高加工度化

　重化学工業の中でも特に発展が著しかったのが機械工業である。前掲図
表 II-2-3 によると、機械工業の出荷額比率は 1954 〜 69 年に 16.2％から 31.6％へ、
また、図表には示していないが、重化学工業における出荷額比率は 36.7％から
51.6％に増加し、重化学工業の中心となった。輸出に占める機械機器の割合も
伸び続け、70 年には 46.3％に達し（前掲図表 II-2-2）、先進国グループと同水準
になった。

　戦前の日本は、重化学工業の中でも特に機械の発展が遅れていた。機械で国
際水準に近かったのは造船・造艦、機関車、発電機などの非量産品で、アメリ
カで 1920 年代に花開いた乗用車、家電などの量産型機械は芽が出ただけで、
発展しなかった。産業用の機械も工作機械のレベルの低さに象徴されるよう
に、先進国と大きな差があった。戦後になっても、50 年代に輸出で伸びた機
械製品は、非量産品の船舶や部品点数が少ない軽機械（ミシン、双眼鏡など）
にすぎず、機械工業の脆弱性は日本の重化学工業の後進性の証だった。だが、
60 年代を通じ、高度の大量生産技術が必要な乗用車、家電などの耐久消費財
や高機能・高精度の各種産業機械・工作機械が発展し、日本の重化学工業は先
進国の仲間入りをした。

　機械工業の発展は産業の高加工度化の一環である。篠原三代平は 1 次金属に
対し機械・金属製品、繊維に対し衣服・身の回り品、木材に対し家具の出荷額
の伸び率が高いことから、「一般に経済が成長し、所得水準が高まるほど、材
料産業に比べ加工産業の比重が高まる」（篠原 [1976]：248）という仮説を提
出した。そして、高加工度化の要因として、所得水準の上昇が需要を多様化し、
技術水準の上昇が効率的に付加価値を拡大しうるようになることをあげた（同
書：249、250）。ただ、鉄鋼において普通鋼に対し特殊鋼が、機械において部
品点数のより多いものや高機能製品の比重が高まるように、各産業においても

第Ⅱ部　戦後中小企業発展史・問題史

高加工度分野の比重が高まり、その進展は加工産業の方が早いので産業構成総体としては加工産業の比重が高まると見たほうが、実態には合う。本書ではこうしたものとして産業の高加工度化を理解する。本書が産業の高加工度化に注目するのは、後で具体的に述べるように、中小企業の存立分野を拡大するという重要性を持つからである*。

　　*初版では産業の高加工度化に関する言及が十分でなかったので、本版ではこれ以降の部分でも高加工度化に関する加筆が行われている。

2.「戦後大企業体制」の確立と拡大・強化

(1)　独占的市場構造の確立（60年代中葉）

　戦前と一変した重化学工業の建設とともに寡占大企業はさらに巨大化し、製造業では、企業数で0.3%（422社）の資本金10億円以上の企業が有形固定資産の61.5%、当期利益の52.8%、従業者数の26.0%を占めるなど（1962年度、法人企業）、経済力の集中が進んだ（公正取引委員会事務局経済部編［1964］：26）。外国からの革新的技術の導入には外貨が優先的に割当てられ、各企業に技術導入の機会が開かれていたから、革新的技術分野には複数の寡占大企業が進出することになった。そのため、生産集中度は戦前および1950年代前半より低下したが、それでも、60年代中葉には、主要生産部門の多くで、寡占大企業3～10社の生産集中度が100%ないし100%近くになり、独占的市場構造がほぼ確立した（井村［2000］：198）。

(2)　独占的市場構造の強化（60年代後半）

　さらに60年代半ば頃から、鉄鋼、自動車、造船などでは大型化設備投資や資本自由化対策のために寡占大企業同士の合併・提携も進み（三菱三重工の合併64年、石川島播磨重工業による名古屋造船・名古屋重工吸収64年、日産自動車・プリンス自動車工業合併66年、八幡・富士の合併による新日本製鉄の誕生70年、など）、企業規模はなお拡大、米「フォーチュン」誌の世界最大企業（製造業）の売上リストによると、73年にはアメリカを除く世界最大300社の中に日本企業は85社も入り、イギリス55社、西ドイツ41社を抑えてトップに立った（井村［2000］：196）*。これにより60年代後半以降、独占的市場構造は一段と強化された。

第 2 章　高度成長期の中小企業（1955 〜 73 年）

　　*以上の寡占大企業間の合併は産業政策によっても推進された。日本は輸入貿易の自由
　化のみならず（1965 年に自動車の自由化も行われ自由化率は 93％に達した）、64 年の
　IMF 八条国への移行と OECD への加盟で、資本自由化義務も負った（67 年に第 1 次資本
　自由化開始）。政策当局はこの開放体制化に強い危機感を抱いていた。日本企業は「国際
　的視野からみればほとんどすべて中小企業であるといってよい」（「国民所得倍増計画」
　1960 年閣議決定）という（根拠不明の）認識に立ち、開放体制化に対処するには、寡占
　化と専門化による規模の経済性の追求が必要である。そのために、官民協調（政府の積極
　的介入）による企業合併を進めるべきとした。官民協調方式は「新産業体制」と呼ばれ、
　この狙いを実現すべく 62 年には「特定産業振興臨時措置法案」（政府・産業・金融・中立
　代表からなる「協調のための懇談会」の設置、協議の結果に沿った金融支援など）が国会
　に提出された。この法案は財界の応援を得られず流産したが、64 年に「官民協調懇談会」
　が発足するなど、事実上官民協調が推進され、産業の寡占化が進んだ。

　以上のように、朝鮮戦争をきっかけに復活した大企業体制は、戦前来の遅れ
た産業構造を払拭し、最新鋭の大量生産型重化学工業を土台に独占的市場構造
を再構築した。本書ではこの大企業体制を「戦後大企業体制」と呼ぶ。

（3）　企業集団の形成

　以上の過程で大企業体制を支える新たな企業集団が形成されたことにも触れ
ておく。まず、サンフランシスコ講和条約調印（1951 年 9 月）などを背景に
再結集に向かった旧 3 大財閥は社長会を結成し（住友グループ 51 年、三菱グ
ループ 54 年、三井グループ 61 年）、新たな企業集団を構築した。それは持ち
株会社を支配中枢とする戦前のピラミッド型企業集団とは異なり、旧財閥銀行
を中核とし、系列融資と株式相互持ち合いを紐帯とする連合体的な企業集団だ
った。旧財閥銀行は、ドッジ・ライン時に行われた日銀の買いオペや貸付によ
る資金を金詰まりの旧関係会社に貸し出し、グループの中核としての素地を作
り、1950 年代、60 年代を通じ、日銀信用に依存しながら融資を拡大し、企業
集団の中核となった。ただ、中核と言っても非金融事業会社とは相互補完的な
関係に立ち、集団の結束においても調整的役割を果たすものだった。また、必
ずしも集団の枠に囚われているわけではなく、系列外の大企業にも融資を広げ
た。旧 3 大財閥系企業はこのような連合体的企業集団を基盤に情報共有を密に
し（→ 47 頁）、協力して新産業へ進出するなど、共同利益の拡大を図った。
　さらに、戦前は集団内に銀行を持たなかった「新興財閥」と有力な事業会社

207

第Ⅱ部　戦後中小企業発展史・問題史

を持っていなかった銀行も結集し、旧3大財閥ほどの結合力はなかったが、芙蓉グループ（社長会66年）、三和グループ（社長会67年）、一勧グループ（社長会78年）の3集団を形成した。以上の6大企業集団に参加していない寡占大企業も傘下に多数の子会社、関係会社を持つ産業型企業集団を発展させた。

3.「戦後大企業体制」の再生産構造と高度成長

「戦後大企業体制」は次のような再生産構造を内包していた。

a. 強力な国際競争力を持つ輸出志向の大量生産型重化学工業が、設備投資を拡大し、b. 国内完結型生産体制が輸出部門の設備投資の増加を生産手段生産の各部門に連鎖的に波及させ、これによる雇用・個人消費増加が、消費財生産部門の設備投資も拡大する——こういう「輸出・設備投資依存」拡大再生産である。

①強力な国際競争力と輸出志向

重化学工業は輸出志向の発展をした。最新鋭の革新的外国技術導入による本格的大量生産体制の構築、生産方法と製品の改良・開発、これらに、低賃金の優れた労働力、低単価で良質の部品を下請生産する中小企業という要因が加わり、重化学工業の国際競争力は急速に高まった。1955年から70年の間に重化学工業品の輸出額は18.3倍に、輸出額に占める重化学工業品の割合は38.0%から72.3%になった。特に機械工業の伸張が著しく、同期間に機械機器の輸出額は32.4倍に、輸出額に占める割合は13.7%から46.3%に急増した（図表Ⅱ-2-2）。

自動車、鉄鋼、電機、造船の大手企業の輸出比率は、好況期の69年度でも20～30%に達した（井村［2000］：267）。図表Ⅱ-2-4によると、輸出成長率の高い企業ほど設備成長率、売上高成長率、労働生産性上昇率、さらに売上高利益率も高い。輸出比率の高い大企業が経済拡大の中核になり、好収益も達成したのである。この大企業の輸出志向的設備投資・生産拡大が、国内完結型生産体制を通じて他部門に波及した。

②国内完結型生産体制

国内完結型生産体制とは、多分野での大量生産型重化学工業の確立により、粗原料を除く生産手段（機械・設備、原材料）と耐久消費財が自給されている体制を指す。1960年代～80年代前半まで日本の総輸入に占める製品割合が

第 2 章　高度成長期の中小企業（1955 ～ 73 年）

図表 II-2-4　輸出企業における成長とパフォーマンス

	輸出成長率（社数） 1963 ～ 68	設備成長率 1960 ～ 68	労働生産性上昇率 1960 ～ 68	売上高成長率 1960 ～ 68	売上高純利益率 1966 上～ 68 上
A	3 倍以上（22）	4.06 倍	2.01 倍	3.56 倍	5.50％
B	2 ～ 3 倍（30）	2.86 倍	1.93 倍	2.95 倍	4.55％
C	1.3 ～ 2 倍（26）	2.16 倍	1.89 倍	2.56 倍	3.25％
D	1.3 倍以下（20）	1.56 倍	1.72 倍	1.83 倍	1.82％

備考）1. 各社有価証券報告書および三菱経済研究所「企業経営の分析」により作成。
　　　2. 輸出成長率は 1963 年度上、下期合計の輸出額に対する 67 年度下期 68 年度上期合計の輸出額の伸び。
　　　3. 設備成長率は生産関連有形固定資産残高の 1960 年度下期に対する 68 年度上期の伸び率。
　　　4. 売上高成長率は 1960 年度下期に対する 68 年度上期の伸び率。
　　　5. 労働生産性は 1 人当たり売上高で算出。1960 年度下期の生産性に対する 68 年度上期の生産性伸び率。
　　　6. 売上高純利益率は 1966 年度上期から 68 年度上期の 5 期について分子分母ともに加重平均したもの。利益率は税引き後。
　　　7. 輸出企業 100 社、鉄鋼、電機、自動車、造船、一般機械、綿紡、合繊、カメラ、陶器、時計、楽器、化学の中で輸出比率が最低 5％以上のものを選んだ。
出典）『経済白書 1969 年』：第 119 表より部分引用。

20％台にすぎない（後掲図表 II-4-6）ことが、この体制の成立を示している。

　生産手段が国内に揃っているから、輸出部門が輸出拡大のため設備投資を拡大すると産業連関を通じて国内で設備投資の連鎖が起きる。すなわち、輸出部門の A 産業で設備投資需要が発生すると、A 産業に設備を供給する B 産業への需要が増加し、B 産業でも供給力不足から設備投資需要が発生する。それがまた B 産業へ設備を供給する C 産業での設備投資を発生させる——というように、国内の生産手段生産部門内で相互促進的に設備投資が拡大する。これにより雇用が増加すると消費需要が拡大する。消費拡大の中心となる耐久消費財部門も国内に揃っているから、この部門でも供給力不足から設備投資需要が発生し、それがまた生産手段生産部門での設備投資を誘発する。

　こうして設備投資主導の拡大再生産が起きるが、第 I 部で述べたとおり（→ 130 頁）、設備投資需要増加率は生産増加率の何倍にもなり、それが連鎖的に進む上、寡占大企業の設備投資は大規模だから、設備投資主導の拡大再生産は爆発的になる。1955 年以降の年率 10％近くの未曾有の高度成長は、新たな重化学工業建設に伴う設備投資だけでなく、このような「設備投資が設備投資を呼ぶ」仕組みが形成されたために実現した。

　以上の「輸出・設備投資依存」拡大再生産は、1980 年代まで続く日本の経済成長の仕組みとなった。

第Ⅱ部　戦後中小企業発展史・問題史

第2節　中小企業問題

1. 中小企業市場の拡大

　第Ⅰ部で、大企業体制は間歇的にだが、新産業創出を通じて経済規模を急拡大させ、中小企業の市場も拡大するため中小企業問題を緩和することがあるとした（→ 130 頁）。新鋭重化学工業の創出を原動力とする未曽有の高度成長が、まさにこの例である。中小企業市場の拡大を出荷額の伸び率によって見る（図表Ⅱ-2-5）。

図表Ⅱ-2-5　規模別出荷額年平均伸び率（製造業）1954 ～ 72 年

単位：%

従業者規模	1954 ～ 60	1960 ～ 66	1966 ～ 72	1954 ～ 72
9 人以下	7.1	17.1	17.5	13.8
10 ～ 19 人	10.7	14.5	16.9	14.0
20 ～ 99 人	15.2	14.0	15.1	14.7
100 ～ 299 人	16.1	15.1	15.0	15.4
300 人以上	19.5	13.3	15.3	16.0
全　体	16.5	14.0	15.4	15.3

注1)　数値は各期間の幾何平均。
注2)　「1954 年工業統計表」1,000 人以上の出荷額 480,155,895 円は誤りで、1,480,155,895 円が正しいものとして計算した。
資料)　経済産業省「工業統計表」（各年版）より作成。

　本図表の最右欄は高度成長期の 1954 ～ 72 年を通じた出荷額の年平均伸び率を示しているが、規模の大きい事業所ほど伸び率が高く、重化学工業化は大規模層の市場をより拡大したことを表わしている。しかし、規模間で伸び率に差があるとはいえ、そう大きなものとは言えず、中小事業所もよく追随している。それは、中小事業所の出荷額伸び率が低かったのは一時期に限られ、他の時期は大事業所に伍して伸びたからである。以下では時期ごとに規模別伸び率の動向を見る。

① 1954 ～ 60 年は中小企業市場の伸び率低い

　この期間は重化学工業において海外革新技術の導入による設備投資が活発化し、重化学工業の割合が急速に高まった（前掲図表Ⅱ-2-3）。重化学工業の中心は大企業のため、出荷額伸び率は大事業所が高く、従業者規模が小さくなるほど低くなっている。特に従業者 19 人以下の小零細事業所の伸び率が低い。こ

210

第2章　高度成長期の中小企業（1955～73年）

の層は消費財関連の軽工業に多く、重化学工業のように市場が拡大しなかったからである。この期間、零細事業所（9人以下）の数も減少した（後掲図表II-2-35）。1954～72年を通じ、中小事業所の出荷額伸び率が低かったのは、この期間における伸び率が影響しており、60年代に入ると以下のように中小事業所の伸び率は大事業所のそれに迫るようになる。

② 1960～66年は消費支出増で中小企業市場拡大

　この期間、大事業所（300人以上）の出荷額伸び率が前の期間より大きく低下した。一方、9人以下の零細事業所の伸び率が前の期に比べ突出して高まった。これは1963年から「工業統計表」において従業者9人以下事業所の調査対象としての捕捉率が高まったことが影響しており（詳しくは「1963年工業統計表」:「概要」を参照）、それを割引かねばならない。とはいえ、零細事業所が統計調査上の事情を除いても伸び率を高めたのは間違いない（後掲図表II-2-35によるとこの期間に零細事業所数の数も増加している）。さらに、小事業所（10～19人）も伸び率を高め、中事業所（20～299人）は前の期間より伸び率を低めたとはいえ、大事業所（300人以上）よりは伸び率が高い。結果、この期間は1954～60年と逆に、全体として大事業所より中小事業所の方の伸び率が高くなった。この逆転の背景は次のとおりである。

　大事業所出荷額の伸び率低下は、前の期間における重化学工業における旺盛な設備投資が生産力を過剰化した結果、この期間になって設備投資が鎮静化し、前の期間のようには重化学工業が伸びなかったからである（前掲図表II-2-3）。

　一方、50年代後半の設備投資による雇用増・所得増の積み重ねが、大きな消費支出増をもたらし、中小企業分野である消費財関連軽工業が伸びた。また、消費支出増は、50年代後半に生まれた家電など耐久消費財部門も伸ばし（「三種の神器」と呼ばれた電気洗濯機、白黒テレビ、電気冷蔵庫など）、その川上部門の中小部品企業の市場も拡大することになった。

　重化学工業化率の速度の低下と消費支出の増加が、中小企業の市場を大企業以上に拡大したのである。

③ 1966～72年は高加工度化で中小企業市場拡大

　1960年代後半は重化学工業における巨大量産化により重化学工業化率がまた一段と高まり（前掲図表II-2-3)、大事業所（300人以上）の出荷額伸び率が

第Ⅱ部　戦後中小企業発展史・問題史

回復した。だが、注目すべきは、最も伸び率が高いのが零細事業所（9人以下）、次が小事業所（10 ～ 19 人）であり、中事業所（20 ～ 299 人）も大事業所に遜色ない伸び率を示していることである。

このような中小事業所の高い出荷額伸び率は、60 年代後半、重化学工業内部で中小企業市場も拡大したからである。図表Ⅱ-2-6 によると、同じく重化学工業化が速まった期間であっても、50 年代後半は重化学工業内で中小企業の市場シェアが下がり、60 年代後半において市場シェアが上がっている。60 年代後半においては、乗用車やカラーテレビの普及などによる機械工業における部品点数の増加や化学工業における加工分野の拡大、また、所得水準の上昇による耐久消費財の高級化、産業用機械における普及品から各種ニーズに対応する機械への分化など、重化学工業内部で中小企業分野の創出・拡大につながる高加工度化が進んだからである。

図表Ⅱ-2-6　重化学工業化の進展局面における重化学工業業種の中小企業シェア変化

（単位：％）

業種＼年次	1957 年	1961 年	1961 年 − 1957 年	1965 年	1968 年	1968 年 − 1965 年
化学	37.2	31.4	△ 5.8	33.0	33.6	0.6
石油、石炭製品	22.9	20.7	△ 2.2	25.1	21.3	△ 3.8
窯業、土石製品	53.7	54.1	0.4	63.0	69.1	6.1
鉄鋼	26.9	25.0	△ 1.9	26.2	27.2	1.0
非鉄金属	33.3	28.6	△ 4.7	31.2	31.2	0.0
金属製品	84.0	79.1	△ 4.9	78.4	79.2	0.8
一般機械器具	60.0	49.2	△ 10.8	50.0	50.9	0.9
電気機械器具	32.0	25.7	△ 6.3	29.4	27.9	△ 1.5
輸送用機械器具	20.1	18.6	△ 1.5	17.2	17.8	0.6
精密機械器具	51.8	47.7	△ 4.1	49.6	51.2	1.6
重化学工業計	38.1	34.4	△ 3.7	36.3	36.7	0.4
重化学工業化率	55.6	61.3	5.7	60.1	63.3	3.2

資料：通商産業省「工業統計表」
（注）　数値は各年における中小企業の出荷額シェアおよびその増減（△）である。
出典）『中小企業白書 1970 年版』：第 1-5 表

さらに、零細事業所の出荷額の高い伸び率には、労働力不足による下請市場

第 2 章　高度成長期の中小企業（1955 ～ 73 年）

の拡大という要因も働いている。生産を拡大する大企業は外注依存度を高めた
が、下請企業も労働力不足のため受注余力は小さかった。このため「下請不足」
が発生し、零細事業所にも発注が増え、零細事業所は有利な取引ができた。こ
の状況を見て意欲ある労働者の独立開業が続出し、それが零細事業所の出荷額
伸び率を高めたのである。零細事業所の独立開業の増加は、後掲図表 II-2-35 に
おいてこの期間の零細事業所数が前の期間よりさらに増加率を高めていること
に現れている。

　以上、出荷額の動向によると、1954 ～ 60 年では中小企業、特に小零細企業
の市場の相対的伸び率は低かった。しかし、60 年以降は産業全体の拡大と並
行して中小企業市場もかつてなく拡大し、結果、1954 ～ 72 年の通期で見ても
――大企業との差はあるものの――中小企業市場も大きく拡大した。

2. 収奪問題の緩和
(1)　中小企業価格の上昇
①相対価格の改善
　中小企業の生産した価値が寡占大企業により奪われるのが収奪問題だった。
収奪問題は戦後復興期の中小企業問題の中心だったが、高度成長期における中
小企業の市場拡大は、中小企業の相対価格（販売価格／仕入価格）を改善し、
収奪問題を緩和した。

　図表 II-2-7 は日銀卸売物価指数に基づく中小企業性製品（日本標準産業分類
細分類で中小事業所の出荷額が 70％以上を占めるもの）と大企業性製品（同
じく大事業所の出荷額が 70％以上を占めるもの）の動向である。ただし、日
銀卸売物価指数には下請企業の製品価格や加工単価がほとんど含まれていない
ため、中小企業性製品に関しては下請単価を除く価格動向と見た方がよい。本
図表によると、1961 ～ 64 年、1965 ～ 67 年の間、中小企業性製品の卸売価格
の平均上昇率は大企業性製品を上回っている。財別に見ても、生産財、資本財、
消費財、輸出品のすべてで、中小企業性製品の上昇率の方が高い。

　特に重要なのは、中小企業性製品の原材料になる大企業性製品の生産財価格
と中小企業性製品卸売価格に関し、両期間とも後者の上昇率の方が高く、中小
企業の相対価格の上昇（「原料高・製品安」の改善）が見られることである。

213

第Ⅱ部　戦後中小企業発展史・問題史

図表Ⅱ-2-7　規模別卸売物価（工業製品）の上昇率

単位：％年率

		1961 ～ 64 年	1965 ～ 67 年
工業製品		-0.2	1.0
大企業性製品		-1.0	0.8
財別	生産財	-1.4	1.0
	製品原材料	-1.3	0.9
	建設材料	-1.9	2.9
	資本財	-0.9	-0.1
	消費財	—	0.4
	耐久消費財	-1.9	-1.1
	非耐久消費財	0.9	0.8
	輸出品	-1.4	1.9
中小企業性製品		1.7	3.4
財別	生産財	1.7	4.1
	製品原材料	0.9	2.9
	建設材料	3.3	5.9
	資本財	0.7	1.0
	消費財	1.9	3.2
	耐久消費財	2.4	1.8
	非耐久消費財	1.7	3.7
	輸出品	0.8	3.1

資料）　日銀調べ卸売物価指数を経済企画庁内国調査課で組み換え。卸売
　　　物価は 1965 年基準指数による。
出典）　『経済白書 1969 年』：第 9-5 表を部分引用。

②相対価格改善の要因

　それでは中小企業の相対価格改善の仕組みはどのようなものだったか。

　まず、中小企業の賃金が上昇した。本来、大企業、中小企業間の大きな賃金格差は大企業への労働力の吸引を引き起こし、賃金の高位平準化をもたらすはずである。だが、戦後復興期がそうであったように、労働力供給が過剰であれば、大きな賃金格差があっても、大企業に職を得られない人々が中小企業へ殺到するから、賃金の高位平準化作用は働かない。高位平準化を作動させたのが高度成長による労働力不足である。後述のとおり、高賃金の大企業に労働力は吸引され、中小企業における労働力不足は大企業よりはるかに深刻化し、中小企業は大企業以上の賃金引き上げを余儀なくされた（図表Ⅱ-2-8 および後掲図表Ⅱ-2-32 参照）

214

第 2 章　高度成長期の中小企業（1955 ～ 73 年）

　では中小企業はどのように賃金上昇を吸収したのか。図表Ⅱ-2-8 の各項目は、賃金上昇率＝労働分配率上昇率＋付加価値生産性上昇率、付加価値生産性上昇率＝付加価値率上昇率＋売上高生産性上昇率、売上高生産性上昇率＝製品価格上昇率＋物的生産性上昇率、という関係にある。賃金上昇の吸収の仕方は大企業と中小企業では大きく異なる。

　大企業の物的生産性は 1960 年代前半も後半も毎年 10％以上伸び、それによって賃金上昇のほとんどすべてを吸収してしまっている（物的生産性上昇の寄与率が両期間とも 100％前後）。大企業は競争が自由に展開されているならば、生産性上昇により価格が低下するところ価格を管理し、価格をあまり下げないか（1964/1960）、逆に上げている（1967/1964）。それにより確保された価値部分を労働者確保のため賃金引き上げに回したのである。労使協調的な独占的価格設定と言える。

図表Ⅱ-2-8　賃金上昇を吸収した経営条件（製造業）

単位：％年率　（　）は寄与率

項目 \ 規模別 比較年次	大企業		中小企業		消費関連		その他	
	1964/1960	1967/1964	1964/1960	1967/1964	1964/1960	1967/1964	1964/1960	1967/1964
賃　金	10.2	11.3	13.1	12.5	13.7	12.4	12.6	12.6
労働分配率	(0.9)	(4.8)	(14.6)	(0.6)	(14.5)	(10.1)	(6.7)	(△8.7)
	0.1	0.5	1.9	0.1	2.0	1.2	0.8	△1.1
付加価値生産性	(99.1)	(95.2)	(85.4)	(99.4)	(85.5)	(89.9)	(93.3)	(108.7)
	10.1	10.7	11.0	12.4	11.5	11.0	11.7	13.9
付加価値率	(7.3)	(△7.5)	(25.4)	(3.5)	(35.3)	(8.3)	(19.8)	(0.9)
	0.7	△0.9	3.2	0.4	4.6	1.0	2.4	0.1
売上高生産性	(91.8)	(102.7)	(60.0)	(95.9)	50.2	(81.6)	(73.5)	(107.8)
	9.2	11.6	7.6	11.9	6.6	9.9	9.0	13.7
製品価格	(△9.9)	(7.2)	(7.4)	(24.0)	(7.6)	(27.8)	(7.4)	(20.9)
	△1.0	0.8	0.9	2.9	1.0	3.3	0.9	2.6
物的生産性	(101.7)	(95.5)	(52.6)	(71.9)	(42.6)	(53.8)	(66.1)	(86.9)
	10.3	10.7	6.6	8.7	5.6	6.4	8.0	10.8

（備考）　1.　日銀「主要企業経営分析」、「中小企業経営分析」および当庁内国調査課組替による規模別（大企業、中小企業）業種別卸売物価指数（1960 年＝ 100）により作成。
　　　　　2.　中小企業は従業者数 50 人以上 300 人未満の企業をとり、大企業は主要企業をとった。
　　　　　3.　賃金は 1 人当たり人件費とした。物的生産性は売上高生産性の変動から製品価格の変動による部分を除いた残差である。
出典）　『経済白書 1969 年』：第 175 表

それに対し、60年代前半、大企業に比べ中小企業の物的生産性上昇率は低く、賃金上昇の吸収に関する寄与率は約半分にとどまった。物的生産性上昇の寄与率が低い分を、第1に付加価値率の上昇、第2に労働分配率の上昇、第3に製品価格引き上げで吸収した。

　60年代後半に入ると、中小企業も物的生産性の伸び率を高めたものの、賃金上昇の吸収に関する寄与率は約70%で、大企業よりまだかなり低い。その分を他の何によって吸収したか。60年代前半で寄与率の高かった労働分配率の上昇は、もはや経営上の限度に達し、上昇はほとんど止まった。付加価値率の上昇も弱まったので、寄与率は前半に比べ大きく低下した。この2点に対し大きく寄与率が高まったのが製品価格の上昇である。特に、中小企業の中でも消費関連の製品価格の上昇幅が大きい。

　相互に激しく競争している中小企業は、賃金が上昇したからといって、価格に転嫁するのは容易ではない。それを可能にしたのが、高度成長による中小企業市場の拡大である。市場が拡大しても直ちに供給を増やせれば価格は上がらないが、生産能力に限度がある中小企業による供給増大は、企業数の増加を待たなくてはならず、いわば自然的に供給が制限される（逆に供給過剰の場合、その解消は企業数の減少を待たなくてはならないから、低価格がいつまでも続くことになる）。

　以上から中小企業の相対価格を上昇させたのは次の仕組みと言える。

　労働力不足の発生により賃金の高位平準化作用が顕在化したことが相対価格上昇の起動要因となった。次に大企業と中小企業の大きな物的生産性格差の存在が、中小企業の賃金上昇を相対価格上昇へつなげる媒介要因となり、中小企業市場の拡大が相対価格上昇の実現要因となった（以上の中小企業製品の相対価格上昇に関する理解は高須賀［1965］に依拠するところが多い）。

③大企業の価格管理力が弱まったわけではない

　中小企業の価格関係の改善は、大企業の価格管理力が弱まったことを意味しない。後述の通り、60年代後半生産集中度が高まり、大企業の価格管理力はむしろ強まった（→284頁）。そのため、大企業の生産性上昇は著しいにもかかわらず、生産財では価格は上がっている（前掲図表II-2-7）。また、耐久消費財のように下がる場合でも自由な競争が展開されている場合ほどには下がらない。この場合には、大企業は価格を下げても独占的超過利潤を確保しているか

ら利潤率は高い。以上をまとめて示すのが図表 II-2-9 である。

まず、本図表によると「集中度の高い分野」では価格の変動回数が少なく、価格が管理されていることを示している。

「集中度の高い分野」でも「高成長部門（A）」では投資の積極化で生産性上昇率が高く、価格は低下している。しかし、低下の仕方は「集中度の低い分野」・「高成長部門（C)」より小さく、かつ利益率は高い。価格は低下しても高利潤率が得られるように管理されていることを示している。

「集中度の高い分野」・「低成長部門（B）」では「集中度の高い分野」・「高成長部門（A）」より価格変動回数はさらに少ない。そして、価格上昇率は高く、生産性上昇率は低い。価格の高位安定で利潤を獲得しようとしているのである。

図表 II-2-9　生産集中度、成長の高低別に見た価格、利益率、生産性の関係（1964〜70年）

（単位：%）

		業種数	価格		利益率	生産性上昇率	人件費	
			変動回数（回／年）	騰落率	1964〜70年平均		1人当たり賃金上昇率	1970年人件費／出荷額
集中度の高い分野	高成長部門 A	13	3.2	△1.2	25.7	13.6	13.7	9.0
	低成長部門 B	13	2.5	6.9	23.0	10.8	13.2	9.8
集中度の低い分野	高成長部門 C	10	4.7	△4.9	23.6	12.6	13.0	8.0
	低成長部門 D	15	7.3	18.8	17.9	8.0	13.2	10.0

（参考）業種

A 部門	自動車、普通鋼、写真フィルム、自動車タイヤ、ベアリング、トランジスタ等13業種
B 部門	ピアノ、グルタミンソーダ、ビール、板ガラス、麻糸、人造黒鉛電極、新聞用紙等13業種
C 部門	合成繊維、ラジオテレビ、アルミ圧延、段ボール、普通合板、医薬品、配合飼料等10業種
D 部門	耐火レンガ、セメント、砂糖、板紙、梳毛織物、清酒、生糸、綿織物等15業種

（備考）　1. 公正取引委員会資料、日銀「卸売物価指数」、通産省「工業統計表」により作成。
　　　　2. 集中度の高い低いは、上位3社の集中度50%を基準としているが、これはおおむねハーフィンダール指数が0.1以上、以下に該当する。
　　　　3. 高成長、低成長は、1964年〜70年の生産額の実質成長率（年率）13%を基準として分類した。
　　　　4. 価格変動回数は、「卸売物価指数」の変化回数（上、下）の1商品当たりの年平均である。
　　　　5. 価格騰落率は、1964年（年平均）に対する1970年（年平均）の各品目別騰落率の平均である。
　　　　6. 利益率は（純付加価値−人件費）÷売上高であり、1964年と1970年の平均である。
　　　　7. 生産性上昇率は1964年〜70年の年率実質上昇率である。
　　　　8. 1人当たり賃金上昇率は1964年〜70年の年率上昇率である。
　　　　9. △印はマイナスを示す。
出典）　『経済白書1973年』：第3-26表

「集中度の高い分野」は業種事例からも明らかに大企業分野だが、「集中度の低い分野」では「低成長部門（D）」に中小企業が多いと思われる。ここでは、生産性上昇率が低いため、賃金上昇が価格に転嫁され、価格上昇率が最も高くなっている。しかし、それによってこの分野が高利益率を得たわけではなく、利益率は一番低い。中小企業は価格関係の好転により、賃金上昇で圧迫される利益を回復するだけで、超過利潤を得るわけではないのである。

(2)　下請単価の動向
①下請単価は下落

　前掲図表II-2-7 により、中小企業の価格関係の好転を述べたが、先述のとおり、ここには下請単価は含まれていない。図表II-2-10 は 1950 年代末から 60 年代初めの下請企業の受注単価の動きをまとめたものだが、「なべ底不況」（1957年 6 月〜 58 年 6 月）中の 58 年 1 〜 6 月には受注単価の上昇企業はなく、半数以上の企業の受注単価が下落している。景気の回復とともに単価下落企業は減少しているが、単価上昇企業は下落企業より少なく、単価不変の企業が一番多い。そして、62 年には再び下落企業が増え（61 年秋より不況入り）、上昇企業は減少している。単価不変企業の割合が多いものの、下請単価は全般的には下落基調であり、特に不況期の下落は著しく、前掲図表II-2-7 の示す中小企業性製品の価格動向と異なり、好転していない。

　下請単価の中でも特に機械関係業種での低下圧力が強く（『中小企業白書 1968 年度版』：第 10 図は機械関係の下請単価が繊維関係に比べより抑制されていることを示している）、中でも自動車部品の単価は厳しく抑えられている。図表II-2-11 によると自動車部品に関しては、1961 年後半以降、63 年前半に至るまで価格下落企業が増え続け、62 年 9 月以降は半数を超え、価格上昇企業は無視できる程度しかない。この背後には自動車メーカーの厳しい下請政策がある。植田［2001］によると、トヨタ自動車は 1950 年代後半、毎年 5 ％のコストダウンを下請企業に要求し続けた。さらに、60 年になると 62 年末までの 3 年間に 30 ％のコストダウンを要求し、下請企業は半年に一度の価格交渉で 5 ％のコストダウンを迫られることになった。

②問題性は緩和

　しかし、次の点に留意しなくてはならない。

図表 II-2-10　受注単価の推移

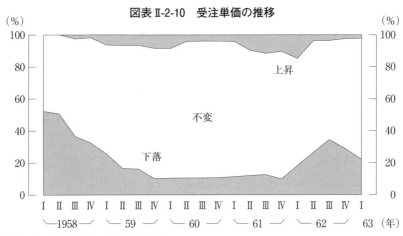

資料：中小企業庁「中小下請工場調査」
(注)　各前期に比べ、上昇、下落、不変の企業数の比率を表わす。
出典）『中小企業白書1963年度版』：第6-2図

図表 II-2-11　自動車部分品前年同月比販売単価の推移

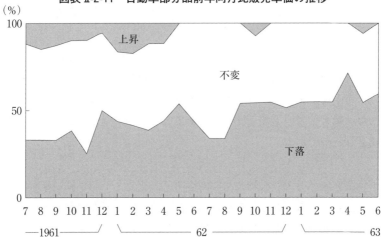

資料：中小企業庁「三大都市中小企業景況調査」による。
(注)　「上昇」「不変」「下落」と回答してきた企業の構成比。
出典）『中小企業白書1963年度版』：第2-16図

　第1は、前掲図表 II-2-8 によると、大企業ほどではないが、中小企業の物的生産性も上昇していることである。特に、1964〜67年の中小企業の「その他」（自動車部品など機械関連業種が含まれている）の物的生産性上昇率は、同時

期の大企業と同じである。下請単価切り下げにより、下請企業の物的生産性上昇の成果を親企業が吸収してしまうのは、まさに収奪だが、すべて吸収しつくすことは少ない。生産性上昇の成果を親企業と下請企業の間で折半するなど、下請企業にも成果の一部を残すのが一般的である。

第2に、下請企業の生産量が大きく拡大しているから、下請単価が抑制されても、利潤の総額は増加する。特に技術的に優れ、親企業の集中発注を受けた下請企業は、資本蓄積を進めることができた。

第3に、技術的に劣る下請企業も存立できる仕組みがあった。今まで下請単価の動向を分析してきたが、実は下請単価に一物一価は成立していない。購入寡占の地位にある親企業は相手を見て購入価格を決める力を持ち、生産性の高い下請企業には低い下請単価を、生産性の低い下請企業には高い下請単価を設定する。低生産性の下請企業に高い下請単価を容認するのは、外注品の必要量を確保するには効率の落ちる下請企業も必要だからである（佐藤［1976］：170-172）。限界的な下請企業は常に淘汰の危険にさらされているが、高度成長で下請不足が発生していたから、このような購入価格政策で限界的な下請企業も存立できた。

以上の点を留意すると、下請企業の価格関係は好転していないものの、それが引き起こす問題性は緩和したと言える。下請企業は収奪を受けつつも成長が可能で、集中発注を受けた系列下請企業の中には急速に資本蓄積を進めるものも現れた。親大企業の支配下で、親大企業と下請企業間に一種の共存共栄関係が形成されたのである。

中小企業性製品と大企業性製品の価格関係の変化と下請単価の動向を見てきた。そこから言えることは収奪が解消したわけでは毛頭ないが、中小企業市場の大幅な拡大と中小企業の生産性上昇により、収奪による問題の発生が吸収されたと言える。

3．市場問題の緩和

大企業の引き起こす産業構造や国際経済関係の変化、あるいは大企業の進出などで中小企業の市場が縮小し、商品価値の実現が困難になるのが市場問題だった。

第2章　高度成長期の中小企業（1955～73年）

（1）　大企業の中小企業分野への進出

①進出分野の例

　この時期には大企業の中小企業分野への進出が活発化した。市川編著［1968］はその例として、a.三菱重工の作業工具への進出、b.住友金属のスチール家具への進出、c.日本電気硝子・日本アルミ・早川電機の魔法瓶の中瓶への進出、d.印刷・製紙・木材分野の大企業の段ボール・紙器への進出、e.日立・東芝・松下・早川など大手弱電メーカーの石油ストーブへの進出をあげている（同書［1968］31-32、渡辺睦筆）。

　また、『中小企業白書1963年度版』は大企業の進出業種として、製造業では万年筆、段ボール、革靴、軟質繊維板、石綿製品、清涼飲料、石油ストーブ・コンロ、魔法瓶を、サービス業ではクリーニング業をあげている。これらの業種の生産は全体としては著増しているが、大企業の生産活動の拡大ないし大企業の進出により、中小企業の生産は減少（軟質繊維板、石綿製品等）、またはウエイトを減らした（段ボール、革靴等）（同書：第2-8図）。

②進出活発化の理由

　この時期に大企業の中小企業分野への進出が活発化した理由の第1は、重化学工業化による機械需要の増加や消費生活における類似的消費の拡大などで、従来の中小企業分野で量産製品用の市場が生まれ、大量生産技術も開発されたことである。上記のa～eはすべてこれに当てはまるだろう。第2は、量産体制を確立した原料メーカーが需要を広げるため、中小企業分野であった2次製品の生産を直接手がけたり、加工メーカーを系列化したことである。b～dはこのような性格のものと思われる。また、第3として、車両の大型化、道路網の拡充、港湾施設の整備等、輸送手段の近代化が市場を広域化したことも付け加えるべきだろう*。

　　*この時期に大企業の進出に直面した中小企業の具体例も紹介しておく。この背景にあるのは第1である。

　　電気溶接機、ゴム・プラスチック押出し機、電線製造機などの専門メーカー三葉製作所は、1950年代後半、アーク溶接機の生産を伸ばしていたが、造船、自動車業界等でのアーク溶接機、抵抗溶接機の需要増加を見込んだ大手の重電機メーカーや家電メーカーが溶接機の生産に手を広げ、量産体制をもって価格競争を挑んできた。大手企業は代理店への販売価格を同社製品より1割以上安くしたり、たくさん購入するほど製品単位当たりのリベート額を増やして販売を拡大した。同社は性能の差で対抗したが、次第に価格差を埋め

221

るのは難しくなり、ついに、1967年アーク溶接機の標準機から撤退した（三葉製作所史編纂委員会［1980］：231、305、359）。

（2） 輸出市場での圧迫

　また、発展途上国の工業化が進展する一方、労働力不足・賃金上昇により日本の輸出中小企業のコストは増加の一途をたどったため、その製品は安価な労働力を武器とする途上国製品に圧迫され始めた。前章で述べたように、双眼鏡は1960年代に入るとアメリカ市場に香港、韓国、台湾製品などが出回り、日本製品のシェア低下が始まった。直線縫いミシンもこの時期に発展途上国で国産化・輸入代替が始まり、70年代には台湾、韓国、ブラジル製品に海外シェアも奪われ始めた。図表II-2-12によると、その他の製品もアメリカ市場で発展途上国製品にシェアを奪われていることがわかる。

　後述のとおり、労働力不足・賃金上昇は大企業の雇用増が引き起こしたのであり、輸出中小企業製品の価格競争力の低下・市場の縮小は、本質的には大企業の引き起こした経営資源問題に起因している。

（3） 中小企業の業種移動活発化による問題緩和

　以上のように、市場を縮小した中小企業が現れたが、他方で、中小企業の新たな市場が広がり、既存分野から新分野へ進出する中小企業も増えた。1969年の工業生産の約4割が51年以降に企業化された製品によるものだったように（『経済白書1970年』：第174図）、重化学工業化は次々に新製品を生み出し、その関連分野で中小企業の市場も創り出したのである。

　この時期に競争力を低下させた輸出軽機械工業では、双眼鏡部品からカメラ部品や測定機器部品の下請へ、ミシン部品から自動車部品、家電部品の下請への移動が見られた。また、繊維関係からカメラや家電製品の組立下請への移動も見られた。当時、労働集約的だったカメラや家電製品組立には女性労働者が必要で、カメラや家電メーカーは女性労働集約的な織物産地の経営者に技術指導を条件に事業転換を勧めた。なお、上記三葉製作所もアーク溶接の標準機から撤退したが、自動製鎖機など各種専用溶接機へ進出するとともに、ゴム・プラスチック押出し機、電線製造機などの新分野へ進出した。

　このような中小企業の業種移動の全体的状況を示しているのが、図表II-2-13

第 2 章　高度成長期の中小企業（1955 ～ 73 年）

図表 II-2-12　アメリカ輸入における日本品と発展途上国品との競合状態

単位：1,000 ドル

製品名	日本			発展途上国		
	1964 年	1967	1969	1964 年	1967	1969
人形	17,938 (78)	16,051 (57)	11,933 (29)	3,860 (17)	10,733 (38)	27,257 (66)
ゴム・プラスチック製履物	9,819 (79)	6,128 (48)	4,755 (32)	945 (8)	5,399 (42)	8,938 (60)
繊維製敷物	25,464 (57)	19,244 (42)	23,204 (35)	11,864 (27)	15,553 (34)	22,347 (34)
かつら	4,231 (29)	7,437 (10)	7,034 (5)	2,489 (17)	56,229 (75)	123,359 (91)
ゴム・プラスチック製玩具	3,561 (33)	2,707 (18)	4,675 (16)	5,911 (54)	10,021 (68)	22,181 (76)
金属製玩具	4,714 (68)	3,839 (60)	5,078 (56)	1,521 (22)	1,840 (29)	3,139 (35)
バドミントン用品	1,877 (91)	2,210 (82)	2,867 (58)	3 (0)	315 (12)	1,889 (38)
洋傘	2,742 (72)	7,016 (62)	7,733 (55)	791 (21)	3,867 (34)	4,780 (34)
タイル	22,257 (77)	16,444 (72)	26,660 (68)	2,872 (10)	2,703 (12)	4,477 (11)
一次電池	5,846 (71)	4,298 (51)	5,931 (49)	1,900 (23)	3,718 (44)	4,908 (40)
クリスマス電球	5,700 (98)	11,451 (84)	7,971 (87)	50 (1)	2,025 (15)	1,083 (12)
合板	50,890 (41)	47,725 (33)	69,481 (28)	52,686 (43)	77,239 (54)	151,276 (61)
トランジスタラジオ	66,587 (84)	115,862 (78)	230,974 (73)	10,375 (13)	29,383 (20)	79,837 (25)
電動玩具	8,276 (88)	8,685 (71)	13,888 (70)	1,124 (12)	3,346 (28)	5,743 (29)
野球用グローブ・ミット	4,476 (98)	6,736 (95)	12,089 (85)	93 (9)	385 (5)	2,092 (15)
木製台所用品	5,735 (54)	9,179 (58)	11,111 (50)	939 (9)	2,884 (18)	5,699 (26)
布帛製衣類	65,791 (35)	90,798 (34)	136,231 (29)	87,327 (47)	128,366 (48)	238,135 (52)
ケミカルシューズ	17,880 (97)	33,083 (84)	52,551 (65)	209 (1)	4,340 (11)	17,232 (21)
はき物（甲が繊維のもの）	13,683 (80)	16,568 (62)	18,842 (57)	1,768 (10)	7,421 (29)	10,572 (32)
かばん	14,402 (36)	23,055 (32)	27,509 (28)	12,642 (31)	24,009 (28)	35,439 (37)

資料：アメリカ通関統計
（注）（　）は総輸入を 100 とした割合。
出典）『中小企業白書 1970 年版』：付表 39

第Ⅱ部　戦後中小企業発展史・問題史

図表Ⅱ-2-13　企業の業種移動（製造業内）

従業者規模	1960→62年		1964→66年			1969→71年		
	標本企業数	他製造業種へ移動(%)	標本企業数	他製造業種へ移動(%)	廃業(%)	標本企業数	他製造業種へ移動(%)	廃業(%)
全体	92,016	9.6	520,137	12.8	7.5	611,544	23.3	6.5
1～3人	19,786	12.2	212,340	11.1	11.1	213,138	22.5	10.2
4～9人	15,561	9.8	186,186	13.4	5.5	222,431	23.7	5.4
10～19人	17,083	9.8	55,062	14.9	4.4	98,669	24.8	3.7
20～29人	12,296	9.5	25,896	15.2	4.4	31,354	21.6	3.0
30～49人	11,333	8.4	18,399	14.7	4.0	20,156	23.9	3.3
50～99人	8,397	7.9	12,630	14.2	4.2	14,142	22.5	3.1
100～199人	4,344	6.3	5,390	14.1	3.0	6,513	20.9	2.2
200～299人	1,272	6.1	1,683	12.4	2.0	1,778	18.8	2.1
300～499人	892	5.4	1,150	8.6	2.2	1,267	16.5	1.9
500～999人	556	5.0	760	7.5	0.4	825	15.3	1.4
1,000人以上	496	6.5	641	8.4	0.5	1,273	34.8	0.4

注1) 「従業者規模」は1960年、1964年、1969年のもの。
2) 「業種」は日本標準産業分類の中分類。
3) 「1960→62年」については資料中に「廃業」は表示されていない。
4) 「1969→71年」の1,000人以上層で業種移動が34.8%にも達しているのは、食料品製造で81.9%、化学工業で67.6%と、この2業種で異常に高い数値が現れているためである。この2業種をはずして計算すると12.3%になる。

資料) 「1960→62年」：中小企業庁、通商産業大臣官房調査統計部『第2回中小企業基本調査報告書総括編：1962年12月31日現在調べ』
「1964→66年」：中小企業庁、通商産業大臣官房調査統計部『第3回中小企業総合基本調査報告書総括編：1966年12月31日現在調べ』
「1969→71年」：中小企業庁、通商産業大臣官房調査統計部『第4回工業実態基本調査報告書総括編：1971年12月31日現在調べ』
以上より作成。

（これは後掲図表Ⅱ-2-36の一部）である。注目されるのは、どの時期でも従業者規模299人以下の中小企業の方が300人以上の大企業より業種移動する企業の割合が高く、また、「1960→62年」「1969→71年」に関しては中小企業の中でも従業者規模19人以下の小零細企業の方が他より業種移動が活発なことである。また、3期間において1960年代末期に近づくほど業種移動する企業割合が増えているのは、重化学工業化の進展が中小企業に新分野を豊富に生み出したためである。業種移動で事業機会が得られたため、「1964→66年」より業種移動が活発化した「1969→71年」では廃業率も低下している。

　ただし、中小企業の多くは上例のように、独立企業でなく下請企業としての

業種移動であった。また、機械工業内での業種移動のように、新分野と言っても技術的関連が強い分野への移動が多かった。とはいえ、経営資源の不足という問題を抱えながらも中小企業の業種移動が活発化したのは、この時期の重要な特徴として注目される。

以上のように、市場の縮小に見舞われる中小企業が発生する一方、重化学工業化の進展は社会的分業を深化させ、中小企業の業種移動の機会を増やした。少なからぬ中小企業がこの機会を積極的に活用したため、市場問題は緩和することになった。

4. 資金難の進行と変化

収奪問題と市場問題は緩和したが、経営資源が大企業に優先的に吸収され、中小企業が経営資源不足に陥るという問題はどうだったか。まず、資金難から。

(1) 大企業への融資集中

戦後復興期の中小企業は収奪問題と大企業優先の銀行貸出しによる資金難に苦しんだ。1950年代後半から60年代前半には、収奪問題による資金難は後退したが、大企業優先の貸出し（融資集中）に引き続き苦しむことになった（融資集中に関する以下の分析は川口［1966］を参考にした）。

①企業規模で異なる資金調達源

図表II-2-14は、1961～64年度における資金調達の各種源泉の増分を計算し、使用総資本増分（「負債・資本増加計」）に占める割合を資本金規模別に示したものである。なお、61年12月と64年10月が景気の山で、1961～64年度は一景気循環の期間となる。

本図表から次のことが言える。

a. 規模を合計した全体では「金融機関借入金増加」が「自己資本増加」「買入債務増加」を上回り、最大の資金調達源になっている。だが、以下のように企業規模別に大きな差がある。

b.「金融機関借入金増加」が資金調達源の39.9％と最大の調達源となり、他規模層を引き離して高いのは、資本金10億円以上の企業層である。特に「金融機関長期借入金増加」の割合に関し他規模層との差が大きい。

c. 規模が小さくなるにつれ「流動負債増加」への依存が高まる。その中でも、

第Ⅱ部　戦後中小企業発展史・問題史

図表 Ⅱ-2-14　規模別資金調達源構成（製造業）1961 ～ 64 年度

単位：%

資金調達源＼資本金	2 百万円未満	2 百万円～1 億円未満	1 億円～10 億円未満	10 億円以上	全体
自己資本増加	10.2	20.9	23.3	24.0	23.0
金融機関長期借入金増加	4.9	7.0	10.8	18.8	15.6
その他長期借入金増加	18.9	7.8	10.8	2.9	5.0
社債増加	-0.002	-0.01	-0.2	2.0	1.4
その他固定負債(引当金等)増加	-5.5	-0.6	0.8	3.2	2.0
固定負債増加小計	18.3	14.2	22.2	26.9	24.0
金融機関短期借入金増加	21.7	14.4	15.3	21.1	19.4
その他短期借入金増加	34.3	7.8	5.2	0.9	3.5
買入債務増加	17.4	36.8	34.4	18.7	23.3
その他流動負債(引当金等)増加	-1.9	5.9	-0.3	8.5	6.8
流動負債増加小計	71.5	64.9	54.6	49.2	53.0
金融機関借入金増加小計	26.6	21.4	26.1	39.9	35.0
負債・資本増加総計	100.0	100.0	100.0	100.0	100.0
平均従業員数（1964 年度）	15.3 人	64.8 人	624.6 人	4,546.0 人	49.8 人

資料）　大蔵省証券局資本市場課編『法人企業統計年報集覧』（1976 年 6 月）より作成。

図表 Ⅱ-2-15　規模別企業間信用（買入債務－売上債権）の状況（製造業）

単位：億円

資本金	2 百万円未満	2 百万円～1 億円未満	1 億円～10 億円未満	10 億円以上	計
1961 年度	1,239	1,999	1,403	-2,900	1,741
1964 年度	928	4,193	2,897	-8,594	-574

資料）　大蔵省証券局資本市場課編『法人企業統計年報集覧』（1976 年 6 月）より作成。

資本金 2 百万円～ 1 億円未満と資本金 1 億円～ 10 億円未満企業では「買入債務増加」への依存が高く、最大の資金調達源となっている。図表Ⅱ-2-15 によると、1961、64 年度とも資本金 10 億円未満のすべての企業層は受信超過、資本金 10 億円以上企業は与信超過である。資本金 10 億円以上企業は余裕のある資金を背景に、与信で販売を拡大し、それが資本金 2 百万円～ 1 億円未満と資本金 1 億円～ 10 億円未満企業の高い買入債務割合・受信超過になっている。

　d. 資本金 2 百万円未満企業では「流動負債増加」の中でも「その他短期借入金増加」の割合が多く、これが最大の資金調達源となっている。この規模層では「その他の長期借入金増加」の割合も他企業層より高い。「その他借入金」

第 2 章　高度成長期の中小企業（1955 ～ 73 年）

の内容ははっきりしないが、経営者自身による会社への貸付、親族、友人から
の借入、いわゆる町の金融業者からの借入などであろう。最小規模層の「金融
機関短期借入金増加」の割合は他規模層より高いものの、近代的金融システム
以外の非正規金融への依存はそれ以上に高い。

　以上、資本金 10 億円以上企業は金融機関からの借入を主たる資金調達源に
しているのに対し、資本金 1 億円～ 10 億円未満と資本金 2 百万円～ 1 億円未
満企業では買入債務への依存が高く、資本金 2 百万円未満企業では非正規金融
が主調達源となっている。この時期の日本の企業金融は間接金融が中心と言わ
れていたが、それが当てはまるのは資本金 10 億円以上の企業だけで、他規模
層では間接金融が中心ではない。この背後には金融機関融資が大企業に集中す
る融資集中機構の存在がある。

②融資集中機構の形成

　図表 II-2-16 は資金調達の各種源泉増分に占める企業規模別シェアを示したも

図表 II-2-16　資金調達源の規模別シェア（製造業）1961 ～ 64 年度

単位：%

資金調達源 ＼ 資本金	2 百万円未満	2 百万円～ 1 億円未満	1 億円～ 10 億円未満	10 億円以上	計
自己資本増加	1.4	14.9	10.7	73.0	100.0
金融機関長期借入金増加	1.0	7.3	7.3	84.4	100.0
その他長期借入金増加	12.0	25.6	22.7	39.8	100.0
社債増加	0.0	-0.1	-1.7	101.9	100.0
その他固定負債(引当金等)増加	-8.6	-4.6	4.2	108.9	100.0
固定負債増加小計	1.9	12.2	10.2	75.7	100.0
金融機関短期借入金増加	3.6	12.1	8.3	76.0	100.0
その他短期借入金増加	31.1	36.3	15.5	17.1	100.0
買入債務増加	2.4	25.9	15.5	56.2	100.0
その他流動負債(引当金等)増加	-0.9	14.2	-0.5	87.3	100.0
流動負債増加小計	4.3	20.0	10.8	64.9	100.0
金融機関借入金増加小計	2.4	10.0	7.8	79.8	100.0
負債・資本増加総計	3.2	16.4	10.5	69.9	100.0
売上高（1964 年度）	12.4	26.1	14.8	46.7	100.0
法人数（1964 年度）	71.4	27.2	1.1	0.3	100.0
平均従業員数（1964 年度）	15.3 人	64.8 人	624.6 人	4,546.0 人	49.8 人

資料）　大蔵省証券局資本市場課編『法人企業統計年報集覧』（1976 年 6 月）より作成。

227

第Ⅱ部　戦後中小企業発展史・問題史

のである。企業数で 0.3％の資本金 10 億円以上企業が「金融機関借入金増加」の中で 79.8％ものシェアを占めている。しかも、これは売上高シェア 46.7％の1.7 倍で、最大規模層は生産活動の比重を大きく超えて融資集中を受けている。特に「長期借入金増加」でのシェアは 84.4％（売上高シェアの 1.8 倍）に達し、長期資金に関しては一層融資が集中している*。

> *その他、本図表から、資本金 10 億円以上企業は「自己資本増加」「社債増加」でも圧倒的なシェアを占めていること、「買入債務増加」におけるシェアも売上高シェア以上で、与信超過とはいえ、買入債務も活用していることがわかる。最大規模層への融資集中に以上が加わった総結果が最大規模層への資本集中である。使用総資本（負債・資本合計）増加におけるシェアを見ると、最大規模層が使用総資本増加中の 69.9％、売上高シェアの 1.5倍を占めている。それに対し、資本金 1 億円〜 10 億円未満企業は 10.5％、0.7 倍、資本金 2 百万円〜 1 億円未満企業は 16.4％、0.6 倍、資本金 2 百万円未満企業は 3.2％、0.3 倍で、資本金 10 億円未満企業はすべて、売上高シェア以下で、規模が小さくなるほど売上高シェアとの差が広がっている。

資本金 10 億円以上企業への融資集中が発生したのは、旧財閥銀行が自系列はもちろん他系列の大企業への融資を優先したからである（→ 207 頁）。

重化学工業の構築にまい進する大企業の投資資金需要は旺盛で、都市銀行は預金吸収力を超えて貸出し拡張に走った。図表Ⅱ-2-17 に見るように、1954 〜64 年、地方銀行の預貸率は 80％台だが、都市銀行はほぼ恒常的に 100％を超えていた。この異常状態が可能だったのは、日本銀行が都市銀行への貸出し（62年以降は債券買いオペ）で資金繰りを支えたからである。都市銀行の恒常的貸出超過・日銀資金供与はオーバーローンと呼ばれた。

オーバーローンによる融資集中を促進したのが、「人為的低金利政策」だった。間接金融に依存していた大企業は、低金利を要求、政府も国際競争力強化のためそれに応え、60 年から公定歩合を段階的に引き下げた。人為的低金利で発生する超過資金需要には、人為的信用割り当てで対応することになる。日本銀行は都市銀行に優先的に日銀貸出しを配分したから、日本銀行→都市銀行→大企業という資金供給ルートがますます強化され、融資集中がさらに進んだ。

もっとも、中小企業の資金難は社会問題化していたから、中小企業向け資金供給ルートの整備も図られた。民間の中小企業専門金融機関として、信用組合に加え相互銀行と信用金庫が発足した（1951 年）。また、民間金融の補完として、政府系中小企業専門金融機関の国民金融公庫（49 年）、中小企業金融公庫

第 2 章　高度成長期の中小企業（1955 ～ 73 年）

図表 II-2-17　都銀、地銀の預貸率推移

単位：%

	都銀	地銀
1954 年上期	109.4	86.9
下期	102.4	86.5
1955 年上期	91.7	85.3
下期	87.1	83.3
1956 年上期	86.8	81.4
下期	92.1	82.8
1957 年上期	101.6	83.1
下期	105.6	84.4
1958 年上期	104.1	83.0
下期	100.2	82.5
1959 年上期	99.1	82.1
下期	99.4	82.3
1960 年上期	100.1	82.1
下期	105.3	82.8
1961 年上期	107.2	82.8
下期	106.7	84.5
1962 年上期	105.4	83.4
下期	106.7	86.6
1963 年上期	105.4	84.3
下期	106.7	86.6
1964 年上期	107.6	85.6
下期	106.9	85.6

注 1)　預金・貸出とも期中平均残高。
注 2)　預金には金融機関預金を含む。
注 3)　都銀の預金には債券発行残高を含む。
資料)　地銀協『金融銀行諸統計』
出典)　川口［1966］：第 1 表

（53 年）が設立され、戦前に設立された商工組合中央金庫も政府増資などで資金源を充実させた。

　しかし、民間中小企業専門金融機関の資金力は不十分で、しかも資金の一部は中小企業向け貸出しより利回りのよいコール市場を通じ都市銀行に流れた。このため、中小企業専門金融機関は都市銀行の中小企業貸出し減少をカバーする効果はあげたが、総貸出しにおける中小企業向け割合を高めるには至らなかった。図表 II-2-18 が示すように、1955 ～ 63 年度では中小企業向け貸出し割合が 42% 台を超えることはなかったのである。

229

第Ⅱ部　戦後中小企業発展史・問題史

図表Ⅱ-2-18　金融機関の中小企業向け貸出し割合　1955 ～ 70 年度

単位：10 億円、%

	1955 年度末	1956	1957	1958	1959	1960	1961	1962	1963
中小企業向け	1,993 (42.5)	2,550 (42.6)	2,844 (39.7)	3,410 (40.6)	4,127 (41.2)	5,056 (41.1)	6,116 (41.3)	7,365 (39.8)	8,931 (39.6)
大企業向け	2,700 (57.5)	3,433 (57.4)	4,316 (60.3)	4,993 (59.4)	5,901 (58.8)	7,255 (58.9)	8,682 (58.7)	11,122 (60.2)	13,616 (60.4)
合計	4,693 (100.0)	5,983 (100.0)	7,160 (100.0)	8,403 (100.0)	10,028 (100.0)	12,311 (100.0)	14,798 (100.0)	18,487 (100.0)	22,547 (100.0)

	1964 年度末	1965	1966	1967	1968	1969	1970
中小企業向け	11,158 (42.5)	13,048 (42.9)	15,900 (44.9)	18,768 (45.6)	21,414 (45.3)	25,719 (46.0)	30,333 (45.7)
大企業向け	15,089 (57.5)	17,334 (57.1)	19,533 (55.1)	22,385 (54.4)	25,894 (54.7)	30,176 (54.0)	36,025 (54.3)
合計	26,247 (100.0)	30,382 (100.0)	35,433 (100.0)	41,153 (100.0)	47,308 (100.0)	55,895 (100.0)	66,358 (100.0)

注1)　中小企業：全国銀行銀行勘定（都市銀行、地方銀行、長期信用銀行、信託銀行）、全国銀行信託勘定、日本開発銀行、日本輸出入銀行の貸付先のうち、1963 年度以前は資本金 1 千万円以下、1964 年度以降は資本金 5 千万円以下の法人及び個人。相互銀行、信用金庫、信用組合、商工組合中央金庫、中小企業金融公庫、国民金融公庫の貸付先（ただし、金融機関向け貸付、全信連短期資金、地方公共団体貸付を除く）。
　　　大企業：全国銀行銀行勘定、全国銀行信託勘定、日本開発銀行、日本輸出入銀行の貸付先のうち、1963 年度以前は資本金 1 千万円以下、1964 年度以降は資本金 5 千万円以下の法人及び個人を除いた貸付先。
注2)　中小企業の定義が変更されているため、1963 年度以前と 1964 年度以後では連続性はない。
出典)　『中小企業白書 1963 年度版』：付表 25、26 及び『中小企業白書 1972 年版』：付表 24、25 より作成、原資料は日本銀行「経済統計月報」。

　以上のようにして融資集中機構、すなわち、「大企業部門に対し集中的に資金を注入し、その結果として中小企業部門（ならびに農業部門）に対しては相対的に資金供給が制限されることになるような金融機構」（川口 [1965]：138）が形成された。これにより、中小企業は次のような資金調達に関する問題に直面した。

(3)　中小企業の資金調達難
①長期資金の調達難
　中小企業の資金調達難は特に長期資金に現れた。図表Ⅱ-2-19 によると、規模が小さくなるにつれ、資金調達における「自己資本増加＋固定負債増加」の割合が低下し、資本金 1 億円未満企業では長期資金不足（「長期資金過不足」がマイナス）に陥っている。

230

第2章　高度成長期の中小企業（1955～73年）

図表 II-2-19　企業の資金運用と調達（製造業）1961～64年度

単位：%

資金運用	2百万円未満	2百万円～1億円未満	1億円～10億円未満	10億円以上	資金調達源	2百万円未満	2百万円～1億円未満	1億円～10億円未満	10億円以上
設備投資	23.3	24.8	26.8	25.5	自己資本増加	10.2	20.9	23.3	24.0
その他固定資産増加	11.2	10.6	15.0	16.6	長期借入金増加	23.8	14.8	21.6	21.7
繰延勘定増加	-0.2	-0.2	0.6	0.9	社債増加	0.0	0.0	-0.2	2.0
小計	34.3	35.3	42.4	43.0	その他固定負債増加	-5.5	-0.6	0.8	3.2
長期資金過不足	-5.8	-0.2	3.0	7.8	小計	28.5	35.1	45.4	50.8
在庫投資	7.9	14.2	11.8	10.6	短期借入金増加	56.0	22.1	20.5	22.0
売上債権増加	27.9	22.6	19.3	27.4	買入債務増加	17.4	36.8	34.4	18.7
現・預金増加	19.7	23.8	23.2	14.4	その他流動負債増加	-1.9	5.9	-0.3	8.5
その他流動資産増加	10.2	4.2	3.3	4.7					
小計	65.7	64.7	57.6	57.0	小計	71.5	64.9	54.6	49.2
短期資金過不足	5.8	0.2	-3.0	-7.8					
総計	100.0	100.0	100.0	100.0	総計	100.0	100.0	100.0	100.0

注）　設備投資は減価償却後の有形固定資産（土地含まず）増加額、在庫投資は棚卸資産増加額。
資料）　大蔵省証券局資本市場課編『法人企業統計年報集覧』（1976年6月）より作成。

　資本金2百万円～1億円未満企業では「長期借入金増加」が少なく、資本金2百万円未満企業では「自己資本増加」が少ない。後者では「長期借入金増加」の割合は高いが、金融機関以外からのものが主であり（前掲図表 II-2-14）、この企業層も金融機関から長期資金を借りられないという問題を抱えている。長期資金不足に陥った中小企業は流動負債への依存を強め、設備投資の一部も短期借入金の借り換えで行わざるをえない。このような長期資金不足が中小企業の近代化を遅らせ、二重構造を強化した一因という説も現れた（篠原［1976］：第2編第4章1.）。

②資金調達の不安定

　金融機関の中小企業向け貸出は大企業向けに比べ不安定である。例えば、好況が続き資金需要の旺盛な1956年度末期に、金融引き締めを待たず中小企業

第Ⅱ部　戦後中小企業発展史・問題史

向け貸出しは減少を始めた。一方、大企業向け貸出しは金融引き締めが始まっ
てもなお増え続け、減少に転じるのは金融引き締め後2ないし3四半期後であ
る。中小企業向け貸出しが緩むのは、金融引締めの浸透・不況進行により、大
企業の資金需要が減ってからである（同じようなことは61年7月の金融引締
め期にも起きた）。要するに、都市銀行にとって限界的貸付先である中小企業
は、銀行によって大企業の資金需要変動のクッションとして利用され、借入が
不安定となるのである（以上、中村・秋谷・清成・山崎・坂東［1981］：156、
157）。

　また、資本金2百万円～1億円未満と資本金1億円～10億円未満の企業では、
大企業の資金繰り政策に左右される「買入債務増加」が最大の資金調達源であ
ること（前掲図表Ⅱ-2-14）も、中小企業の資金調達を不安定化させた。

③大企業との金利格差

　図表Ⅱ-2-20によると、大企業の表面金利8.5％前後に対し中小企業（従業者
50人以上300人未満）は9.5％前後で大体1％高い。中小企業は金利の高い長
期借入金への依存度が大企業より低いにもかかわらず金利が高いのは、中小企
業が金利面で不利な扱いを受けている証左である。また、大企業の実質金利は
表面金利とほとんど差がないのに、中小企業では表面金利より大体1％高い。
そのため、大企業との実質金利の差は2％前後となり、表面金利における差よ

図表Ⅱ-2-20　大企業および中小企業貸出しの実質金利

単位：％

年度	表面金利			実質金利		
	大企業(A)	中小企業(B)	(B)-(A)	大企業(A)	中小企業(B)	(B)-(A)
1958	8.43	9.67	1.24	8.62(0.19)	10.54(0.87)	1.92
1959	8.24	9.62	1.38	8.44(0.20)	10.59(0.97)	2.15
1960	8.44	9.59	1.15	8.68(0.24)	10.66(1.07)	1.98
1961	8.48	9.26	0.78	8.73(0.25)	10.22(0.96)	1.49
1962	8.55	9.51	0.96	8.65(0.10)	10.51(1.00)	1.86

注1）　実質金利＝（支払利息・割引料－受取預金利息）÷（借入金－定期性預金）
注2）　借入金（割引手形を含む）と定期性預金は期首期末平均残高。
注3）　受取預金利息は定期預金年利に5.5％を乗じて算出。
注4）　（　）内の数字は表面金利との格差。
資料）　日銀『主要企業経営分析』、『中小企業経営分析』
出典）　山下［1964］：表1、表2
筆者注）　大企業とは原則として資本金1億円以上の上場会社（第1部）。
　　　　　中小企業とは従業者50人以上300人未満の企業。

第2章　高度成長期の中小企業（1955～73年）

り大きく拡大している。中小企業の表面金利と実質金利の差は、手形割引や借入の際にそのうちの一定割合を預金することを強制されるからである。この「歩積み両建て」と呼ばれる拘束性預金の貸出残高に占める割合は、都市銀行と地方銀行の中小企業向け貸出しでは約15％、相互銀行では約20％、信用金庫では約27.5％であり（1968年5月末、『中小企業白書1968年度版』：第1-21図より読み取り）、かなりの割合を占めている。

（4）　融資集中に変化の兆し

1965年の不況を脱した後、金融機関の貸出残高に占める中小企業向け割合がわずかだが、増え始めた。前掲図表II-2-18に戻ると、中小企業向け割合は64年度で増加し、65年度以降も増加している。64年度の増加は図表の注1）に記したような、「中小企業」の範囲の変更の影響と思われるが、64年度に対するそれ以降の年度での増加は「中小企業」の定義変更とは関係のない実際の増加である。

60年代後半における中小企業向け貸出割合増加の理由は、第1に、民間中小企業専門金融機関、特に信用金庫が預金の伸びによって資金量を充実させ、中小企業向け貸出しを増やしたことである。

図表II-2-21が示すように、信用金庫は1957年度以降、毎年都市銀行を上回る預金伸び率を達成している。これは、民間中小企業専門金融機関の地域密着性を活かした「足で集める」預金吸収活動の成果である（川口［1966］：40）。そして、図表II-2-22によると、57年度から中小企業向け貸出しに占める都市銀行など全国銀行のシェアは低下を始め、相互銀行、信用金庫を中心に中小企業専門金融機関の割合が増えている。64年度に全国銀行のシェアが高まったのは「中小企業」の定義変更によるもので、65年度からまた低下を始め、中小企業専門金融機関の割合は再び上昇を始めている。特に信用金庫のシェア増加が著しく、67年度には相互銀行を抜いた。そして、70年度には政府系を含む中小企業専門金融機関のシェアは54.6％を占め、55年度の39.6％から大きく上昇した。以上のうち65年度頃までの中小企業専門機関のシェア上昇は、全国銀行が中小企業向け貸出割合を減らしたことも要因となっているが、それ以降はもっぱら信用金庫を中心とする中小企業専門金融機関の資金量充実・中小企業向け貸出し増加のためである。

第Ⅱ部　戦後中小企業発展史・問題史

表Ⅱ-2-21　金融機関別預金量増加率

単位：%

年度末	信用金庫	都市銀行	地方銀行	相互銀行
1955	25.3	25.8	17.2	13.6
1956	28.8	29.3	24.3	16.5
1957	23.7	13.2	18.8	20.0
1958	22.6	16.0	18.1	21.9
1959	28.0	12.4	18.4	23.6
1960	29.9	21.9	22.1	27.9
1961	32.3	7.8	19.4	29.7
1962	34.2	28.1	25.6	33.6
1963	27.6	20.2	21.3	23.5
1964	20.7	14.2	15.0	16.3
1965	17.2	17.0	15.6	15.3
1966	18.3	10.2	16.7	15.9
1967	19.3	8.3	16.9	17.1
1968	18.4	16.7	16.5	2.1
1969	23.2	19.6	10.4	20.2

出典）　全国信用金庫協会［1992］：第1-2-4表、第1-3-11表より作成、原資料は日銀「経済統計月報」。

　第2の理由は、全国銀行が66年度から中小企業向け貸出割合増加に向かったことである（図表Ⅱ-2-23）。資本蓄積を進めた大企業が自己金融力を高めたため、都市銀行は高度成長で発生した優良中小企業を取引先として確保する方針を取り出したのである。

　第3の理由は、大企業からの都市銀行に対する資金需要圧力の低下によりコール市場も落ち着き、信用金庫など中小企業専門金融機関からのコール市場への資金流出が減少したことである。

　60年代後半における中小企業向け融資割合の増加は、次の効果をもたらした。

　第1に、1965年度以降、設備投資資金貸出しに占める中小企業の割合が高まった（図表Ⅱ-2-24）。これは都市銀行など全国銀行が高成長中小企業に設備資金の供給を活発化させたためである。ただし、長期資金調達の改善は一部の中小企業に限られ、長期資金の借入難を訴える中小企業は依然多かった。

　第2に、上述のとおり、金融引き締め期には中小企業への貸出しが大企業よ

第 2 章　高度成長期の中小企業（1955 ～ 73 年）

図表 II-2-22　中小企業向け貸出残高における金融機関別シェア

単位：%

		1955 年度末	1956	1957	1958	1959	1960	1961	1962	1963
全国銀行 銀行勘定	都市銀行	30.3	31.2	27.8	28.1	27.0	25.6	22.9	20.5	19.2
	地方銀行	27.1	27.5	27.1	26.2	25.7	25.2	24.3	23.6	23.4
	その他全国銀行	1.4	1.5	1.5	1.6	1.9	2.0	2.1	1.5	1.5
	小計	58.9	60.2	56.4	56.0	54.6	52.8	49.3	45.6	44.1
全国銀行信託勘定		1.3	1.5	1.3	1.2	1.1	1.1	1.1	1.0	1.0
中小企業 専門金融 機関	相互銀行	18.7	17.2	18.5	18.6	18.8	19.7	20.9	22.7	22.6
	信用金庫	11.0	11.1	12.3	12.6	13.3	14.3	15.9	17.7	19.0
	信用組合	2.1	2.3	2.6	2.7	3.0	3.3	3.8	4.2	4.7
	小計	31.8	30.6	33.4	33.8	35.1	37.3	40.6	44.7	46.3
	商工組合中央金庫	3.0	2.9	3.0	3.0	3.4	3.4	3.6	3.7	3.7
	中小企業金融公庫	2.5	2.4	3.1	3.2	3.2	2.9	3.0	2.9	2.8
	国民金融公庫	2.4	2.2	2.6	2.6	2.6	2.3	2.3	2.2	2.0
	環境衛生金融公庫	—	—	—	—	—	—	—	—	—
	小計	7.9	7.6	8.7	8.9	9.2	8.7	8.9	8.8	8.5
	合計	39.6	38.2	42.1	42.7	44.2	45.9	49.5	53.4	54.9
開発銀行		0.2	0.1	0.1	0.1	0.1	0.1	0.1	0.1	0.0
日本輸出入銀行		—	—	—	—	—	—	—	—	—
計		100.0	100.0	100.0	100.0	100.0	100.0	100.0	100.0	100.0

		1964 年度末	1965	1966	1967	1968	1969	1970
全国銀行 銀行勘定	都市銀行	20.6	20.0	20.1	19.0	19.3	19.3	18.8
	地方銀行	23.6	22.8	22.9	22.9	23.1	21.9	21.6
	その他全国銀行	2.5	2.5	2.9	3.2	3.2	3.2	3.3
	小計	46.7	45.3	45.9	45.0	45.7	44.4	43.7
全国銀行信託勘定		1.1	1.1	1.2	1.3	1.4	1.5	1.6
中小企業 専門金融 機関	相互銀行	20.3	20.5	19.7	19.4	17.2	17.2	17.3
	信用金庫	18.6	19.1	19.3	19.9	20.5	21.6	22.0
	信用組合	4.7	5.0	5.1	5.3	5.6	5.6	5.5
	小計	43.5	44.6	44.1	44.6	43.3	44.4	44.8
	商工組合中央金庫	3.7	3.9	3.8	3.8	4.0	3.9	4.0
	中小企業金融公庫	2.7	2.8	2.7	2.8	2.9	3.0	3.0
	国民金融公庫	2.0	2.1	2.1	2.1	2.3	2.3	2.3
	環境衛生金融公庫	—	—	—	0.1	0.3	0.4	0.4
	小計	8.4	8.8	8.7	8.9	9.5	9.6	9.8
	合計	51.9	53.4	51.8	53.5	52.8	54.0	54.6
開発銀行		0.2	0.2	0.1	0.1	0.1	0.1	0.1
日本輸出入銀行		0.0	0.0	0.0	0.0	0.1	0.1	0.1
計		100.0	100.0	100.0	100.0	100.0	100.0	100.0

注）　図表 II-2-18 と同じ。
出典）　『中小企業白書 1963 年度版』：付表 25、及び『中小企業白書 1972 年版』：付表 24 より作成、原資料は日
本銀行「経済統計月報」。

第Ⅱ部　戦後中小企業発展史・問題史

図表Ⅱ-2-23　全国銀行銀行勘定中小企業向け・大企業向け貸出し割合

単位：10億円、％

	1955年度末	1956	1957	1958	1959	1960	1961	1962	1963
全国銀行銀行勘定（全体）	3,230	4,252	5,098	5,927	6,970	8,485	9,961	12,300	14,905
中小企業向け貸出の割合	36.3	36.1	31.5	32.2	32.3	31.5	30.3	27.3	26.4
大企業向け貸出の割合	63.7	63.9	68.6	67.8	67.7	68.5	69.7	72.7	73.6

	1964年度末	1965	1966	1967	1968	1969	1970
全国銀行銀行勘定（全体）	17,150	19,513	22,535	25,698	29,608	34,456	40,863
中小企業向け貸出の割合	30.4	30.3	32.4	32.9	33.0	33.2	32.4
大企業向け貸出の割合	69.6	69.7	67.6	67.1	67.0	66.8	67.6

注）　図表Ⅱ-2-18と同じ。
出典）『中小企業白書1963年度版』：付表25、26及び『中小企業白書1972年版』：付表24、25より作成、原資料は日本銀行「経済統計月報」。

図表Ⅱ-2-24　設備資金貸出し中小企業向け・大企業向け割合

単位：10億円、％

	1965年度末	1966	1967	1968	1969	1970
設備資金（全体）	7,898	9,192	11,051	13,391	16,583	20,216
中小企業向け貸出の割合	32.1	36.7	39.3	40.1	41.8	41.5
大企業向け貸出の割合	67.9	63.3	60.7	59.9	58.2	58.5

注）　図表Ⅱ-2-18と同じ。
出典）『中小企業白書1963年度版』：付表25、26及び『中小企業白書1972年版』：付表24、25より作成、原資料は日本銀行「経済統計月報」。

り大きく圧縮されたが、67年の引き締めでは中小企業への貸出し圧縮は軽微にとどまり、69年の金融引き締めでは中小企業への貸出しは増勢が維持され、中小企業への貸出不安定性に改善が見られた（中小企業金融公庫［1984］：184-185）。

　ただし、中小企業と大企業の金利格差は続き、中小企業への担保の徴求、第3者保証の要求も相変わらず厳格だった（中小企業金融公庫［1984］：189-190）。60年代後半において中小企業向け融資割合は増加に向かったが、中小企業金融の改善はまだ軽微と言えよう。

第2章　高度成長期の中小企業（1955〜73年）

5. 労働力不足の激化

　この時期には大企業への労働力集中も進み、中小企業の労働力不足と賃金上昇が重大問題化した。

(1)　大企業による労働力の優先吸収

　高度成長により非農林業での雇用需要は急増し、1955〜73年に非農林業雇用者は1,919万人、年平均107万人も増加した*（前掲図表II-1-17）。求人倍率は年々上昇し、55年には中卒が、57年には高卒も1を突破した。60年代に入ると一般労働者に対する求人も増加、67年には一般労働者の有効求人倍率も1に達し（図表II-2-25）、戦前来から過剰労働力を特徴としていた日本経済は、労働力不足へ歴史的な転換を遂げた。

　　＊対照的に農林業就業者は948万人、年平均53万人減った。これは農村部が非農林業雇用者の給源となったことを意味する。戦後、日本農業は農地改革による自作農の創設で生産力を高めた。だが、戦前と変わらぬ零細性から1955年頃には発展の限界に直面し、さらに、化学肥料・農薬、小型農業機械の普及による経営費用増加が、農家収入を圧迫し、他産業との所得格差が拡大した。そのため、非農林業の雇用需要が拡大すると、農外収入を求めて新規学卒者、若年家族従業者を中心に農村から労働力が流出した。

図表 II-2-25　求人倍率推移　1955〜69年

年	一般労働者有効求人倍率（年平均）	新規学卒者（3月卒）求人倍率	
		中学校	高校
1955	0.23	1.10	0.73
1957	0.39	1.18	1.07
1959	0.44	1.20	1.11
1961	0.74	2.72	2.04
1963	0.70	2.62	2.70
1965	0.64	3.72	3.50
1967	1.00	3.44	3.05
1969	1.30	4.79	5.70

注）　一般労働者には新規学卒者を含まない。
資料）　厚生労働省「職業安定業務月報」、厚生労働省「労働統計年報」より作成。

　しかし、労働力不足化は高度成長による自然現象で、中小企業の労働力不足もその一環と捉えるのは誤りである。中小企業の労働力不足を引き起こしたの

237

第Ⅱ部　戦後中小企業発展史・問題史

は大企業だった。

　図表Ⅱ-2-26 は、製造業従業者の増加数を 3 年間ごとに計算し、増加分が事業所規模別にどのように配分されたかをまとめたものである。本図表で注意すべきは、従業者 1 ～ 99 人に属する事業所が従業者を増加させ、3 年後に 100 ～ 299 人に移動すると、100 ～ 299 人の事業所における従業者数を増やすことである。逆に 100 ～ 299 人の事業所が従業者を減らし、1 ～ 99 人に移動した場合、1 ～ 99 人における従業者数を増加させる。このため、上方移動の勢いが強いときは上位層の吸収割合が、下方移動の勢いが強いときは下位層の吸収割合が過大に表示される。しかし、増加従業者に関する従業者規模別吸引割合の基本的な傾向は示されていると見てよいだろう。

図表Ⅱ-2-26　従業者増加数に占める規模別割合（製造業）

単位：%

従業者規模	1951 ～ 54 年	1954 ～ 57 年	1957 ～ 60 年	1960 ～ 63 年	1963 ～ 66 年	1966 ～ 69 年
1 ～ 99 人	66.6	53.0	31.9	46.1	64.1	40.3
100 ～ 299 人	33.4	20.5	22.2	19.0	17.0	15.5
300 人以上		26.5	46.0	34.9	18.9	44.2
全体	100.0	100.0	100.0	100.0	100.0	100.0
	652	1,288	1,462	1,509	874	1,298
300 人以上 従業者シェア	—	26.5	26.5	29.7	30.4	29.5

注 1)　「全体」の下段は増加人数で、単位は千人。
　　2)　「300 人以上従業者シェア」は各期間の最初の年次におけるシェアである。
資料)　総務省「事業所、企業統計調査」より作成。

　本図表によると、1951 ～ 54 年では増加従業者の 66.6% を 1 ～ 99 人が吸収した。大企業は朝鮮戦争をきっかけに復興を達成したものの、労働コスト抑制のため、新卒者採用の制限で本工数を抑制し、生産の繁閑には低賃金の臨時工、社外工（と下請企業労働者）を活用する──という方策で、雇用を抑制した。このため、労働条件のよい大企業が労働者を優先的に吸収しても、なお余りある労働者が中小企業へ向かったのである。

　しかし、50 年代半ば以降、大企業は重化学工業分野で新工場を続々建設し、雇用需要を増加させた。特に、造船、電機、工作機械、産業機械、自動車など、当時労働集約的な性格の濃かった産業での必要増加労働者数は膨大だった。大

238

第2章　高度成長期の中小企業（1955～73年）

企業は臨時工の調達をさらに拡大すると同時に、新たな技術的条件に適応しやすい若年労働者を獲得するため、新卒者の採用制限を緩め、臨時工の正社員化も行った。例えば、トヨタ自動車の場合、59年に乗用車専用工場を建設するが、その年、臨時工の採用を一気に拡大し、61年には臨時工の数は本工に迫った。同時に中卒の「養成工」からの採用と臨時工の「本工登用」も開始し、本工と臨時工を合わせた労働者数は60年から急増した（図表Ⅱ-2-27）。

図表 Ⅱ-2-27　B 自動車工業の労働力の雇用形態別構成

		1956 年	1957 年	1958 年	1959 年	1960 年	1961 年
月間自動車生産台数（各年3月）		2,807	6,256	6,539	7,734	12,522	17,505
労働者数（各年1月）	本工	5,035	5,050	4,969	5,055	5,186	5,665
	臨時工	0	347	731	877	2,127	4,700
年間採用者数	養成工	0	0	0	50	125	350
	本工登用	0	0	0	100	215	800(予定)
	臨時工	347	384	146	1,350	2,868	2,400(予定)

出典）　山本［1967］：第38表
筆者注）　「日本最大の自動車企業たる中京地区のB自動車」（同書：219）と記述されていることから、B自動車がトヨタ自動車を指しているのは明らかである。

　このような大企業の労働力需要により、1957～60年には300人以上事業所は増加従業者の46.0％、半分近くを吸収してしまった。57年における300人以上の従業者シェアが26.5％であるにもかかわらず、である。その一方、1～99人の増加従業者の吸収割合は急減し、1957～60年には31.9％と1951～54年の半分以下になった。1960～63年は自動車など新産業の設備投資は盛んだったが、全体としては設備投資の速度が鈍った。そのため300人以上の増加従業者の吸収割合は低下したが、それでも60年における従業者シェアを上回った。1963～66年は65年に戦後最大の不況に陥ったため、大企業の増加従業者吸収割合は63年の従業者シェアも下回り、1～99人の吸収割合が大きく増えた。だが、1966～69年になると大企業が大型設備投資を競い、労働力需要をまた高めたため、300人以上の増加従業者吸収割合は66年の従業者シェアを大きく上回り、そのあおりで、1～99人の吸収割合は急減した。

　以上のように、1963～66年を除き、大企業は労働力を優先吸収し続けた。中小企業も60年代に入ると大企業に遜色なく生産を拡大、雇用需要は増加し

239

第Ⅱ部　戦後中小企業発展史・問題史

たが、大企業が労働力を優先吸収し、中小企業の労働力不足が発生したのである。

(2)　不足の中心は中核労働者

　中小企業の労働力不足は、中核労働者の一角をなす中・高新卒者で深刻化した。高校への進学率の高まりで、特に採用が困難になった中学新卒者は「金の卵」と呼ばれた。その中卒者がどのような割合で企業規模別に配分されたかをまとめたのが、図表Ⅱ-2-28である。これによると、従業員99人以下の企業に就職した中学新卒者の割合は、1960年代に入り全産業で急減しているが、特に製造業で58年63.2%→64年23.6%と激しく落ち込み、500人以上では58年13.8%→64年37.4%と急増した。大企業による若年労働者吸収拡大のしわ寄せを中小企業が受けたのである。54年に始められた中小企業による地方の中学新卒者への集団求人も、大企業の雇用拡大で60年以降効果が落ちた（→148頁）。

図表Ⅱ-2-28　中学新卒者企業規模別就職状況

単位：%

		1957年	1958	1959	1960	1961	1962	1963	1964
全産業	99人以下	63.7	71.6	68.1	49.8	40.0	36.5	42.1	37.1
	100〜499人	20.3	17.7	18.7	26.6	29.8	32.1	30.7	29.7
	500人以上	16.0	10.7	13.2	23.6	30.1	31.3	27.2	33.1
	計	100.0	100.0	100.0	100.0	100.0	100.0	100.0	100.0
製造業	99人以下	54.8	63.2	59.1	41.2	32.6	29.3	33.7	23.6
	100〜499人	25.2	23.0	24.0	31.0	33.7	36.1	35.9	34.0
	500人以上	20.0	13.8	16.9	27.7	33.8	34.6	30.4	37.4
	計	100.0	100.0	100.0	100.0	100.0	100.0	100.0	100.0

資料：労働省「職業安定業務統計」
出典）『中小企業白書1964年度版』：付表23
筆者注1）　各年3月卒業者。
　　注2）　公共職業安定所取扱分と職業安定法第25条の3による学校取扱分の合計。

　中学新卒者獲得難は、特に、製造現場労働者の不足を深刻化させた。増加した高卒者はホワイトカラーへの志向が強く、就業者の5割以上が商業、サービス業などの第3次産業へ集中したためである（『中小企業白書1967年度版』：

第2章　高度成長期の中小企業（1955～73年）

第6章第1節）。図表 II-2-29 が示すように、技能労働者（製造現場労働者）の不足率は企業規模が小さいほど高まり、64年の場合、15～99人での不足率は31.2%にも上った。

図表 II-2-29　技能労働者の不足数及び不足率

単位：人、%

	不足数計	15～99人	100～199人	200～499人	500人以上
1960年2月	811（14.7）	452（19.5）	132（14.3）	79（12.2）	148（9.1）
1961年2月	1,164（20.1）	629（28.2）	164（23.4）	174（17.1）	197（10.7）
1962年2月	1,257（20.5）	713（29.3）	168（22.7）	173（17.0）	203（10.5）
1963年2月	1,108（18.1）	663（26.7）	139（19.1）	146（14.7）	159（8.2）
1964年2月	1,633（22.4）	937（31.2）	211（23.1）	245（18.2）	244（11.9）

注1）　（　　）は不足率（＝調査時以降6ヶ月間に充足を要すると見込まれる数／調査時現在における技能労働者数）。
注2）　技能労働者とは、職業訓練の対象となる40業種および現場部門生産工程において技能的な作業に従事するすべての現場労働者のことであり、現場の見習工から熟練工まで含めた広い意味での技能労働者をいう。
出典）　『中小企業白書1965年度版』：第1-31表、『中小企業白書1963年度版』：第5-7表より作成、原資料は厚生労働省「技能労働力需給状況調査」。

（3）　労働者の引き抜き合戦、定着性の一層の低下

　中小企業における労働者の定着性は従来から低かったが、さらに悪化した。大企業は新卒者を優先的に吸収したが、中小企業ほどではないにはしてもその充足率は低く、新卒者ではまかないきれない雇用需要を既就業者の獲得で埋めようとした。他方、大企業以上に新卒者の不足している中小企業も、既就業者や未就業者（家庭婦人など）の獲得を図った。

　大企業と中小企業、中小企業同士での既就業者の引き抜き合戦が激化した。優位に立ったのは労働条件の良い大企業である。『中小企業白書1963年度版』によると、従来、労働者の移動は、中小企業に就業した者の中小企業層内での移動が中心で、これに大企業退職者の中小企業への流入が加わり、中小企業から大企業への上方移動は全く見られなかった（同書：158）。だが、図表 II-2-30 によると、従業員100人以上の3規模層からの労働者の下方移動の動きが見られるが、同時に従業員99人以下の3規模層では、従業員の上方移動が同規模間移動や下方移動を上回っている。中小企業からの上方移動という従来なかった流れが形成されたのである。

241

第Ⅱ部　戦後中小企業発展史・問題史

図表 Ⅱ-2-30　1 年以前の所属階層別転職者の流出先

		1 ～9 人	10 ～29 人	30 ～99 人	100 ～299 人	300 ～999 人	1,000 人 以上	計
人員数（千人）	同一階層内	69	47	44	18	10	28	209
	下位階層へ	—	40	59	48	38	69	261
	上位階層へ	129	98	65	27	13	—	332
	合計	198	185	168	93	61	97	802
同上構成比（%）	同一階層内	38.4	21.6	26.2	19.4	16.4	28.9	26.2
	下位階層へ	—	25.4	35.1	51.6	62.3	71.1	32.4
	上位階層へ	61.6	53.0	38.7	29.0	21.3	—	41.4
	合計	100.0	100.0	100.0	100.0	100.0	100.0	100.0

資料：総理府「37 年就業構造基本調査」
出典）『中小企業白書 1963 年度版』：第 5-6 表
筆者注）1961 年 7 月～ 62 年 7 月の間に企業を移動した労働者に関するデータ。

図表 Ⅱ-2-31　規模別常用労働者の入職率・離職率

(%)

	産業 年 規模	調査産業総数						製造業					
		1957	1958	1959	1960	1961	1962	1957	1958	1959	1960	1961	1962
入職率	5～29人	—	37.4	35.7	36.6	38.6	41.8	—	41.3	42.1	40.1	42.7	43.1
	30～99人	25.1	25.7	30.2	29.8	32.3	28.6	32.2	29.3	35.5	35.4	37.4	31.5
	100～499人	21.6	17.6	22.9	24.7	31.0	24.6	27.9	20.8	30.5	31.8	36.0	27.8
	500人以上	14.9	9.6	16.4	19.0	22.1	16.6	17.0	10.4	21.1	23.4	25.4	18.6
離職率	5～29人	—	30.7	28.7	29.8	32.9	33.2	—	31.8	33.5	32.5	37.6	36.1
	30～99人	22.7	22.5	24.1	23.9	27.1	26.3	29.7	27.0	29.7	29.4	34.0	31.7
	100～499人	16.2	16.1	16.6	17.9	24.2	21.8	21.4	20.3	21.4	23.3	28.8	24.7
	500人以上	10.6	10.3	10.4	12.4	14.7	14.6	12.1	11.8	11.6	14.1	15.9	15.8
入離超過率	5～29人	—	6.7	7.0	6.8	5.7	8.6	—	9.5	8.6	7.6	5.1	7.0
	30～99人	2.4	3.2	6.1	5.6	5.2	2.3	2.5	2.3	5.8	6.0	3.4	△ 0.2
	100～499人	5.4	1.5	6.3	6.8	6.8	2.8	6.5	0.5	9.1	8.5	7.2	3.1
	500人以上	4.3	△ 0.7	6.0	6.6	7.4	2.0	4.9	△ 1.4	9.5	9.3	9.5	2.2

資料：労働省「毎月勤労統計調査」（5 ～ 29 人）
　　　労働省「労働異動調査」（30 人以上）
算出方法：入職率＝本年中の増加労働者数／前年末労働者数× 100
　　　　　離職率＝本年中の減少労働者数／前年末労働者数× 100
　　　　　入職超過率＝入職率－離職率
　（注）1　5 ～ 29 人規模については、労働異動調査で調査していないため、毎月労働統計調査から算出した。
　　　　2　労働者の増減数については 5 ～ 29 人規模を除き企業内での移動によるものは含まない。
出典）『中小企業白書 1963 年度版』：付表 30

　大企業や他地域企業からの引き抜きに対し、中小企業では「労務確保協議会」
や引き抜き防止団体の設立など、必死に防戦した。従業員の「逃亡」を防ぐた

242

第2章　高度成長期の中小企業（1955～73年）

め、経営者夫妻が、2階が工員寮となっている自宅の玄関で寝たという笑えない実話も残っている。それでも中小企業では、勤続年数1年未満の離職者が増え、集団求人などでようやく確保した「金の卵」や縁故で集めた既就業者も定着させることができなかった。その結果、中小企業は従業員を増やすというより、増加する離職者をカバーするために人員の確保を繰り返すことになった。図表Ⅱ-2-31によると、入職率は規模が小さくなるほど高いが、同時に離職率も高く、小規模層で入職率が高いのは低定着性の別表現にすぎないことがわかる。

(4)　賃金の上昇

　労働力不足は賃金を急上昇させた。図表Ⅱ-2-32によると、製造業の1人当たり現金給与は1960年代に入り一挙に上げ足を速め、60年代前半は年平均10.5～10.6％、60年代後半は14.8％も上昇した。しかも規模が小さい企業ほど労働者の充足率が低かったから、賃金をより引き上げねばならなかった。1960～63年では、10～19人での上昇率は1,000人以上の2倍以上にも達している。63年以降は大企業も賃金引き上げ幅を拡大したため、規模別上昇率の差は縮まったが、それでも規模が小さくなると上昇率が高まる傾向を見て取れる。

　その結果、図表Ⅱ-2-33が示すように、大企業と中小企業の賃金格差は1957～63年に大きく縮小し、その後もわずかずつ縮小を続けた（なお、格差縮小は中小企業での労働者年齢構成の高齢化、大企業での若年化に促進された面もある）。

　中小企業は特に新卒者の賃金引き上げ率を高めねばならず、それに連動して若年既就業者の賃金も引き上げたから、労働者の中でも若年者における格差縮小が著しかった。図表Ⅱ-2-34は従業員1,000人以上企業の現金給与を100とする場合の年齢別賃金格差（製造業、男子労働者）をまとめたものである。50～59歳における1,000人以上企業と1,000人未満企業との格差はかなり大きい。35～39歳でも格差は明確である。だが、18～19歳に関しては60年にほぼ平準化し、63年、66年では1,000人未満企業の方が上回ってしまった。特に、66年100～999人では1,000人以上より3割近く高くなったのに驚かされる。25～29歳に関しても63年に平準化し、66年にやはり逆格差が生まれた。69年に逆格差は解消しているが、60年代後半に大企業が賃金引き上げ率を高めたからである。

243

第Ⅱ部　戦後中小企業発展史・問題史

図表Ⅱ-2-32　規模別1人当たり現金給与年平均上昇率（製造業）

単位：％

従業者規模	1954-57年	1957-60年	1960-63年	1963-66年	1966-69年
1～9人（4～9人）	4.4	7.5	—	11.2	17.7
10～19人	4.6	7.9	19.5	10.4	15.9
20～29人	4.9	7.7	16.5	12.8	15.5
30～49人	5.0	7.6	16.3	11.3	14.8
50～99人	4.3	6.7	15.0	11.1	13.9
100～199人	4.0	5.4	16.3	9.2	13.7
200～299人	5.1	4.8	12.9	11.6	13.4
300～499人	3.7	4.4	12.9	10.9	13.5
500～999人	4.3	4.7	11.0	10.6	13.9
1000人以上	7.9	3.6	8.9	10.1	14.0
1～299人（4～299人）	5.1	7.4	—	12.0	14.9
300人～	6.4	3.9	9.9	10.3	14.0
平　均	5.6	6.4	10.5*	10.6	14.8

注1）　数値は各期間における幾何平均。
注2）　1954、1957、1960年は1～9人に代わって4～9人、*は10人以上計に関する上昇率。
資料）　経済産業省「工業統計表」より作成。

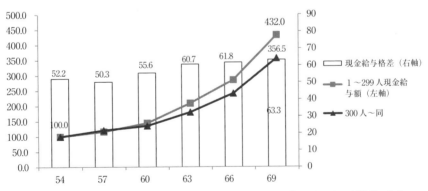

図表Ⅱ-2-33　現金給与格差等の推移（製造業）1954～69年

注1）　従業者数「1～299人」（54、57、60年は「4～299人」）と「300人～」の事業所の比較。
　2）　「現金給与額」は1人当たり年間現金給与額で1954年を100とした指数。「現金給与格差」は「300人～」の1人当たり年間現金給与額を100とした場合の「1～299人」の1人当たり年間現金給与額。
資料）　経済産業省「工業統計表」のうち、総務省「事業所統計調査」の実施年次のものを選択し作成。

244

第2章　高度成長期の中小企業（1955 〜 73 年）

図表II-2-34　年齢別賃金格差推移（製造業、男子）1958 〜 69 年

1,000 人以上 = 100

年齢	年	100 〜 999 人	10 〜 99 人	年齢	年	100 〜 999 人	10 〜 99 人
18 〜 19 歳	1958	87.4	82.7	35 〜 39 歳	1958	82.6	65.0
	60	90.9	89.1		60	81.2	63.9
	63	98.7	103.9		63	85.3	72.0
	66	127.0	101.4		66	91.9	77.8
	69	88.6	89.4		69	87.5	78.7
25 〜 29 歳	1958	88.7	77.0	50 〜 59 歳※	1958	68.9	48.8
	60	88.8	79.0		60	68.0	47.8
	63	98.9	98.9		63	71.3	54.6
	66	114.2	101.7		66	68.0	58.8
	69	92.3	93.7		69	69.7	59.8

注1)　賃金は「平均月間きまって支給する現金給与額」で、現金給与額には、基本給、職務手当、精皆勤手当、通勤手当、家族手当などが含まれるほか、超過労働給与額も含まれる。
注2)　＊1958、60 年については 50 歳以上。
資料）厚生労働省「賃金構造基本統計調査報告」（1963 年は同「特定条件賃金調査結果報告」）より作成。

　以上のように、中小企業は若年・生産現場労働者の深刻な不足と定着率の悪化、賃金の急激な上昇に見舞われた。高度成長期、収奪問題と市場問題は緩和したと言えるが、資金難と労働力不足という経営資源問題は深刻化した。そのうち、資金難は金融機関の中小企業向け貸出しが 60 年代後半に入り増え始め、緩和の動きも見られたが、労働力不足については 60 年代一貫して深刻であった。それは豊富な低賃金労働者の存在という、中小企業の伝統的な存立基盤を崩壊させ、賃金引き上げや設備投資による省力化を行えない中小企業は、脱落や経営の縮小を余儀なくされた（加藤編 [1969]：42）。労働力不足は高度成長期最大の中小企業問題と位置づけられる。

第3節　中小企業の発展

　以上の中小企業問題の変化とともに中小企業は量的に拡大し、質的にも発展した。

1．中小企業の量的、質的発展
（1）　中小企業の量的発展
　まず、中小企業の量的変化から見よう。図表II-2-35 は 1954 年以降 6 年間毎

第Ⅱ部　戦後中小企業発展史・問題史

の規模別事業所数の増加率（年平均）を示している。図表最右欄の54年から72年の間の年平均増加率をみると重化学工業化を先導した大事業所（従業者300人以上）の増加率も高いが、最も高いのは100〜299人で、重化学工業化と共に中小企業上層の事業所が増加したのがわかる。それに対し9人以下の零細事業所の増加率が低いが、その理由は50年代後半に事業所数が減り、60年代前半の増加率も他より低かったためで、60年代後半から70年代にかけては増加率が高まり、特に零細事業所でもより規模の小さい4人以下が増加率トップになったのが注目される。60年代後半に零細事業所も増加したのは、この期間に高加工度化の進展で重化学工業内で零細事業所の市場が拡大したこと、労働力不足が既存中小企業からの零細企業の独立開業を促進したからである（→211頁）。

図表Ⅱ-2-35　民営事業所数の年平均増加率（製造業）　1954〜72年

単位：%

従業者規模	1954〜60	1960〜66	1966〜72	1954〜72
1〜9人	-0.7	2.9	3.3	1.8
（うち4人以下）	-1.8	2.8	3.6	1.5
10〜99人	5.3	3.9	1.9	3.7
100〜299人	10.5	4.9	3.2	6.2
300人〜	9.2	4.0	3.4	5.5
全体	0.8	3.2	2.9	2.3

注）　数値は各期間における年平均増加度（幾何平均）。
資料）　総務省「事業所統計調査報告」より作成。

　以上のように、60年代以降、中小企業上層が中心だが、零細企業も含めて中小企業は量的に発展した。一方、寡占大企業はますます巨大化したから、この時期には中小企業への生産の分散と企業の巨大化が同時に進んだことになる*。

　　*清成忠男は高度成長期の中小企業の動態を分析する中で「大企業はますます巨大化しながらも中小企業の数はますます増加していく、というのが現代資本主義における企業展開の特徴」（清成［1970］：75）としたが、そのとおりの状況が確かに現れた。ただし、筆者は清成のようにこれを現代資本主義の普遍的特徴とは考えず、大企業体制特有の間歇的な急拡大の作用と考える（→130頁）。

第2章　高度成長期の中小企業（1955～73年）

（2）　中小企業の上・下向運動

　中小企業は量的に発展しただけでなく、重化学工業化とその波及作用（特に労働力不足）に対応できた企業とできなかった企業が織りなす上・下向運動を通じ、質的な発展もした。まず、中小企業の活発な上・下向運動に触れる。

　図表II-2-36 は、企業の規模移動、業種移動（製造業内）、廃業の状況をまとめている。これによると、「1960→62年」の「全体」では上方移動が下方移動をやや上回っているが、両者は拮抗している。「1964→66年」では下方移動が上方移動を上回り、「1969→71年」になると、下方移動が上方移動を圧倒的に上回った。従業者規模別に見ると、「1960→62年」では下方移動が上方移動を上回ったのは従業者199人以下の規模層だったが、1964年以降の2期間では「1964→66年」の4～9人を除きすべての規模層で下方移動が上方移動を上回った。

　だが、「事業所統計調査報告書」によると、1事業所当たり従業者数は60年16.1人→72年16.8人とわずかでも増加しているから、この2期間について下方移動の強まりだけを見るのは即断にすぎる。本図表によると、「1960→62年」「1964→66年」「1969→71年」となるにつれ、上方移動の割合が低下するのを埋めるように業種移動企業の割合が増え、「1969→71年」では各規模層において上方移動を大きく上回っている（この業種移動の活発性については、本図表から業種移動の部分のみを抜き取って作成した前掲図表II-2-13 によってすでに触れた）。本図表では業種移動した場合の規模移動は示されていないが、移動先市場は成長市場のはずで、業種移動は経営拡大につながるから、この図表には業種移動による規模的成長が隠されていると見るべきである。

　中村［1964］は高度成長期の中小企業の成長要因として、産業構造の高度化が生み出した新部門への移動や既存部門における従来と異質の新製品の開発を重視し、既存市場における階層分化の一環として中小企業の成長を見るのでは現実を捉えられないとしている（同書：第3章）。この指摘は正しく、重化学工業化・高加工度化は中小企業に新市場進出による成長機会を大規模に創り出した（→ 211頁）。したがって、64年以降の2期間についてもその特徴を下方移動の強まりとのみとらえるのではなく、他方での上方移動の強まりも認めなくてはならない。つまり、本図表の示す60年以降の3期間の進行につれ、中小企業の経営拡大（上向運動）と経営縮小（下向運動）が同時に強まり、清成

第Ⅱ部　戦後中小企業発展史・問題史

図表Ⅱ-2-36　企業の規模移動・業種移動・廃業（製造業）

単位：％

1960 → 62 年					
従業者規模	標本企業数	下方移動	同一規模	上方移動	他製造業種へ移動	その他
全体	92,016	(12.1)	(56.7)	(13.7)	9.6	9.4
1 〜 3 人	19,786	—	69.7	5.4	12.2	12.6
4 〜 9 人	15,561	0.0	65.4	14.2	9.8	10.7
10 〜 19 人	17,083	13.7	56.3	11.7	9.8	8.5
20 〜 29 人	12,296	19.8	55.6	16.2	9.5	9.0
30 〜 49 人	11,333	16.5	52.0	15.2	8.4	7.8
50 〜 99 人	8,397	13.4	60.8	10.9	7.9	7.1
100 〜 199 人	4,344	12.3	62.8	12.0	6.3	6.6
200 〜 299 人	1,272	17.1	47.8	20.1	6.9	7.5
300 〜 499 人	892	12.6	61.2	15.3	5.4	5.4
500 〜 999 人	556	7.9	67.4	13.7	5.0	5.8
1,000 人以上	496	5.2	83.5	—	6.5	4.8

1964 → 66 年						
従業者規模	標本企業数	下方移動	同一規模	上方移動	他製造業種へ移動	廃業	その他
全体	520,137	(11.0)	(56.4)	(9.2)	12.8	7.5	4.5
1 〜 3 人	212,340	—	63.8	9.4	11.1	11.1	4.8
4 〜 9 人	186,186	8.7	58.4	9.6	13.4	5.5	4.4
10 〜 19 人	55,062	11.7	57.0	6.9	14.9	4.4	4.1
20 〜 29 人	25,896	20.2	44.2	12.1	15.2	4.4	3.8
30 〜 49 人	18,399	15.9	50.8	10.4	14.7	4.0	4.2
50 〜 99 人	12,630	12.8	58.1	6.8	14.2	4.2	3.9
100 〜 199 人	5,390	14.1	57.6	6.6	14.1	3.0	4.7
200 〜 299 人	1,683	21.4	42.6	15.9	12.4	2.0	4.9
300 〜 499 人	1,150	19.2	56.7	7.0	8.6	2.2	6.1
500 〜 999 人	760	18.3	60.8	5.9	7.5	0.4	7.1
1,000 人以上	641	7.8	77.8	—	8.4	0.5	5.5

1969 → 71 年						
従業者規模	標本企業数	下方移動	同一規模	上方移動	他製造業種へ移動	廃業	その他
全体	611,544	(20.4)	(44.9)	(3.0)	23.3	6.5	3.6
1 〜 3 人	213,138	—	57.2	6.3	22.5	10.2	3.8
4 〜 9 人	222,431	14.4	50.6	2.2	23.7	5.4	3.6
10 〜 19 人	98,669	27.9	38.3	2.1	24.8	3.7	3.1
20 〜 29 人	31,354	37.7	27.7	7.0	21.6	3.0	2.8
30 〜 49 人	20,156	22.8	39.1	7.4	23.9	3.3	3.5
50 〜 99 人	14,142	19.1	46.9	4.4	22.5	3.1	4.0
100 〜 199 人	6,513	21.9	45.9	5.5	20.9	2.2	3.6
200 〜 299 人	1,778	20.2	44.3	9.8	18.8	2.1	4.9
300 〜 499 人	1,267	20.3	48.6	8.0	16.5	1.9	4.5
500 〜 999 人	825	14.1	60.3	4.9	15.3	1.4	4.0
1,000 人以上	1,273	23.3	39.0	—	34.8	0.4	1.7

注1)　「従業者規模」は 1960 年、1964 年、1969 年のもの。
　2)　「業種」は日本標準産業分類の中分類。
　3)　(　) は「1 〜 3 人」と「1,000 人以上」を除いて計算。
　4)　「1960 → 62 年」については資料中に「廃業」は表示されておらず、「その他」に含まれていると思われる。
　5)　「1969 → 71 年」の 1,000 人以上層で事業転換が 34.8％にも達しているのは、食料品製造で 81.9％、化学工業で 67.6％と、
　　　この 2 業種で異常に高い数値が現れているためである。この 2 業種をはずして計算すると 12.3％になる。
資料)　図表Ⅱ-2-13 と同じ。

248

第 2 章　高度成長期の中小企業（1955 ～ 73 年）

[1970] の言う中小企業の「社会的対流」が大々化したのである。「1960 → 62 年」と「1964 → 66 年」では同一規模にとどまっている企業は全体では 56％台であり、「1969 → 71 年」では 44.9％と半分以下になってしまったことが、それを示す。

2. 半失業型「停滞中小企業」の減少

　次に、上・下向運動の担い手を分析し、上・下向運動を通じ、中小企業が質的にも発展したことを明らかにする。

　下向運動に追い込まれた中心は、戦後復興期に多く出現した半失業型「停滞中小企業」である。半失業型「停滞中小企業」とは経営者も労働者も失業を避けるために開業、就業した技術基盤のぜい弱な企業で、低賃金労働と経営者自身の自己搾取的な強労働を存立基盤としている（→ 153 頁）。賃金急上昇は半失業型「停滞中小企業」の存立基盤を直撃し、老朽化汎用工作機械を自動化専用機に代えるなど、設備近代化による付加価値生産性の上昇を迫った。だが、すでに述べたように多くの中小企業は長期借入金の獲得が困難であり、特に「停滞中小企業」には資金調達の道は閉ざされていた。また、付加価値生産性の上昇には技術知識の近代化も必要だったが、「停滞中小企業」はもともと技術基盤がぜい弱だったから、近代的技術知識の習得は困難だった。以上のため、戦後復興期以来の半失業型「停滞中小企業」は労働力不足・賃金急上昇に対応できず、大量に衰退に向かった。

　金融難や技術革新への対応難は多かれ少なかれ他の中小企業にも共通し、中小企業の上層規模を含む広範な層からも下方移動する企業が出現した。この時期には技術の優れた中小企業経営者も、徒弟制度下で腕を磨きあげてきた職人出身が多いため、機械の進歩に伴う新しい加工法の習得や付加価値率の上昇に必要な製品技術の習得には消極的だった。また、設備近代化に乗り出して失敗する中小企業も現れた。その典型例が生産能力増強に見合って販売を拡大できず、設備・債務の過剰化で倒産することだった（当時「近代化倒産」と呼ばれた）。これは、マーケティング的視点や能力を欠くという中小製造業の根本的弱点に根差すものだった。こうして、中小企業各規模層で下向運動が起きたのである。

249

第Ⅱ部　戦後中小企業発展史・問題史

下向する中小企業の一方、重化学工業化による中小企業市場の拡大を背景に高度成長期の「代表的発展中小企業」と言える新たなタイプの中小企業が現れ、それが上向運動の担い手となった。量産型中小企業と高能力型零細企業である。まず、量産型中小企業を取り上げる。

3.　量産型中小企業

(1)　量産型中小企業と中堅企業

量産型中小企業とは特定部品・製品に専門化した上、合理的工場内分業と専用機の体系により互換性部品や規格化製品を大量生産し、規模の経済性を発揮する中小企業である。復興期に現れた輸出軽機械工業も特定部品に専門化し、大量生産能力と規模の経済性を発揮したが、各企業では労働集約的な作業を行っていた。それに対し量産型中小企業は複数工程を専用設備で体系化し、より高いレベルで規模の経済性を実現した。量産型中小企業も大企業との賃金格差に依存する面があるのは確かだが、それだけで成り立っているのではなく、耐久消費財中心の重化学工業段階にふさわしい量産性を持つ、戦前とは異質の中小企業である[*]。

> [*]「量産型中小企業」というコンセプトは中村・秋谷・清成・山崎・坂東 [1981] で使われているが（同書：117、中村秀一郎筆）、明確には規定されていない。筆者は後述のような量産型中小企業の段階的発展過程に基づきこのように規定した。

このタイプの企業が存立するには、中小企業分野であっても特定分野に専門化するのに十分な市場規模がなくてはならない。重化学工業化による高度成長は、この条件を備えた分野を多様に生み出した。すなわち、大量生産型機械工業を市場とする部品工業・各種機械製作、材料革命が生み出した大量生産の新素材（プラスチック、合成繊維など）の加工部門[*]、所得上昇により類似的消費が拡大した食品、衣料、家具などの消費財分野である。

> [*]例えば繊維を加工する織布部門でも量産型中小企業が現れた。福井県では朝鮮戦争反動不況期に原糸メーカーによる織布企業の系列化が進んだが、1960年代合繊（ナイロン）生産の急増とともに、原糸メーカーは合繊糸を大量に加工する量産型の織布企業が必要となった。合繊織物の大量生産には作業標準、品質標準の徹底、織機や準備機の高速化、温度・湿度調整の完備などが必要とされ、原糸メーカーは技術指導や資金援助により量産型織布企業を育成した。

第 2 章　高度成長期の中小企業（1955 ～ 73 年）

　量産型中小企業の中から急速な市場の拡大に恵まれ、いち早く専門技術を確立し、中小企業規模を脱した企業グループが現れた。中村秀一郎はこれを「もはや中小企業ではなく、しかし大企業規模にはいたっていない第三の企業グループ」（中村［1964］：i）とし、中堅企業と呼んだ。曙ブレーキ工業（ブレーキライニング、クラッチフェイシング）、日本オイルシール工業（オイルシール）などの自動車部品メーカー、牧野フライス（小型フライス盤）、会田鉄工所（現アイダエンジニアリング、中小型プレス機械）などの工作機械・産業機械メーカー、立石電機（現オムロン、オートメ機械）、ミツミ電機（ポリバリコン）、村田製作所（チタンコンデンサー）などの電機部品メーカーがその例である。なお、戦後復興期に企業家活動を開始したソニー、本田技研工業などは中堅企業を通り越し、大企業化していた。

　中村は中堅企業の特徴として、大企業の別会社ではなく独立的であること、証券市場を通じての資本調達可能な規模に達していること、個人・同族会社としての性格も残していること、その製品は独自の技術、設計考案によるものが多く、量産化により独占的地位も獲得し、大企業の購入寡占に対抗しうること、を挙げた（中村［1964］：12-15）。

　そして、中堅企業の群生は中小企業問題解決の客観的基盤を形成するものとしたが（中村［1968］：211、212）、この主張についてはのちに触れる（→271頁）。

　以下では量産型中小企業の形成過程を自動車部品工業を例にとって述べる。量産型中小企業発展の中心となったのは機械工業であり、そのうちでも自動車関連工業での発展が急だったからである。

（2）　自動車部品工業での量産型中小企業の形成
　量産型中小企業は以下に見るように 2 段階を経て成立した。
①第 1 段階：「金のかからない合理化」
　自動車生産に関しては、1947 年に GHQ（連合国軍総司令部）から乗用車の生産許可がおりたが、量産技術が大きく遅れていたため、ヨーロッパ企業との技術提携（日産 1952 年、いすゞ 53 年、日野 53 年）で小型車を生産、その技術を国産乗用車の生産にも活かした。技術の吸収は早く、1955 年には国産乗用車が輸入完成車と技術提携車の合計台数を上回った（国立国会図書館調査立

251

法考査局［1978］：第 4-9-1 表）。だが、この時点ではトヨタ自動車が月産 3,000
台を達成したばかりであったように、本格的な量産体制には遠かった。

　自動車メーカーにおける量産体制の構築は 1950 年代半ばから始まった。切
削加工の自動化、板金作業のプレス化、鋳鍛造の近代化、加工順に並べた工作
機械を結ぶ自動搬送装置（トランスファーマシン）の導入など、工程の自動化、
連続化が進められた。量産体制を支える生産管理方式として、トヨタ自動車で
は看板方式（生産工程において後工程が必要なものを、必要なとき、必要な量
だけ、前工程に取りに行く新しい生産管理方式、この当時はスーパーマーケッ
ト方式と呼ばれた）の導入が着手された（1954 年）。そして、乗用車の輸入自
由化計画にも促され（完成乗用車の輸入自由化は 65 年）、59 年にトヨタ自動
車が乗用車専用の元町工場、61 年には日産自動車が追浜工場、プリンス自動
車工業が村山工場を建設、月産 1 ～ 2 万台の量産体制が確立された。

　乗用車生産の量産化・コストダウンには互換性部品の量産が必須だが、当時
日本の自動車部品は欧米に比べ生産性、品質で大きく後れを取っていた（→258
頁）。このため、50 年代後半から優良下請中小企業の系列化が開始され、自動
車メーカーの指導のもと、部品企業でも量産体制の構築が始まった。とはいえ、
そのやり方は、本格的な合理化投資を伴わない「金のかからない合理化」だっ
た（清・大森・中島［1975］）。

　まず、金のかからない設備合理化である。それに力があったのは、1952 年
末から始まった「賠償指定解除国有機械交換制度」だった。これは手持ちの機
械と旧陸海軍工廠や軍需工場が所有する機械を差額を支払って交換するもので
ある。自動車部品企業は劣悪な老朽機械との交換で得た機械（中には外国製の
精密機械もあった）に自動送り装置、自動停止装置、倣い装置を取り付け、専
用機化・半自動機化した。これによる生産性の上昇、若年工・女子工員の直接
生産工程への配置の可能化、熟練工の工機部門や作業段取りへの集中化など、
その効果は大きかった。

　さらに、50 年代後半には、自動車メーカーの生産に同期化するため、工場
内分業を再編成し、ロット生産から流れ生産への転換が進められた。機械を機
種ごとにまとめて配置（ギャング配置）していたのを工程順に 1 列に配置し（ブ
ロック配置）、機械間はシュートを用い運搬作業を排除した。流れ生産方式へ
の転換と同時に、原価管理、日程管理、工数管理、品質管理など、生産管理の

第2章　高度成長期の中小企業（1955～73年）

合理化も進められた。トヨタ系企業では1955年にこのような合理化が一斉に行われ、生産力が飛躍的に上昇したと言われている（清・大森・中島［1975]）。

②第2段階：部品別専門化・自動化・規模拡大

しかし、以上の合理化には次の限界があり、部品別専門化という第2段階へ移行する。

1次下請企業の多くはプレス加工、切削加工、鋳造というように加工技術別に専門化はしていたが、その範囲内で各種の部品を生産するという戦前来の日本の中小機械・金属加工業の特性を依然継承していた。このため、第1に、流れ生産方式の導入も限度があり、第2に、下請企業間で同種・同系統の部品を重複生産し、規模の経済性の発揮が妨げられていた。

以上から、自動車メーカーは1次下請企業を専門部品メーカー化するため、系列1次下請企業の中から重点企業を選び、類似部品を集中的に、しかも単一部品ではなく多数部品を組み付けた複合部品（ユニット部品、機能部品、完成部品）を発注するようにした。これは自動車メーカーが行っていたサブ・アセンブリー・ラインを1次下請企業に移管し、自らはファイナル・アセンブリーに特化することを意味し、自動車メーカー工場の生産効率化にも寄与するものだった*。1次下請企業の加工技術別専門化から部品別専門化への編制替えと親企業・系列企業の分業関係の変化が同時に進んだのである。

　　*例えば、トヨタ自動車はトルクコンバーター組立を愛知工業へ（1964年）、ホイール
　　セット作業を中央精機へ（64年）、エンジンバルブ生産を愛三工業へ（64年）、足回り部
　　品組立をアイシン精機へ（65年）、ブレーキアセンブリーを豊生ブレーキへ（68年）移管
　　した（清・大森・中島［1976]）。

必要なのは部品別専門化だけではなかった。乗用車生産の爆発的拡大とコストダウン要求に応えるには、もはや「金のかからない合理化」だけでは追いつかなかった。中心工程の専用機化から全面的な専用機化へ、さらにトランスファー・マシンなどの導入で連続完全自動化へ進んだ。工程の連続化・設備の不可分化は、一定規模以上の生産量が前提であり、その生産量をクリアすれば高い生産性を実現する。つまり、生産要素の不可分性に基づく規模の経済性が中小企業においても経営原理となった。

規模拡大の一端は、トヨタの下請企業15社における従業員数の変化を示す図表II-2-37でわかる。トヨタの1次下請企業でも1952年時点では1社当たり

253

第Ⅱ部　戦後中小企業発展史・問題史

平均従業員数はわずか 63 人だった。それが、1958 ～ 59 年には 220 人へ急増、6 ～ 7 年間で 3.5 倍になった。1972 年には過半数の 8 社が 300 人以上に成長し、平均従業員数は 563 人、1958 ～ 59 年の 2.6 倍となった。

図表Ⅱ-2-37　トヨタ 1 次下請企業 15 社の従業員規模別企業数の変化

	19人以下	20～49人	50～99人	100～199人	200～299人	300～499人	500～999人	1,000人以上	計	1社当たり平均従業員数
1952 年	2	4	7	2					15 社	63 人
1958 ～ 59 年	1		3	4	4	1	2		15 社	220 人
1972 年	1			4	2	2	3	3	15 社	563 人

出典）　植田［2001］：表 7 を再編。

以上のように、自動車部品工業では 2 段階の合理化を経て、特定部品に専門化し、専用機・自動機で大量生産を行う量産型中小企業が形成された。

そして、この量産型中小企業の中から親企業の生産規模を超える生産能力を持ち、系列を超えて複数の自動車メーカーに納入するばかりか、自動車産業以外にも取引先を広げ、当該部品に関し高い市場占有率を持つ専門部品企業も現れた。これが自動車部品における中堅企業だった。中堅企業の形成は図表Ⅱ-2-37 にも示されている。1972 年に 1,000 人以上の規模に達している企業が 3 社ある。この 3 社とは、津田鉄工所（現津田工業所）、大豊工業、東海理化電機である。このうち東海理化電機は中村秀一郎により「機械工場をほとんど自動機に入れ替え、冷間鍛造機を 2 台導入、従来旋盤で 6 ～ 7 分かかったスイッチ・ボディの加工時間を、0.6 秒に短縮し、材料を 2/3 節約し、トヨタの 1 カ月の発注量を数日でこなすといわれる」（中村［1964］：90）と紹介された代表的中堅企業だった。

（3）　2 次下請企業の形成：量産型中小企業の重層化

1 次下請企業の成長とともに、2 次下請企業でも量産型中小企業が形成された。1 次下請企業は 1950 年代後半、自動車メーカーの量産体制構築への対応のため、自社にない工程や不足する工数を補うため、再下請企業を活用し始めた。

2 次下請企業への参入は活発で、ミシン部品など他産業からの転換や労働者

第 2 章　高度成長期の中小企業（1955 ～ 73 年）

の独立開業が見られた。図表 II-2-38 は日産系の 2 次下請企業と元請企業との取引が 50 年代後半から開始され、企業主の前職に労働者が多いことも示している。なお、2 次下請企業の下には家内工業的な 3 次下請企業も発生したが、この層は自動車関係だけでなく、機械・金属加工を広く行う浮動的な下請層だっ

図表 II-2-38　日産系部品企業の元請企業との取引開始年度及び企業主の前職

下請次数	企業番号	従業員数	取引開始年	企業主の前職
1 次下請	No.1	748	1945	
	2	648	1937	織物工場勤務
	3	703	1937	
	4	190	1951	ベアリング販売
	5	213	—	
	6	166	—	機械加工
	7	133	—	
	8	68	1953	スクラップ商
	9	214	1936	モートル工場製造部長
	10	108	1953	
	11	88	1935	
	12	53	1944	万年筆、ペン加工
2 次下請	13	99	1960	
	14	72	1958	プレス加工
	15	88	1946	ガスケット・プレス
	16	44	1960	
	17	41	1959	木工塗装
	18	24	—	
	19	19	1959	鋲螺工場勤務
	20	36	—	
	21	21	1961	個人タクシー
	22	11	1930	
	23	10	—	
	24	7	1955	ネジ工
	25	6	1957	プレス工
	26	9	—	自転車サドル工具
	27	8	1959	電気工
	28	8	—	旋盤工
	29	6	1961	ネジ工

出典）　東京都経済局「東京都自動車部品工業の実態分析」1962 年度、127 頁。清・大森・中島［1975］：第 12 表より重引。

第Ⅱ部　戦後中小企業発展史・問題史

た（清・大森・中島［1975］）*。

　　*自動車工業の下請分業の重層構造は、小零細企業を巻き込みさらに拡大する。愛知県
　　経済研究所の行った名古屋市を中心とする自動車関連中小企業群に対するアンケート調査
　　によると（調査時点 1975 年 10 月）、3 次下請層の過半が「専属下請・家庭内職」を有す
　　るとし（3 次下請層 1 企業当たり平均 2.2 企業）、下請分業の重層構造が 4 次下請層を内包
　　するまで拡大していることが確かめられている（愛知県経済研究所［1978］）。

　2 次下請企業の 1 次下請企業への売上依存度も高く、両者は継続的取引関係
を結ぶなど、1 次と 2 次下請企業の間でも、系列的関係が形成された。当初は
懇親会的なものが多かった 2 次下請企業の協力会でも、60 年代に入ると、工
数低減運動、QC 活動などが行われ、1 次下請企業が自動車メーカーから受け
た指導内容が、2 次下請企業にも徹底されるようになった。そして、2 次下請
企業の中でも思い切った投資で（例えば年商の半分近くの資金で）連続自動設
備を設置するなど、親企業の中堅企業化とともに量産型中小企業へ成長する企
業が現れた。

　こうして、自動車部品では重層的に量産型中小企業が形成され、自動車部品
の品質向上とコスト低減に寄与し、自動車産業の強力な国際競争力の礎となっ
た*。

　　*乗用車生産台数は 1963 年 41 万台から 73 年 447 万台と 10 年間に 10 倍以上の伸びとな
　　り、小型車、軽四輪車が中心であるものの、68 年の乗用車生産台数はアメリカ、西ドイ
　　ツに次ぐ世界第 3 位になった。輸出比率も 65 年 15.0%、67 年 16.7%、69 年 22.3%、71 年
　　35.8% と上昇し（日本自動車工業会「自動車統計年報」）、自動車の輸出工業化も達成された。

（4）　自動車メーカーの下請政策

　上記でも示唆されているように、量産型中小企業の形成は自動車メーカーの
下請再編成・系列強化策によって牽引された。

①トヨタと日産の下請政策

　特に、トヨタ自動車、日産自動車の下請政策は強力だった。トヨタではほぼ
800 社の関係部品メーカーのうち 182 社で協豊会を結成（1967 年現在）、車体、
プレス、鋳鉄切削、特殊部品の 4 部会の下に品質管理（QC）、価値分析（VA）
委員会をつくり、講演会、研究会、工場見学を行い、部品企業の技術、設備、
経営の向上を図った。

256

第 2 章　高度成長期の中小企業（1955 〜 73 年）

　トヨタは専門部品メーカー育成方針の下、系列企業への優先発注を進めると同時に系列企業も選別し、集中発注を行った。すなわち、系列企業の中でも設備、技術、管理能力のある重点企業を選び、上述のように複合部品を発注し、部品生産の専門化と量産化を進めた。重点企業には納入代金の現金払い・繰り上げ払い・前払いを行うほか、運転・設備・合理化資金の貸与、機械設備の譲渡・貸与、役員の派遣、作業の指導、工場診断、QC 思想の普及なども行った。重点企業にもれた 1 次下請企業は 2 次下請企業に格下げされた。

　日産は外注部品メーカー 107 社で日産宝会、完成部品メーカー 34 社で日産昌宝会を組織（67 年現在）、宝会には第一部会（完成部品）、第二部会（機械加工）、第三部会（プレス加工）、第四部会（機能部品）、第五部会（車体架装）、第六部会（治工具）を設け、品質管理、価値分析などを指導した。

　日産もトヨタと同じく、部品メーカーの大型化、部品の集中発注、部品のユニット発注の方針を打ち出し、1963 年に協力会企業の再編成を始めた。その内容は、資本金 5 千万円以上、日産の要望に対し自社だけで意思決定できる企業、同族会社ではなく社外重役をいれて経営近代化を行っている企業、市場性のある独自の製品を生産し、日産依存度 50％以下の企業、上場会社かそれに準じて資本を社会的に集められる企業、ユニット発注を受けられる企業などを選び、他を 2 次下請化するものだった。

　トヨタ、日産以外の自動車メーカーも、集中発注、ユニット発注、それに伴う下請再編（1 次下請企業の専門部品メーカーへの選別と他の 2 次下請化、下請企業間の生産分野の調整など）を進めた（以上、国立国会図書館調査立法考査局［1978］：206-208）。

②企業家活動の制御

　以上の下請再編は専門部品企業の育成にとどまるものではない。それは、下請企業集団を一個の生産力と見なしうるほど一体的で、労働力と生産手段を合理的に配置し、統一的な指揮の下で機能するシステムにまとめ上げるという意味も持つ（三井［1991］：143）。私たちは先に「系列化」を「親企業が資本所有関係では独立している下請企業であっても自企業の内部組織のごとく支配すること」と規定したが（→ 166 頁）、自動車工業において、典型的な日本固有の系列下請システムが完成した。

　自動車部品における量産型中小企業・中堅企業の形成＊は、中小企業市場の

第Ⅱ部　戦後中小企業発展史・問題史

急拡大とそれを事業機会に転化しえた中小企業側の企業家活動が基礎にあったのは間違いないが、同時に、中小企業を準統合する自動車メーカーの系列下請システムに沿ったものであり、中小企業の企業家活動による発展が、大企業に制御されていることを示す典型例である。

　　＊自動車部品における量産型中小企業・中堅企業の形成には、政府の用意した制度も力を発揮した。「機振法（機械工業振興臨時措置法）」（1956 年施行）がそれである。

　　これは、政府が特に性能の向上、生産費の低下が必要な機械（「特定機械」）を指定し、「合理化基本計画」を定め、これに沿って生産合理化を行う企業を政府系金融機関（当初は日本開発銀行、1961 年以降中小企業金融公庫も加わる）の低利融資（利率年 6.5%、償還期間 10 年）などで支援するものである。自動車部品も「特定機械」に指定された。「機振法」はその後継法も含めると 1985 年 6 月まで継続するが、ここでは第 1 次「機振法」（1956 〜 61 年）について述べる。

　　自動車部品の場合、「合理化基本計画」の策定に当たっては、自動車メーカーではなく自動車部品メーカーが作るのにふさわしい部品は何かの検討から入り、その中からさらに自動車価格に占める割合が大きいもの、国際価格に比べ高いものなど、合理化が特に必要なものを選んだ。その結果、軸受けメタル、ショックアブソーバー、照明器など 24 品種について合理化の目標、合理化に必要な設備などが定められた。

　　例えば、軸受けメタルに関しては 1955 年度末価格を 60 年度末に 20% 以上引き下げる目標が立てられたが、価格引き下げ目標は平均 12.5% だった。なお、56 年時点で日本の自動車部品価格は国際価格より平均 60% 程度割高で、その生産性は欧米諸国の 5 分の 1 以下と推測されていた。品質・性能に関しては特に劣っていた均一性、耐久性を 60 年度末までに国際水準に引き上げることにした。

　　設備に関しては、量産能力の高いもの、高精度加工のできるもの、試験・検査・研究設備の導入に重点が置かれた。

　　この法律に基づき融資された金額は全自動車部品会社の設備投資の 2 割前後、「合理化基本計画」で必要とされた機械（「指定機械」）に関しては 4 割前後を占めた。

　　価格の引き下げに関しては、1956 〜 59 年度の間に 20% 以上下げたものが 11 品目という効果をあげた。

　　「合理化基本計画」は中小企業にとってはかなり高度な目標を立てているため、中小企業では大規模層しか対象にならなかったが、中堅企業から大企業へ成長した今日の大手自動車部品メーカーのほとんどは、この制度を利用して成長したと思われる（以上、主として国立国会図書館調査立法考査局［1978］：146、148 による）。

(5)　外注理由の変化

機械工業の代表として、自動車関連の量産型中小企業の発展を見てきたが、

第 2 章　高度成長期の中小企業（1955 〜 73 年）

自動車以外の機械工業でも、部品分野を中心に量産型中小企業が発展した。量産型中小企業も大企業との賃金格差を利用しているとはいえ、その存立基盤は技術にあった。そうでなければ、生産性・品質の向上による機械工業の輸出産業化はありえなかった。技術が存立基盤になっていることを直截に示すのが、親企業の下請企業への発注理由をまとめた図表II-2-39 である。

図表 II-2-39　親企業の外注理由

単位：%

	設備・労働力等の節約のため	専門技術を持っているため	多年取引関係があるため	労働賃金の格差によりコストが安いため	景気のバッファーとするため	その他
機械工業計	71.5	59.4	30.2	26.6	9.3	6.8
自動車	63.6	81.8	36.4	18.2	0.0	27.3
自動車部品	76.5	58.2	30.1	22.7	5.9	3.9
家庭用電気機器	73.7	61.4	29.9	40.0	8.8	5.3
電子部品	69.2	56.8	34.1	25.0	6.9	13.6
工作機械	68.2	56.8	34.1	25.0	6.9	13.6
精密機械	76.5	73.5	23.5	29.4	8.8	2.9
産業機械	68.8	60.4	35.4	20.8	16.7	6.3

資料：中小企業庁「下請企業構造調査」1968 年
（注）　1 つの親企業が 2 つ以上の項目に回答しているため、合計は 100％を超えている。
出典）　『中小企業白書 1969 年度版』第 2-22 表

　機械工業全体では、親企業の外注理由の 1 位が「設備・労働力等の節約のため」だが、これはどの外注にも共通しうる理由だから当然だろう。注目すべきは 2 位が「専門技術を持っているため」で、過半の企業がこれを指摘し、3 位「多年取引関係があるため」、4 位「労働賃金の格差によりコストが安いため」をかなり上回っていることである。しかも、自動車の場合は「専門技術」が「設備・労働力の節約」を上回って 1 位であり、精密機械、工作機械では 2 位だが「設備・労働力の節約」との差は小さい。

　賃金格差の利用や多年取引故の外注が見られることも無視できないが、親企業・下請企業の関係は下請企業の技術水準の上昇により、技術上の分業関係を基本とするものへ発展したと言える。

259

第Ⅱ部　戦後中小企業発展史・問題史

4. 高能力型零細企業

　量産型中小企業と並ぶ高度成長期の「代表的発展中小企業」が高能力型零細企業である。

(1)　零細企業の増加

　前掲図表Ⅱ-2-35によると、1950年代後半減少した従業者9人以下の零細事業所が、60年代に入って増加に転じ、60年代後半その勢いを増している。特に4人以下層は60年代後半での伸び率が高く、全規模層中トップの伸びとなった。また、前掲図表Ⅱ-1-17によると、戦後増加を続けた非農林業自営業主数は、雇用需要が急増し始めた55年以降、横ばいに転じたが、65年以降再び増加を始めた。1955～65年の増加数20万人（増加率3.9％）に対し1965～75年では増加数103万人（増加率19.5％）に達している。

　このような60年代後半の零細企業増加の背景にあるのが、この時期に進んだ重化学工業内での高加工度化による中小企業市場の拡大と労働力不足であり、これについてはすでに述べた（→211頁）。

(2)　高能力型零細企業

　こうして増加した零細企業の中には、従来のような零細企業、すなわち失業を免れるため「自己雇用」（self-employed）し、低所得・長時間労働で経営を維持するミゼラブルな零細企業ではなく、専門技術を持ち、能力発揮を目的に開業した高能力型の零細企業が含まれていた。量産型中小企業は中小企業の上位規模層を形成したが、下位規模層でも革新的な中小企業が生まれたのである。

①具体的特徴

　高能力型零細企業の存在は中村秀一郎、清成忠男により、国民金融公庫のアンケート調査、「小零細企業新規開業実態調査」（1969年）を基に明らかにされた（分析対象は、同公庫が1968年12月に貸付を行った企業のうち67年1月以降に開業した企業1,200社）。アンケート調査の結果は次のとおりである（清成［1970］：245-273、なお、％は製造業の場合）。

　a. 新規参入業主の主流は同業中小企業で技術を取得した若・青年従業員であり、中・高年者は少ない（20歳代と30歳代を合わせて73.6％、40歳代以上は26.5％）。

第 2 章　高度成長期の中小企業（1955 ～ 73 年）

　b. 開業動機は「能力を十分発揮したい」（77.5％）、「人に使われたくない」（35.1％）という能力発揮型が圧倒的に多く、「適当な勤め口がない」という失業回避型（5.4％）、「生活費の補助にしたい」という家計補助型（3.7％）、「勤め人より収入が多い」という所得動機型（21.6％）、「資産を有効に活用したい」という資産活用型（12.6％）は少ない。ただし、主観的には能力発揮型だが、十分な能力蓄積なしの安易な開業も見られる。

　c. 開業資金は多くなく、参入障壁にはなっていない。開業資金の半分は自己資金で、他は親族、知人、友人からの借り入れと企業間信用で調達している。金融機関からの借入はネグリジブルである。

　d. 業主所得は雇用者時代の賃金の 2 ～ 3 倍が目標とされ、これは達成可能な水準である。

　e. 業主の 1 日の労働時間は製造業で平均 10.5 時間、通勤時間がない場合が多いことを勘案すると大企業雇用者より長いとは言えない。

　f. 参入零細企業の中で中核になっているのが、主観的のみならず客観的にも能力発揮型と認められる企業で、新しい専門技術や専門知識を生かし、生産力の発展に積極的に適応している。

　このアンケート調査結果が当時の「小零細企業新規開業」の実態をどこまで代表しているかという問題はあるが、以上のような零細企業の発生があったことは確かだろう。

②発生の背景

　図表II-2-39 が示したように中小企業の技術は上昇し、そこで勤務していた労働者が専門技術を習得する。彼らが中小企業市場の拡大を能力発揮の機会と捉えて独立開業する。若年技能者が不足化したときだから、彼らには失業回避のための開業はありえない。ただ、大企業との賃金格差は大きかったから、実際にはbが示す以上に所得動機による開業も多いと思われる（回答者は所得動機より能力発揮動機を選びたがる）。当時はまだ小規模の機械を道具的に使いこなす分野が多かったから、開業資金も少なくすんだ（例えば、アパートの畳をあげて土間にし、旋盤とボール盤 1 台を据えて開業できた）。彼らの経営上の武器はハードではなく、優れた技術ノウハウであり、発注者からの難題に積極的に対応することにより市場を拡げた。

261

③主なタイプ

このような高能力型零細企業の主要タイプは、清成によると、a. 自動機械導入、高品質製品・量産型、b. 独創的製品・個別生産型、c. 高加工度品・多品種少量生産型、d. システム・オルガナイザー型、e. 情報提供型、f. 設計専門型、g. 高性能機械のメンテナンス専門型である。以上のうちでもa〜cが多いと考えられる。

「a. 自動機械導入、高品質製品・量産型」は高生産性と高品質を達成し、大企業が外注依存を拡大しているタイプとされているが、私たちの言葉で言えば上述の量産型中小企業への成長過程にある企業と言えよう。先に触れた自動車部品の2次下請企業にも多いタイプである。

そこで、特に注目されるのがbとcである。

「b. 独創的製品・個別生産型」は自ら開発した特殊製品を一品料理として生産していくタイプとされているが、独創的製品が「一品料理」に限定されるわけでもなく、「独創的製品・多品種少量生産型」とした方が実態に合う。

このタイプの多かったのが産業用機械の分野である。60年代後半には既存の産業用機械に関し、自動化、高速化、精密化、小型化、システム化など、需要の多様化が進み、非量産の多様な特殊機種の市場が拡大した。また、労働力不足が食料品製造など手作業の多い分野で機械化を促し、医療用、研究用の機械の需要も増えたが、これら新たな機械も多品種少量型だった。多品種少量型の機械とは個別生産（「一品料理」）の機械、規格が多種化されている機械、規格品を基にカスタマイズ化される機械で、その生産は零細企業向きだった。

「c. 高加工度品・多品種少量生産型」について、清成は新製品開発型と高度の加工技術を生かすタイプがあるとしている。前者は消費者の上昇する要求を捉えた差別化製品などの生産者を指し、ファッション産業に典型的に見られるとしている。後者は専門技術や専門知識に基づく加工度の高い製品を生産するタイプとしている。

筆者が「独創的製品・多品種少量生産型」と「高加工度品・多品種少量生産型」に関し重要と考えるのは、共に新たな需要情報に敏感で、その需要を満たす独自の製品や生産技術を開発する差別化戦略をとっていることである。輸出軽機械工業と量産型中小企業が大量生産に基づく規模の経済性を追求するのとは異質である。また、受注生産型であっても発注企業の支給図面通りに生産す

る下請企業ではなく、製品設計や加工法に関し主導権を持っている。以上の点で優れて企業家的性格が濃く、零細企業からの「企業家的中小企業」の発生と言える。この点に関しては、後で具体例で説明する。

（3）　半失業型の停滞零細企業も発生

　以上のような高能力型零細企業が現れたが、この時期に新たに現れた零細企業がすべてこのタイプだったとは言えない。

　労働力不足・賃金上昇は若年労働者に関してであり、技術革新への対応力の低い中・高年労働者は生産から排除され、過剰化した。彼らの過剰化は農村部からの追加供給によっても促進された。農業では機械、農薬、肥料などの急速な普及で省力化が進む一方、これらの代金支払いのため、農村の中年層が、現金収入を求め労働市場に登場した。

　また、家庭婦人も新たな労働力供給源となった。大量生産・大量宣伝による耐久消費財ブームや劣悪な住宅環境からの脱出のため、主婦が現金収入を求めたからである。家電製品の普及が主婦を家事から解放した面もある。

　このような中・高年労働者や主婦など、新たに生み出された低賃金労働力に依存する零細企業、また過剰化した中・高年労働者自身が開業し、業主と家族の長時間労働を基盤とする零細企業など、低賃金・自己搾取を特徴とする半失業型の停滞零細企業も発生した。

　図表II-2-39によると、「専門技術の利用」より少ないとはいえ「賃金格差の利用」を理由とする下請発注が4分の1以上あるように、すべての下請発注が専門技術を目的としたわけではない。労働力不足・賃金上昇が進行しているからこそ、大企業、中小企業とも零細企業の低賃金労働者を迂回的（間接的）に利用しようとするニーズは高まった。そのため、これら零細企業の持つ労働力補完機能も価値を発揮したのである。

　したがって、1960年代後半には高能力型から半失業型にわたる多様な零細企業が新たに発生したと言える。これを背景に、下記のように、中小企業研究者の間で増加した零細企業の性格を巡る零細企業論争が発生したが*、肝心な点での認識が欠けていたと思われる。零細企業の増加についても複眼的に見るべきで、第I部で示したように、「企業家的中小企業」「半企業家的中小企業」「停滞中小企業」への分化という構図で零細企業も認識する必要があった。先

第Ⅱ部　戦後中小企業発展史・問題史

進国経済では多品種少量生産分野の拡大・企業家能力向上で企業家活動が活発化する一方、大企業体制が種々の形態での過剰労働力を生み出す。この2つが基盤となり、異なるタイプの零細企業が発生すると考えるべきである。

　ただし、半失業型の停滞零細企業は、低賃金を武器とする発展途上国との競争がある以上、拡大は限られる。そのため、高度成長期以降、高能力型零細企業の比重が増していくのであり、この点で高能力型零細企業に着目する見解の方が時代の動きに即していた。

　　*増加した零細企業の主流が革新的・合理的な企業であるとする見解（清成［1970］、
　　杉岡［1969］）と停滞的な企業とする見解（滝沢［1967］、同［1971］）が対立した。

5. 中小企業発展の異質性：量産型中小企業と高能力型零細企業

　量産型中小企業と高能力型零細企業という2つの「代表的発展中小企業」を摘出したが、両者は大企業体制とのかかわりと企業家活動に関し異質の面がある。

(1)　資本の集積・集中を促進する量産型中小企業

　量産型中小企業の革新性は、中小企業が大量生産・規模の経済性を実現したことにある。中小企業の大量生産化は1950年代の「代表的発展中小企業」、輸出軽機械工業に始まり、量産型中小企業で完成した。量産型中小企業は2つの意味で資本の集積・集中を進めた。

　第1に、大企業の下請分業組織の下に有機的に編成されることにより、大企業の資本の集積・集中を促進した。

　重化学工業の主要市場は大企業が占拠し、量産型中小企業の多くは大企業の外注に販売を依存せざるをえなかった。一方、大企業も、規模の経済性を持つ中小企業を育成し、下請企業として生産に組み込むことは、生産拡大・競争力強化の上で不可欠だった。

　既述のとおり、下請企業の系列化を50年代央から進めていた自動車メーカーは、60年代に入ると系列下請企業の再編成を始め、強固な競争力基盤を確立した。電機産業では60年代前半までは、必要に応じ下請企業を増やしていく成り行き的・総花的な下請管理だった。だが、日立製作所に見られるように、60年代央からの設備投資・生産の急拡大に下請企業を質・量で追随させるべ

第 2 章　高度成長期の中小企業（1955 〜 73 年）

く、下請企業の中から重点企業をピックアップし、加工外注から部品外注へ移行させ、日立グループの一員として処遇するなど、自社の生産体制との有機的な結合を強化した（中央大学経済研究所編［1976］：67-74）。

　以上の下請再編成は、成長した中小企業を大企業の内部組織の一部であるかのごとく統合するものであり（準統合）、大企業における資本の集積・集中の一形態と見なすべきである。

　第 2 に、自らが集積・集中の担い手になった。量産型中小企業の競争力の核は規模の経済性にあるから、量産型中小企業自らが中小企業分野における資本の集積・集中を進める主体となった。量産型中小企業の一部は中堅企業の域を

図表 II-2-40　自動車部品上位 3 社および集中度（1966 年下期）

単位：%

部品名	部品メーカー						集中率
電装品	◎日本電装	36.1	○日立製作所	23.0	三菱電機	24.4	83.5
ホイル	トピー工業	41.9	大阪車輪工業	9.3	◎中央精機	15.9	67.1
クラッチ板	大金製作所	39.1	◎アイシン精機	29.4	○厚木自動車部品	15.8	84.3
ショックアブソーバー	萱場工業	57.8	トキコ	19.5	昭和製作所	19.6	96.9
シャーシーバネ	○日本発条	42.9	◎中央発条	19.7	三菱製鋼	18.3	80.9
ラジエーター	○日本ラジエーター	32.1	◎日本電装	26.3	東京ラジエーター	17.8	76.2
点火プラグ	日本特殊陶業	72.6	○日立製作所	7.8	◎日本電装	19.5	99.9
気化器	日本気化器	19.3	◎愛三工業	21.7	○日立製作所	36.1	77.1
ピストンリング	日本ピストンリング	40.7	理研ピストンリング	51.0	帝国ピストンリング	8.4	100.0
燃料噴射装置	ヂーゼル機器	76.8	◎日本電装	18.3			95.1
スイッチ	◎東海理化電機	41.3	○ナイルス部品	30.2	有信精機	5.7	77.2
自動車用計器	◎矢崎計器	34.7	○関東精機	21.9	東洋時計	4.7	61.3
窓枠	白木金属工業	30.7	○橋本フォーミング	47.1	◎アイシン精機	10.5	88.3
排気管および消音器	○日本ラジエーター	29.4	◎三五	21.4	◎フタバ産業	19.4	70.2
ワイヤーハーネス	矢崎部品	63.7	住友電気工業	9.8	古河電気工業	8.4	81.9
前照燈	小糸製作所	43.4	○市川製作所	19.0	東京芝浦電気	12.4	74.8
ブレーキ装置	曙ブレーキ工業	42.7	トキコ	18.4	千曲製作所	13.3	74.4
オイルシール	日本オイルシール	65.4	荒川製作所	12.1	○日本ダストキーパー	5.9	83.4

注1)　◎トヨタ系　○日産系
　2)　電装品は、始動電動機と充電発電機の合計。
　3)　自動車用計器は速度計と燃料計の合計。
資料)　日本長期信用銀行調査部
出典)　国立国会図書館調査立法考査局［1978］：第 5-31 表

265

こえて大規模化し、産業の寡占化、経済力集中の担い手になった。その典型が自動車部品工業であり、図表Ⅱ-2-40が示すように上位3社集中度が高まり、寡占産業化したのである。

急成長量産型中小企業は第1、第2により大企業体制の仲間入りをした。量産型中小企業は二重構造問題を打ち破る革新的中小企業だが、その革新性は大企業体制の強化に貢献するものだった。前掲図表Ⅰ-3-2で、製造業の取引構造を上場企業起点の垂直取引関係と上場企業に直接的にも間接的にも販売していない取引関係に分類し、前者が主要な柱になっていることを示したが、量産型中小企業は下請企業あるいは親企業として、大企業起点のこの垂直取引関係の構築に貢献するものだった。

(2)　量産型中小企業に関する企業家活動の特徴

次に量産型中小企業の企業家活動について見てみる。量産型中小企業の中には需要情報に敏感で、市場拡大の可能性の高い製品をいち早く察知し、急成長を遂げる独立型企業もあり、中村秀一郎はこのタイプを高く評価した。

しかし、量産型中小企業では下請企業はもちろん、独立型企業も含め、多くは生産技術に企業家活動の重点が置かれていた。その理由は、独立型企業でも製品の多くは欧米先進国製品をモデルにしていたからである。主要課題は商品の創出ではなく、コスト的・品質的に先進国にキャッチ・アップするための生産技術の高度化だった。これは後発資本主義国の特徴と言えよう。

例えば、戦前、日本で最初に研削タップを国産化し、この時期に中堅企業へ発展する大沢螺子研削所（現オーエスジー株式会社、従業員1956年206人、1960年359人）の場合もそうだった。吉村［1997］は次のように述べている。

社長の大沢秀雄は1957年にヨーロッパの工具メーカーを視察したが、彼我の設備格差に驚かされた。「どの工場を見学しても、驚きの連続だった。機械のそこかしこに伝統技術の重みが感じられる上に、技術革新の成果もふんだんにちりばめられているのである。日本を発つ前にカタログを見て、是非実物を見たいと思っていた機械が、むこうではもう旧型として姿を消していることさえあった」（同書：136）。当時は、完成機械に関する情報も日本では十分でなかったことがうかがえる。しかし、設備格差は先進機械を輸入すれば埋められる。問題はハードの近代化では埋められない独自の経験技術（→75頁）である。

266

中でも、大沢が一番感心したのは、「外国の工具メーカーが、汎用工作機械だけに頼ることなく、工具製造に必要な機械を自分自身で開発・製作していることであった」（同書：137）。この自社開発の専用機械に競争力のコアとなる経験技術が体化されている。専用機を自ら開発するのは、すぐれた生産技術を持つ企業の今日でも続く共通の特徴である。大沢螺子研削所もその後、研究部を設立し、種々の自社専用工作機械を開発、「利益を生み出す米びつ」とした（同書：145）。

大沢螺子研削所のような独立中堅企業の場合も、主要課題は生産技術の高度化だったが、量産型中小企業の多くを占める下請企業の場合、市場は大企業に依存し、その企業家活動の中心が、生産技術の引き上げにあったことは言うまでもない。したがって、量産型中小企業の多くは、企業家活動の成果が生産技術に偏った「半企業家的中小企業」だった。

しかも、技術活動に関しても、大企業の下請政策の一環としての技術指導が大きな力を持った。

日本の中小企業は高精度製品を一品生産する力はあったが、客体化された科学知識に根ざした大量生産技術は持っていなかった。この技術は外から注入されなくてはならなかった。大企業もこの技術知識は十分ではなかったが、それを欧米先進国から導入し、自分の技術水準を上昇させると同時に系列下請企業にも伝えたのである。したがって、下請企業の技術向上は、自らの「場面情報」発見活動と同時に大企業から伝えられる技術に関する「体系情報」に大きく依存していた。その分、技術に関する企業家活動も従属的であったと言えよう。

つまり、量産型中小企業も多様だが、多くは市場面でも技術面でも大企業への従属性が強かった。それを示すのが価格形成力である。すでに指摘したが、高度成長期、他の中小企業性製品の価格関係は好転したが、下請企業の製品単価は好転せず、特に機械関係では下落圧力が強かった（→218頁）。親大企業に下請価格の決定権を奪われているからである。

(3) 経済力分散の担い手としての高能力型零細企業

量産型中小企業が資本の集積・集中を促進したのに対し、高能力型零細企業には経済力分散の担い手となる企業が多かった。先に、注目される高能力型零細企業としてあげた「独創的製品・多品種少量生産型」「高加工度品・多品種

第Ⅱ部　戦後中小企業発展史・問題史

少量生産型」にそのような企業が多く見られた。前者は特殊な産業機械、後者は差別化された消費財や高度な加工技術を開発する企業である。特定分野に特化し、新たな需要を敏感に察知し、独自の製品や生産技術でそれを満たし、小さいながら他企業が簡単には入り込めない「独自市場」を構築している。規模の経済性は作用しないから企業の成長は遅い。しかし、小さくても企業の強みは発揮できる。このような企業が増えることにより経済力が分散し、寡占化への対抗力が生まれる。高能力型零細企業は「経済民主主義」（→198頁）の推進者と言える。

（4）　高能力型零細企業に関する企業家活動の特徴

　「独自市場」を開発している高能力型零細企業の上記2タイプは、従来の企業に比べ生産機能で優れているのではなく、需要と技術の双方に関し優れた開発力を持っているのが特徴である。1970年代半ば以降に増える開発志向型中小企業の先駆と言える。

　「独創的製品・多品種少量生産型」になるが、例を挙げてみよう。

　シバタ（株）（従業員18人、静岡県湖西市、2008年取材）は、油揚げを作る機械（フライヤー）を製作しており、市場シェアは3分の1に達していた。フライヤー開発（1959年）のきっかけは、先代社長が遊び仲間の豆腐屋から油揚げが自動的にできるものを考えろと言われたのがきっかけだった。たくさん並んだ小さな弁当箱の中に生地と油が入り、コンベア方式で加熱していく仕組みを考え出した。それまでは、水切りした豆腐を大きなフライパンを使い、はしで油揚げに仕上げていた。課題だったむらなく揚げることや揚げ物油を長持ちさせることをクリアした。初めは豆腐屋を回って注文を取り、オート三輪で代金引換で製品を届けるというような調子だったが、人手不足が深刻化した時期なので、黙っていても注文が来るようになった。以後、省力化・揚げ物油の節減・燃費の節約を製品開発の柱にし、客の注文に合わせたカスタム・メード的な生産で発展してきた。新機種の開発にも意欲的で、豆腐関係だけでなく、かた焼きそば、かりん糖、てんぷら、ポテトチップ用の機械も開発した。70年ごろからフライヤーの東南アジアやアメリカへの輸出も始め、取材時点ではヨーロッパへの進出も視野に入れていた。

　梶原工業（株）（従業員200人、東京都台東区、2010年取材）は加熱撹拌（熱

第2章　高度成長期の中小企業（1955〜73年）

しながらかき混ぜる）を原理とする食品機械を専門にしている。例えば、あん
こやレトルトカレーを作る機械である。この企業の発展の基になったのが、
1960年に開発した焦げない製餡機だった。従来の機械は固定された中心軸を
持つ羽根の回転で、鍋の中の餡をかき混ぜていたため、中心軸の真下の餡がよ
くかき混ざらず、焦げてしまい、餡の風味を損ねていた。これを解決するため、
羽根が回転しながら鍋の底を円状に動く方式を開発した。これで鍋のどの部分
の餡もよくかき混ぜることができる。この方式は、経営者が夜行列車で天井の
扇風機が回転しながら首を振っているのを見て思いついたという。この当時は
零細企業だったが、以後、顧客に密着し、顧客の困りごとを情報としながら種々
の「加熱撹拌」機械の開発を続け、この分野の食品機械専門メーカーとして成
長していくことになる。

　量産型中小企業の企業家活動は生産技術に偏り、しかも大企業の影響を大き
く受けていた。それに対し、これらの例のように、高能力型零細企業は需要情
報発見活動も活発で、技術情報発見活動に関しても自立的であり、「独自市場」
を構築した中小企業が少なくなかった。量産型中小企業が「半企業家的中小企
業」であったのに対し、規模は小さいとはいえ高能力型零細企業は企業家活動
を十全に展開している「企業家的中小企業」と言える。

(5)　制御された企業家活動：中小企業の従属的発展

　企業家的な高能力型零細企業が層として発生したことは、日本の中小企業発
展史上、大きな意味を持つ。しかし、その発展が見られたのは大企業を頂点と
する取引の流れからはずれた、再生産構造上の周辺分野が多かった。大企業体
制は中小企業の企業家活動を廃絶はしないが、狭い領域に封じこめたと言える。

　その一方、量産型中小企業の多くは、大企業と直接・間接に取引を結ぶこと
により再生産構造の中枢につながり、中小企業発展の主流となった。その多く
は市場を大企業に依存する「半企業家的中小企業」であり、企業家活動の中心
となった技術活動も大企業への依存が強かった。したがって、総体的に見れば、
大企業への市場、技術両面での従属的発展が、高度成長期の中小企業の特徴と
言える。

　第Ⅰ部で、中小企業は「境界制御（周辺制御）の原理」により、大企業体制
に統合されていると述べた。寡占大企業は中小企業の企業家活動を廃絶しない

269

第Ⅱ部　戦後中小企業発展史・問題史

が、企業家活動の作用範囲を制限したり、作用方向を制御する（→138頁）。以上のような高能力型零細企業の活動分野の制限、量産型中小企業の企業家活動の限界は、この原理の作用を示すものである。

6．二重構造から先進国型中小企業問題へ
(1)　二重構造の解消

　本書では、「二重構造」を「低賃金に依存する近代化の遅れた中小企業が広範に存在し、近代的な大企業と対照をなしている」という現象を指すものとした（→178頁）。1960年代に入り、この現象に大きな変化が現れた。大企業と中小企業の賃金格差の縮小が始まり、特に若年層に関しては大きく改善した（前掲図表Ⅱ-2-34）。賃金上昇にも触発され、機械工業を中心に中小企業の設備投資は活発化し、技術の専門化も進み、付加価値生産性格差の縮小も見られた（図表Ⅱ-2-41）。このような中小企業の発展を代表するものとして量産型中小企業と高能力型零細企業という近代的中小企業が生まれ、他方で、低賃金依存の半失業型「停滞中小企業」の淘汰が進み、もはや中小企業の多数を占めるもの

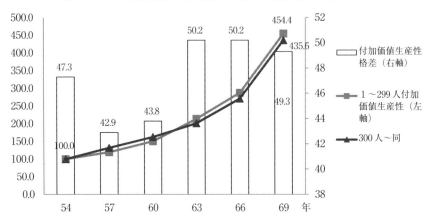

図表Ⅱ-2-41　付加価値生産性格差等の推移（製造業）1954〜69年

注1)　従業者「1〜299人」と「300人〜」の事業所の比較。
注2)　付加価値生産性＝年間付加価値額（1〜9人は粗付加価値額）÷従業者数、1954年を100とした指数。
注3)　「付加価値生産性格差」は「300人〜」の付加価値生産性を100とした場合の「1〜299人」の付加価値生産性。
資料)　経済産業省「工業統計表」のうち、総務省「事業所統計調査」の実施年次のものを選択し作成。

第 2 章 高度成長期の中小企業 (1955 〜 73 年)

ではなくなった。

以上の結果、『中小企業白書 1980 年版』によると、60 年代以降、日本の中小製造業の付加価値生産性の上昇率はアメリカを大きく上回り、両者間の格差は急速に縮小した（同書：第 2-1-6 表）。こうして、日本の中小企業は 60 年代を通じて近代化を達成し、上記のような意味での二重構造は解消した。

(2)　先進国型中小企業問題へ

だが、これは中小企業問題の解決を意味するものではない。高度成長期には収奪問題と市場問題は緩和したが、解消したわけでは毛頭ない。資金難は 60 年代後半、緩和の兆しが現れたが、大企業への融資集中という構造は基本的には変わらなかった。大企業への優先吸収による労働力不足・賃金上昇は中小企業の存立基盤を揺るがした。このような中小企業問題があるため、60 年代前半に縮小したとはいえ、69 年現在大企業・中小企業間の付加価値生産性格差はまだ大きい（図表 II-2-41）。賃金格差も若年層での格差が大幅に改善したが、平均賃金の規模間格差は依然歴然としている（前掲図表 II-2-33）。中小企業は中・高年者、主婦など浮動的な低賃金縁辺労働力の割合を高めざるをえなかったからである。

二重構造の解消は、日本の中小企業問題が近代的な中小企業を前提にした先進国型の中小企業問題へ移行したことを意味するだけである。これに関連して、中村秀一郎の見解を問題にしたい。中村は 1960 年代における中堅企業の発展を「中小企業問題の自動的解決を示すものではないが、企業レベルでそれぞれ自主的に解決している見本をわれわれに示している」（中村［1964］：5）とした。あるいは、「中堅企業の群生は…近代化されつつある革新的な中小企業の中に広い裾野を持っており、まさに中小企業問題解決の一つの客観的基礎を形成するもの」とした（中村［1968］：211、212）。

中堅企業や「近代化されつつある革新的な中小企業」の発生が、中小企業問題の解決につながるかのような主張だが、それは二重構造の解消を意味するだけである。中小企業問題は大企業体制に起因するから、中小企業の近代化＝中小企業問題の解決ではなく、近代化された中小企業もまた中小企業問題を課せられる。第 3 章、4 章で見るように、70 年代半ば以降、中小企業問題は新たな展開を見せるのである。

271

第Ⅱ部　戦後中小企業発展史・問題史

資本主義の現実の変化の中から新たな社会の芽を見つけようとした、中堅企業論における中村の視角は建設的だが、中村はこの視角のみを異常に拡張してしまい、氏もかつて持っていた矛盾視角を縮小してしまった（佐藤［1968]）。生産力視点のみに立ち生産関係視点を捨て去ってしまったと言ってもよい。

第4節　中小企業の役割

1．サポーティング・インダストリー

（1）　従来の役割の消失

　戦後復興期、中小企業は失業者の吸収と輸出の担い手という役割を果たした。重化学工業の爆発的発展を基盤とする「戦後大企業体制」の確立・拡充は、中小企業の経済上の役割を大きく変えた。

　まず、高度成長による労働力不足経済化により、失業者を吸収し、社会的安定を保つという中小企業の役割は消失した。

　また、大企業主導の輸出構造の重化学工業化により、中小企業は輸出の主役の座から落ちた。中小企業の推定輸出額は1960年8,100億円から70年2兆5,500億円と3.1倍になったが、大企業は6,100億円から4兆2,400億円、7.0倍へ急増した（『中小企業白書1972年版』：2-2図）。その結果、輸出工業品に占める中小企業の割合は65年には50％を切り、71年には35.5％へ低下した（前掲図表Ⅱ-1-19）。わが国は64年に貿易収支の黒字転換を果たしたが、そのとき、輸出の主役は大企業になったのである。

　中小企業の輸出に占める割合の低下は、大企業製品の輸出急増だけが原因ではない。60年代に入り労働集約的な消費財生産で輸出志向型工業化を進めてきた韓国、台湾、香港、シンガポールといった、後にアジアNIEsと呼ばれる国・地域の製品が、アメリカなどの海外市場でシェアを拡大したことも影響している（→222頁）。日本製品は低賃金を武器に輸出を伸ばしてきたが、高度成長期の賃金上昇により価格競争力が低下し、日本より賃金水準の低い発展途上国に市場を奪われ始めた[*]。

　　[*]中小企業製品でも実用車からスポーツ車に比重を移した自転車、外衣用生地として高級化したメリヤス、フリクション式やゼンマイ式に比べれば技術の高度な電動式金属玩具など、高級化で輸出を伸ばしたものもあるが、限られていた。

第2章　高度成長期の中小企業（1955 ～ 73 年）

（2）　サポーティング・インダストリーへ

　中小企業は輸出の主役から降りる一方、大企業に部品や設備を供給するいわゆるサポーティング・インダストリーとして大企業の国際競争力を補強する役割を果たすようになった。

　アメリカでは大企業の垂直統合度が高いのに対し、日本では大企業の外製比率が高い。例えば、自動車メーカーの場合、1980 年代まで GM の外製比率は30％、フォードは 50％と言われているのに対し、日本の自動車メーカーの外製比率は 70 ～ 80％であり、その外製部品のかなりの部分は中小企業に外注されている。自動車以外の機械工業や繊維関連工業でも、日本の大企業の外製比率は高い。アメリカでは大企業の工場内に統合されている各種工程が、日本では外注を通じて多数の中小企業により担われている。アメリカの分業組織が工場内分業型であるのに対し日本は社会的分業型、アメリカの大企業が一貫生産型であるのに対し日本は外注依存型と言える。

　この大企業の中小企業への外注依存の高いことが、大企業の国際競争力を高めた。それは次のような日本独特の下請関係の形成によってである。

（3）　日本的下請関係の特徴

　下請関係はどの先進国でも見られるが、日本のそれは、下請企業が親企業に専属化し、長期継続的な取引を行う系列的下請関係を特徴とする（→ 166 頁）。この下請関係は、親企業に組織内取引と市場取引の 2 つのメリットを与えるものだった。親企業はあたかも内部組織の一部であるかのごとく、下請企業と取引コストをかけずに取引できる。だが、下請企業はあくまで親企業とは別企業であり、親企業は外注利用による資本節約だけでなく、下請企業相互を競わせることにより技術水準引き上げ・コスト削減などを行える。このような仕組みにより、技術の優れた中小企業（その代表が量産型中小企業）が部品を親企業の要求に柔軟に、かつ低コスト・高品質で供給するようになった。

　以上に加え、機械工業では次の特徴も見られた。機械工業では完成品企業を頂点とする系列的下請関係の下部で、部品企業からの発注で部品の一部分の加工を行っている企業がある。部品企業と加工中小企業との間でも系列的な関係が見られるが、加工中小企業の中には特定企業に限定されず、機械工業横断的に各種部品に対し共通加工を行っている企業がある。これらは機械工業の多数

273

第Ⅱ部　戦後中小企業発展史・問題史

の部品企業に（場合によっては完成品企業にも）共有されている企業群と言える。その機能は発注元に対しルーティン的に部品加工を提供することでなく、発注元企業のイレギュラーな必要、例えば、生産急拡大の必要、納期短縮の必要、非定形的な特殊加工の必要などを満たすことにある。一企業だけで対応できないニーズには「仲間でまわす」、つまり他の加工企業に応援を求める。以上のようにして、発注元の生産を柔軟的にするのがこの企業群の役割である。専属的な取引関係を特徴とする系列的下請関係は、その下部として系列横断的（機械工業横断的）な共通基盤を持つことにより、その柔軟性を一層増している*。

　　*以上については渡辺［1997］の機械工業に関する「山脈的社会的分業構造」論を参照
　　している（同書：第8章）。この考え方によると別々の峰を形成しているように見える系
　　列的下請関係は、共通の裾野を持つ連峰として捉えられる。

　以上のような中小企業が担う下請関係は、中小企業の大企業への従属という問題をはらみながらも、一貫生産型のアメリカ大企業には見られない強みとして、日本の大企業の国際競争力を高めた。大企業の輸出・生産は拡大し、それと共に下請関係に入り込む中小企業も増加、中小製造業における下請企業の割合は1966年53.3％から1981年65.5％へ伸び続け（後掲図表Ⅱ-3-44）、量的にも中小企業はサポーティング・インダストリーとしての機能を高めた。

2.「経済民主主義の担い手」は？

　中小企業には経済的役割だけでなく社会的役割があり、その中でも重要なものとして「経済民主主義の担い手」を挙げた。だが、戦後復興期の中小企業は「停滞中小企業」が多く、大企業への対抗力になる力はなく、「経済民主主義」への逆行が起きた（→ 198頁）。

　高度成長期に出現した高能力型零細企業は独自の市場と価格形成力を持ち、経済力分散の担い手としての資格を持つものだった。だが、その存在分野は再生産構造上の周辺分野に多く、やはり、「経済民主主義」を推進する力は不足していた。一方、革新的中小企業の主流をなす量産型中小企業は、大企業の系列下に編成され、大企業への経済力集中に貢献するか、成長して大企業体制の一角をなすことになった。中村秀一郎は「典型的な中堅企業の存立それ自身は、現代日本資本主義の本格的工業社会——大衆社会現象の集中的表現の一つであ

り、革新政党のいう民主主義より広い意味での戦後民主主義社会環境の一つの基盤である」（中村［1964］：iv）と述べたが、量産型中小企業から成長した中堅企業がこのような社会的役割を果たしたとは言えず、中村の期待は裏切られたのではないだろうか。

このように、この時期に進んだ中小企業の革新は「経済民主主義」を推進せず、逆に「戦後大企業体制」を補強した。

第3章 減速経済期の中小企業（1974～90年）

第1節 減速経済化、円高、産業組織の変化

　高度成長により中小企業問題のうち収奪問題、市場問題は緩和したが、1970年代の後半、中小企業問題はまた悪化に向かった。図表Ⅱ-3-1によると、負債金額1千万円以上の年間倒産件数は、70年代初めでは1万件に達してないが、74年から急上昇し1976～86年の間、1万5千件～2万件の高水準を続けている*。86年末からの景気拡大（いわゆる「バブル景気」）でいったん低下したが、90年代に入り再び高水準に戻る（90年代以降については後掲図表Ⅱ-4-2）。この倒産件数推移に象徴されるように、70年代後半は中小企業問題再悪化の時期であり、以後、深刻化した中小企業問題は2010年代の今日に続くことになる。

　　＊1970年代はインフレが進行したため、年次の進行とともに従来ならば負債金額1千万円未満の倒産もこの統計に加わってくる。また、年とともに企業数も増加する。これらも倒産企業数を増加させたことを考慮しなくてはならないが、70年代央からの倒産件数急増が主に経済変動に起因していることは明らかである。

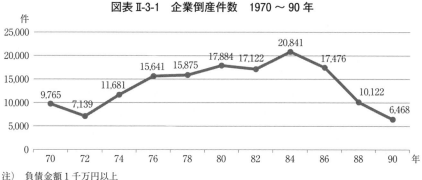

図表Ⅱ-3-1　企業倒産件数　1970～90年

注）　負債金額1千万円以上
資料）　東京商工リサーチ「全国企業倒産状況」http://www.tsr-net.co.jp/news/status/transition/ より作成。

　その一方、70年代後半以降は、需要の高度化・多様化という中小企業に有利な変化と中小企業の経営者能力の向上のため、中小企業の企業家活動が活発

化したことも見逃せない。この時期には中小企業問題の悪化と企業家活動の活発化が同時に生じたのである。

以下ではまず、中小企業問題の悪化を取り上げ、それをもたらした減速経済化と円高の経緯（これらについては大筋を井村［2000］に依拠している）および60年代後半から始まっていた産業組織の変化について説明する。

1. 減速経済化と高加工度化

高度成長と重化学工業化を進めたのは、「設備投資が設備投資を呼ぶ効果」による重化学工業各分野への設備投資の波及だった。その結果、生産手段が個人消費から独立的に増加し、膨大な生産能力が蓄積された。生産設備の過剰化はベトナム戦争による輸出拡大を見込んだ大型化設備投資（1960年代後半）で引き伸ばされていたが、73年1月のパリ和平協定により、アメリカはベトナムから完全撤兵した。日本は後述のニクソン新政策に対処し、景気刺激策を続けたため、設備投資がなおも拡大したが、73年10月、石油ショックの勃発で物価が急騰、同じく景気刺激策をとっていた各国と共に総需要抑制策への転換を余儀なくされた。設備は一挙に過剰化し、日本と世界は1974・75年に大不況に陥った。特に、直前までより強力な景気刺激で設備投資を促進していた日本の落ち込みは激しく、戦後初のマイナス成長に転落した（1974年）。

重化学工業化による産業拡大の限界がここで顕在化したが、一方で、アメリカで開発されたME（マイクロ・エレクトロニクス）技術が新産業、新生産方法の種として出現していた。日本は1974・75年不況を脱出すべく、減量経営を徹底する一方、70年代末、次のa～dに大別されるME技術革新投資（ME化）に一斉に突き進んだ。これは既存市場での価格競争を避け、新市場拡大が見込まれる場合、争って大規模投資に突き進む寡占大企業特有の行動と言える。

a. ME部品である半導体素子、IC、MPU、マイコンなどの改良

b. ME技術・ME部品を応用した各種機械器具の開発（プロダクト・イノベーション）

c. 生産過程へのME技術・ME機器の導入（プロセス・イノベーション）

d. 金融、通信、流通、サービス等への情報処理・通信機能を中心とするME技術・ME機器の導入

日本はaについてDRAMで最先端製品を開発し続け、市場を席巻、bに関

第 3 章　減速経済期の中小企業（1974 ～ 90 年）

しては VTR、産業ロボット、パソコン、オフコン、ワープロ、コピー機、コ
ンパクトディスク、ビデオディスク等々、新機種開発の先頭に立ち、c では産
業ロボット、FMS、CAD/CAM などの導入で生産性を高め、d では金融取引
のための情報・通信システム、ディーリング・システム、決済システムのグロ
ーバルネットワーク化の構築などを進めた（井村［2000］：358-363）。

　この ME 化は高度成長期に重化学工業化と共に進行していた産業の高加工
度化（→ 205 頁）を産業構造変化の基調へと押し上げた（なお、この期に進ん
だ需要の高度化・多様化も高加工度化を推進した→ 323 頁）。図表 II-3-2 の「全
体」を見ると、1980 年からの 13 年間に全産業出荷額に占める重化学工業加工
組立型産業の割合が 11.9 ポイントも高まっている。これは半導体産業や ME
化された機械工業が急発展した結果である。他方、重化学工業素材型は 13 年
間で全産業出荷額に占める割合が 10.9 ポイントも低下した。結果、重化学工
業化の指標としていた重化学工業計の出荷額比率は 1980 年 64.4％、1993 年
65.4％となり、重化学工業化の進展はとまった。また、重化学工業ほど劇的で
はないが、軽工業においても加工組立型の比重の増加・素材型の低下が見られ、
重化学工業と軽工業を合わせた加工組立型の割合は 1980 年 48.1％から 93 年

図表 II-3-2　従業者規模別加工組立型・素材型の全製造業における
割合変化（「製造品出荷額等」ベース）1980 ～ 93 年

単位：％

	全体			1 ～ 19 人			20 ～ 299 人			300 人以上		
	1980	1993	増減	1980	1993	増減	1980	1993	増減	1980	1993	増減
重化学工業加工組立型	36.8	48.7	11.9	29.0	34.6	5.6	29.0	35.7	6.7	45.2	63.2	18.0
重化学工業素材型	27.6	16.7	-10.9	8.3	7.1	-1.2	20.2	15.0	-5.2	38.7	20.4	-18.3
軽工業加工組立型	11.3	13.2	1.9	22.8	25.0	2.2	14.4	16.8	2.4	5.8	7.4	1.6
軽工業素材型	24.4	21.4	-3.0	39.9	33.3	-6.6	36.5	32.6	-3.9	10.3	9.0	-1.3
全製造業	100.0	100.0	—	100.0	100.0	—	100.0	100.0	—	100.0	100.0	—

注）　重化学工業加工組立型：金属製品、一般機械器具、電気機械器具、輸送用機械器具、武器
　　　重化学工業素材型：化学工業、石油製品・石炭製品、鉄鋼、非鉄金属
　　　軽工業加工組立型：衣服・その他繊維製品、家具・装備品、出版・印刷・同関連産業、プラスチック製品
　　　軽工業素材型：食料品、飲料・飼料・タバコ、繊維、木材・木製品、パルプ・紙・紙加工品、なめし皮・同
　　　製品・毛皮、窯業・土石製品
資料）　経済産業省「工業統計表」（各年版）より作成。
出典）　中小企業事業団・中小企業研究所編［1992b］：図表 II-1-3、II-1-7、中小企業総合研究機構編［1996］：図
　　　表 II-1-2、II-2-1 を再編。なお、以上の 2 書は筆者が企画し、執筆編集したものである。

279

61.9％へ大きく上昇し、重化学工業化に代わり高加工度化が産業構造変化の基調になった＊。なお、図表Ⅱ-3-2における従業者規模別の動向については後で触れる（→ 325 頁）。

> ＊1970 年代に入ると産業政策では耐久消費財市場の飽和化、日米貿易摩擦の激化などから重化学工業化の行き詰まりが意識され、知識集約型産業構造の形成が打ち出された（産業構造審議会中間答申「70 年代の通商産業政策の基本方向はいかにあるべきか」1971 年5 月、通称「70 年代通産政策ビジョン」）。知識集約型産業とは知識労働の投入度の高い産業のことで、高加工度産業を経営資源の面から見たものである。こういう産業政策の新路線出現は産業の高加工度化の反映と言える。

産業構造変化の方向を変えた活発な ME 化は、国内完結型生産体制を通じ、設備投資の連鎖を起こし、日本は他先進国より高い成長率を維持した。とはいえ、高度成長期の設備投資が種々の重化学工業を創出・拡大したのに対し、ME 化は基本的には高度成長期に創出された産業を革新・拡大するものにすぎなかった。このため、実質 GDP 年平均成長率は 1956 〜 73 年の 9.3％から 1974 〜 90 年の 4.1％へ低下、減速経済が定着した（図表Ⅱ-3-3）。製造業全体の出荷額の年平均伸び率も 1975 〜 78 年に激減、その後も年を追って低下し、いわゆる「バブル景気」末期にようやく上昇している。事業所規模別に見ても大体同じ傾向をたどっており、共通して市場が窮屈になっている（図表Ⅱ-3-4）。

70 年代後半に入り、大企業も中小企業も市場拡大は鈍化し、大企業は中小企業への圧力を強め、中小企業は相互の競争を激化させた。

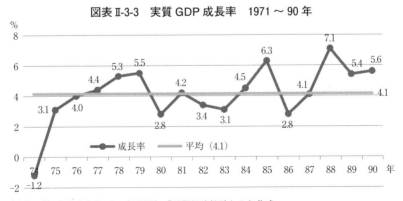

図表Ⅱ-3-3　実質 GDP 成長率　1971 〜 90 年

資料）『経済財政白書 2017 年度版』：「長期経済統計」より作成。

第3章　減速経済期の中小企業（1974〜90年）

図表II-3-4　出荷額年平均伸び率（製造業）　1954〜90年

単位：%

	1954〜72年	1972〜75	1975〜78	1978〜83	1983〜85	1985〜88	1988〜90
全体	15.3	16.4	8.9	7.7	6.1	1.1	8.5
1〜9人	13.8	18.2	10.5	6.3	1.7	2.2	5.7
10〜19人	14.0	16.3	6.7	6.1	2.2	2.3	7.2
20〜99人	14.7	16.8	11.8	7.4	5.3	1.9	7.8
100〜299人	15.4	15.4	9.9	8.2	6.0	3.2	8.5
300人〜	16.0	16.3	7.4	8.1	7.5	-0.2	9.3
うち1,000人以上	16.3	15.0	7.2	7.6	8.6	-0.3	10.6

資料）　経済産業省「工業統計表」のうち1960、70年代は総務省「事業所・企業統計調査」の実施年次、1980年代以降は全数調査年次のものを選択し作成。

2. 円高の勃発・進行

　減速経済への突入に先立って国際経済の枠組みに大きな変化が起きていた。アメリカの国際収支は巨額の対外軍事支出・対外援助により朝鮮戦争以後、ほぼ毎年赤字を続け、1957年以降、金の継続的流出が始まった。71年、国際収支の赤字を減殺していた貿易収支も赤字に転落、国際収支危機は極限状態化し、同年8月15日、ニクソン大統領は金・ドル交換停止と10%の輸入課徴金を発表した（ニクソン新政策）。

　金・ドル交換が停止されたとはいえ、ドルを基軸通貨として維持せざるをえない各国は、ドルに対し黒字国の通貨を切り上げる形で固定相場制を再編することに合意（スミソニアン合意、12月）、49年以来22年間維持されてきた1ドル＝360円の為替レートは、1ドル＝308円に引き上げられた。この切り上げ率16.9%は世界で最も大幅だった。

　ところが、アメリカは国際収支改善の努力をするどころか、金・ドル交換のくびきから解放されたのをよいことに通貨供給を増やし、景気刺激策をとったため、インフレと国際収支悪化が進んだ。ドル不信からドル売りが激化、各国は固定相場制を維持できず、73年3月、日本、ヨーロッパ諸国は変動相場制に移行した。ここにIMF体制の柱であった金・ドル交換と固定為替相場制は崩壊し、円レートは一挙に1ドル＝265円に引き上げられた（73年5月）。円高はこれにとどまらず、図表II-3-5のように70年代後半と80年代後半に上げ幅をさらに拡大した。

281

図表Ⅱ-3-5　円高局面の比較

円高局面	対ドルレート		実効レート1	実効レート2	景気局面
	変化	変化率 (月平均)	変化率 (月平均)	変化率 (月平均)	
71年8月 〜72年3月 (ニクソン・ショック後)	357.52 ↓ 302.44	18.2% (2.42%)	−% (−%)	−% (−%)	列島改造景気 (71年12月 〜73年11月)
75年12月 〜78年10月	305.70 ↓ 183.95	66.2% (1.51%)	−% (−%)	59.0% (1.37%)	第1次石油危機後 の回復期 (75年3月 〜77年1月)
85年2月 〜88年1月	260.24 ↓ 127.56	104.0% (2.06%)	72.7% (1.57%)	94.1% (1.91%)	円高不況 (85年6月 〜86年11月)
85年9月 〜86年4月 (プラザ合意以降)	236.95 ↓ 175.62	34.9% (4.37%)	26.8% (3.45%)	33.1% (4.17%)	平成景気 (86年11月 〜91年4月)
93年1月 〜93年8月	125.01 ↓ 103.71	20.5% (2.70%)	26.1% (3.36%)	22.2% (2.91%)	景気後退局面 (91年4月 〜93年10月)
94年1月 〜94年7月	111.51 ↓ 98.50	13.2% (2.09%)	12.2% (1.94%)	11.0% (1.75%)	景気回復局面 (93年10月〜)
95年1月 〜95年5月	99.75 ↓ 85.10	17.2% (4.05%)	14.7% (3.48%)	−% (−%)	

(備考)　1.　大蔵省「貿易統計」、IMF「International Financial Statistics」等により作成。
　　　　2.　変化率はいずれも IMF 方式による。
　　　　3.　実効レート1は、JPMorgan 作成の OECD、NIEs、ラテンアメリカ等44か国に対する日本の実効
　　　　　　レート。実効レート2は、アメリカ、イギリス、ドイツ、フランス、イタリア、中国、香港、韓国、
　　　　　　シンガポール、タイ、マレイシア、インドネシア、フィリピンの為替レートを、90年の日本の各地域
　　　　　　との貿易額で加重平均して作成したもの。その際、ドイツマルクはドイツ及び上記以外の EU 諸国と
　　　　　　の貿易額により、米ドルは、アメリカ及びカナダ、オーストリア、ニュージーランド、南アフリカ、
　　　　　　ラテンアメリカ、中近東との貿易額によりそれぞれウェイト付けした。
　　　　4.　対ドルレートは、東京市場におけるインターバンク中心相場の平均。
出典)　『経済白書1995年』：第1-9-1表

　重要なのは、円高の勃発にもかかわらず、日本の大企業は70年代後半から先進資本主義国とアジア NIEs 向け輸出を爆発的に拡大、その後も伸ばし続け、輸出志向という「戦後大企業体制」の特徴はますます先鋭化したことである。その原因は、アメリカは国内のインフレ、軍需・宇宙関係に偏った技術開発、多国籍企業化による国内での設備投資の遅れなどで産業を弱体化させたのに対し、日本の大企業は ME 化にまい進し、国際競争力を益々強化したことである。

第3章 減速経済期の中小企業（1974〜90年）

輸出伸張は円高を呼ぶが、ME技術革新によってそれを突破し、輸出を伸ばす、それがまた次の円高を用意することになった。金・ドル交換停止・変動相場制により、為替レートは投機的な資本の動きや各国の金融・財政政策の強い影響を受けるようになったが、このようなME化による大企業の先鋭化する輸出が円高基調を創り出した。留意すべきは、輸出拡大はME化された機械、自動車など一部少数品目に集中し（いわゆる集中豪雨的な輸出拡大）、それを担っていたのは少数の巨大企業だったことである。1988年には輸出額上位20社で輸出総額の4割強を、上位30社で5割も占めた（井村［2000］：408）。中小企業に重大な影響を及ぼす円高は、高度成長期の中小企業の労働力不足・賃金上昇と同じく、自然現象ではなく、寡占大企業の行動によって生み出されたのである。

3. 産業組織の変化

(1) 独占的市場構造の強化

減速経済化・円高と共に、1960年代後半に始まった産業組織の変化も、中小企業問題悪化の要因となった。

すでに述べたように、60年代央に主要産業部門で独占的市場構造が確立したが、生産集中度は新産業開発的な競争的設備投資の結果、戦前及び戦後の50年代前半より低下していた（→206頁）。新産業開発投資が一段落し、60年代後半に大型化設備投資と寡占大企業同士の合併・提携が進むと（→同）、生産集中度は上昇に向かった。図表II-3-6によると、各商品の上位10社生産集中度が1957年度（昭和32年度）から64年度（同39年度）へかけてはほとんどの商品で低下しているのに対し、1964年度（同39年度）から70年度（同45年度）にかけては上昇した商品が大半を占めている。

また、大型化設備投資は参入障壁も引き上げた。世界の大型高炉上位10基のうち日本が9基を占めるなど、生産設備の巨大化が進み、新規参入者がこれに負けない設備投資を行うと、供給量の一挙増加で価格が低下する構造ができた。これにより参入期待利潤率が低下し、寡占大企業でも新規参入が困難となった*。

　　* 『経済白書1974年』も生産財産業での設備の巨大化が新規参入を困難化したと指摘
　　している。その理由に設備の建設資金の巨額化を挙げるが、これは中小企業や資金調達力

第Ⅱ部　戦後中小企業発展史・問題史

図表Ⅱ-3-6　上位10社集中度の推移

1　バター	11　塩化ビニル樹脂	21　アルミニウム地金
2　グルタミン酸ソーダ	12　合成繊維	22　電線ケーブル
3　砂糖	13　石油製品	23　フライス盤
4　ビール	14　自動車タイヤチューブ	24　織機
5　純綿糸	15　板ガラス	25　ベアリング
6　綿織物	16　セメント	26　テレビ受像機
7　板紙	17　粗鋼	27　乗用車
8　硫安	18　普通鋼熱間圧延鋼材	28　旋盤
9　硫酸	19　ステンレス	29　冷延鋼板
10　合成染料	20　電気鋼	30　小麦粉

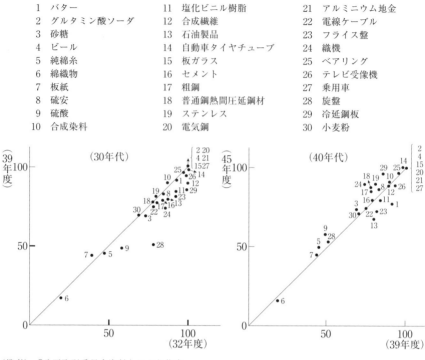

(備考)　「公正取引委員会資料」により作成。
出典)　『経済白書1974年』：第Ⅱ-2-1図、年次は昭和。

の相対的に劣る大企業に対する参入障壁になるが、資金調達力が強大な寡占大企業には参入障壁にはならない。寡占大企業に対しては、このような事情が参入障壁を高めたと考えるべきである（→90頁）。

(2)　寡占大企業の市場管理行動の積極化

　こうして独占的市場構造（高い市場集中度と高い参入障壁からなる市場構造）が一層強化され、これと市場拡大鈍化の見通しが相まって寡占大企業の市場管理行動が積極化した。
　第1は慎重な投資行動と流通過程管理に基づく価格管理の強化（価格引き上げ）である。『経済白書1974年』によると、1960年代後半、売上高順位と投資額順位との相関係数は多くの業種で上昇し（図表Ⅱ-3-7）、売上高順位に沿って投資が調整されるようになった（政府介入による官民協調的投資もこの動き

図表 II-3-7　業種別に見た売上高と投資との順位相関係数の変化

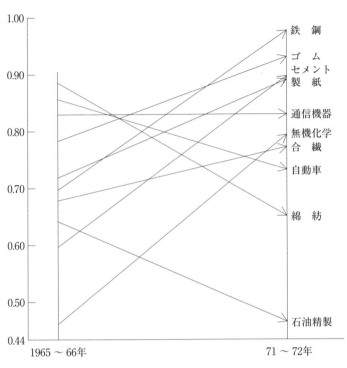

（備考）　三菱総合研究所「企業経営の分析」による。
出典）　『経済白書 1974 年』：第 II-2-7 図

を促進したに違いない→207 頁）。これは他企業のシェアを侵し、価格競争を呼ぶのを避けるためである。また、白書は、投資の需要弾力性も低下し（市場拡大に対し投資が抑制的になる）、企業利潤の形成について、数量拡大に比べ価格上昇の影響が大きくなったとしている。白書の表現は穏便だが、寡占大企業の価格引き上げは積極的だった。寡占大企業は 1970 年末の景気後退に対し「不況カルテル」とヤミカルテルの結成に動き、71 年末に粗鋼、エチレンなどの「不況カルテル」が認可されると寡占産業に「カルテル・マインド」が急速に蔓延、73 年 10 月の石油ショック時のヤミカルテル横行につながった（小西[1974]）。結果、従来比較的安定していた卸売物価が急激に騰貴した*。また、白書は、大メーカーが小売店の系列化（家電、化粧品、医薬品など）や流通機構の新設（乗用車など）を行い、小売価格の規制を強めているとも指摘してい

第Ⅱ部　戦後中小企業発展史・問題史

る。このように、寡占大企業は協調的な投資行動をとり、流通過程の管理も強化し、価格引上げによる利潤形成に力を入れるようになった。

> *政府もこれを放置できず、価格カルテル・数量カルテルに対する課徴金制度の新設、独占的状態に対する排除措置の復活、高度寡占産業における同調的値上げに対する抑制策、巨大企業の株式保有の総量規制・金融会社の株式保有率の制限引き上げなど、戦後初めて「独占禁止法」の強化改正を行った（1977年）。

　第2に、大企業が1974・75年不況をきっかけに購入寡占の力も一層強め、特に自動車工業では下請単価に関する管理を従来以上に厳格化した（→ 293頁）。販売、購入双方に関し価格管理が強化されたのである。

　第3は、需要管理行動の積極化である。上記白書は、売上高上位企業は広告費支出の累積効果でブランド知名度を高めたこと、競争において製品差別化（ブランド・イメージの向上、多品種化、アフター・サービス強化等）のウエイトが高まったことを指摘する。これに、70年代、自動車メーカーが乗用車の計画的なモデルチェンジを展開するなど（→ 104頁）、耐久消費財メーカーによる製品変更政策の活発化も付け加えたい。

　第4は、大企業が市場多角化を積極化したことである。市場多角化は市場の拡張と同時に個々の市場の変動を相殺し、販売の不確実性を低めるという効果も持つから、この意味で市場管理の一環をなす（→ 106頁）。市場多角化には製品多角化と地理的多角化がある。高度成長期は専業型大企業が多かったが、70年代に入ると大企業は減速経済化を背景に製品多角化を進め、専業型から多角化型へ移行する企業が増えた（→ 107頁）。この製品多角化の一環として、大企業は中小企業分野にも進出することになった。また、先に70年代後半における大企業の輸出急拡大を指摘したが、海外市場への進出は市場の地理的多角化であり、国内市場拡大鈍化に対処する市場管理行動の一環でもある。

　以上のように、1960年代後半から70年代にかけて、独占的市場構造が強化され、寡占大企業の市場管理行動——価格管理、需要管理（販売促進活動、製品変更政策）、市場多角化——が積極化した。高度成長期と異なり、減速経済化・円高により中小企業市場の拡大は鈍化したため、中小企業はこの大企業の市場管理行動の圧力をかわすことができず、次のように、中小企業問題が悪化した。

第2節　中小企業問題

1. 収奪問題の再登場
(1)「原料高・製品安」の進行
①相対価格の悪化

　減速経済化により、中小企業は1960年代後半から進んでいた大企業の価格管理力の強化を製品価格引き上げでかわすことが困難となり、中小企業の「原料高・製品安」問題が浮上した。それを示すのが図表II-3-8、II-3-9である。

　これは大企業、中小企業別に、3カ月前に比べ販売（仕入）価格が「上昇」したとする企業割合から「低下」したとする企業割合を引いたものである（以下、販売価格DI、仕入価格DIと呼ぶ）。DIは価格の動きを直接示すものではないが、国内市場向けの、主として生産者出荷段階での価格を示す国内企業物価指数（図表II-3-10）と大体同じ動きとなっている。

　日本は1972年春から、通貨供給量の拡大、不況カルテル・ヤミカルテルの増加により、物価が急上昇したが、74年に不況に突入すると、図表II-3-8が示すように、販売価格DIが急落、以後70年代後半はプラスとマイナスの間で上下動を繰り返し、81年以降マイナスに定着、特に86年からの円高不況では大きく落ち込んだ。このような動きは大企業、中小企業に共通とはいえ、1974

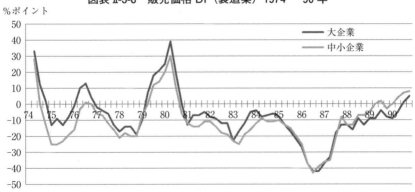

図表II-3-8　販売価格DI（製造業）1974～90年

注1）　各年3、6、9、12月のデータ（74年は3月を除く）で3カ月前との比較。
　2）　大企業：資本金10億円以上、中小企業：同2千万円以上1億円未満。
資料）　日本銀行「短期経済観測」より作成。

図表 Ⅱ-3-9　仕入価格 DI（製造業）1974 ～ 90 年

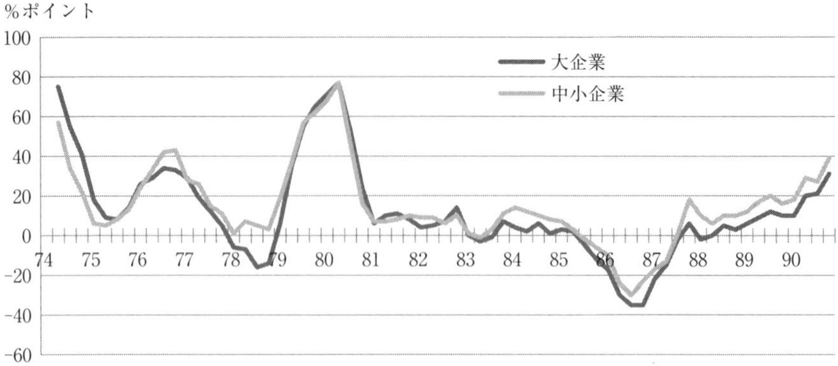

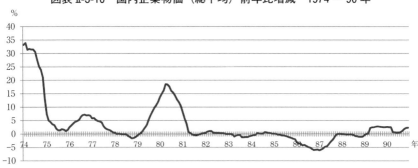

注)、資料)　図表Ⅱ-3-8 と同じ。

図表 Ⅱ-3-10　国内企業物価（総平均）前年比増減　1974 ～ 90 年

注)　対前年同月比
資料)　日本銀行「企業物価指数」（時系列データ統計検索サイト）より作成。

～ 84 年を見ると大企業の販売価格 DI は中小企業より常に高い。中小企業販売価格 DI が大企業を上回ったのは 80 年代末のみであり、中小企業は大企業に比べ販売価格の低下圧力を強く受けているのが明らかである。寡占大企業が価格管理力を高めたのに対し、中小企業は減速経済化により競争が激化し、価格形成力を弱めたからである。

　一方、仕入価格 DI（図表Ⅱ-3-9）については、販売価格ほど両者に差はないものの、中小企業が大企業を上回っている期間が長く、中小企業が大企業より仕入価格の上昇圧力を強く受けているのがうかがわれる。購入市場においても、中小企業は大企業より不利になっている。

第3章 減速経済期の中小企業（1974〜90年）

以上から、中小企業は大企業より「原料高・製品安」が悪化していると言えるが、それをまとめて示すのが図表II-3-11である。「販売価格DI－仕入価格DI」は販売価格DIが仕入れ価格DIの数値より高ければ（低くければ）上がる（下がる）から、相対価格（販売価格／仕入価格）の動きを近似的に示している。例えば、80年代末、中小企業の販売価格DIは大企業より上にあったが、仕入価格DIも上だったため、相対価格は大企業より上昇したとは言えない。「販売価格DI－仕入価格DI」が大企業、中小企業ともほぼ同じであることが、このことを示している。本図表によると「販売価格DI－仕入価格DI」は大企業、中小企業とも悪化しているが、ほとんどすべての期間、大企業が中小企業を上回り（両者の差は「大企業－中小企業」で示されている）、相対価格の変化に関し中小企業の不利が続いていることがわかる。

つまり、大企業は中小企業からより低下した価格で買い、それほど低下していない価格で中小企業に売る。中小企業はそれほど低下していない価格で大企業から買い、より低下した価格で大企業に販売する。一例だが、こういう売買を通じ、中小企業から大企業に価値が移転しているのである。

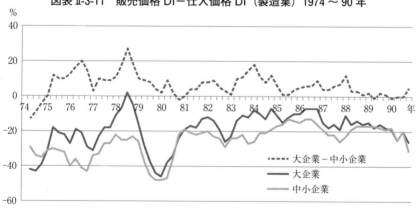

図表II-3-11　販売価格DI－仕入価格DI（製造業）1974〜90年

注1）2）図表II-3-8と同じ。
　　3）「大企業－中小企業」は大企業と中小企業のポイント差。
資料）図表II-3-8と同じ。

②特別利潤の固定化

「原料高・製品安」問題は中小企業の相対価格の悪化だけで発生するのでは

第Ⅱ部　戦後中小企業発展史・問題史

ない。

　生産性上昇でコストを下げても、市場価格がコストほど下がらないと、生産性上昇による特別利潤が発生する。競争が自由に展開されていると次々に同じ技術を採用する企業が現れ、供給の増大から市場価格は低下し、特別利潤は消滅する。しかし、寡占大企業分野のように競争が制限されていると、価格は管理され、コスト低下ほど市場価格は下がらず、特別利潤（の一部）が独占的超過利潤として固定化する。その一方、中小企業は競争が激しいから特別利潤が発生しても固定化できない。

　このように、生産性上昇で寡占大企業の製品価格が下がる場合でも、競争が自由に展開されている場合ほどには低下しないから、大企業製品の購入を通じて中小企業から寡占大企業へ価値が余分に流出する。これは 1960 年代後半にも観察されたが（→ 216 頁）、その時期には中小企業は製品価格を引き上げ、収奪をカバーできた。しかし、70 年代後半以降、寡占大企業は ME 技術革新の急速化で生産性を上げる一方、中小企業の価格引き上げは困難になったから、このような形での「原料高・製品安」問題も生じた。

(2)　下請単価の引下げ

　下請単価は親大企業による直接の規制を受けるので、中小企業の販売価格一般と異なる動きをする。高度成長期、中小企業の価格関係が改善したが、下請単価は改善しなかった。この時期も、外注比率の高い日本の大企業は、外注費削減を労働者削減と並ぶ減量経営の柱としたから、下請単価は上述の中小企業の販売価格を上回る低下圧力を受けることになった。

　下請単価 DI の推移を表す図表Ⅱ-3-12 によると、下請単価 DI は非下請価格より常に低い。下請単価への低下圧力は 70 年代半ばから強くなったが、これは 1975 年 12 月〜 78 年 10 月の円高（1 ドル = 305.70 円→ 1 ドル = 183.95 円）のためである。1979 〜 80 年は好転しているように見えるが、第 2 次石油危機による価格上昇にすぎず、仕入価格も上昇したから（前掲図表Ⅱ-3-9）、採算は改善していない。80 年代前半はレーガン政権によるアメリカの財政赤字拡大・異常高金利により円安に振れたが、第 2 次石油危機による景気後退で低下圧力はさらに強まり、その後景気拡大に転じても（1983、84 年）、DI はマイナスのままである。プラザ合意による急激な円高（1985 年 2 月 1 ドル = 260.24 円

第3章　減速経済期の中小企業（1974〜90年）

→ 88年1月1ドル＝ 127.56円）で不況に陥った86年のDIの落ち込みは、70
年代の景気後退期のすべてを上回った。87年以降のいわゆる「バブル景気」
においてもDIはマイナスを脱せず、バブル末期に一時的に水面上に顔を出し
たにすぎない。

　このように、下請単価低下圧力は常に働き続け、円高や景気後退期に特に強
くなる。この背後には大企業の下請単価管理の厳格化がある。図表Ⅱ-3-13は自

図表Ⅱ-3-12　下請・非下請企業別販売価格DIの推移（「上昇」－「低下」企業割合）

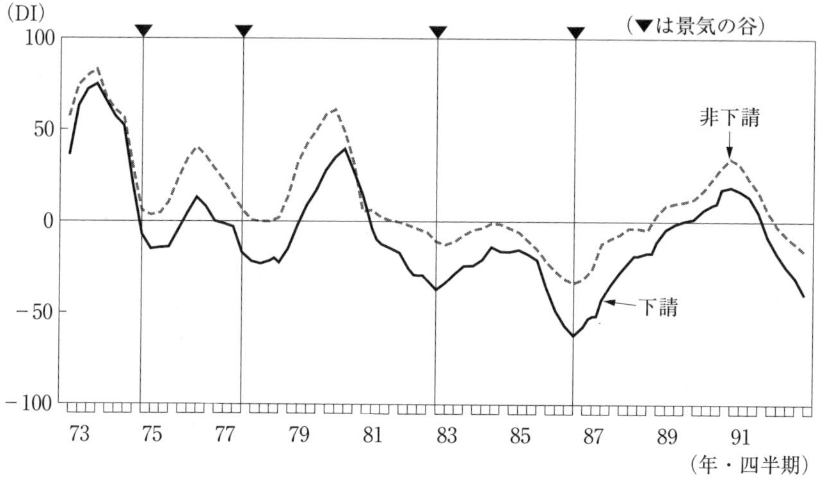

注）下請企業とは下請受注比率が70％以上の企業を言い、非下請企業とは同0％の企業を言う。
資料）中小企業金融公庫「中小企業動向調査」
出典）中小企業金融公庫調査部［1993］：図2-4

図表Ⅱ-3-13　単価切り下げの要請について

単位：％

	①現在要請されており、今後も引き続き行われるだろう	②現在要請されているが、今後は一段落するだろう	③現在動きはないが、今後そうした要請が出てこよう	④現在動きはなく、今後も当分ないだろう
1976年6月末	39.2	12.7	26.0	22.1
1982年6月末	63.3	3.7	24.8	8.1
1988年6月末	54.5	6.0	27.7	11.9

注）　調査対象企業は商工中金取引先のうちの機械関連下請製造業者（機械工業のほか鉄鋼業、非鉄金属製造
　　業、金属製品製造業を含む）。
出典）　商工組合中央金庫調査部［1977］：2-6図、同［1983］：図Ⅱ-8、同［1989］：図表Ⅱ-7

291

動車工業など機械関連工業を対象にしたものだが、①を指摘した企業は76年で4割、82年6割以上、88年5割以上あり、70年代後半以降、多くの下請企業が恒常的に下請単価引下げ要求にさらされていることがわかる。自動車工業における下請単価管理の状況を見てみよう。

(3) 自動車工業における下請単価

70年代に入ると乗用車は買い替え需要が中心となり、しかも賃金上昇が鈍化したため、生産台数の伸びは大きく低下した。乗用車生産の1964～69年の対前年伸び率を平均すると36.9%、それに対し、1970～79年は9.4%、1980～90年は4.6%である。74年の戦後最大の不況への突入時には対前年比12.1%も落ち込み、81、84年にもマイナスの伸びとなった（図表Ⅱ-3-14）。このため、自動車メーカーは従来のように量産規模拡大によるコスト削減・利潤拡大ではなく、減量経営、つまり生産量が停滞しても利潤を生み出せる体制を確立しようとし、その一環として、強力に部品購入価格の切り下げを図った（その他に、省力化投資による人員削減、コンベアラインのセル生産方式化による生産性引き上げ、原料・燃料・補助材料の徹底的節減など）。

もともと、親企業にとって部品購入価格切り下げは、設備投資と違って供給

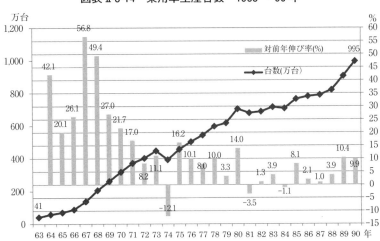

図表Ⅱ-3-14 乗用車生産台数 1963～90年

注) 1979年よりKDセット（1台当たりの構成部品価格が60%未満のもの）を除く。
資料) (社)日本自動車工業会資料より作成。

量も増やさず、資金もかからないコストダウン方法として、きわめて好都合である。このため、生産抑制と有利子負債削減が必要となった減速経済時代には「購買原低」の重要性が益々高まり、自動車メーカーは購買組織を強化し、下請企業に合理化を厳しく要求した。

①購買組織強化

購買組織強化の例として次のようなものがある。

三菱自動車では1977年10月、事業部制から本部制への移行に伴い購買本部を設立し、購買活動を購買本部長の方針の下に一本化した。続いて、78年6月には購買本部の下に購買管理部を設置した。これは購買部（本社）、乗用車部品購買部（岡崎）、エンジン部品購買部（京都）、トラック部品購買部（東京）の4部に分散していた管理課を統合して部に昇格させ、a.適切な購買方針の決定、b.資材費の低減目標の策定と推進、c.そのフォロー体制の強化、d.バイヤー支援体制の充実、e.購買管理機能の集約化と簡素化、を行い、購買管理や下請指導を効率化するものである（ヒアリング調査による）。

日産自動車では新しい部品購買情報管理システム「TOPICS, 78」を稼働させた。それまでも部品最終価格のコンピュータ管理を行っていたが、部品価格の明細内訳は30万枚もの見積書を購買担当者がファイルで管理していた。この方法では部品価格を変更する際、適正価格を算出するのに時間がかかる上、鉄、鉛など部品を構成する原材料価格の動きを掌握できなかった。新システムでは部品の納入価格の他、部品の材料費、加工費、管理費及び部品素材の価格と数量など、1つの部品を構成する価格・数量明細をすべて大型コンピュータに収録する。購買担当者は大型コンピュータとつながっている端末機を叩くだけで部品に関する詳しい情報を取り出すことができる（『日本経済新聞』1979年6月18日付）。

②下請単価管理の精緻化

自動車メーカーはこのように購入先や下請企業に対する管理体制を強化し、部品価格改訂（値下げ）を強力に進めた。従来、価格改訂は次のように行われていた（清［1991］を参照した）。

a.自動車メーカーの値下げ要請が半期ごとに、納入総量すなわち支払総額に対し一定の割合で一括して行われる。

b.下請企業は総額としての値引きを個別部品にブレークダウンし、個別部品

の値下げ幅を決定する。その際、利益の出る量産品の価格は維持し、モデルチェンジが近い部品、数量の少ない部品などは思い切って値下げし、利益への影響をくい止める。

c.下請企業はこうして先行決定された値下げに対応すべく生産性引き上げを図る。

本来生産性引上げによって生まれた剰余分はその企業に属するものだが、その全部あるいは一部が値下げにより自動車メーカーに吸い上げられることが初めから決まっているのだから、値下げ額の先行決定は収奪の制度化を意味する。さらにこの時期、下請単価の管理が精緻化した。

第1に、総括値下げから部品ごとの値下げへの移行である。

上記では、親企業は部品代金支払い総額に対し値下げを要求し、下請企業は値下げすべき部品を選ぶことができることになっているが、総括的な下請価格管理から個々の部品ごとの価格管理への移行が始まった。具体例で示そう。

この企業は静岡県湖西市の自動車部品の2次下請企業（1979年取材）である。同社によると、従来は部品全体の総加工費について切り下げが要求され、部品ごとに検討を加え、トータルで値下げ率を実現していた。しかし、最近では量が増えた部品や採算にあっているものを狙い打ちにして引き下げが要求されるようになった。以前は、受注が近々打ち切りになると思われる部品などを値下げするという回避策がとられたが、不可能になった。量のまとまった採算のよい部品を値下げすれば、総加工費については思わぬ切り下げ率になる。例えば採算がよいという理由で7％の値引きを要求されると、以前、全体では5％値引きだったものが6％になってしまう。この企業では代わりに原価割れ部品の値上げを要求したが容れられなかった。

第2に、単価の要因別管理である。

ここで例として挙げるのは、岡山県総社市水島機械金属工業団地の自動車部品1次下請企業で、親企業は三菱自動車水島自動車製作所である（1979年取材）。この企業の売上高利益率は1～2％だが、自動車メーカーから半期で1～2％の単価（材料費を含む）ダウンを要求されていた。自動車メーカーは単価を押し上げる要因と引き下げる要因に分け、押し上げる要因としてベースアップを一律5％と見、材料自己調達の部品については石油製品、鋳・鍛造材料の使用割合、運賃コストの割合などに応じて部品ごとにコストアップの率を決

第3章　減速経済期の中小企業（1974〜90年）

める。一方、単価引き下げ要因として20％の生産性上昇を見る。生産性上昇
が実際に達成されないとしても生産性上昇があったものとする。このようにす
ると半期で1〜2％のコストダウンになるという（幅があるのは部品ごとに石
油製品などの使用割合が違うため）。

　以上のように、下請単価の管理が強化され、下請企業の逃げ道がふさがれた。
図表II-3-15は図表II-3-13で①②を指摘した企業に、単価引き下げが可能かを訊
ねたものである。「かなり難しい」＋「ほとんど不可能」は76年80.3％、82
年61.9％、88年58.1％である。企業割合は低下しているが、低下しても6割
近くの企業が対応困難・不可能と感じている。このため、次例のように、低単
価により廃業する企業が頻発した。

図表II-3-15　要請されている単価切り下げは採算的にみてどうか

単位：%

	可能	ある程度可能	かなり難しい	ほとんど不可能	わからない
1976年6月末	1.2	17.9	57.0	23.3	0.7
1982年6月末	3.2	34.4	54.3	7.6	0.5
1988年6月末	4.6	37.1	48.2	9.9	0.2

注）　図表II-3-13で①②と答えた企業が対象。
出典）　図表II-3-13と同じ。

　この企業はカシオ計算機の3次下請として計算機へのキーの挿入やLSI基
板へのはんだ付けを行っていた。85年のプラザ合意による不況で効率の良い
仕事は親企業が内製化し、段取り時間を要する小ロットで切り替えの多い仕事
のみが発注されるようになった。しかし、1時間500円の加工単価は据え置か
れたまま。同社のパート従業員の賃金が1時間500円のため、生産性を上げて、
例えば1時間で600円の加工賃収入が得られるようにしなくてはならない。だ
が、親企業から貸与されていた機械は親企業自身が1時間500円以上になる加
工能力がないことを認めていた。しかも、製品の切り替えが多く、いつも「立
ち上がり」の状況に置かれるから、技術的な習熟も望めなかった。経営は悪化
し、86年1月は2日から経営者夫妻を含む5人で毎晩2時まで作業したが、
加工賃収入は72万円にしかならなかった。この企業はついに廃業し、持って
いた土地で、同年10月ラーメン店を開業した（ラーメンチェーンに加入）。下

第Ⅱ部　戦後中小企業発展史・問題史

請企業の食い潰しとも言える、無理を承知の低単価の押し付けが行われたのである*。

> *ただし、機械工業では 86 年末以降のいわゆる「バブル景気」により下請発注が増加し、2 次以下の下請企業の単価は上昇した。1 次下請企業の単価は好景気下でも大企業に抑え続けられたが、下請不足に陥った 1 次下請企業は 2 次下請企業に対する発注単価を上げざるをえなかった。図表Ⅱ-3-12 における 87 年以降の下請単価 DI の改善は、このことを反映している。この詳細については中小企業事業団・中小企業研究所編［1992b］を参照。

2. 市場問題の悪化

　高度成長期には大企業が牽引する重化学工業化が中小企業市場を拡大し、市場問題は緩和した。減速経済期においても大企業がリードする産業の高加工度化が進み、中小企業に適した多品種少量生産分野も拡大した。そのため、市場拡大に成功する中小企業も増加したが、以下に見るように種々の点で市場縮小圧力も強まり、市場問題に直面する中小企業も増加した。市場確保に関し、中小企業は二極分化したと言える。

(1)　下請企業市場の圧迫：「階層的下請構造におけるしわ寄せ原理」
①下位下請層ほど売上減

　市場問題の第 1 が親大企業による下請企業市場の圧迫である。

　高度成長期においては、自動車など機械工業では下請部品企業が不足し、小零細企業までも非量産部品を加工する 3 次、4 次下請層とし生産に組み込まれた。減速経済への移行とともにこれら下請下位層の受注が縮小した。

　愛知県経済研究所［1978］は三菱系の系列 1 次下請層と推定される地元（名古屋市を中心とする愛知県）自動車関連中小企業、トヨタ系の系列 2 次下請層と推定される地元自動車関連中小企業、および地元自動車関連小零細企業群（3 次下請層と推定）を対象に実態調査を行った（調査時点 1975 年 10 月）。

　図表Ⅱ-3-16 は 1973 〜 75 年の売上高の変化をまとめている。乗用車生産台数は 74 年には前年比 −12.1％と激減したが、75 年には 16.2％増へ転じた結果（図表Ⅱ-3-14）、自動車部品下請企業も 1973 〜 75 年は、全体としては売上「増加」の企業の方が多い。だが、規模が小さくなるほど、下層下請になるほど「増加」が減り、19 人以下、3 次下請層からは「減少」が最多となり、50％を超える層もある。高度成長期に 3 次下請層として動員された小零細企業層が、整理対象

第 3 章　減速経済期の中小企業（1974 ～ 90 年）

図表 II-3-16　自動車部品下請企業の自動車関連売上高（1973 ～ 75 年）

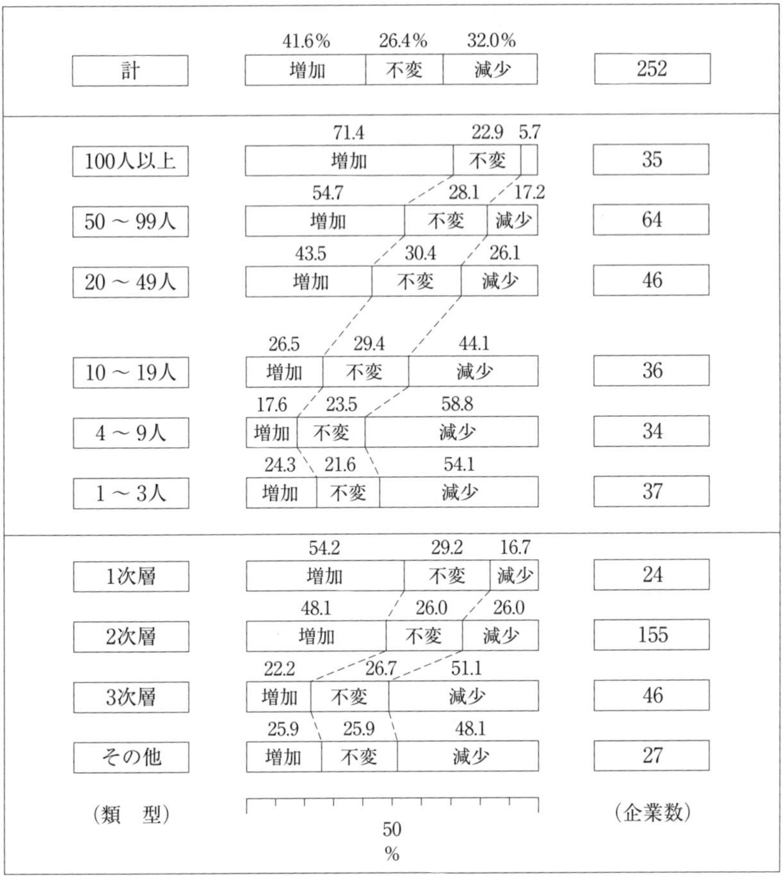

類型			割合（%）		企業数
計			増加 41.6%	不変 26.4%　減少 32.0%	252
100人以上			増加 71.4	不変 22.9　5.7	35
50 ～ 99人			増加 54.7	不変 28.1　減少 17.2	64
20 ～ 49人			増加 43.5	不変 30.4　減少 26.1	46
10 ～ 19人			増加 26.5	不変 29.4　減少 44.1	36
4 ～ 9人			増加 17.6	不変 23.5　減少 58.8	34
1 ～ 3人			増加 24.3	不変 21.6　減少 54.1	37
1次層			増加 54.2	不変 29.2　減少 16.7	24
2次層			増加 48.1	不変 26.0　減少 26.0	155
3次層			増加 22.2	不変 26.7　減少 51.1	46
その他			増加 25.9	不変 25.9　減少 48.1	27

（類　型）　　　　　　　　　　　50%　　　　　　　　（企業数）

出典）　愛知県経済研究所［1978］：II-28 図、II-23 表
　　　　数値（%）は筆者が II-23 表より計算。

になっていることが分かる。全体としては売上増加企業が多いのに、小零細 3 次下請層に限っては売上減少企業の方が多いところに、中小企業固有の問題としての市場問題が見られる。

②その理由は在庫調整と内製化

　下請企業下位層ほど売上減少企業が多いのは、74 年の生産激減時に、下位層ほど売上減少率が高まったからである。その理由は 2 つある。

　第 1 は、在庫調整による売上減少率以上の外注額減少である。

第Ⅱ部　戦後中小企業発展史・問題史

　完成品メーカーＡの下に１次下請企業Ｂ、２次下請企業Ｃ、３次下請企業Ｄが連なっているケースを考える。需要減少でＡの売上が低下し、製品在庫が積み上がってしまったとする。製品在庫を適正水準に減らすには売上の減少率以上に生産を減少させなくてはならない。したがってＢへの外注額（Ｂの売上）はＡの売上減少率以上に減る。Ｂも製品在庫を圧縮するためにはＡからの外注減少率以上に生産を減らす。そのためＣへの外注額（Ｃの売上）はＢの売上減少率以上に減少する。ＣとＤの間でも同じことが起き、下請次数が低下するほど売上減少率は高くなる。

　第２は、内製化による外注引き上げである。

　図表Ⅱ-3-17によると、外注先数を減らした企業が24.2％あり、外注先増加企業を上回っているが、より目立つのは、外注依存度を減らした企業が51.6％もあり、外注依存度増加企業と同不変企業を大きく上回っていることである。外注依存度とは総売上高に占める外注・委託加工費の割合を指しており、外注依存度の低下は内製化を意味する。図表Ⅱ-3-18は内製化が１次、２次、３次下請層それぞれで行われたことを示している。これも下位下請層ほど売上減少率が高くなる原因となる。

　内製化する理由の１つが、売上減少で余剰化した設備・人員の稼働率維持である。

　自動車メーカーは売上が減少しても、自動車メーカーと１次下請企業の間では技術的分業関係がはっきりしているので、部品内製化はあまり行わないだろう。そのため、１次下請企業の売上は自動車の売上減少率と同じにとどまる（ここでは自動車メーカーの在庫調整の影響は考慮しない）。だが、受注が減少し

図表Ⅱ-3-17　外注先数・外注依存度の変化（1973〜75年）

		外注依存度			計	比率(%)
		増加	不変	減少		
外注先数	増加	13	7	10	30	16.1
	不変	18	45	48	111	59.7
	減少	2	5	38	45	24.2
計		33	57	96	186	100.0
比率（%）		17.7	30.7	51.6	100.0	—

出典）　愛知県経済研究所［1978］：Ⅱ-27表

第3章　減速経済期の中小企業（1974～90年）

図表Ⅱ-3-18　外注依存度の変化（1973～75年）

出典）愛知県経済研究所［1978］：Ⅱ-34図

た1次下請企業は、余剰化した設備・人員の稼働率を維持するため、2次下請企業への外注の一部を内製化する。したがって、2次下請企業の受注額は自動車の売上減による減少に加え、1次下請企業の内製化が加わり、自動車の売上減少率以上に減る。2次下請企業も内製化をするから、3次下請企業の売上減少率は2次下請企業より大きくなる。

　内製化は技術上の理由でも起きる。1次下請企業は自動車メーカーからの厳しい単価削減要求に対応するため、生産性を上げなくてはならない。その場合、例えば自動化技術により従来2次下請企業に発注していた分も含めて自動化が

299

第Ⅱ部　戦後中小企業発展史・問題史

可能になると、内製化した方がコストを下げられる。この技術上の理由による内製化は売上が増加しているときでも起きる。

このような内製化の連鎖も、下位下請企業ほど売上の減少率を高くした。

下請企業は高度成長期に技術を発展させ、大企業に対し技術上、不可欠の地位を占めるようになったものの、下位層では下請分業の階層構造の故に、上位層の在庫調整、内・外製変更の結果を、売上の縮小という形でしわ寄せされる。つまり、需要変動や技術変化のバッファーとしての機能を強いられる。1974・75年不況はこのような「階層的下請構造におけるしわ寄せ原理」の存在を改めて示した。

(2)　大企業の進出による中小企業市場の圧迫

市場問題の第2が大企業の中小企業分野への進出である。日本の大企業は高度成長期には既存産業の市場拡大が急のため、多角化の速度は遅かった。だが、70年代後半以降、減速経済化により本業で利益が減少し、余剰人員も抱えることになったため、製品多角化を活発化させた。これには市場変動の影響を相殺し、販売の安定につながるというメリットもある。大企業はこの製品多角化の一環として、中小企業分野へも進出した。中小企業分野はライバルとなる大企業がおらず、大量生産技術の開発でいち早く進出すれば市場を支配できる。

①進出事例

図表Ⅱ-3-19、Ⅱ-3-20は大企業の中小企業分野への進出事例だが、これらは中小企業の業界団体の反対によって問題化し、行政が何らかの関与をしたもので、大企業の中小企業分野進出の一部を示すにすぎない。

図表Ⅱ-3-19のうちからいくつかの事例を紹介する（通商産業省・通商政策史編纂室編［1991］：第8章による）。

クリーニング業界の中でも家庭用クリーニング業界は、最適規模4人程度と言われる典型的な中小企業性業種である。1972年5月、日商岩井が系列会社エーデルワイス厚木工場を建設し、進出を図った。この工場は零細業者300店分の処理能力を持つ。通産省は直営店は出さないこと、チェーン店は東京のクリーニング環境衛生同業組合加盟店に限るよう行政指導した。

零細業者で占められていた軽印刷業界（ちらし、名刺、はがきなどの印刷）に、世界最大の印刷会社の大日本印刷がキュープリントという直系子会社を

第 3 章　減速経済期の中小企業（1974 ～ 90 年）

図表 II-3-19　大企業進出事例　1965 ～ 76 年

進出時期	業種	問題が生じた地域	進出大企業	進出の内容
1965 ～	眼鏡	全国	日本光学、保谷ガラス、服部時計店、東京光学等	フレーム分野にも進出
1966 ～	貴金属	東京（全国）	「エドヤジエム」（呉服メーカー、資本金 4 千万円）	1974 年度 売上 70 億円（呉服部門 45%、宝石部門 55%）
1970 頃から本格化	更生タイヤ	全国	ブリヂストン等大手タイヤメーカー	子会社ダミーを作る。系列化をはかる。ダンピングによる市場の混乱
1972.5 ～	クリーニング	神奈川、東京	エーデルワイス（資本金 1 億円、日商岩井 50% 出資）	集中処理工場を厚木市に建設
1973 ～	葬祭	東京（全国）	松屋デパート、三越	葬祭部門コーナーの開設
1973.10 ～	軽印刷	東京（全国）	キュープリント（資本金 5 千万円、大日本印刷 100% 出資）	プリント・ショップのチェーン方式による全国的展開
1974.5 ～ 75.5	かまぼこ	全国	大洋漁業、日本水産	最近になり生産量が増加
1974.8 ～	段ボール、紙器	新潟	本州ニューパック（資本金 9 千万円、本州製紙 75% 出資）	白根市に工場新設予定、段ボールシート及びケースの生産
1974.10 ～ 75.9	豆腐	徳島市（全国）	四国化工機（ヤクルト系）	日産 4 千丁生産
1974.11 ～	豆腐	東京（全国）	森永乳業	東京葛飾区の自社工場で日産 15 千丁を生産
1974.11 ～ 75.6	もやし	足利市	ユニイースト（資本金 2 億円、ユニチカ 100% 出資）	既存工場内に 5 トン / 日のもやし設備を設置、現在 1.5 トン / 日を生産
1975.3 ～ 75.12	理化医ガラス	船橋市	岩城ガラス（資本金 20.8 億円、旭ガラス 49.8% 出資）	1969 年より理化医ガラスを輸入生産していたが今回自動成型機を導入
1975.8 ～	書店	東京（全国）	京王電鉄の子会社、東武、西武等	府中駅前に書店の進出など
1976.5 ～	和・洋菓子	全国	山崎製パン	店舗チェーン化、大量生産、大量販売による廉売

資料）　中小企業政策審議会分野調整小委員会資料
出典）　通商産業省・通商政策史編纂室編［1991］：第 8-1-9 表

73 年 11 月 20 日に設立し、参入した。東京・京橋にプリント・ショップの 1 号店を開店、全国の主要都市にフランチャイズ制で 500 店のネットワークを作り上げる方針を掲げた。通産省は直営店は 2 店舗に限ること、他はフランチャ

第Ⅱ部　戦後中小企業発展史・問題史

図表Ⅱ-3-20　大企業進出事例　1977 〜 81 年

	進出時期	業種	進出地域	進出大企業名
1	1978.2 頃	クリーニング	埼玉	三国サービス(株)
2	1978.2 頃	クリーニング	埼玉	日魯毛皮(株)
3*	1978.1	クリーニング	愛知	タカケンサンシャイン(株)
4*	1978.8	クリーニング	沖縄	(株)九州化学
5	1978.6	クリーニング	箱根町(神奈川)	(株)白洋舍
6*	1977.1	不動産仲介	首都圏（全国）	三井不動産販売(株)
7	1977.7	不動産仲介	大阪	(株)朝日新聞大阪支社
8	1978.2	不動産仲介	大阪	日本住宅流通(株)
9	1978.10 〜	パン・菓子	富山	敷島製パン(株)
10	1978.10 〜	絵画用キャンバス	全国	東洋クロス(株)
11	1978.5 〜	豆腐	神戸市（兵庫）	タイヨー食品(株)
12*	1977 はじめ	旅館	金沢市（石川）	福田観光(株)
13	1978.1	軽印刷	全国	富士ゼロックス(株)
14	1979.5	飲食店	浦和市（埼玉）	(株)不二家・八千代食品(株)
15	1979.3	下宿	兵庫	川崎重工業(株)
16*	1980.5	クリーニング	長野	信越リネンサービス(株)
17	1980.11	軽印刷	東京	日産グラフィックアーツ(株)
18	1980.11	軽印刷	東京	富士通アプリコ(株)
19*	1980.3	クリーニング	京都・大阪	タカケンサンシャイン(株)
20	ここ数年本格化	葬祭	全国各地	(株)互助センター（玉姫殿グループ）
21	1980.11	不動産仲介	大阪（近畿）	大和ハウス(株)・(株)ダイエー
22	1980.11	飲食店	尾道市	(株)サンデーサン
23	1980.3	業務用厨房機器	全国	大手弱電メーカー
24*	1981.11	クリーニング	神奈川	日本精糖(株)
		「商調法」関係進出事例		
	進出時期	業種	進出地域	進出大企業名
1	1977.8	書店	東京	(株)八重洲ブックセンター
2*	1978	書店	東京	京王エステート
3	1979	書店	東京	東西書房
4	1978	中古車販売	東京	日本自動車販売(株)
5	1981	書店	東京	(株)八重洲ブックセンター
6	1981.4	書店	東京	東武鉄道

注1)　進出事例は 1977 年 10 月以降のもの。
　2)　＊印は「分野法」または「商調法」により、調査または調整の申し出が受理されたもの。
筆者注)　「商調法」は「小売り商業調整特別措置法」のことで、後述の「大店法」の規制を受けない中小規模
　　　の店舗で大企業による事業が開始される場合、「分野法」と同じ仕組みで調整するもの。
出典)　中小企業事業分野確保協議会 [1982]

イズ・チェーン方式とし、既存中小企業との共存共栄を図るよう行政指導した。

豆腐業界は大半が夫婦で営む零細業者で占められていた。74年9月、防腐剤のAF2の使用が禁止され、豆腐店は朝製造したものを夕方までに売りつくすという昔ながらの商法に戻らざるをえなくなった。そこで、高度の殺菌技術を持つ乳製品メーカーが参入を図り、ヤクルトは74年9月から、森永乳業は同年10月から豆腐の製造販売を始めた。ヤクルトの生産計画は日産4,000丁で、零細業者の日産500丁を大きく上回り、将来は全国で300万丁(全国需要の約3割)を生産する予定だった。森永は超高温殺菌装置を使い、3週間は保存可能という豆腐をスーパーなどで売り出した。農林省の行政指導でヤクルトは撤退を表明、森永は日産50,000丁の生産能力のところ30,000丁の生産に抑えた。

②中小企業者による進出規制法制定運動

以上から、大企業と中小企業の生産性格差が圧倒的であることを改めて思い知らされる。このような大企業の中小企業分野への進出活発化を背景に、中小企業者により大企業進出を規制する法制定運動が起きた。

中心になったのが大企業の進出が見られた軽印刷、青写真、豆腐、クリーニングの4業界で、彼らが発起人となって9団体が加盟する「中小企業事業分野確保促進協議会」が結成された(1975年8月)。立法に当たっての焦点は、特定業種を中小企業のために確保すべき業種として指定するか否かだった。最終的には、業種指定はせず、中小企業団体の申し出により行政上の措置(事業開始時期の繰り下げや事業規模の縮小など)を検討する「紛争処理方式」に落ち着き、「分野調整法(中小企業の事業活動の機会の確保のための大企業者の事業活動の調整に関する法律)」(1977.9.24施行)が制定された(黒瀬[1997]:187-190、同[2006]:161-162)。この法律の適用事例は少なかったが、市場問題の悪化を象徴する立法ではあった。

③小売り紛争の社会問題化

本書は製造業の中小企業を研究対象にしているが、この時期の市場問題に関しては小売商業に触れざるをえない。

小売商業では1960年代(特に後半)以降、スーパー・チェーンが急速に発展した。60年には小売商業売上高上位10社にスーパー・チェーンは1社も見られなかったが、70年にはダイエーの4位を最高に5社がスーパー・チェーンで占められ、80年には上位4社をスーパー・チェーンが独占したうえ、こ

れに 2 社を加え、10 社中 6 社がスーパー・チェーンだった。

　百貨店は品ぞろえが高級品に偏るのに対し、スーパー・チェーンの品ぞろえは、食料品、衣料品・身の回り品、家庭用品等、一般の中小小売店と競合する。スーパー・チェーンは 70 年代に入ると地方都市へも出店を急ぎ、既存の商店街は各地で大打撃を受け、大型店反対運動が頻発した。政府は「百貨店法」に代え、スーパー・チェーンも規制の対象となる「大店法（大規模小売店舗における小売業の事業活動の調整に関する法律）」（1974.3.1 施行）を制定したが、1974・75 年不況で消費が冷え込む中、紛争はかえって激化した。その後も大型店の出店意欲は衰えず、中小小売商の実力行使を伴う抵抗が全国的に発生、90 年代にかけて激しい紛争が続いた。小売り紛争は労使紛争が次第に沈静化する中、最大級の社会問題となった。

（3）　円高による市場圧迫

　以上の 2 つは大企業に中小企業市場が直接圧迫されて発生する市場問題だが、この時期には円高も中小企業市場を圧迫した。円高の背後には特定業種の大企業による輸出の急伸があり、大企業の行動の間接的影響による市場問題である（→ 124 頁）。

①アジア NIEs の伸張

　アジア NIEs（韓国、台湾、香港、シンガポール）では 60 年代に入り軽工業が、70 年代には重化学工業が発展を開始したが、労働集約的な軽工業製品は強い価格競争力を発揮し、60 年代から日本の中小企業製品の市場シェアを奪い始め（→ 222 頁）、70 年代に入ると著しく伸張した。

　図表II-3-21 はアメリカ市場における日本と発展途上国シェアの変化をまとめたものだが、70 年代、発展途上国の「相対単価」の急速な低下で軽工業製品を中心に日本製品のシェアが大きく低下しているのがわかる。

　アジア NIEs 製品は、韓国製造業労働者の賃金水準が 75 年時点で日本の15.5％（『中小企業白書 1987 年版』：第 2 章第 2 節）であったように、低賃金を競争力としていたが、生産性と品質の点でも日本製品を急迫した。特に、財閥中心に発展してきた韓国では、大企業が日本の中小企業性製品を生産しており、日本の中小企業が導入できない最新の大規模設備で武装し（その多くは日本の大企業からの輸入）、品質と生産性を引き上げた。

第 3 章　減速経済期の中小企業（1974 ～ 90 年）

その上、すでに述べた円高が発生、70 年代、80 年代を通じ、韓国のウォン
は円に対し大幅に切り下げられ、韓国製品は競争力を一気に高めた。

図表 II-3-21　米国市場における輸入シェアの推移

（単位：％）

品　目	日本のシェア			発展途上国の シェア		発展途上国の 相対単価	
	1972 年	増減	1978 年	1972 年	1978 年	1972 年	1978 年
綿織物	25.1	↘	8.1	61.9	64.7	32.8	38.7
合繊織物	70.9	↘	58.3	4.5	6.5	101.7	60.4
（うち合繊長繊維織物）	71.5	↗	73.4	5.2	5.5	120.2	53.0
紳士物外衣	13.7	↘	1.8	68.0	81.7	78.1	59.3
合板	18.5	↘	13.8	73.5	80.9	35.5	31.9
陶磁器製タイル	61.0	↘	32.1	13.5	22.8	—	—
金属洋食器	61.4	↘	46.7	19.5	32.7	50.0	52.2
作業工具	61.4	↘	48.3	8.6	31.7	—	—
望遠鏡双眼鏡	88.4	↘	66.4	8.5	24.8	53.7	46.7
ギター	67.0	↘	45.5	27.8	52.5	51.3	30.6
玩具	29.1	↘	12.5	59.7	77.2	—	—
テニスラケット	38.2	↘	23.0	21.7	39.8	43.4	21.6
ポケットライター	49.6	↘	39.8	1.6	25.1	98.9	27.0
洋傘	24.6	↘	0.6	69.2	97.5	42.0	35.0
スピーカー	82.6	↘	64.7	7.6	27.8	45.2	28.2
抵抗器	36.8	↘	30.4	28.0	55.6	—	—

資料：米国商務省「U.S. General Imports」
（注）1. 発展途上国の相対単価は日本の単価を 100 とした場合の指数である。
　　　2. 矢印は、わが国シェアの増減を示す。
出典：『中小企業白書 1980 年版』：第 3-2-1-2 表

②中小企業性製品は輸入超過へ

図表 II-3-22 によると、80 年代、日本の中小企業性製品の輸出特化度は次第
に低下していたが、プラザ合意後の円急騰で 86 年に輸出が急減、87 年には輸
入が輸出を上回ってしまった。特に、1985 ～ 88 年、衣服・その他の繊維製品、
繊維工業、家具・装備品、食料品等の労働集約的製品で輸入特化が強まった（中
小企業庁編［1990］：第 2 部第 1 章第 3 節）。中小企業性製品の輸出は 88 年か

305

第Ⅱ部　戦後中小企業発展史・問題史

ら回復に向かったが、輸入の伸びが上回ったため、輸入特化度は上昇した。

図表Ⅱ-3-22　中小企業性製品貿易特化係数

単位：兆円

年	輸出	輸入	輸出－輸入	貿易特化係数
1981	4.9	4.0	1.0	0.11
1982	4.9	4.5	0.5	0.05
1983	5.1	4.2	0.9	0.10
1984	5.6	4.8	0.8	0.08
1985	5.6	4.8	0.7	0.07
1986	4.5	4.2	0.3	0.04
1987	4.2	5.0	-0.8	-0.08
1988	4.3	6.0	-1.7	-0.16
1989	4.9	7.6	-2.7	-0.22
1990	5.3	8.2	-2.8	-0.21

注1)　中小企業性製品とは、日本標準産業分類細分類で中小事業所の出荷額が70％以上を占
　　　めるもの（1984年基準）。
　　2)　貿易特化係数＝（輸出－輸入）／（輸出＋輸入）
資料）　中小企業庁資料より作成、原資料は経済産業省「工業統計表」、財務省「貿易統計」。

　80年代後半以降、日本の中小企業性製品は、アジアNIEsとの競合品に関しては、輸出市場のみならず国内市場も浸食される段階へ入ったのである。

　発展途上国が低賃金と後発の有利性を活かし、先進国の労働集約的産業の市場を奪っていくのは必然的とはいえ、日本では特定の寡占大企業の輸出拡大による円高（→281頁）が、中小企業の価格競争力低下に拍車をかけ、途上国製品台頭への対応を一層困難化した。中小企業が大企業の輸出依存体質の付けを払わされたのである。打撃は輸出型産地で特に大きく、図表Ⅱ-3-23によると1985～86年の1年間のみで企業数の2.8％（408社）、従業者数の4.5％（10,227人）が失われ、内需型産地もアジアNIEsの輸入浸透により生産が停滞した業種が増えた（洋傘・同部品製造業、装身具・装飾品製造業、鞄製造業、綿・スフ織物業、石工品製造業など）*。

　　*円高による市場問題の悪化は政府の政策出動を活発化させた。政府は円高による中小
　　企業の国際競争力低下への対処策として、中小企業の事業分野の転換を促進する施策を講
　　じた。「事業転換法（中小企業事業転換対策臨時措置法）」（1976.12.15施行）（1986年2月
　　に「新事業転換法（特定中小企業者事業転換対策臨時措置法）」に切り替え）がそれで、

306

第3章　減速経済期の中小企業（1974～90年）

図表 II-3-23　輸出型産地の企業数、従業者数の推移

	企業数	従業者数
1985 年	14,396 社	228,313 名
1986 年	13,988 社	218,086 名
増減	△ 408 社	△ 10,227 名

注1)　1985 年に輸出比率が 20% 以上だった 79 産地についての調査。
注2)　1985 年、86 年とも 9 月 30 日現在。
注3)　企業数、従業者数とも産地組合の組合員に限って集計。
資料)　中小企業庁調べ
出典)　『中小企業白書 1987 年版』：第 2-1-9 表

指定業種に属する中小企業者が事業転換計画を策定し、認定を受けると金融面、税制面からの支援が得られる。認定を受けた中小企業者は製造業では繊維関連、木材・家具、金属製品が多かった。なお、「事業転換法」は代替新製品の出現による需要の減少など、円高以外の経済的事情の著しい変化に直面した業種も対象とした。

また、輸出型産地の経営難に対し「国調法（国際経済上の調整措置の実施に伴う中小企業に対する臨時措置に関する法律）」(1971.12.26 施行、いわゆる第 1 次ドル対法)、「改正国調法」(1973.7.5 施行、第 2 次ドル対法)、「円高法（円相場高騰関連中小企業対策臨時措置法）」(1978.2.14 施行、第 3 次ドル対法)、「産地法（産地中小企業対策臨時措置法）」(1979.7.2 施行) を講じた。ドル対法は緊急融資だが、「産地法」は産地中小企業の新製品・新技術の開発、需要の開拓、人材育成など、いわゆる知識集約化を支援し、アジア NIEs 製品とのすみ分けを狙うものである（黒瀬 [1997]：5 章、同 [2006]：7 章)。

（4）　産業構造の変化による市場縮小

先に、減速経済化とともに加工組立型産業が伸びる産業の高加工度化が進んだと述べた（→ 278 頁）が、この流れに取り残され、市場を失う中小企業が現れた。その典型が、構造不況業種関連の中小企業である。

マクロ経済が 1974・75 年不況から緩やかな回復過程に入っても、鉄鋼、アルミ精錬、アンモニア・尿素、合成繊維、塩化ビニール樹脂、造船、合板など、主として重化学工業素材型ないし重厚長大型産業は一貫して生産が低迷し、構造不況業種と呼ばれた。これらの産業は 60 年代後半に大型設備投資を行い、ニクソン新政策に対応する政府の景気刺激策により 72 年末にも積極的に設備投資をした。その直後に「石油ショック」が発生し、総需要抑制策が発動されたため落ち込みは激しく、さらに、円高、エネルギー・原料コスト上昇による価格競争力減退（電力多消費のアルミ精錬は消滅）とアジア諸国での自給化に

307

第Ⅱ部　戦後中小企業発展史・問題史

見舞われたため、長期にわたり深刻な設備過剰に陥った。

　構造不況業種の中でも、事業転換能力に欠ける中小企業は大打撃を受けた。開発力の必要な高加工度分野への進出には、開発力の源泉である情報資源の強化など経営資源の高度化が必要だったが、中小企業はすぐ後で述べるように若手人材・専門家の不足という経営資源問題を抱えていた。また、高度成長期の重化学工業化が戦前にはなかった産業を創出したのに対し、高加工度化の推進力となったME化は、高度成長期の産業を土台にそれを革新・拡大するのにとどまり、高度成長期のように新産業を広く創出したわけでない——このことも中小企業の高加工度分野への転換を制限した。高度成長期には中小企業の業種移動が廃業・倒産を防いだが、もはや中小企業の業種移動は容易でなくなり、70年代後半、平電炉、合板、造船、繊維などで中堅・中小企業の倒産が続出した。さらに、構造不況業種に属する大企業が地域経済の中核である場合は、その地域の下請中小企業と中小小売店も大きな打撃を受けた*。

　　*このため、政府は「不況地域法（特定不況地域中小企業対策臨時措置法）」（1978.11.18施行）を制定し、構造不況業種の大企業を中核企業としている地域を特定不況地域に指定し（30市に及んだ）、中小企業に対する緊急融資などを実施した。同法はさらに、「特定業種関連地域中小企業対策臨時措置法」（1983.6.30施行）、「特定地域中小企業対策臨時措置法」（1986.12.5施行）に引き継がれ、円高に苦しむ産地も対象に、80年代も対策が継続した（黒瀬［1997］：220-221、同［2006］：176）。

3. 経営資源問題の変化

　収奪問題と市場問題は以上のとおり悪化したが、経営資源問題についてはどうだったか。まず、資金難から。

(1)　資金難の緩和：融資集中の解消
①大企業の「銀行離れ」

　資金調達を金融機関借入に依存していた大企業は、1974・75年不況をきっかけに金融機関借入依存度切り下げ、自己資本増強へ舵を切った。

　借入金削減の中心は利子率の高い長期借入金だった。図表Ⅱ-3-24は1977〜80年度の資金調達源の企業規模別シェアである（1977年1月と80年2月が景気循環の山であり、この期間は一景気循環となる）。これによると、資本金10億円以上企業は「金融機関長期借入金」残高を減少させ、「金融機関長期借入

第 3 章　減速経済期の中小企業（1974 ～ 90 年）

金増加」におけるシェアは -111.3％となった。1961 ～ 64 年度におけるシェア
84.4％（前掲図表 II-2-16）からの大きな変化である。また、「金融機関短期借入
金増加」では 57.3％で、借入金残高は減らしていないが、1961 ～ 64 年度の
76.0％（図表 II-2-16）からやはり低下した。

図表 II-3-24　資金調達源の規模別シェア（製造業）1977 ～ 80 年度

単位：％

資金調達源＼資本金	1 千万円未満	1 千万円～1 億円未満	1 億円～10 億円未満	10 億円以上	計
自己資本増加	6.9	22.4	13.6	57.1	100.0
金融機関長期借入金増加	75.5	111.9	23.9	-111.3	100.0
その他長期借入金増加	55.8	88.2	-6.9	-37.1	100.0
社債増加	—	-1.1	1.9	99.2	100.0
その他固定負債（引当金等）増加	14.9	16.6	19.2	49.3	100.0
固定負債増加小計	46.1	67.0	16.7	-29.9	100.0
金融機関短期借入金増加	6.6	20.1	16.0	57.3	100.0
その他短期借入金増加	80.5	22.5	21.6	-24.6	100.0
買入債務増加	5.5	27.3	13.9	53.3	100.0
その他流動負債（引当金等）増加	6.5	21.3	12.9	59.3	100.0
流動負債増加小計	6.8	24.1	14.2	54.8	100.0
金融機関借入金増加小計	22.2	40.8	17.8	19.2	100.0
負債・資本増加総計	10.2	27.2	14.2	48.3	100.0
売上高	15.1	23.3	14.0	47.6	100.0
企業数	82.1	16.3	1.2	0.3	100.0
平均従業員数	10.7 人	55.0 人	303.3 人	2,693.6 人	29.4 人

資料）　財務省「1977 年度、1980 年度法人企業統計年報」より作成。1980 年度版には一部数値の誤りがあり、修
　　　正のうえ使用。

②都銀は中小企業向け長期資金貸出増へ

　このため、都市銀行は優良中小企業への貸出増加に向かった。都市銀行は金
利の高い長期資金の貸出しに力を入れ、中小企業も金利より資金繰り安定を優
先し、短期資金に代えて長期資金を取り入れた。その結果、資本金 10 億円未
満の各企業層は「金融機関長期借入金増加」でのシェアを増加させ、売上高シ
ェア以上を占めるようになり、「金融機関短期借入金増加」を合わせた「金融
機関借入金増加」でも売上高シェアを超えた。1961 ～ 64 年度では資本金 10
億円未満の各企業層は金融機関の借入に関しては売上高シェア以下であったか

309

第Ⅱ部　戦後中小企業発展史・問題史

ら（図表Ⅱ-2-16）、大きな変化である。

　以上の結果、企業規模別の資金調達源構成における「金融機関長期借入金増加」と「金融機関借入金増加」の構成比は規模が小さいほど高くなり（図表Ⅱ-3-25）、1961 ～ 64 年度（前掲図表Ⅱ-2-14）と逆になった。

図表 Ⅱ-3-25　規模別資金調達源構成（製造業）1977 ～ 80 年度

単位：%

資金調達源 ＼ 資本金	1 千万円未満	1 千万円～1 億円未満	1 億円～10 億円未満	10 億円以上	計
自己資本増加	21.1	25.5	29.6	36.6	31.0
金融機関長期借入金増加	27.9	15.5	6.4	-8.7	3.8
その他長期借入金増加	6.0	3.5	-0.5	-0.8	1.1
社債増加	—	0.0	0.1	1.2	0.6
その他固定負債（引当金等）増加	4.4	1.9	4.1	3.1	3.0
固定負債増加小計	38.4	20.9	10.0	-5.3	8.5
金融機関短期借入金増加	8.4	9.6	14.6	15.4	13.0
その他短期借入金増加	5.4	0.6	1.0	-0.3	0.7
買入債務増加	16.7	31.1	30.4	34.3	31.1
その他流動負債（引当金等）増加	10.0	12.3	14.3	19.3	15.8
流動負債増加小計	40.5	53.6	60.3	68.6	60.5
金融機関借入金増加小計	36.4	25.1	21.0	6.7	16.8
負債・資本増加総計	100.0	100.0	100.0	100.0	100.0

資料）　図表Ⅱ-3-24 に同じ。

　このため、中小企業の長期資金不足は解消へ向かい、図表Ⅱ-3-26 によると規模が小さくなるにつれて長期資金の余裕度が高くなっている。1961 ～ 64 年度に関しては規模が小さくなるにつれ余裕度が低くなり、資本金 1 億円未満企業では長期資金不足に陥っていたのと対照的である（前掲図表Ⅱ-2-19）。

　以上の変化を金融機関側からも確かめておこう。図表Ⅱ-3-27 によると、1977年以降、中小企業向け貸出しの伸びは設備資金、運転資金とも貸出総額の伸びを上回り、しかも、運転資金より設備資金の上回り方が著しい。その結果、特に設備資金の中小企業向け貸出割合の増加は著しく、75 年 38.0％が 90 年68.6％になり、設備資金、運転資金を合わせた中小企業への貸出割合も 75 年46.6％から 90 年 66.8％に高まった。

310

第3章　減速経済期の中小企業（1974～90年）

図表 II-3-26　企業の資金運用と調達（製造業）1977～80年度

単位：%

資本金／資金運用	1千万円未満	1千万～1億円未満	1億円～10億円未満	10億円以上	資本金／資金調達源	1千万円未満	1千万～1億円未満	1億円～10億円未満	10億円以上
設備投資	24.4	23.7	14.6	10.3	自己資本増加	21.1	25.5	29.6	36.6
その他固定資産増加	13.2	11.2	12.4	14.5	長期借入金増加	33.9	19.0	5.9	-9.5
繰延勘定増加	0.4	0.1	-0.1	-0.2	社債	—	0.0	0.1	1.2
小計	38.0	35.1	26.9	24.6	その他固定負債増加	4.4	1.9	4.1	3.1
長期資金過不足	21.5	11.4	12.6	6.8	小計	59.5	46.4	39.7	31.4
在庫投資	11.0	18.2	21.4	28.8	短期借入金増加	13.8	10.2	15.6	15.1
売上債権増加	32.3	27.7	33.5	27.6	買入債務増加	16.7	31.1	30.4	34.3
現・預金増加	13.5	13.9	13.9	6.9	その他流動負債増加	10.0	12.3	14.3	19.3
その他流動資産増加	5.1	5.2	4.2	12.1					
小計	62.0	64.9	73.1	75.4					
短期資金過不足	-21.5	-11.4	-12.8	-6.8	小計	40.5	53.6	60.3	68.6
総計	100.0	100.0	100.0	100.0	総計	100.0	100.0	100.0	100.0

注）　設備投資は減価償却後の有形固定資産（土地含まず）増加額、在庫投資は棚卸資産増加額。
資料）　図表 II-3-24 に同じ。

　都銀の中小企業向け貸出し増の結果、中小企業金融公庫「中小企業動向調査」によると、1980年代に入ってからの中小企業の長短資金に関する「借入難易判断指数」（前年同期に比べ借入が「容易になった」とする企業割合から「困難になった」とする企業割合を引いたもの）はプラスに大きく振れ、中小企業の「資金繰り判断指数」（資金繰りが「楽である」とする企業割合から「苦しい」とする企業割合を引いたもの）も80年代後半にプラスへと改善された（『中小企業白書1990年版』：第1-23図、第1-24図）。

　大企業への融資集中は60年代後半に変化の兆しが現れたが、1974・75年不況をきっかけとする大企業の減量経営が、融資集中を解消に向かわせた。大企業が中小企業への資金供給を大きく変える力を持っていることを改めて思い知らされる。

311

第Ⅱ部　戦後中小企業発展史・問題史

図表Ⅱ-3-27　中小企業向け貸し出し状況（全産業）　1975～90年

年末	貸出総額（1975年＝100）			中小企業向け貸出額（1975年＝100）			中小企業向け貸出割合（％）		
	計	設備資金	運転資金	計	設備資金	運転資金	計	設備資金	運転資金
1975	100.0	100.0	100.0	100.0	100.0	100.0	46.6	38.0	50.1
1976	111.1	107.9	112.5	110.5	106.5	111.7	46.4	37.6	49.7
1977	120.3	111.4	123.9	136.1	129.2	138.2	52.8	44.1	55.9
1978	130.9	115.7	137.1	153.1	140.4	157.0	54.5	46.1	57.3
1979	140.3	126.8	145.8	166.7	162.9	167.8	55.4	48.9	57.6
1980	143.6	131.5	149.1	180.2	177.2	181.2	58.5	51.2	60.9
1981	149.5	135.6	154.8	160.7	161.2	160.6	50.2	45.2	51.9
1982	182.5	158.7	192.0	216.9	209.2	219.2	55.4	50.1	57.1
1983	199.0	166.8	211.8	240.5	224.2	245.3	56.4	51.1	58.0
1984	217.0	175.5	233.6	264.4	243.9	270.0	56.8	52.9	58.0
1985	235.7	190.9	253.6	291.9	274.5	297.1	57.8	54.7	58.7
1986	250.9	200.8	270.9	321.9	305.4	326.9	59.8	57.8	60.4
1987	269.1	227.4	285.9	360.7	361.3	360.5	62.5	60.4	63.1
1988	284.9	258.8	295.4	393.0	435.5	380.3	64.3	64.0	64.5
1989	309.5	305.2	311.4	439.8	538.7	410.2	66.3	67.1	65.9
1990	328.1	344.4	321.9	470.2	620.7	425.0	66.8	68.6	66.1

注1）　中小企業：1977年3月までは資本金1億円以下（卸売業は3千万円以下、小売・サービス業は1千万円以
　　　　下）、1977年4月以降は資本金1億円以下又は常用従業員300人以下（ただし卸売業は資本金3千万円以下
　　　　又は従業員100人以下、小売・サービス業は資本金1千万円以下又は従業員50人以下）。
注2）　金融機関の範囲
　　　　①中小企業向け
　　　　　全国銀行…都市銀行、地方銀行、信託銀行、長期信用銀行、信託勘定
　　　　　民間中小専門機関…相互銀行、信用金庫
　　　　　政府関係金融機関…中小公庫、国民公庫、商工中金、環境衛生公庫
　　　　②総貸出
　　　　　上記中小企業向け金融機関のほか日本開発銀行、日本輸出入銀行、北東公庫を加えたもの。
注3）　相互銀行、信用金庫及び商工中金は金融機関貸付金、地方公共団体貸付金を含まない。
　　　　信用金庫のみ個人を含む。
　　　　商工中金は、当座貸越はすべて使途は運転資金とみなす。
　　　　全国銀行銀行勘定は第二地方銀行協会加盟行（相互銀行を含む）を含むベースで遡及調整。
　　　　資料上の制約から、1989年3月以前の第二地方銀行協会加盟行の残高には非中小企業向け貸出を含む。
注4）　各年12月末の数値
資料）　中小企業庁「中小企業調査月報」（日本銀行「経済統計月報」ほか各種資料より中小企業庁作成）
出典）　中小企業総合研究機構　www.jsbri.or.jp/new-hp/statistics　を加工。

（2）　なお残る問題と新たな問題

　大企業への融資集中は解消したが、次の点に留意しなくてはならない。

　第1は、繰り返しになるが、大企業への融資集中の解消は大企業の「銀行離

第 3 章　減速経済期の中小企業（1974 〜 90 年）

れ」の結果だということである。60 年代後半以降の信用金庫の中小企業貸出増加が、大企業への融資集中解消に力があったことは確かだが、同時に、この時期から大企業の自己金融力が増し、「銀行離れ」が始まった。この動きは、1974・75 年不況をきっかけに一挙に強まり、大企業の金融機関借入依存度切り下げ、自己資本増強が急速化した。このことが、都市銀行の中小企向け貸出しを増加させたのであり、信用金庫の貸出増加だけでは融資集中は解消しなかった。したがって、大企業の行動が変われば中小企業向け貸出しが再び縮小することは大いにありうる。後で述べるように、97 年以降、実際にこれが発生した（→ 399 頁）。

　第 2 は、金融難の解消が全中小企業に及んだわけではないことである。金額ベースでの中小企業向け融資割合は増えたが、貸出先は優良中小企業に偏り、貸出先数は増えなかった。図表 II-3-28 によると、1980 〜 85 年の貸出先数は横ばいで、一貸出先当たり残高が急増している。特に都市銀行の一貸出先当たり残高の増加が目立つ。中小企業のなかでも小規模層には希望通りの借入ができない企業が依然多いことを看過してはならない。

　第 3 は、中小企業における大企業に比べた高い金利、担保や保証人に関する厳しい条件は依然継続したことである。前掲図表 I-3-8 は 2001 年時点のデータだが、規模別の金利格差が明確に存在していること、中小企業経営者の大部分が会社の借入に対し個人保証を提供していることを示している。

　第 4 は新たな問題として、大企業と中小企業との自己資本比率格差が拡大したことである。

　図表 II-3-29 によると、80 年代に入り、資本金 1 億円以上の 2 規模層と 1 億円未満の中小企業との自己資本比率の差が拡大している。特に資本金 10 億円以上の最大規模層との格差拡大が著しい。高度成長期、最大規模層は自己資本比率を低め、75 年度には 17.0％にまで低下、資本金 1 億円未満企業より低くなってしまった。この時期の間接金融依存をよく示している。しかし、70 年代後半から最大規模層は長期借入金を中心に借入金削減を急ぎ、自己資本比率は上昇に転じた。80 年代に入ると借入金減少に加え、内部資金蓄積と直接金融を推進したため、上昇速度が上がった。すなわち、80 年代前半、輸出収益と対外投資収益を急拡大、同後半、巨額の円高差益を獲得、同時に、エクイティ・ファイナンス（株式、転換社債、ワラント債の発行）により低コストで巨

313

第Ⅱ部　戦後中小企業発展史・問題史

図表Ⅱ-3-28　中小企業向け貸出しの1貸出先当たり残高と貸出先数の推移（金融機関業態別）

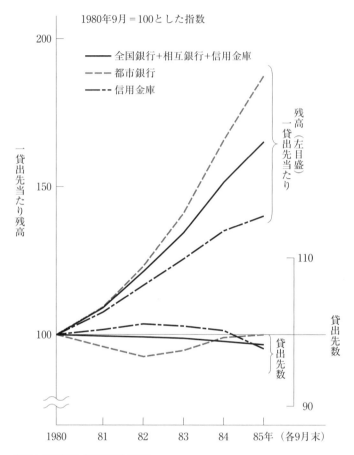

資料：日本銀行「経済統計月報」
出典）『中小企業白書1986年版』：第5-2-7図

額の資金も調達した。最大規模層の自己資本比率は89年には37.3％に達し、設備投資も自己資本と減価償却費で賄い、銀行に依存しない力をつけた。

　それに対し、特に資本金1億円未満の中小企業の自己資本比率の上昇度は低い。長期資金の中小企業への貸出しが増加し、銀行からの短期借入れによる設備投資という問題も改善された。しかし、自己資本比率は低いままであったので、中小企業は借り替えを続け、銀行からの借入残高を一定水準に保たないと

図表 II-3-29　資本金規模別自己資本比率（製造業）1961〜91年度

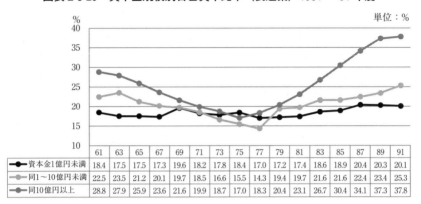

資料）財務省「法人企業統計年報」（各年版）より作成。

資金が回らないことになってしまった。借り換え可能の借入金は、自己資本の代わりとして機能するため、「疑似資本」と呼ばれるようになる。この中小企業の借入依存体質は金利上昇時や不況時には企業収益を直ちに圧迫する。また、自己資本の代わりを提供してくれる金融機関への中小企業の従属は増さざるをえない。優良中小企業にとって借入難は緩和したが、財務構造の脆弱化、銀行への従属という代償も支払わねばならなかった。

(3)　労働力不足は質的不足へ
①求人倍率は低下、中小企業は人員増へ

図表 II-3-30 に見られるように、73年に1.76あった有効求人倍率は75年に0.61へ激落、以後低水準を続け、いわゆる「バブル景気」下の80年代末にようやく1を突破した（だが、その後長期停滞へ突入、93年から再び1を割った。後掲図表 II-4-34 を参照）。

70年代に労働力需給関係の劇的な変化を引き起こしたのは、1974・75年不況をきっかけとする労働力需要の低下である。不況対策として大企業は大幅な人員削減を断行、低成長化の見通しからその後も増員せず、78年以降従業者数を72年の80％台の水準に抑え続けた。他方、中小企業の従業員数は78年頃から増加に向かい、83年に72年の水準を突破し、以後も増加を続けた。だが、大企業の人員抑制の影響が大きく、大企業、中小企業を合計した従業者数は、

第Ⅱ部　戦後中小企業発展史・問題史

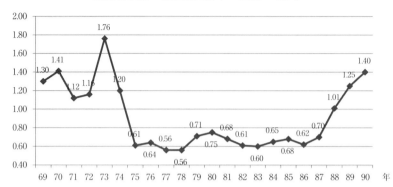

図表Ⅱ-3-30　有効求人倍率　1969〜90年

注）有効求人倍率：新規学卒者を除きパートタイムを含む。
資料）厚生労働省「職業安定業務統計」より作成。

図表Ⅱ-3-31　従業者数推移（製造業）

年	全体	1〜299人	300人以上
1972	100.0	100.0	100.0
1975	95.8	96.4	92.1
1978	92.4	97.3	81.3
1983	96.3	102.5	82.3
1985	98.6	103.4	85.6
1988	98.0	109.4	82.2
1990	100.0	106.4	85.6

注）1972年＝100とする指数。
資料）経済産業省「工業統計表」（全数調査年）より作成。

ようやく90年に72年の水準に戻った（図表Ⅱ-3-31）。18年間、労働力需要は低下したままだったのである。

　大企業で人員が抑制され続けたのに中小企業で増えたのは、大企業に労働力を優先吸収されている中小企業は、大企業の労働力吸収が弱まった時に労働者を増やせるからである。資金の場合も同じだったが、中小企業の経営資源賦存状況は大企業の行動に支配されるのである。

②中小企業ではなお「不足」、その理由

　だが、図表Ⅱ-3-32によると、中小企業で労働者が増えているのに、景気回復

第3章　減速経済期の中小企業（1974〜90年）

が遅々としている77年11月においても、小規模企業では従業員の「不足」が
「過剰」を大きく上回り、79年11月では中小企業全体で「不足」が「過剰」
を大きく上回った。

図表Ⅱ-3-32　常雇従業員の過不足（製造業）

単位：%

調査年	規模	不足	過剰
1977年11月	小規模企業	37.4	9.0
	中小企業	19.0	22.4
	大企業	7.0	57.5
1979年11月	中小企業	45.6	5.8
	大企業	22.8	16.0

注）　1977年の小規模企業は従業員数20人以下、中小企業は同21人以上300人未満、
　　　79年の中小企業は従業員300人未満。
出典）　『中小企業白書1978年版』：図表第2-4-4図、『同1980年版』：3-3-1-12図より
　　　　作成。原資料は中小企業庁「労働問題実態調査」。

　それは依然、次のような中核労働者の採用が難しく、労働力の質的不足が生
じていたからである。
　第1に、変化への柔軟な対応能力を持つ若年従業員の採用が困難である。図
表Ⅱ-3-33が示すように、新規学卒市場では求人倍率は依然かなり高く、労働力
需給は逼迫していた。
　第2に、専門人材、すなわち、優れた加工技術を持つ熟練技能者、ME化機
械の操作とメンテナンスのできる人材、新製品開発・新技術開発に必要な技術
知識・マーケティング知識を持つ人材などの採用難である。
　円高の進行や減速経済化のため、もはや既存市場の拡大に依存できず、変化
に柔軟に対応できる若手人材や新技術・新市場への進出を可能にする専門人材
へのニーズが強まった。この状況は図表Ⅱ-3-34がよく示している。中小企業で
も「一般従業員の不足」を指摘する企業はわずかだが、「若年者の採用難」「熟
練技能や専門知識を持った人材の不足」を訴える企業は多い。本図表は77年
11月時点での調査に基づくため、中小企業に比べれば、これらの中核労働者
に対する大企業の需要はまだ弱いが、80年代に入ると大企業も需要を強めた
ため、中小企業の中核労働者の採用難は益々悪化した。
　また、80年代に入るあたりから中小企業、特に零細企業の経営後継者難が

第Ⅱ部　戦後中小企業発展史・問題史

図表Ⅱ-3-33　新規学卒者の職業紹介状況（中学、高校卒）

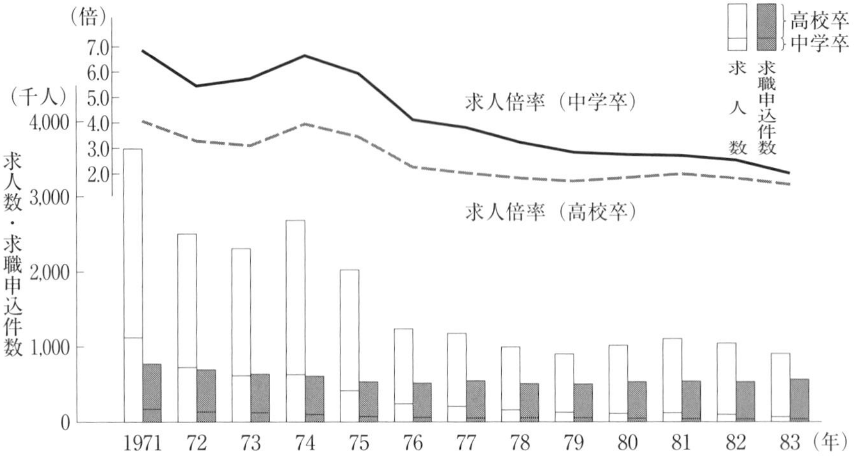

資料：労働省「新規学卒者の労働市場」
出典）『中小企業白書1985年版』：第4-1-12図

目立ち始めた。戦前または戦後まもなく創業した経営者が高齢化し、世代交代期を迎えたが、零細企業では子息も後継を望まない場合が多く、現経営者の経営意欲がそがれた。本書では企業存続に必要な経営後継者も中核労働力と位置づけ、その不足も中小企業における労働力の質的不足の1つとする（→120頁）。後継者難は労働力の質的不足の新たな局面の発生である。

　このように、中小企業における労働力の量的不足は緩和したが、質的不足は高度成長期以上に強まり、慢性化したのである*。

　　＊ただし、80年代末には「バブル景気」の過熱による労働力需要の急増、生産年齢人口の増加数急減、これに3K（きつい、きたない、きけん）問題による若者の製造業ばなれが加わり、労働力需給関係は高度成長期並に逼迫した。そのため、労働力は量的にも絶対的に不足となり、「人手不足倒産」をする中小企業も現れた。

（4）　立地問題

　企業にとって立地環境も重要経営資源だが、この時期、中小企業は住工混在による立地環境の悪化に悩まされた。

　1960年代後半、重化学工業の発展とともに大都市・大工業地帯へ人口が集中したため、民間ディベロッパー（民間不動産・建設企業）により大都市郊外

第 3 章　減速経済期の中小企業（1974〜90 年）

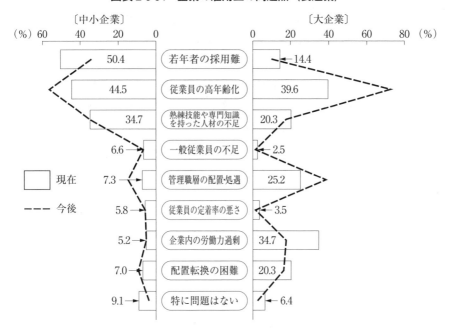

図表 II-3-34　企業の雇用上の問題点（製造業）

資料：中小企業庁「労働問題実態調査」1977 年 11 月
（注）1. 中小企業は従業員 300 人以下、大企業は従業員 301 人以上の企業である。
　　 2. 複数回答のため合計は 100 を超える。
出典）『中小企業白書 1978 年版』：第 2-4-3 図

での住宅地開発が大規模に実施された。しかし、宅地はすぐに不足し、宅地価格は工場地価格を上回って上昇した。そこで、ディベロッパーは工場跡地などを利用した住宅開発（マンション建設、ミニ住宅地開発）にも手をつけ始めた。大都市での工場は狭隘化し、大企業・中堅企業は大都市郊外や地方へ工場移転を進め、工場跡地が発生していた。また、工場地帯は地価が相対的に低いだけでなく、用途地域制上の工業地域の場合には建物の形態規制が緩やかで、日影規制も適用されないなど、有利な条件もあった。

　工場地帯に建設された住宅に転入する新住民は、地域の生産活動はもちろん、工場生産そのものと無縁な階層が多い。そのため、従来は地域的連帯感によって問題とされなかった工場騒音等が、新たに「公害」として指弾されることになった。これが再び既存工場への移転圧力となり、移転力のある企業は既

第Ⅱ部　戦後中小企業発展史・問題史

存工業集積地の外に流出し、移転力のない企業は操業を制限せざるをえなくなった。立地環境の悪化は地方都市にも波及し、全国的な問題となった。

図表Ⅱ-3-35 は東京都大田区における政策ニーズに関する調査だが、「区内工場用地の供給」が「金融」より多く、トップに立っている。また、「緑地公園等環境の整備」「工場併用住宅の供給」「道路整備」という立地環境整備関連のニーズも高く、中小企業の立地問題の深刻さを示している。

そのため、政府も「中小企業高度化資金制度」により、都市郊外での中小企業用工場団地や市街地での工場アパート建設を助成する施策を大規模に実施し、中小企業政策の中心の１つとなった（黒瀬［1997］：169、230、同［2006］：158、159）。

図表Ⅱ-3-35　大田区内機械金属企業の政策ニーズ

単位：%

緑地公園等環境の整備	区内工場用地の供給	寄り合い工場ビルの供給	工場併用住宅の供給	道路整備	試験研究機関	技術情報センター	市場動向の情報センター
7.8	14.6	3.1	7.6	7.2	4.6	9.9	7.4
取引斡旋	金融	経営相談	区内製品のPR	情報誌の発行	その他	計	回答数
8.7	12.9	6.2	2.8	5.9	1.3	100.0	2,274

注）　複数回答、回答企業数は849。
出典）　大田区［1979］

4. 格差再拡大と零細事業所の減少

以上のように、減速経済期には資金問題の改善は見られたが、収奪問題、市場問題は悪化し、労働力の質的不足や立地環境問題も発生した。こうした中小企業問題の悪化は中小企業の倒産件数を急増させたが（前掲図表Ⅱ-3-1）、それにとどまらず、規模間格差の再拡大と零細事業所の減少という中小企業の構造的変化も引き起こした。

(1) 規模間格差再拡大

大企業・中小企業間の付加価値生産性格差は、60年代前半縮小・後半横ばい（前掲図表Ⅱ-2-41）、70年代前半縮小（図表Ⅱ-3-36）と、60年以降70年代前半まで縮小基調にあった。しかし、70年代後半から再拡大し、90年における

従業者1～299人の1人当たり付加価値額は45.5（300人以上＝100）となり、63年の50.2を下回ってしまった（図表Ⅱ-3-36）。

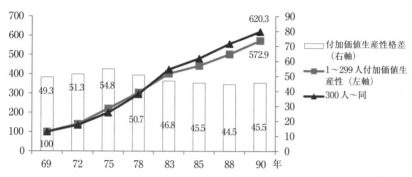

図表Ⅱ-3-36　付加価値生産性格差等の推移（製造業）1969～90年

注1）　従業者「1～299人」と「300人～」の事業所の比較。
注2）　付加価値生産性＝年間付加価値額（1～9人は粗付加価値額）÷従業者数、1969年を100とした指数。
注3）　「付加価値生産性格差」は「300人～」の付加価値生産性を100とした場合の「1～299人」の付加価値生産性。
資料）　経済産業省「工業統計表」のうち1970年代は総務省「事業所統計調査」の実施年次、1980年代以降は全数調査年次のものを選択し、作成。

　70年代後半から付加価値生産性格差が再拡大したのは、中小企業問題悪化のためである。すなわち、a.減速経済化による「原料高・製品安」、下請単価切り下げなど、中小企業の価格関係の悪化が中小企業から価値を流出させ（収奪問題）、b.大企業の中小企業市場への進出・上げ幅を拡大した円高による途上国製品の進出・産業の高加工度化への対応難が、中小企業の価値実現機会を縮小した（市場問題）。また、70年代後半になってはじめて起きた問題ではないが、c.労働力の質的不足や立地環境問題が、中小企業の価値生産を妨げた（経営資源問題）。以上が付加価値生産性格差の拡大に帰結したのである＊。

　　＊『中小企業白書1985年版』は、70年代後半以降、中小企業の実質資本生産性（実質付加価値額／実質有形固定資産額）が大企業に対し相対的に低下し、実質資本生産性に関する両者の差が縮小したことが、1977～81年の付加価値生産性格差拡大の主要因だとしている。そして、資本生産性格差の変動は、設備性能の差あるいは設備を効率的に運用する技術力の差を反映しており、技術革新・情報化の流れに、中小企業が十分に対応しきれなかったことをうかがわせるとし、格差拡大はもっぱら中小企業の技術力に問題があるか

のような主張をしている（同書：第2部第1章第2節）。中小企業が技術革新に遅れたのは間違いないが、その背後には大企業体制のもたらす経営資源問題がある。また、格差拡大は収奪問題、市場問題の悪化によってももたらされている。格差拡大は大企業体制が引き起こす中小企業問題の総合作用の結果であり、白書が中小企業の実質資本生産性の相対的低下のみを指摘するのは、格差拡大の原因を中小企業の技術問題に矮小化することになる。

付加価値生産性格差の拡大は企業の賃金支払い能力の差を広げたため、賃金格差も拡大した。57年以降縮小を続けていた賃金格差（前掲図表II-2-33）は、70年代に入ると再拡大に転じ、80年代後半やや縮小したものの、90年における従業者1～299人の現金給与額は59.5（300人以上＝100）となり（図表II-3-37）、63年の60.7を下回った。なお、賃金格差の拡大は、60年代に縮小した労働者の年齢毎の賃金格差（前掲図表II-2-34）が拡大に転じたからではなく、中小企業が労働者構成において女性パート労働者など低賃金労働者の比率を高めたためである。

以上のように、高度成長期を通じ縮小傾向にあった付加価値生産性格差、賃金格差が拡大を始め、両格差とも90年には63年の水準以下へ逆行してしまった。

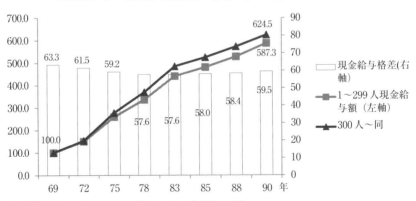

図表II-3-37　現金給与格差等の推移（製造業）1969～90年

注1）従業者「1～299人」と「300人～」の事業所の比較。
注2）「現金給与額」は1人当たり年間現金給与額で1969年を100とした指数。「現金給与格差」は「300人～」の1人当たり年間現金給与額を100とした場合の「1～299人」の1人当たり年間現金給与額。
資料）経済産業省「工業統計表」のうち1970年代は総務省「事業所統計調査」の実施年次、1980年代以降は全数調査年次のものを選択し、作成。

第3章 減速経済期の中小企業（1974～90年）

（2） 零細事業所の先行減少

さらに、中小企業問題の悪化は零細事業所を減少させた。次章で述べるように、製造業事業所数は 86 年をピークに長期の減少過程に突入するが、従業者規模別に見ると 10 人以上の各層が減少を始めるのは 91 年以降である。それに対し、従業者 1～9 人の零細事業所は 81 年をピークに減少を始めた（後掲図表II-4-44）。戦後初の中小企業数の減少である。中小企業問題の悪化が零細企業の開業リスクを高め、開業率を引き下げる一方、廃業率も徐々に高め、零細事業所における開業率が廃業率を下回ったのが原因である。開・廃業率の逆転は 80 年代末、他の規模層も巻き込んで本格化するので、この問題は次章で改めて論じることにする。

第3節　中小企業の発展

1. 需要の高度化・多様化

上記のとおり、経済拡大の鈍化・中小企業問題の悪化により、中小企業の量的発展は 80 年代に入り陰りを見せた。しかし、この時期、中小企業問題の悪化に抗するように中小企業の企業家活動も活発化し、中小企業は質的には発展した。

企業家活動活発化の基盤になったのが、需要の高度化・多様化である。先に産業の高加工度化が進んだとし、その要因として ME 化を指摘した。ME 化が高加工度化を急速化したのは間違いないが、高加工度化の要因には需要の高度化・多様化もあげなくてはならない。図表II-3-38 によると、中小企業も大企業も第 2 次石油危機（1979 年勃発）後は第 1 次石油危機（73 年勃発）後に比べ、安価な製品に対するニーズより品質・機能の高度化、品種の多様化*に対するニーズが強まっているとしている。一人当たり所得水準の上昇と共に、60 年代後半から 70 年代にかけ、大量生産の標準的耐久消費財は行きわたった**。人々の物的欠乏に基づく必需的消費は満たされ、消費傾向は質に目を向ける質的消費へ向かい、需要は多様化した。産業の高加工度化はこのような需要構造の変化にも対応するものだった。

*多品種化の具体例を挙げる。アパレル業界では 68 年に東レが「マーケット・セグメンテーション戦略」を提唱した。それまでアパレルの分類は、性別、普段着とよそ行き着、若向きと年配向きの区別がある程度だったが、以後地域別、所得別、ライフ・スタイル別

323

第Ⅱ部　戦後中小企業発展史・問題史

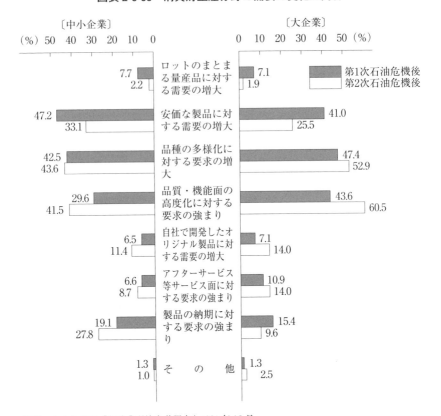

図表Ⅱ-3-38　消費財生産分野の需要の変化の内容

資料：中小企業庁「製造業環境変動調査」1981年12月
(注)　複数回答のため合計は100を超える。
出典）『中小企業白書1982年版』：第1-2-28図

など各種尺度による区分が盛んになり、多品種化が急速に進んだ（繊維構造改善協会［1995］）。

　乗用車の場合、60年代後半、トヨタ自動車、日産自動車の二大乗用車メーカーの市場覇権の確立とともに競争の主要な側面が価格競争から非価格競争（デザイン、高速性能、車種のバラエティ）に移った（清・大森・中島［1975］）。70年代に入ると1モデル当たりのバリエーション（排気量、2ドア・4ドアなど）数が増加し始め、80年代にはモデル数自体が80年55から90年110へ急増し、90年の1モデル当たり生産台数は80年の70％に低下した（伊丹他［1994］：236）。

　ビールの品目数は75年20品目強だったが、83年100品目に増え、83年の1品目当たりの生産数量は75年の5分の1になった（宮沢［1988］：50）。

324

第3章　減速経済期の中小企業（1974 〜 90 年）

＊＊耐久消費財の普及率は電気冷蔵庫 99.1％（71 年 2 月）、電気洗濯機 98.8％（73 年 2 月）、
カラーテレビ 98.2％（74 年 2 月）、電気掃除機 95.8％（78 年 3 月）、乗用車 57.2％（77 年
2 月）、ルームエアコン 39.2％（77 年 2 月）である（『経済白書 1980 年』：I-2-28 図）。

　第Ⅰ部で述べたように（第 2 章第 3 節）、「需要多様分野」（需要が多様で変
化の速い分野）では、「場面情報」をすばやく発見する企業家活動が特に重要
である。このため、需要の高度化・多様化は中小企業の企業家活動拡大の基盤
となる。前掲図表Ⅱ-3-2 によると、1980 〜 93 年の重化学工業加工組立型の割
合は、従業者 1 〜 19 人では 5.6 ポイント、20 〜 299 人では 6.7 ポイント増加し、
300 人以上の 18.0 ポイント増加と差はあるものの、中小企業も重化学工業加工
組立型の比重を高めている。これは重化学工業加工組立産業で中小企業向けの
多品種少量生産分野も拡大しているからである。
　この企業家活動の基盤拡大を基に企業家活動を活発化させた典型が、次に述
べる開発志向型中小企業であり、この時期の「代表的発展中小企業」となった。

2. 開発志向型中小企業

　開発志向型中小企業は唯一性の強い製品や加工方法の開発を経営の要とし、
効率的な多品種少量生産能力も備えた中小企業である。次のような、中小企業
発展条件の変化がこのタイプの中小企業を生み出した。
　需要の多様化・産業の高加工度化と共に、製品や加工方法に関する開発の重
要性が高まり、大企業と中小企業の間で開発活動の分業化が進んだ。新製品の
市場化を急ぐ大企業は製品開発に集中し、新製品生産に必要な設備や検査・測
定装置などの開発は中小企業に委ねた。また、製品開発に関しても部品、部材
の開発に中小企業を参加させた。既存市場の拡大は鈍化したから、中小企業も
開発分業を担い、唯一性の強い製品・加工技術を生み出さねばならなくなった。
また、生産は多品種少量化したがコストは抑えなくてはならず、この相反する
2 つを満足させる「効率的な多品種少量生産」も必要となった。こうして、中
小企業発展の条件は、重化学工業化期における生産の量産性から開発力による
差別性に移り、開発志向型中小企業が生まれた。なお、開発志向型中小企業に
は開発だけを行うタイプもあるが、多くは製造技術を基盤に開発志向を強めて
きたので、「開発型」としないで「開発志向型」とした。
　開発志向型中小企業の特徴を経営資源面から具体化すると次のとおりである。

325

第Ⅱ部　戦後中小企業発展史・問題史

　第1は、経験技術の蓄積、需要情報の豊富化など、経営における情報資源の充実である。

　開発活動を支えるのは技術である。中小企業はこの時期まで現場から得られる優れた「経験技術」（→75頁）を蓄積し、特定分野における困難な技術課題をブレーク・スルーする開発力を獲得した。高度成長期、量産型中小企業の技術向上に力があったのが大企業の技術指導だったが、開発志向型中小企業は技術的には大企業から自立した。

　中小企業における優れた経験技術の例は第Ⅰ部でもあげたが（第2章第3節2.）、ここでも例示しておこう。

　切削加工のある中小企業（従業員43人、1998年取材）は精度0.1ミクロンのゲージを作るような超精密加工技術を持っているが、大手企業からカメラの超音波モーターの部品加工の依頼を受けたことがある。素材は「ステンレス304」という難削材で、削った時に加わる局部的な力で円形部品の全体形状が微妙にゆがむのが問題となっていた。この大手企業では技術開発のために5年間6億円かけたが成功せず、同社への依頼となったが、わずか3カ月で試作に成功、大手企業担当者は「今までうちは何をやっていたのだろう」とつぶやいたという。中小企業の蓄積された経験技術の価値を示すエピソードである。

　また、開発には新たな需要を捉える需要情報発見活動も必要である。多くの中小企業にとって開発上の一番の課題は、資金難などではなく「何を開発してよいかわからない」ことである。開発志向型中小企業は需要情報発見活動を活発化し、その能力を強化している。

　1955年に避雷針先端の金メッキ専門企業として創業した（株）友電舎（従業員54人、大阪市、1987年取材）は、内径が1.5ミリしかない微細管の内面に金メッキをほどこす技術を開発するなど（詳細336頁）、活発な開発で成長してきたが、その需要開発活動も注目される。この企業では客に言われるのを待つのでなく、需要情報を自ら掘り起こすため営業部門の中に営業開発というセクションを設けた。その仕事は注文取りではなく、顧客のニーズを引き出すことだけである。担当者は顧客を訪問する際に顧客に関係ありそうなちょっとした情報を持っていく。新聞の切り抜き記事でもよいそうである。顧客は喜びそれがきっかけで「今こんな事で困っている」というようなニーズが顧客の口から発せられる。聞き取ったニーズに対し提案を行い、またその反応を待つ。

顧客は担当者が来ると「今日も何か面白い話を持ってきてくれたの」というように情報を受発信する構えができており、第Ⅰ部で述べた顧客との情報共有ループ（→ 44 頁）が形成されている。

下請企業でも需要発見活動が活発化した。この時期、自動車をはじめ機械工業で増えたのは、親大企業（完成品メーカー、大手部品企業）の研究開発部門に接触、開発担当者との会話から得られた「場面情報」を基にいち早く新たな需要を捉える下請企業である。これは既存の親大企業が対象とは限らない。従来、下請企業に専属化を要求していた親大企業が、他企業との取引を推奨するようになり、新たな取引先開拓のためにもこのような活動を行うようになった。ある自動車部品企業では、かつてトヨタ自動車から「営業は置くな、生産管理だけ置け」と言われたことがあると言っていたが、このような親企業の分工場的存在は許されなくなり、自立的な需要情報の獲得とその情報資源化が必要になった。この時期、後述のように親企業分散型・自立指向型下請企業の比率が上昇するが、このような下請企業における需要情報発見活動の活発化・能力強化が一因となっている。

以上のように、開発志向型中小企業は高度成長期の量産型中小企業より情報資源の比重を高めているのを特徴とする*。ただし、第Ⅰ部で述べたように（→ 142 頁）需要情報発見活動には固有の困難があり、すぐ後で示すが、開発志向型中小企業に関してもこれを十分展開できない企業が少なくない。

　　*この頃、中小企業政策では中小企業の「ソフトな経営資源」の充実が打ち出された（中小企業政策審議会意見具申「1980 年代の中小企業のあり方と中小企業政策の方向について」1980 年 7 月、通称「80 年代中小企業ビジョン」）。「ソフトな経営資源」とは技術、人材、情報を指し、中小企業の技術開発支援、人材育成支援、コンピュータ導入支援でこれらの充実を図るものである。「ソフトな経営資源」という用語が適切かどうかはともかく、「ハード」に対し「ソフト」重視の政策が打ち出されたのは、中小企業における情報資源の重要性が高まったことを反映している。なお、戦後の中小企業政策の推移については黒瀬［2006］を参照。

経営資源面の特徴の第 2 は、ME 技術の導入である。蓄積された経験技術と共に ME 化も中小企業の技術力を高めた。

従来の機械にマイクロ・コンピュータを頭脳部分として、センサーを感覚器官として埋め込んだ「メカトロ機」は、熟練工の身体の中にあった技能を誰にでも利用可能にし、中小企業における熟練工不足をカバーした。また、ある程

第Ⅱ部　戦後中小企業発展史・問題史

度の生産ロットは必要だが、多品種生産の効率化にも貢献した。例えば、多品種化とコストダウンを同時に達成しなくてはならなかった下請企業では、当初は大量生産用の専用機に換えて汎用機を導入し、治具の工夫で準専用機化するという苦心をしていた（70年代後半）。だが、「メカトロ機」はプログラムで簡単に加工内容を変えられるから、多品種化とコストダウンの要求に効果的に対応でき、80年代に入ると中小企業にも急速に普及した*。また、生産管理へのコンピュータ導入も多品種少量生産化による複雑な生産管理を容易化した。ME技術は中小企業の製品開発力も高めた。マイクロ・コンピュータやセンサーは広範な分野において利用可能で、しかも安価だったからである。

*中小企業の中からメカトロ機導入で先端を切るような企業も現れた。(有)仙北谷製作所（神奈川県横浜市、1988年取材、91年株式会社仙北谷に社名変更）は、65年に順送金型の内製化でプレスの完全自動化を達成した後、顧客の要望に先立って技術を高度化するという戦略に基づき、76年にNCワイヤーカット放電加工機を導入したのを手始めに次々にメカトロ機を導入、83年にはNCワイヤーカット放電加工機31台、マシニングセンター12台、組立ロボット6台、NC自動プログラミング装置7台を備えるようになった。84年にはCAD/CAMも導入し、「メカトロ機の展示場」と言われた。同社はこのME化を基盤に独自の生産方法を開発し、多品種少量分野を中心に、親企業ができないと言った加工を引き受け、親企業と対等の取引を実現していた。

　経営資源面の特徴の第3は、共同体的企業家活動（→53頁）の基礎となる組織運営能力の蓄積である。

　中小企業は常に人材の獲得難・定着難に悩み、労使紛争も70年代までは頻発した。賃金支払い能力に限度のある中小企業は、これらに対処するため、働き甲斐のある労働組織の構築（→145頁）など、賃金引き上げ以外の手段で労働意欲を喚起せねばならなかった。このことが中小企業経営者の民主的な人間関係観*、戦略形成能力を高め（→69頁）、共同体的企業活動に必要な情報共有ループの構築能力を強めた。

*その代表が労使は身分的に対等で、共通目的達成のためのパートナーという経営思想（経営パートナー主義）が中小企業経営者から現れたことである。中小企業家同友会（全国会員数46,227人、2018年1月1日現在）による「中小企業における労使関係に関する見解」（1975年1月）がそれで、労使は相互に独立した人格と権利を持ち、対等な関係にあると宣言した（→54頁）。この考え方は経営者と労働者の情報共有関係を築くことに適合するため、共同体的企業家活動を促進した。

328

開発志向型中小企業の多くも情報共有ループ構築による情報共有的組織運営を行っている。

第Ⅰ部で企業内情報共有ループ構築の例として次の企業を挙げた。従業者全員が「事業計画書」を携帯している三州製菓(株)と重要事項は「全体泊まり込み会議」で決定するという(株)サヤカ（マクロ・ミクロ・ループの例）、従業員参加の商品開発会議の設置で成果をあげた義農味噌(株)（ミクロ・マクロ・ループの例）、毎朝全営業部員参加で情報交換を行っている電装産業(株)（ミクロ・ミクロ・ループの例）、以上3種類の企業内情報共有ループを見事に構築している(株)アイワードである（→48〜52頁）。これらは皆、開発志向型中小企業であり、70年代、80年代にこのような組織を形成した。

また、1974・75年不況がきっかけとなり、中小企業の企業外との情報共有ループが高度化した。具体的には、異なる経営資源を持つ中小企業同士の戦略的ネットワークの構築であり、開発志向型中小企業がその先頭を切った。これについては後で詳しく述べる（→343頁）

量産型中小企業が中小企業とはいえ規模の経済性の発揮を特徴としたのに対し、開発志向型中小企業は情報共有ループの構築（共同体的企業家活動の推進）により、「場面情報」発見活動に関する「中小規模の経済性」を発揮した。

(2) アンケート調査による開発志向型中小企業の検証
①売上成長率の高い層での形成

アンケート調査に基づき以上のような開発志向型中小企業の成立を示唆しているのが、中小企業事業団・中小企業研究所編［1990］である（同書は共同研究の産物だが、アンケートの設計、執筆、編集は筆者が中心に行った）。

調査対象業種は機械工業（一般機器具製造業、電気機械器具製造業、輸送用機器具製造業、精密機械器具製造業）と繊維産業（繊維工業、衣服・その他繊維製品製造業）で、通商産業省編『全国工場通覧』（日刊工業新聞社、1988年版）を名簿台帳とした。アンケート調査実施年月は1989年9月5日〜30日、発送票数10,000、有効回収票数3,239の大規模調査である。

以下では主として機械工業を取り上げるが、回答企業には下請企業が多いことをあらかじめ述べておく（回答企業の54.2%が売上に占める下請受注の割合が30%以上）。

第Ⅱ部　戦後中小企業発展史・問題史

　図表Ⅱ-3-39によると、1985～88年の間、売上伸び率5～30％未満の企業が一番多く52.9％、これを挟んで伸び率30％以上の企業が20.5％、伸び率5％未満の企業が24.3％（うち売上減少11.3％）となっている。

図表Ⅱ-3-39　従業員規模別売上伸び率（機械工業）

単位：％

従業員規模	売上伸び率（1985～88年）				計	回答企業数
	5％未満 （うち0％未満）	5～30％未満	30％以上	伸び率不明		
全体	24.3 (11.3)	52.9	20.5	2.2	100.0	2,479
1～9人	40.0 (25.2)	41.7	13.9	4.3	100.0	115
10～19人	26.4 (12.2)	52.8	18.6	2.1	100.0	655
20～99人	22.9 (10.1)	54.4	21.2	1.6	100.0	1,330
100～299人	19.0 (7.8)	53.7	23.9	3.4	100.0	205
300人以上	17.2 (6.9)	44.8	34.4	3.4	100.0	29
規模不明	28.0 (17.1)	45.1	20.7	6.1	100.0	82

出典）　中小企業事業団・中小企業研究所編［1990］：図表Ⅱ-1-4を再編。

　プラザ合意による円高不況は86年末に大型好景気に移行したが、それにもかかわらず伸び率5％未満の企業が少なくなく、その割合は小規模になるほど増え、従業者1～9人の零細企業では40.0％（うち売上減少25.2％）に跳ね上がっている。好景気下でも中小企業問題の厚い壁が零細企業の成長を阻んでいることを示している。

　それと同時に零細層でも伸び率30％以上の企業が1割以上あり、規模が大きくなるにつれ増え、100～299人では2割を超えている。中小企業の各規模層で高成長企業が1つの層をなしていることがわかる。この高成長企業の中心が開発志向型中小企業であることを、売上伸び率別に企業の得意点をまとめた図表Ⅱ-3-40が示唆している。

　「図面や顧客の指示通りに製作物を仕上げること」が、どの企業層においても圧倒的に多い。正確な加工は製造業者、特に下請企業としては最も基本的な機能であるため、指摘率が高いのは当然であり、売上伸び率別に見た指摘率の差も少なく、売上伸び率を分ける要因にはなっていない。

　次に多いのが「製造現場の効率が上がるように管理すること」だが、これは

330

第3章　減速経済期の中小企業（1974 〜 90 年）

図表Ⅱ-3-40　売上伸び率と得意な点（機械工業）

単位：%

売上伸び率 (1985 〜 88 年)	得意な点（複数回答）					
	図面や顧客の指示通りに製作物を仕上げること	製造現場の効率が上がるように管理すること	製作物作成法や自社設備を改善・開発すること	製品の企画・開発を行うこと	営業努力で顧客を開拓すること	その他
全体	67.5	36.3	29.9	20.7	16.3	2.1
5%未満	66.8	34.6	25.9	15.9	12.5	3.3
5 〜 30%未満	68.7	35.5	29.9	21.8	16.6	1.4
30%以上	64.9	40.2	35.1	24.7	20.4	2.4
伸び率不明	70.9	38.2	27.3	10.9	10.9	3.6

出典）　中小企業事業団・中小企業研究所編［1990］：図表Ⅰ-2-9 を再編。

売上伸び率の高い企業層ほど指摘率が高く、売上伸び率を分ける要因となっている。この時期に進んだ多品種少量生産を効率化するのは簡単ではないため、成功する企業と失敗する企業が現れ、成長率を分けたのである。

　そして、「製作物作成法や自社設備を改善・開発すること」「製品の企画・開発を行うこと」「営業努力で顧客を開拓すること」、つまり、生産方法開発、製品開発、顧客開拓の3つも、売上伸び率が高くなると規則的に指摘率が増え、売上伸び率を分ける要因になっている。この3項目は上記2項目より指摘率は低いが、それは重要性が低いからではなく、これらを「得意」とするのは簡単ではないからである。

　以上のように、このアンケート調査結果は、中小企業は「指示通りに作る」だけでは成長できず、顧客開拓を含む開発力と多品種生産能力の優れていることが必要で、それを備えている企業、つまり開発志向型中小企業が成長率の高い企業層で成立していることを示唆している。

②小零細企業、下請企業でも形成

　開発志向型中小企業の形成は上位規模の企業や独立型企業に限られているわけではない。開発活動を示すものとして「製品開発」（親企業の要請による開発や他社からの受託開発を含む）に着目すると、その実施企業は図表Ⅱ-3-41 のとおりである。

　全体では製品開発を全くやっていない企業は半分以下（44.9%）にとどまり、

331

第Ⅱ部　戦後中小企業発展史・問題史

図表Ⅱ-3-41　従業員規模別製品開発状況（機械工業）

単位：%

従業員規模	製品開発を継続的に行っている	特定の機会に製品開発を行うことがある	製品開発は行っていない	計	回答企業数
全体	32.4	22.7	44.9	100.0	2,173
1 ～ 19 人	23.4	22.4	54.2	100.0	662
20 ～ 99 人	33.4	22.6	44	100.0	1,164
100 ～ 299 人	47.5	23.8	28.6	100.0	248
300 人～	74.0	11.1	14.8	100.0	27
規模不明	30.5	27.8	41.7	100.0	72

注)　製品開発には親企業からの要請、他社からの受託開発も含む。
出典)　中小企業事業団・中小企業研究所編［1990］：図表Ⅱ-1-16 を再編。

1/3（32.4%）の企業は製品開発を継続的に行っている。調査前では予想していなかった多さである。規模別に見ると従業員規模が小さいほど製品開発実施企業の割合は少なくなるものの、1 ～ 19 人の小零細企業でも 2 割以上（23.4%）が製品開発を継続的に行っている。また、図表Ⅱ-3-42 によれば、下請比率70% 以上の企業でも 2 割近く（18.8%）が製品開発を継続的に実施している。

このように、開発志向型中小企業の形成は小零細企業、下請企業も含む中小企業全体にわたるものになっている*。それは開発志向型中小企業が需要の多様化・産業の高加工度化という基本トレンドに根差しているからである。

*中小企業庁「製造業分業実態調査」（1989 年 12 月）によると、下請企業の 26.4% が「研究開発部門」を持っており（『中小企業白書 1990 年版』：160）、やはり、下請企業における開発活動の活発化を示している。

(3)　いつから形成されたか

では開発志向型中小企業はいつ頃から現れたのか。これも「製品開発」に着目してみる。図表Ⅱ-3-43 は図表Ⅱ-3-42 で「製品開発を継続的に行っている」「特定の機会に製品開発を行うことがある」と答えた企業に、製品開発に力を入れ始めた時期を尋ねたものである。

全体では 1975 ～ 84 年が一番多い。創業時期が 1945 年以前および 1946 ～ 64 年という業歴の長い企業でもこの時期が最も多い。70 年代半ば以降、市場拡大の鈍化と需要の多様化・産業の高加工度化が進み、開発力強化が必要とな

第3章　減速経済期の中小企業（1974 〜 90 年）

図表 II-3-42　下請比率別製品開発状況（機械工業）

単位：%

下請比率	製品開発を継続的に行っている	特定の機会に製品開発を行うことがある	製品開発は行っていない	計	回答企業数
全体	32.4	22.7	44.9	100.0	2,173
下請をしていない	58.7	22.1	19.1	100.0	429
30％未満	28.4	26.1	45.5	100.0	536
30 〜 70％未満	38.4	27.4	34.2	100.0	354
70％以上	18.8	18.8	62.5	100.0	837
比率不明	41.1	23.5	35.3	100.0	17

注）　製品開発には親企業からの要請、他社からの受託開発も含む。
出典）　中小企業事業団・中小企業研究所編［1990］：図表 II-1-15 を再編。

図表 II-3-43　創業年次別製品開発注力開始期（機械工業）

単位：%

創業年次	研究開発注力開始期						不明	計	回答企業数
	〜 1944 年	1945 〜 54 年	1955 〜 64 年	1965 〜 74 年	1975 〜 84 年	1985 年 〜			
全体	1.3	1.3	8.1	18.0	43.0	24.6	3.5	100.0	1,195
1945 年以前	5.9	3.2	17.1	23.5	32.6	15.5	2.1	100.0	187
1946 〜 64 年	0.6	1.6	12.1	18.8	42.6	21.0	3.4	100.0	505
1965 〜 74 年	0.3	0.3	0.9	21.8	48.3	25.5	2.8	100.0	321
1975 年以降	—	—	—	3.3	45.6	44.5	6.6	100.0	182

出典）　中小企業事業団・中小企業研究所編［1990］：図表 I-3-1 を再編。

ったからである。続いて、1985 年〜が多い。85 年プラザ合意による円高不況と大企業生産拠点の海外移転の活発化が、市場創出を目指す中小企業の製品開発活動を一段と刺激した。なお、1965 〜 74 年を指摘する企業も少なくないが、60 年代後半から耐久消費財の普及率が高まり、70 年代初頭には飽和化する製品も現れ、中小企業も製品開発の分担が必要になったためである。

　このように、特に 70 年代後半以降における開発活動活発化の必要が開発志向型中小企業を生み出したことを改めて確認できる。

第Ⅱ部　戦後中小企業発展史・問題史

3. 開発志向型中小企業の諸タイプ

　開発志向型中小企業は取引関係、開発の重点、創造性のレベルなどを基準にいくつかのタイプに分けることができる。

(1) 開発補完型

　大企業は競合企業より一刻も早く新製品を市場に送り出すため、製品開発を効率化しなくてはならず、開発活動を補完してくれる下請企業が必要となった。開発補完型の下請企業には2種類あった。

①設計、仕様の提案

　第1は、親企業が示した仕様とコストに基づき部品の設計提案から仕事を行う（あるいは部品仕様の提案も行う）下請企業で、開発志向型中小企業の中で最も多いタイプである。従来の下請企業が生産機能の提供だけだったのに対し、設計による技術情報の提供という新たな機能を果たしている。この下請企業の活用で、大企業自身は製品と主要部品の設計に集中できる。

　例えば、大手電機メーカーの1次下請として配電盤関連の部品製作から出発した高和電気工業(株)（従業員350人、川崎市、1985年取材）は、この時期には親企業の開発設計段階から受注を受けていた。1937年の創業だが、65年頃から親企業がユニット発注を始めたため、2次下請に格下げされないよう、親企業の示唆を基にユニット部品を設計開発した。大手電機メーカーは技術者を基礎研究や先端研究に貼り付け、個々の部品設計行う人手はないため歓迎された。70年代に入るとユニット部品開発から装置開発へ、さらに装置のME化へ進み、生産だけでなく開発力で親企業にとって不可欠の地位を占めるようになった。「親企業が困っていることを解決するため何でも開発する。巨大企業だから多様な需要がある」とし、設計提案を柱に下請企業に徹するのを経営方針としていた。

　また、ファクシミリ、タクシー無線、電話などに組み込まれる小型トランスを製作していた企業（従業員11人、東京都目黒区、1989年取材）の業務は、トランスが組み込まれる周辺回路に合わせ、トランスの仕様を開発することから始まる。取引先の大手セットメーカーもすべての部品に通じているわけではないから、「この回路にあったコイルはこれだ」と提案してもらえると大変ありがたい。トランス製作は巻き線が中心で、家庭内職でも行える作業だが、こ

334

第3章　減速経済期の中小企業（1974～90年）

れによってこの企業は付加価値を高めることができ、現金支払いを要求できる地位も確立していた。受注も順調で創業7年で年商6億円を達成していた。このようなビジネスモデルを構築したのは、当社の前身となる倒産会社が生産のみを行う、親企業に完全に従属した企業だったからである。債務を引き継いだ当時26歳の新経営者は、付加価値追求の場は生産ではなく開発にあると考え、開発段階からの参加を取引契約締結の条件とした。社内の仕事もトランス開発に優れたアイディアを出した者がリーダーとなり、人事権も与えられるというシステムで進められていた。

②試作品の製作

　開発補完型の第2のタイプは試作品製作の下請企業である。試作品製作は開発製品のデザイン検討、機能試験、組立方法検討のため不可欠であり、短期で行えると量産化までの時間を短縮できる。試作品製作のためには設計図から製作法を開発することがポイントとなるため、経験豊かな、技能中心の小規模な下請企業から試作品開発へ特化する中小企業が現れた。

　以上のような開発機能を補完する新たなタイプの下請企業は、その専門分野に関しては親企業以上の技術力を持ち、それを武器に親企業を多角化する企業も多かった。ただ、その場合でも、需要情報発見活動には固有の困難があるため（→142頁）、特定親企業を「母港」とする多角化が多く、特定親企業への依存割合がまだ高かった。つまり、このタイプは技術的には自立したが、「対等ならざる外注関係」＝下請関係から脱しておらず、「独自市場」の構築のできない「半企業家的中小企業」と言える。

(2)　専門加工業型

　唯一性の強い独創的な加工方法の開発と能動的な需要開拓で、情報参入障壁で囲まれた「独自市場」（→76頁）の構築に成功している「企業家的中小企業」である。自社製品はないが、技術開発力自体が商品として「自社製品」化している。開発補完型と同じく市場を他企業の外注に依存しているが、加工技術の唯一性により多くの企業が取引を求めるから、大企業との取引も対等化している。「対等ならざる外注関係」からは脱却し、もはや下請企業の範疇には納まらない、加工に関する専門企業である。具体例を示そう。

335

第Ⅱ部　戦後中小企業発展史・問題史

　ハマダベンディングサービス(株)(従業員29人、広島県呉市、2005年取材)
は、顧客の依頼に応じて様々に金属を曲げる加工(ベンディング)を行ってい
る。51年に創業、製缶(厚鋼板や鉄骨の曲げ加工、溶接で立体的な構造物を
作る仕事)の分野で優れた加工技術を発揮していたが、77年頃、曲げ加工だ
けの発注を受けた。よい加工方法を思いつき、見積り段階よりずっと高い加工
単価で仕事ができたことが、ベンディング加工特化のきっかけになった。ベン
ディング加工は多くの金属加工に含まれるが、工数に占める割合は数パーセン
トにすぎないため、設備稼働率は1月に2日というように低い。曲げには色々
な形状があるから時間もかかる。このような割の合わない仕事を外注したい企
業は、地域を広げれば多いはずと考えた。これが見事に成功し、30社程度だ
った顧客は、口コミで年間350社に広がり、全国から注文を受ける加工センタ
ー的な企業に成長した。

　この企業に営業部員はおらず、大手企業は取引に来社を要求するので相手に
しない。その代わり、引き合いのあった仕事は何でも引き受ける。特に、他の
企業ができず、当社にとっても初めての仕事を歓迎する。初めての仕事だから
見積り以上に工数がかかってしまうことがあるが、その技術は他の機会に活か
せる。他企業ができない加工をしているから強い価格形成力を発揮し、付加価
値率は85%と極めて高い。

　受注待ち企業の多いメッキ業界でも、開発力を売り物とする能動的な中小企
業が現れた。前出(→34、326頁)の友電舎の転機は1975年だった。大手電
子部品メーカーからデジタル時計の部品で、トリマーという微細円筒の内面へ
の金メッキの依頼を受けた。大手メーカーではこのような特殊なメッキはでき
ず、関東のメッキ業者に頼んだが、皆断られたところ、友電舎が「不可能への
挑戦」をモットーに掲げているのを見て接触してきた。他のメッキ業者が断っ
たのは、円筒の直径が小さいためメッキ液がはじかれて円筒内に滞留させるこ
とができないからだった。だが、同社の経営者は燕市で作られたポットの細長
い注ぎ口の内面も銀メッキされているのを見て、円筒内面へのメッキが不可能
でないことを確信した。専門家の知恵も借りながら開発した方法は、メッキ液
の濃度が薄まれば円筒内を真空にしてメッキ液を吸引し、新たなメッキ液を注
入するというものだった。他の微細電子部品へのメッキにも応用でき、これが
きっかけで先端産業関連のメッキ加工へ進出した。82年には研究所も設立、

83年には非電導素材のアルミナ粉末や繊維へのメッキ方法も開発した。前者は微粉末が固まらないよう撹拌しながらメッキをすること、後者はメッキが洗ってもはがれない密着硬度を確保することがポイントだった。さらに、高付加価値製品に必要な多段階工程を1ラインで済む自動化プラントに換えるなど、メッキプラントの開発へも進出した。これら新分野進出には既述（→ 326 頁）の戦略的な需要情報発見活動が有効だった。

　専門加工業型はすでに、重化学工業化が成熟した60年代後半にも見られた。清成［1970］に基づき高能力型零細企業の1タイプとして「高加工度品・多品種少量生産型」の存在を指摘したが（→ 262 頁）、このうちの高度の加工技術を活かす企業がそうである。減速経済期に進んだ産業の高加工度化は、このタイプの零細企業を成長させた。上記3社もこのような零細企業からの成長である。

　さらに、経営環境変化への対応が必要となった量産型中小企業からも、専門加工業型が現れた。繊維企業から格好の例を紹介しよう（1986年取材）。

　埼玉県で撚糸業を営むこの企業は、原糸メーカーから大量の発注を受けていた。一度柄が決まると同じ糸を1年間生産できる楽な仕事だった。しかし、70年代中頃、この企業の経営者は、繊維製品は「嗜好品」になると判断、原糸メーカーからの発注はまだ大量にあったが、ワールドや東京ブラウスなどのアパレルメーカーと直接取引を始めた。川上から川下との取引への大転換である。開発要員を1人から5人に増やし、シーズンごとに新製品を開発し、アパレルメーカーに売り込んだ。この企業独自の糸を作るため紡績機も購入した。

　原糸メーカーとの取引単位は数百トンだったが、5千キログラムに少量化し、場合によっては5キログラムのものもあった。これはサマーセーター5着分である。取引ロットが小さくなったため営業部員はやる気をなくし、多品種化で機械の稼働率が極端に落ちたため、工場長も不平一杯で、人の意識の切り替えが大変だった。だが、事業転換がもう2〜3年遅れていたら倒産していたという。

（3）　製品開発型

　開発補完型と専門加工業型は生産技術を開発するが、製品開発型の中小企業も輩出した。このタイプの源流の1つが、60年代後半に現れた高能力型零細

第Ⅱ部　戦後中小企業発展史・問題史

企業の「独創的製品・多品種少量生産型」（→262頁）で、機械や部品製作で多い。もう1つの源流が同じく高能力型零細企業の「高加工度品・多品種少量生産型」のうちの新製品開発型で、生活用品分野で多い。70年代後半、これらの中から情報集約度をさらに高めた製品を開発し、品ぞろえも豊富化し、製品ブランドも確立させた中小企業、あるいはその途上の中小企業が増加した。以上のうち、前者の機械関係の製品開発型の中小企業に着目すると、次のようなタイプが見られた。

　一番目は受託開発型である。大企業や研究機関から特殊な製造設備や試験用設備などの開発を受託する。特定の顧客にのみ使われる製品をスポット的に開発するため、一品生産で終わる場合が多い。顧客からの多様な開発依頼を柔軟にこなすのを強みとする企業である。

　二番目は、受託開発と自社製品開発が併存しているタイプである。受託開発では市場は不安定だから、次例のように受託開発企業の多くは同時に自社製品開発を目指す。

　1975年創業の㈱サヤカ（従業員40人、東京都大田区、2017年取材）は、創業時はブローカーだった。商社から治工具、ゲージなどの図面をもらい、大田区の町工場に製作を依頼していた。やがて、設計技術者を入れ、顧客の要望に応じ設計開発もする「技術商社」へ、83年、倒産した外注先の従業員を引き取って製造部門もスタート、翌年には「技術開発部」を設けた。ところが、プラザ合意による円高不況が発生、売上は激減したが、顧客からの発注を待つ下請企業としては手の打ちようがない。自分の努力で売れる自社製品を持っていないことの問題を痛切に感じたという。だが、自社製品を目指すといっても何を作ってよいかわからない。そこで、自動化組立装置など各種自動機の受託開発をはじめ、そこから市場性のある製品を見つけ出すという戦略をとった。受託開発製品に新たな機能を加え、いらない機能は削除し、市場性の高い商品へと高める。自社製品につなげるため、受託開発で生じる工業所有権が同社に帰属すべきことを契約に入れた。取引先がこの条件を飲めば開発費も値下げする。この企業を最初に取材した89年時点ではまだ柱となる製品はなく、自社製品は売上の10％にとどまっていた。しかし、90年代に入り、自社製品として基板分割機を開発、携帯電話の普及とともに需要が増え、この製品のトップメーカーとなった（→412頁）。

第3章　減速経済期の中小企業（1974〜90年）

　三番目は、多品種少量型の産業機械（→262頁）を開発し、自社製品ブランドを確立、「独自市場」構築に成功した中小企業である。その多くは研究開発部門を持ち、需要情報の獲得に関しても特徴ある活動を行っている。

　高度成長期に加熱攪拌による食品機械の開発を活発化し始めた梶原工業（→269頁）は、外食産業の発展による需要拡大にも支えられ、減速経済期に業容を拡大した。顧客に密着し、聞き取った困りごとを基に設計開発部門が毎年のように新機種を開発、各種展示会にも積極的に出品し市場を広げた。製品は各種調味食品、調理用ソース、カレールー、ソース、スープ、タレ、マヨネーズ、ドレッシング、味噌、ジャム…等々の製作用へと広がり、全国の食品メーカー・製菓メーカーで使われるようになった。製品は規格化するがカスタマイズが必要で、ほとんどが図面つきの製品となる。この企業の需要情報獲得への強い意欲は、後年（2004年）、「カスタマーセンター」の設置へとつながり、顧客の調理方法に関する相談に乗りながら顧客ニーズをつかむというシステムを構築した。

　プラスチック射出成型機用の温度制御機の専門メーカー、理化工業㈱（従業員513人、東京都大田区、1985年取材）も、この時期に製品開発活動を活発化させ、業容を拡大した。1976年の従業員は242人だから9年間で従業員規模は2倍以上と中小企業の枠を突破し、取材時点での市場シェアは70％だった。温度制御機は全品受注生産で、1ロット10台以下が60％、1ロット1台が30％を占めている多品種少量生産機器である。不断の製品開発で数々のヒット製品を飛ばした。例えば、プラスチックは溶けると熱を帯びるため、この間電気は不要となる。そこで、加熱と冷却を1台でできる機器を開発したところ（1978年）、当時の省エネのニーズに応えることで大ヒットした。大手競合企業（立石電機、富士電機、ヤマタケハネウエル等）は代理店制度をとっているが、同社は直販制度による小回りを生かした情報収集により、ユーザーニーズの把握で優位に立っている。また、温度制御機唯一の専業メーカーで、企業規模は大手企業より小さいものの品ぞろえで大手企業を上回り、開発専業の「技術本部」も置き（人員の20％を投入、売上高に占める開発費の割合は7％）、この分野に関しては大手企業以上に情報資源を蓄積していた。

　この3番目のタイプは、自社ブランドも浸透させ、「独自市場」を構築した「企業家的中小企業」と言える。

339

第Ⅱ部　戦後中小企業発展史・問題史

（4）　ベンチャー・ビジネス

　ベンチャー・ビジネスとは、開発志向型中小企業の中でも、開発活動への特化度が高く、情報集約度の極めて高い創造的な製品（無形の技術なども含む）を生み出す企業で、「独自市場」を構築している。今日のベンチャー・ビジネスは製造業以外の分野が多くなっているが、この時期には製造業のベンチャー・ビジネスが多かった。

　周知のように、ベンチャー・ビジネスというコンセプトを創出したのは、清成・中村・平尾［1971］であり、「研究開発集約的、またはデザイン開発集約的な能力発揮型の創造的新規開業企業」（同書：10）と規定した。このような創造的な企業が群として生まれたとする点で、筆者は清成たちと異ならないが、ベンチャー・ビジネスを開発志向型中小企業の一種に位置づける点が異なる。

①　「断絶」を強調するベンチャー・ビジネス論の創始者

　清成たちはベンチャー・ビジネスを「伝統的中小企業とは決定的に異なった新しいタイプの中小企業」（同書：57）とし、既存中小企業との経営体質上の断絶を強調した。

　清成たちが「断絶」を主張する論拠は、人的経営資源の相違である。従来の中小企業経営者はブルーカラー出身が主流で、「低学歴→中小企業勤務→独立」という経路で開業したのに対し、ベンチャー・ビジネスの経営者は研究職などの専門家（テクノストラクチュア）出身が主流で、「高学歴→大企業勤務→独立」というコースで開業した。「彼らはテクノストラクチュアとして知的水準が高く、見通しも的確である。したがって、人的経営資源の蓄積に特徴があり、専門技能に依拠するブルーカラー出身の伝統的中小企業とは『断絶』的ともいうべき相違がある」（同書：75）と言う。

　ベンチャー・ビジネスの既存中小企業との断絶を強調するのは、このベンチャー・ビジネス論が、ベンチャー・ビジネスは企業家資本主義という新たな資本主義への移行を示すという考えがあるからでもある。ベンチャー・ビジネスは単に経営論的に注目される中小企業の一類型ではなく、「企業家時代の再来」「大規模・大組織時代の終わり」「産業史の新しい段階」「資本主義の新たな段階への移行」を告げるものというのである。ベンチャー・ビジネス論はこのような新経済体制論でもある。

340

第3章　減速経済期の中小企業（1974〜90年）

②ベンチャー・ビジネスは開発志向型中小企業と同根

　しかし、まず、経営者の経歴の点だが、80年代以降、中小企業経営者の高学歴化・高能力化も進み、大企業出身でない経営者によるベンチャー・ビジネスタイプの中小企業が現れている。ベンチャー・ビジネスに「高学歴→大企業勤務→独立」というコースでの開業が他より多いとしても、それを他の中小企業と分ける特徴とするのは言い過ぎになっている。このコースはベンチャー・ビジネス発生の初期段階の特徴と言えよう。

　また、ベンチャー・ビジネスも他の中小企業と同じような問題を抱えるのであり、人的資源が高度であるとしても、それをもって他の中小企業との「断絶」を強調する意味は薄い。一例を挙げる。

　スタック電子(株)（従業員120人、東京都昭島市、2007年取材）は電子部品企業の技術部に勤務していた26歳の技術者が、社内で通らない自分の企画を実現したいとの思いから、他の3人の技術者と共に創業した（1971年）。電圧が波のように変化する様子を計測するオシロスコープの検査用端子、プローブでは世界シェア70％を達成、さらに高周波伝送用の同軸コネクタ、同軸ケーブルアセンブリなどで先端的な製品を次々に開発した。しかし、この企業も創業後は創業者の給料は未払いで生活費も事欠く苦境に陥った。自信を持って開発した試作品を持って大企業に営業に出かける。勤務時代にもらった名刺を使ってとりあえず守衛所を突破してもどこに行ってよいかわからない。ようやく売り込み窓口を探し当てても、聞いたこともない来訪者では相手にされない。会ってくれ、試作品とデータを預けて帰っても、次、行ったときは忘れられている。試作品とは関係ない仕様書で下請けの見積もりを頼まれたことがある。「うちは小さいながらもメーカーです」と言って断ると「君、生意気だよ」と怒られた。このようなことを繰り返し、創業3年目を迎えたころ、大手企業からオシロスコープ用のプローブについて技術相談を受けた。開発費をもらわず自社製品として納入するという原則を貫き、契約を結んだ。そのため、他の大手企業との契約もでき、「客が客を呼ぶ」ようにして売上は拡大、6年目にして創業者は初めて給料をとることができた。特許もすべて抑えたため、9年目には国内市場を独占、世界市場でもシェアを広げた。10年目には創業時の狙いであった高周波伝送部門の機器開発に参入、電電公社の厚い壁に挑戦し、この分野でも技術ニーズの変化にすばやく対応することを武器に画期的な製品

第Ⅱ部　戦後中小企業発展史・問題史

の開発を続けた。

　この企業を支えたのは苦しくても下請仕事はしないという創業者の「技術者魂」で、これを貫いたのは並みではないが、第1部で述べた「名もない企業であるが故に売れない」（→ 142 頁）という中小企業共通の問題に突き当たっており、それを突破したのも「初期の買い手の信用を獲得し、そのおかげで次の顧客を得るという形で」（→ 142 頁）の市場開拓であり、これも中小企業に共通するものである。

　以上のように、経営体質の点でベンチャー・ビジネスと既存中小企業の「断絶」の強調はあまり意味がない。

　次に、清成たちのベンチャー・ビジネスは企業家資本主義という新たな資本主義への移行を示すという新経済体制論だが、このような楽観的資本主義移行論が単なる期待でしかなかったことは、今日では明らかである。実際に起きていたことは、大企業体制の枠内で産業の高加工度化が進み、それが開発活動に関する社会的分業を深化させ、中小企業に開発面でも新たな機会を提供したということである。これを背景に現れたのが各種の開発志向型中小企業であり、ベンチャー・ビジネスもその一種だった。既存中小企業にも企業家的性格が内在しており、それが高度に発展したのがベンチャー・ビジネスであり、開発志向型中小企業と同じく――ベンチャー・ビジネスには製造を基盤としないものがあるものの――既存中小企業に根を持っている。ベンチャー・ビジネスを別格とするのは、中小企業の企業家的性格の否定にもつながる。

　実は、高能力型零細企業を摘出した清成［1970］では、高能力型零細企業の「最右翼」として、セルフ・マネジメント＝テクノストラクチュア結合型があるとして、その特徴として、市場志向的、研究開発集約的、優れた人的資源の蓄積、マネジメントの確立を挙げていた（同書：270-271）。清成・中村・平尾［1971］ではこの「最右翼」を独立のコンセプトに格上げし、ベンチャー・ビジネスという名称を与えたのだが、ベンチャー・ビジネスの位置づけとしては清成［1970］の方が妥当だった。

4. 取引関係の変化

　開発志向型中小企業の出現は企業間関係も変化させた。すなわち、中小企業の戦略的ネットワークの拡大と系列的下請分業における脱下請化、脱専属化の

第3章　減速経済期の中小企業（1974 ～ 90 年）

動きである。

(1)　戦略的ネットワークの拡大

　戦略的ネットワークとは共同受注や製品開発など、特定の目的を持って異種
の経営資源を持ち寄っている企業グループを指す。第Ⅰ部で、中小企業は「場
面情報」発見活動を展開するために企業の内と外で情報共有ループを構築する
と述べ、情報共有ループの集合をネットワークと呼んだ（→ 53 頁）。戦略的ネ
ットワークは企業外との情報共有ループによるネットワークの高度化したもの
だが、多くは設備の相互利用にまで進んでいる。また、異なる経営資源を持ち
寄った異業種あるいは「同業異業種」の中小企業の集まりであり、従来の、同
業中小企業による規模の経済性を狙った協同組合とは異質である。

①ネットワーク拡大のきっかけ

　中小企業が需要の多様化・産業の高加工度化に対応するため、異質の経営資
源の獲得が必要になったことが、ネットワーク拡大の背景だが、直接のきっか
けは 1974・75 年不況による市場縮小である。例えば、74 年に結成された埼玉
県草加市の「さつきグループ」は、受注拡大を目的にアルマイト加工、メッキ、
射出成形、機械加工、プレスなど金属加工 9 社で結成され、多様な工程を結合
することにより、大企業からのユニット発注の獲得に成功した。メンバーの売
上の 20 ～ 30％が共同受注によって占められ、不況下でもフル操業をしていた。

　埼玉県川口市の「まりもグループ」は機械組立、機械加工、プレス、板金、
製缶、鉄骨など 8 社で結成された（1974 年）。グループの中には下請受注がほ
とんどゼロになっていた企業もあり、結成の目的は脱下請だった。メンバーが
製品開発を提案し、全員で検討、共同で設立した設計事務所が設計し、商品化
と販売は提案企業が行う。他のメンバーは部品を生産する。自分の得意先に他
のメンバーを紹介する共同営業活動も展開した。これらの試みは成功し、グル
ープ全体の年商の半分が共同開発と共同営業に依存するほどになった（清成・
遠藤［1977］：96-107）。

　このように異種の経営資源を出し合って共同受注、共同開発を行うグループ
が、70 年代半ば頃、埼玉、山形、長野、富山、大阪、兵庫、京都、神奈川、
静岡などで生まれ始めた（坂本・芝・塗師［1986］：2）。その中心になったの
が開発志向型中小企業であった。

343

第Ⅱ部　戦後中小企業発展史・問題史

②**政府による支援**

「さつきグループ」、「まりもグループ」は埼玉県の「知識集約化推進工場グループ」の指定を受け、研究会の講師派遣などの援助を受けたが、国の中小企業政策も技術交流プラザ事業の開始（1981年度）、「融合化法（異分野中小企業の知識の融合による新分野の開拓の促進に関する臨時措置法）」（1988.4.8施行）の制定などにより、異業種交流事業を促進した。中小企業事業団（現、中小企業基盤整備機構）によると、異業種交流グループ数は1988年度1,527、92年度2,336となっている（中小企業事業団・中小企業情報センター［1993]）。もっとも、その多くは単なる情報交換にとどまっているものが多く、戦略的ネットワークと言えるものは少ない。実際に効果の上がる中小企業連携を構築するには、優れたリーダーシップとメンバーシップが必要であり、国が制度を用意したからといって、実質を伴う連携が簡単に出来上がるわけもないからである。

　しかし、それでも中小企業同士の連携を広げようとする政策的意図は肯定できる。日本では中小企業の多くは寡占大企業を頂点とする取引関係に組み込まれている（図表I-3-2）。中小企業はこの取引関係に縛られ、「上」を見ているだけで「横」を見ていなかった。そのため、近隣の中小企業でもお互いを知らず、ネットワークの組みようがなかった。中小企業同士の取引がある場合も大企業管理下の分業に基づくものだった。中小企業の戦略的ネットワークの拡大は、大企業起点の垂直取引関係の中で従属的地位にある中小企業が、自立的に垂直分業横断的に取引関係を形成し、自力で市場開発を始めたという意味を持つ。それゆえ、ネガティヴな経営環境が拡大する90年代以降も、戦略的ネットワークを活用する中小企業は拡大するのである（→418頁）。

(2)　系列的下請関係の変化

　また、1980年代後半になると、大企業起点の垂直取引関係の典型、系列的下請関係にも脱下請化、脱専属化という変化があった。

　図表Ⅱ-3-44によると、それまで増加し続けてきた下請企業割合が80年代後半から低下に転じた。低下の程度もかなり大きい。また、図表Ⅱ-3-45によると、80年代後半から専属型・準専属型下請企業の比率も低下し、親企業分散型・自立指向型下請企業の比率が上昇した。

344

第 3 章　減速経済期の中小企業（1974 ～ 90 年）

図表 II-3-44　中小製造業における下請企業割合　1996 ～ 98 年

単位：%

	1966 年	1971	1976	1981	1987	1998
全製造業	53.3	58.7	60.7	65.5	55.9	47.9
繊維工業	79.8	75.9	84.5	84.9	79.7	76.4
衣服繊維製品	73.6	71.4	83.9	86.5	79.1	70.8
金属製品	66.3	71.7	74.8	78.6	71.0	58.4
一般機械器具	70.7	75.8	82.7	84.2	74.8	59.2
電気機械器具	81.4	78.9	82.3	85.3	80.1	65.2
輸送用機械器具	67.1	77.9	86.2	87.7	79.9	69.3
精密機械器具	72.3	70.7	72.4	80.9	70.4	58.8

注 1)　下請企業とは自企業より資本金又は従業者数の多い他の法人又は個人から、製品、部品等の製造又は加工を受託する企業。
　2)　1998 年全製造業の下請比率（下請金額／売上高）は 21.0%。
資料)　経済産業省『1998 年商工業実態基本調査報告書』より作成。

図表 II-3-45　下請パターン別割合　1976 ～ 88 年

単位：%

	1976 年 6 月	1982 年 6 月	1988 年 6 月
専属型	36.3	37.7	32.9
準専属型	22.9	25.3	22.2
親企業分散型	19.4	17.5	21.5
自立指向型	21.3	19.5	23.4
計	100.0	100.0	100.0

注)　下請パターンの定義は次のとおり

下請比率　＼　1 社依存度	50％以下	50 超～ 75％以下	75％超
60％以下	自立指向型		―
60 超～ 80％以下		準専属型	専属型
80％超	親企業分散型		

出典)　商工組合中央金庫調査部 [1977]：4-1 表、同 [1983]：表 VII-1、同 [1989]：図表 V-8

　この動きは親企業と下請企業の双方から生じた。減速経済化と産業の高加工度化により、親企業は下請企業の量的確保から質的確保に向かい、系列関係に囚われず、高い技術レベルの下請企業を選択するようになった（いわゆる下請発注のオープン化）。その結果、やむをえざる親企業分散化を迫られた企業、

345

第Ⅱ部　戦後中小企業発展史・問題史

下請企業として存続不可能になった企業が続出した。

　一方、開発志向型の下請企業の中から、その開発力を活かし、現在の主取引先からの受注を維持しつつ、新たな取引先の開拓に向かう企業や製品開発で脱下請を進める企業が増えた。その際、上記のような戦略的ネットワークが活用された。

　脱専属、脱下請を強制される企業と戦略的に脱専属、脱下請を図る企業——このような下請中小企業の錯綜した動きの結果として脱専属、脱下請が進んだ。しかし、中小企業の発展を論じているここでは、中小企業の開発志向化が系列的下請関係の変化も引き起こしたという側面を確認しておく。これは大企業起点の、大企業優位の取引関係の枠内ではあるが、中小企業の自立性を高める動きとして評価できる。

　以上のように、開発志向型中小企業の発展は、戦略的ネットワークの拡大、系列的下請関係における脱専属、脱下請の推進を通じて、大企業優位の垂直取引関係をいわば相対化し始めた。

5. 開発志向型中小企業の企業家性と「代表的発展中小企業」の到達点

　減速経済期の「代表的発展中小企業」として開発志向型中小企業を摘出したが、ここで従来の「代表的発展中小企業」を振り返りつつ、開発志向型中小企業の形成による戦後中小企業発展の到達点をまとめる。

　戦後復興期の「代表的発展中小企業」、輸出軽機械工業は、戦前の中小企業にはない量産性を特徴とする革新的中小企業だった。だが、生産面では企業家的だったが、製品開発（需要情報発見活動）に関しては企業家活動を展開するに至らず、価格形成力を持たない「半企業家的中小企業」だった。

　高度成長期の「代表的発展中小企業」、量産型中小企業は、結合された専用設備を備え、輸出軽機械工業より高いレベルで量産性を実現したが、多くは市場を大企業に依存した「半企業家的中小企業」であり、企業家活動の中心となった技術活動も大企業依存が強かった。

　それに対し、この期の終わり（60年代後半）に現れたもう一つの「代表的発展中小企業」、高能力型零細企業の中には、需要と技術、双方の開発で差別化製品・差別化技術を生み出し、「独自市場」を確立した「企業家的中小企業」

が見られた。

　減速経済期における開発志向型中小企業は、差別化製品、差別化技術の開発を経営の要とする企業で、高能力型零細企業の流れを汲むものである。中小企業発展の主流は量産型から差別化型へ移った。

　開発志向型中小企業にはいくつかのタイプがあるが、共通するのは大企業にない専門技術を備え、技術的には大企業から自立したことである。これが技術情報の多くを大企業に依存していた高度成長期の「代表的発展中小企業」、量産型中小企業と異なる点である。開発志向型中小企業の形成により中小企業が技術情報の発信源になり、大企業から中小企業に向かっていた技術情報の流れは双方向化することになった。それだけでなく、開発志向型中小企業の中でも専門加工業型、製品開発型（受託開発型を除く）、ベンチャー・ビジネス型は、需要面の情報発見活動も能動的で、特定取引先に販売依存しない「独自市場」を構築した「企業家的中小企業」と言える。その成立分野も、60 年代後半における高能力型零細企業より広範囲であり、再生産構造中枢部につながる企業も多かった。したがって、中小企業問題の悪化が始まった減速経済期は、戦後最も「企業家的中小企業」が広がった時期でもある。

　だが、開発志向型中小企業で最も多いのは開発補完型だった。このタイプは技術面では大企業と並ぶ専門性を獲得したが、販売面で特定親企業への依存を脱していない「半企業家的中小企業」だった。したがって、開発志向型中小企業に見る「代表的発展中小企業」の到達点を概括的に捉えれば、技術面での大企業からの自立化、市場面での大企業依存ということになる。

第 4 節　中小企業の役割

1. サポーティング・インダストリーとしての高度化

　高度成長期に確立した中小企業のサポーティング・インダストリーとしての役割は、一層高度化した。機械工業について見ると、従来、親企業は社内工程の延長上に「分工場」として下請企業を組み込み、特定部品・加工に特化させて技術を習熟させ、高品質と低コストを実現させた。しかし、この時期により重要になった下請企業の機能は、親企業の製品開発の効率化に貢献するため、部品の仕様や設計を親企業に提案することだった。また、渡された設計図に関し、効率的生産の観点から改善提案を行うことも重要だった。下請企業から大

企業への技術提案が一般化し、開発補完型の下請企業が生まれたのである。もはや、下請企業は単なる受身的な「分工場」ではなく、親企業にない開発力を持ち、製品開発上の問題を解決する——こういう高度な役割を果たすことになった。

これとともに、下請分業の効率性はさらに高まった。港徹雄は「日本型下請生産システム」の変遷を、1930年代までを「浮動的取引関係」、30年代後半から60年代までを「従属的取引関係」、70年代を「協調的取引関係」とした。「協調的取引関係」とは下請企業が高い生産技術や品質管理技術を身につけ、かつ、組織のリーダーとして親企業の統制を受容しているという関係で、下請生産システムが最も高い組織効率を発揮した段階としている（清成・田中・港［1996］：66-67）。筆者は下請企業の開発力の向上に重点を置くが、下請システムがこの時期に最も効率化したという港の見解は、下請関係の変化を正しく捉えている*。

　*その後、港［2011］では説明の変更なども見られるが（同書：349〜354）、ここでは
　上記書における70年代の説明に着目する。

系列的下請関係は終身雇用・年功序列・企業内組合と並ぶもう1つの日本的経営、国際競争力の秘密とされ、アメリカの自動車会社は外注比率の引き上げ、下請企業との情報共有関係の濃密化（例えば下請企業によるデザイン・インの実施）など、日本的システムを取り入れた。また韓国では75年に「中小企業系列化促進法」の制定、台湾では82年に「中心・衛生システム」の導入など、日本をモデルに下請分業の導入を図る政策が実施され、他の東アジア諸国でも中小企業育成による系列的下請分業の形成が理想とされるなど、日本的下請分業は世界的に影響を及ぼした。

2. 地域経済の担い手
（1） 地域重視と地域視点に立つ中小企業政策の出現
この時期、中小企業は新たに、地域経済の担い手という視角からも注目されるようになった。例えば、中小企業政策審議会意見具申「1980年代の中小企業のあり方と中小企業政策の方向について」（1980年7月）では、「地域住民への安定した雇用機会の創出・確保と、地域住民に密着した形での日常生活に

必要な物財サービスの生産供給機能を果たしている中小企業の地位と役割があらためて見直され、これに新たな期待が持たれてきている。」（中小企業庁編 [1980]：21-22) としている。そして、従来の中小企業政策では業種別の近代化策が中心だったが、地域振興の観点から特定地域の複数業種を地場産業として一括して振興する「地場産業総合振興対策」など、地域視点に立った中小企業施策が講じられるようになった（黒瀬 [1997]：219-220、同 [2006]：175-176）。

この背後には、社会における地域重視の高まりがあった。画一化した生産・生活様式、大規模工場による公害問題など、重化学工業化の負の側面が明らかになり、生活の質、福祉、環境といった個人や地域に密着した視点からの価値観が強まった。同時に、高度成長期に縮まった所得の地域間格差の再拡大、構造不況に陥った企業城下町問題、高齢化・住宅の老朽化を抱えた大都市インナーシティ問題など、地域問題も発生した。以上が地域の文化的・経済的・行政的自立への希求として現れ、それとともに、中小企業を地域経済の担い手として再評価する動きが強まったのである。

筆者も、以下の理由で中小企業は地域経済の担い手として、大企業にない固有の可能性を持っていると考える（黒瀬 [2006]：40-44）。

第1に、中小企業は本社を地域に置き、従業員も地元比率が高いから、生産した付加価値は地域内にとどまる。それに対し、大企業は本社を大都市に持つため、工場が生み出した付加価値のうち利潤部分は地域外に漏出し、地域に再投資される保証はない。また、付加価値のうちの賃金部分も地域外に生活拠点を置く雇用者割合が高いから、地域外へ漏出する部分がある。さらに、中小企業は原材料などの多くを地域内から調達するが、大企業では地域外からの調達割合が高い。以上のため、大企業より中小企業の方が地域経済への波及効果が強い。

第2に、中小企業は地域と一体化した産業集積を形成し、全国・世界市場を相手とする地域中核産業として地域を支えている場合がある。

第3に、中小企業は、地域の様々な需要を満たす「地域需要産業」とでも言うべき性格を持ち、地域の住民や企業の便益は地域の中小企業のレベル、集積度に支えられている。

第4に、中小企業経営者は社会階層としても地域の核になっており、地域発

第Ⅱ部　戦後中小企業発展史・問題史

展への貢献意欲は大企業経営者より上である。

　以上の中小企業の特性が発揮され、地域経済が自立化に向かえば、中央の大企業に経済権力が集中することを阻止できる。したがって、中小企業が地域経済の担い手としての役割を十全に発揮することは、「経済民主主義」の推進という点からも重要である。

（2）　期待先行

　中小製造業は高度成長期以降地方で増え、地域経済の拡充に実際に貢献した。だが彼らには重大な弱みがあった。

　高度成長期以降、地方で増えた中小製造業は、電気機械工業と繊維系製造業である。電気機械工業では大手企業の子会社が地方大都市に、中小企業の分工場が小都市に進出し、農業県を工業県に変貌させ、地域の雇用創出にも大きな役割を果たした。繊維系業種では中小の縫製業やニット業が各地に進出し、農村婦人に雇用機会を提供した。この限りでは、中小企業は地域経済の担い手としての役割を果たした。だが、これら中小製造業は大都市大企業の下請企業であり、自立的でなかった。下請企業としても、安価な労働力・土地と量産能力を経営基盤とする企業が多く、開発補完能力を持つ企業は少なく、発展途上国との競争力に欠けていた。

　中小企業は地域経済の担い手と言われながら、地方進出中小企業はこのような危うさを抱えていた。また、肝心の中小企業経営者自身にこのような自覚が芽生えていたとも言えない。したがって、「中小企業は地域経済の担い手」は現実的基盤の弱い「期待」でしかなかった。

　この問題は減速経済期には顕在化しなかったが、90年代以降、これら中小企業は東アジア企業との価格競争に敗れ、廃業が増加、大企業の地方工場の閉鎖と相まって地域の産業空洞化の要因となるのである。

350

第4章 長期停滞期の中小企業（1991年〜）

第1節 「戦後大企業体制」の変容：「輸出・設備投資依存」拡大再生産の崩壊

　日本は1985年のプラザ合意により急激な円高に見舞われたが、それに対抗する旺盛なME化設備投資で87年以降景気は好転した。だが、ドル相場の急落を避けたいアメリカの要求による公定歩合大幅引き下げ・金融緩和が資産価格の高騰を引き起こし——このため、この好景気は後に「バブル景気」と呼ばれる——あまりに高い地価上昇を放置できなくなった政府・日銀は、90年に公定歩合を引き上げた。91年、好景気は崩壊、これをきっかけに、日本経済は2017年現在でも脱出の兆しの見えない長期停滞に突入した。1991〜2016年の年平均実質GDP成長率は1.0%に落ち込み、この間マイナス成長を5回記録した（図表II-4-1）。

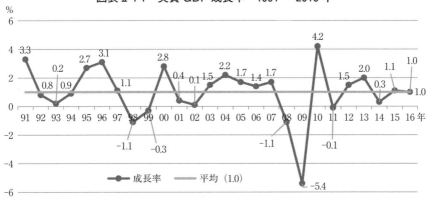

図表II-4-1　実質GDP成長率　1991〜2016年

資料）『経済財政白書2017年度版』：「長期経済統計」より作成。

　経済の長期停滞化と同時に、減速経済期に悪化し始めた中小企業問題は深刻の度を増した。その一端を図表II-4-2が示している。「バブル景気」で減少した中小企業の倒産は、90年代以降再び増加、2000年代初めまで高水準を維持した。

倒産は 2004 年から減少に向かったがそれと入れ替わるように休廃業・解散件数が増加、16 年には倒産件数の 3.5 倍になった。倒産と休廃業・解散を合わせた企業の消滅件数は、2000 年以降も高水準を保っている。経済の長期停滞化は大企業にも打撃を与えたが、中小企業は中小企業問題の深刻化で大企業を上回る打撃を受けた結果である。

図表 II-4-2　倒産、休廃業・解散件数　1990 ～ 2016 年

注 1)　倒産：負債金額 1 千万円以上、件数は図表 II-3-1 と連続。
　 2)　倒産とは、企業が債務の支払い不能に陥ったり、経済活動の継続が困難な状態になること。
　 3)　休廃業とは、特段の手続きをとらず、資産が負債を上回る資産超過状態で事業を停止すること。
　 4)　解散とは、事業を停止し、企業の法人格を消滅させるために必要な清算手続きに入った状態になること。
　 5)　消滅＝倒産＋休廃業・解散
資料)　倒産件数は東京商工リサーチ「全国企業倒産状況」http://www.tsr-net.co.jp/news/status/transition/ より、休廃業・解散件数は東京商工リサーチ提供資料より作成。

　経済の長期停滞化と中小企業問題悪化の原因は何なのか、それは共に「戦後大企業体制」の変容にある。以下では「戦後大企業体制」の変容が経済の長期停滞化を引き起こし（本節）、さらに中小企業問題を悪化させ、中小企業への打撃を倍加させる作用も持っていたことを明らかにする（次節）。

1．大量生産型機械工業の国際競争力低下

　「戦後大企業体制」は次のような再生産構造を内包していた。
　a. 強力な国際競争力を持つ輸出志向の大量生産型重化学工業が、設備投資を拡大し、b. 国内完結型生産体制が輸出部門の設備投資の増加を生産手段生産の各部門に連鎖的に波及させ、これによる雇用・個人消費増加が、消費財生産部

門の設備投資も拡大する——こういう「輸出・設備投資依存」拡大再生産である。1990年代に入り、この拡大生産方式が機能不全に陥った。

まず、大量生産型重化学工業の中核、機械工業の国際競争力が低下した。日本の製造業の中でも繊維など労働集約的な産業は、すでに1960年代から当時のアジアNIEsの追い上げを受け、1970年代には輸出市場でのシェアを大きく減らし、80年代には国内市場も浸食されるようになった。このような競争力低下が、次の理由で大企業を中核とする大量生産型機械工業にも及んだ。

第1に、日本の技術優位性が揺らいだ。日本企業は1970年代末以降、活発なME技術革新で市場を拡大したが、80年代末になると技術革新のタネがなくなり、市場拡大は行き詰まった（井村［2000］：450）。その一方、90年代に開始されたアメリカ発のICT革新と生産のモジュール化の世界への拡大が、日本の技術優位性を揺るがせ、中国など東アジアの生産技術を急上昇させた。

ICT革新によるパソコンベースの3次元CADは、経験の少ない技術者にも設計を容易にし*、CAMとMC等のNC工作機械は不熟練工による高度の加工を可能にした。このため、日本の生産技術優位の源泉の一つだった熟練技術者の設計能力と熟練技能者の加工能力は、高機能製品は別とし標準品に関しては競争力として貢献しなくなった。一方、ICT化は機械工業を装置産業に近づけ、熟練技術者、熟練技能者が未形成だった中国の機械工業の技術力を急速に高めた。たとえば、精度、寿命、納期の点でレベルの低かった中国の金型工業は、2000年以降外国製MCなどの導入で技術力を高め、2005年頃には標準的な製品については対日格差を急速に縮小した（港［2011］：13-17）。

*自動車などの部品メーカー旭テック会長入交昭一郎は次のように言う。
「エンジンの設計で一番難しいのは、バルブを動かすためのチェーンやギア、カムシャフトなどを組み合わせたバルブトレインという部分で、昔なら10年以上の経験がある技術者にしか設計できなかった。今は、設計ソフトを使うと大学を出たばかりの人間でも設計できる。シミレーションして問題のある部分は赤くなるので、赤い部分が消えるまでマウスを動かしていけばいい」（『朝日新聞』2011年12月24日付）。

また、部品のデジタル化と共に進んだ電子機器のモジュール型生産は、完成品の構成要素を量産化された既存部品に依存するため、製品差別化の余地を狭めるが、コスト面では優位に立ち、低価格を訴求ポイントとする製品を生み出した（いわゆる製品のコモディティ化）。一企業系列内で製品設計、部品生産

から完成品組み立てまでを行うインテグラル型システムの日本企業は、モジュール型生産への転換が困難で、ボリュームゾーンの市場を失う一方、外資系を含め中国企業は不熟練工でも組み立てが容易なモジュール型生産の受託者として市場を拡大した。

中国の生産技術はすぐ後で述べる日本など先進国の進出による技術移転によっても引き上げられ、高い費用対効果によりボリュームゾーン（ミドルレンジ、ローエンド）の機械製品に関しては日本を上回る競争力を獲得した（ただし、自動車は除く）。

競争力低下の第2の理由として、80年代後半に続き90年代以降度々発生した円高（図表Ⅱ-4-3）が、日本の国際競争力を削いだことも重要である。他の機械工業よりは技術優位性のあるインテグラル型製品、乗用車でさえ円高に抗しえず、特に92〜95年、08〜12年の円高時には国内生産を大きく減らし、ピーク時の90年995万台に対し、16年は787万台になった（後掲図表Ⅱ-4-8）。

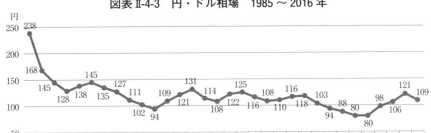

図表Ⅱ-4-3　円・ドル相場　1985〜2016年

注）円相場はインターバンク直物中心レートの年平均値。
資料）『経済財政白書2017年度版』：「長期経済統計」より作成。

2. 生産の東アジア化

日本の競争力低下、中国の競争力上昇は、日本の国内完結型生産体制を東アジアベース生産体制へ転換させた。

第1に、競争力の低下した機械工業大企業は、低労働コストと市場直結を狙い、中国を中心に東アジアへ生産拠点の移転を急速に進めた。電機完成品メーカーは92年以降の円高をきっかけに中国に本格的な生産拠点を構築、これに応じ、部品メーカー、素材メーカー、中小加工業も進出し、電機工業がセット

として移転した（関［1997］：190-194）。自動車メーカーは92年以降の円高でタイでの生産を活発化、90年代末以降中国への進出を始め、98年に本田技研工業、2000年にトヨタ自動車、03年に日産自動車と三菱自動車が進出、その後も中国内で生産拠点を増やした。タイに進出した日本企業は部品全量輸入による組み立て（CKD）から始めたが（1965年頃）、中国では当初から大手部品メーカーも進出し、現地での部品生産を伴う本格生産だった。

電機、自動車は80年代後半から海外直接投資を増やしていたが、貿易摩擦回避のためであり、国内の生産体制に影響するものではなかった。それに対し、以上の中国への進出は、機械工業の産業としての基盤再構築のため、生産体制を国内から東アジアベースに拡大するものだった。その結果、図表Ⅱ-4-4のように、電気機械・情報通信機械、輸送用機械の海外生産比率は上昇を続けた。1996〜98年、2005〜07年、2013〜15年は対ドルで円安局面だったが（図表Ⅱ-4-3、なお03、04年も実質実効為替レートでは01年からの円安局面の一部）、その間も上昇、海外生産化は為替レートに関係なく進んだ。

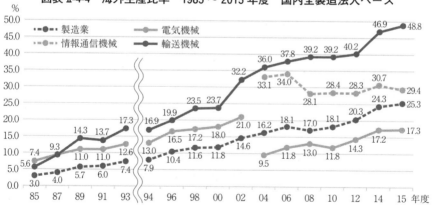

図表Ⅱ-4-4　海外生産比率　1985〜2015年度　国内全製造法人ベース

注1）　1993年度以前の海外生産比率＝現地法人売上高／国内法人売上高×100、1994年度以降の海外生産比率＝現地法人売上高／（現地法人売上高＋国内法人売上高）×100
　2）　04年度に「電気機械」から「情報通信機器」が分離。
資料）　経済産業省「海外事業活動基本調査」各年版より作成。

第2に、競争力を強化した中国企業からの輸入と日系企業からの逆輸入で、中国機械製品の輸入が急増し、日本と中国の間で機械工業における分業関係が

形成された。図表Ⅱ-4-5によると、機械に関する日本の対中国貿易特化係数は、1990年0.82と1に近かったが、13年からは0.08と輸出入均衡の0.00に接近した。日本の対世界の貿易特化係数は、対中国に比べ輸出特化に大きく振れており、機械に関する分業関係は日中間独自のものである。

以上のように、日本の基幹産業、機械工業において、東アジアでの生産拠点の構築と東アジアとの分業関係形成を基に東アジアベース生産体制が構築され、国内完結型生産体制は崩れた（以下、これを「生産の東アジア化」と呼ぶ）。国内完結型生産体制の下では、総輸入における製品輸入の比率は低くなる。1960年代～80年代前半まで、日本の製品輸入比率は20％台にすぎなかったが、90年代以降50％を超えたことが（図表Ⅱ-4-6）、この生産体制の崩壊を示す。

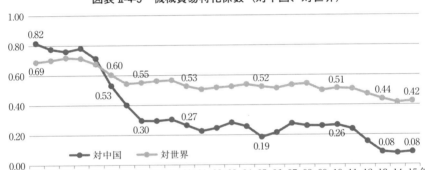

図表Ⅱ-4-5　機械貿易特化係数（対中国、対世界）

注1）　機械：一般機械、精密機械、電気機械、家庭電器、輸送用機械の合計。
　2）　貿易特化係数＝（輸出－輸入）÷（輸出＋輸入）
資料）　「RIETI-TID2015」より算出、原データは国連商品貿易統計データベース（UN Comtrade）。貿易額の通貨単位はUSドルで、名目為替レート。RIETIは独立行政法人経済産業研究所の英語名称。

図表Ⅱ-4-6　製品輸入比率

単位：％

1960～64	1965～69	1970～74	1975～79	1980～84	1985～89
24.6	25.9	28.6	23.2	25.8	43.2
1990～94	1995～99	2000～04	2005～09	2010～15	
51.7	60.5	61.5	55.6	55.7	

注1）　各期間の年次の算術平均。
　2）　「製品」とは食料品・動物（食用）、飲料・たばこ、非食品原材料、鉱物性燃料、動植物性油脂を除く品物。
資料）　『経済財政白書2017年度版』：「長期経済統計」国際経済より作成。原データは財務省「貿易統計」。

第4章　長期停滞期の中小企業（1991年～）

3.「戦後大企業体制」の変容と経済の長期停滞化

（1）　発展力を喪失した産業が依然中核

　生産の東アジア化と共に国内には競争力の低下した機械工業が残り、国内製造業は停滞に向かった。図表II-4-7によると、90年以降の製造業出荷額は07、08年をピークとする上昇局面もあったものの、2014年においても90年レベルより低い。業種別では、80年代から衰退著しい繊維工業の落ち込みが最も激しく、玩具・雑貨がそれに続く。だが、製造業出荷額の停滞の主因は、構成割合の高い機械工業の出荷額減退である。かつて、機械工業はその高い成長率により、製造業の中で比率を高めつつ製造業全体も拡大させた（本図表の1981～90年にもその一端が示されている）。機械工業の発展を核とする産業の「高加工度化」は、高度成長期においても進み、減速経済期には高度成長期の「重化学工業化」に代わって産業構造変化の基調となった。だが、本図表によると、機械工業計の出荷額は1990年をピークに低下に向かい、2000年代に入り上昇に転じたが、08年のリーマンショックをきっかけに激落、14年においても90年の水準を回復していない。しかも、07年以降に関しては製造業計より落ち込みが激しく、製造業における比重を減らしている。従来考えられなかった状況の出現である。

　機械工業の中でも出荷額の落ち込みの激しいのが、モジュール型生産の進展で国際競争力劣化の著しい電気・電子機械、伸びの高いのが輸送用機械で、2014年において機械工業の中で唯一1990年と2007年水準を突破している。生産用等機械は両者の中間だが、製造業計より伸びは低い。国内機械工業では電気・電子機械、生産用等機械が拡大から脱落し、今や輸送用機械一強の時代となった。だが、輸送用機械の大部分を占める自動車も、12年秋以降の円安で円表示の輸出額が増加したため、出荷額が増えただけである。国内乗用車生産台数は1960年代初めから90年までうなぎ上りだったが（前掲図表II-3-14）、90年をピークに下落に転じた（図表II-4-8）。07年に90年水準を回復したのもつかの間、リーマンショックにより激落、その後の回復も弱く、リーマンショック前の07年993万台に対し16年787万台、20％もの減少である。このため、自動車メーカーからの中小部品企業への生産拡大波及はなく、自動車工業も国内製造業を牽引する力を失っている。

　このように、機械工業の伸びによる「高加工度化」は勢いを失い、産業構造

図表 II-4-7　業種別出荷額（従業者4人以上）1981～2014年

1990年 = 100

	1981	1984	1987	1990	1993	1996	1999	2002	2005	2007	2008	2011	2014
製造業計	69.8	78.6	78.4	100.0	96.2	96.8	90.1	83.3	91.3	104.1	103.8	88.1	94.4
食料品	106.1	88.9	91.0	100.0	108.2	106.6	107.0	101.0	99.7	106.4	109.6	106.1	114.0
繊維工業	86.9	89.7	88.3	100.0	89.1	69.0	55.3	39.7	33.6	33.3	37.8	30.6	29.6
玩具・雑貨	179.7	74.6	78.6	100.0	103.1	98.1	99.6	91.3	22.1	23.1	92.2	73.1	77.2
生産用等機械	60.6	67.8	68.3	100.0	88.2	92.8	83.6	74.9	90.3	105.3	102.5	81.9	87.0
電気・電子機械	47.6	72.7	76.9	100.0	95.6	105.9	100.7	84.4	89.1	101.5	95.1	74.1	72.4
輸送用機械	60.6	68.8	75.4	100.0	100.4	96.3	93.6	102.4	115.2	136.4	136.1	108.0	128.2
機械工業計	55.5	70.1	74.0	100.0	95.2	99.1	93.6	87.8	98.2	114.2	110.9	87.6	95.1
機械工業割合%	34.5	38.6	40.9	43.3	42.9	44.4	45.0	45.7	46.6	47.5	46.3	43.1	43.7
重工業加工組立型割合%	39.3	43.3	46.3	49.1	48.9	50.1	50.2	50.8	51.3	52.0	50.8	47.3	48.2

注1）「生産用等機械」：「はん用機械器具」「生産用機械器具」「業務用機械器具」の計（2007年までの産業分類では「一般機械器具」「精密機械器具」「武器」の計がこれに当たる）、「電気・電子機械」：「電子部品・デバイス・電子回路」「電気機械器具」「情報通信機械器具」の計（1999年までの産業分類では「電気機械器具」、2002～2005年の産業分類では「電気機械器具」「情報通信機械器具」「電子部品・デバイス」の計がこれに当たる）。「繊維工業」：「繊維工業（衣服・その他繊維製品を除く）」と「衣服・その他繊維製品」の計、2008年より「繊維工業」に一本化。「玩具・雑貨」は日本標準産業分類中の「その他の製造業」。
2）2007年工業統計調査で事業所の捕捉が行われ、また「製造品出荷額等」に「その他の収入額」加わり、その分07年以降は数値が大きくなっていると思われる。
3）機械工業割合は機械工業計を全製造業で除したもの、重工業加工組立型割合は機械工業計に金属製品製造業の出荷額を加えたものを全製造業で除したもの。なお、前掲図表II-3-2は従業者1人以上の統計であり、本図表は接続しない。

資料）経済産業省「工業統計」各年版より作成。

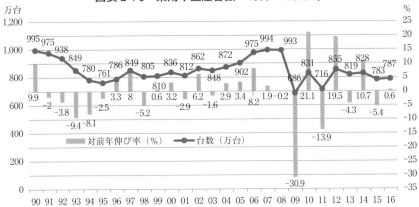

図表 II-4-8　乗用車生産台数　1990～2016年

注）図表II-3-14と接続。
資料）自動車工業会資料より作成。

第4章　長期停滞期の中小企業（1991年〜）

変化を推進する力はなくなったが、機械工業と重工業加工組立型の製造業に占める割合はなお高く（図表II-4-7）、日本の製造業は発展力を失った産業を引き続き中核とせざるを得なくなっている。そのため、経済の拡大再生産のあり方も、次の2つを中心とするものへ劣化し、経済の長期停滞化をもたらした。

(2)「受身的輸出依存」拡大再生産へ

　2016年の四輪車の輸出割合が50%（日本自動車工業会資料による）、電子製品（民生用、産業用電子機器、電子部品・ディバイス）の輸出割合は80%（経済産業省「生産動態統計」、財務省「輸出貿易統計」による）であるように、国内機械工業は依然、強い輸出依存体質を保持しているが、かつてのような技術革新・設備投資を基盤とする輸出ではなく、為替相場や海外需要の動きに左右される受身的なものへ変わった（井村［2005］：164）。このため、日本の機械工業及び全産業の世界における輸出シェアは低下を続け（図表II-4-9）、日本の輸出数量の伸びも経年鈍化した（図表II-4-10）。

　輸出数量の1980〜89年の年伸び率平均は7.7%と高い。ME技術革新投資と80年代末の大型設備投資のためで、この時期までは設備投資により能動的に輸出を拡大する力があった。だが、90年代に入ると技術革新と設備投資が停滞する一方、91年以降円高が発生したため（前掲図表II-4-3）、輸出はほぼ横ばいに転じた。97年以降、特に02年頃から輸出は大きく伸びたが、これは01年からの実質実効為替レートで見た円安の進行（05年以降は対ドルでも円安

図表II-4-9　日本の世界輸出シェア（機械工業、全産業）

単位：%

	1980〜89年	90〜99年	2000〜09年	10〜15年
電気機械	19.9	18.5	11.3	8.0
家庭用電気機器	30.6	15.3	9.8	4.8
一般機械	14.0	15.2	10.4	8.4
精密機械	21.1	18.4	14.5	11.5
輸送用機械	23.3	17.5	13.4	10.9
全産業	9.3	9.2	6.6	4.9

注1）　数値は各業種の輸出額世界トータルに占める割合で、各期間における年次の平均。「全産業」
　　　は農業も含む全産業。
　2）「全産業」における日本の輸出シェアのピークは1986年の10.9%。
資料）　図表II-4-5と同じ。

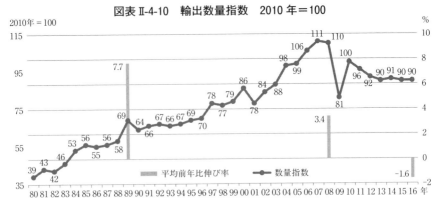

図表Ⅱ-4-10　輸出数量指数　2010年＝100

注）　棒グラフは 80 ～ 89 年、90 ～ 08 年、09 ～ 15 年の各期間における各年次の対前年伸び率の算術平均。
資料）『経済財政白書 2017 年度版』：「長期経済統計」より作成。原データは財務省「貿易統計」。

へ）、アメリカにおける「実体経済から独立した投機的金融活動」が引き起こした住宅価格上昇による内需拡大（井村［2010］：5 章）、継続する中国経済の拡大——による受身的輸出拡大だった。1989 ～ 2008 年の年伸び率平均は 3.4％に落ちた。

08 年のリーマンショックにより輸出数量は激落、09 年を底に回復に向かったが、16 年になっても 07 年の水準に遠く及ばず、結果、2008 ～ 16 年の年伸び率平均は − 1.6％に転落した。世界金融危機による円高→競争力低下・海外生産比率の一段の上昇、および先進国経済（米・英・ユーロ圏）の成長率低下のためである。12 年以降については、同年秋からの円安にもかかわらず輸出数量が横ばいであることに目が引かれる。この間、輸出額は 2012 年 62 兆円から 15 年 75 兆円に 21.0％も上昇している（『経済財政白書 2017 年度版』：「長期経済統計」より）。輸出の中心、自動車メーカーが数量は伸ばさず、円安で円表示輸出金額を増やしただけだったからである。受身的輸出を象徴するものと言える。

日本はこのように勢いの衰えた輸出に拡大再生産を依存せざるを得なくなり、生産は停滞した。

(3)　「コストカット依存」拡大再生産へ

輸出依存だが輸出が伸びないため生産が伸びない。このため、企業は国内で

の利益源を労働コスト削減、下請単価切り下げなどコストカットに求めた。後者については中小企業問題の分析で取り上げ、ここでは労働コスト削減に焦点を当てる。

　労働コストの削減は雇用の削減から始まった。図表Ⅱ-4-11によると製造業の雇用人員数は93年をピークに下がり始め、15年にはピーク時に比べ28.6％、439万人もの削減となった。雇用削減は単なる生産調整のためでなく、生産停滞下で利益を出す戦略として強力に進められた。それを示すのが、大企業が「本採用者」の削減にも踏み込んだことである。従来、日本の大企業は生産・雇用調整をもっぱら臨時工、社外工の削減と下請中小企業への発注減少によって行い、長期雇用制の下にある「本採用者」には手をつけなかった。減速経済期に行われた徹底的な「減量経営」においても「本採用者」の削減は目標に入らなかった（井村［2005］：263-265）。だが、その「聖域」もついに破られ、主要大企業は「本採用者」を含む大規模な雇用削減を実施、2014年頃ようやく削減の限界に達したように見える。

　また、平均給与は97年まで上がり続け、98年以降、横ばいないし漸減へと転換、ITバブルが崩壊した2002、03年とリーマンショック後の09年には大

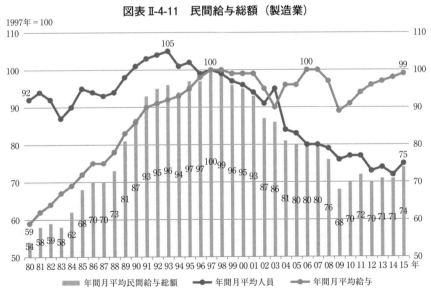

図表Ⅱ-4-11　民間給与総額（製造業）

資料）　国税庁「民間給与実態統計調査結果」より作成。

きく下落した。賃金水準の低い「非正規の職員・従業員」割合の増加*、2000年代に入ってからの大企業における正規就業者に対するベースアップ抑制・凍結、中小企業ではベースアップどころか定期昇給も凍結（＝年齢別賃金の切り下げ）されたためである。

  *「正社員・正職員以外」の賃金水準（製造業、2016年）は、「正社員・正職員」の63.1％（厚生労働省「賃金構造基本統計調査」による）、「非正規の職員・従業員」（パート、アルバイト、労働者派遣事業所の派遣社員、契約社員、嘱託等）の「役員を除く雇用者」に占める割合（製造業）は、2007年22.0％、2016年27.1％（総務省「労働力調査」による）。

以上の平均人員と平均給与の積である民間給与総額は、97年をピークに低下を続け、人員削減の限界から14年頃底打ちをしたように見える。15年は97年の26％減（177千億円）であり、労働コストの大幅削減が達成された。

大企業は労働コスト削減の他、後述する下請単価削減にも力を入れ、1990年以降の生産減退下でも利潤を着実に生み出した。図表Ⅱ-4-12は製造業の利益剰余金総額は一貫して増え続けていること、その中心は大企業で、企業数ではわずか0.56％（2015年度、製造業）の資本金10億円以上の大企業の利益剰余金に占める割合が、1985年度で57.5％、2015年度には64.1％にも達していることを示している。

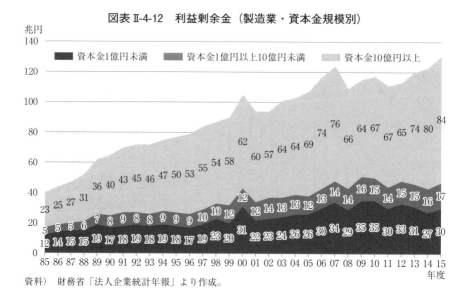

図表Ⅱ-4-12　利益剰余金（製造業・資本金規模別）

資料）　財務省「法人企業統計年報」より作成。

第 4 章　長期停滞期の中小企業（1991 年～）

　増加を続ける利益剰余金は現金・預金での保有、海外子会社等の海外企業に対する投資の増加に使われ（岩瀬、佐藤［2014］）、国内設備投資には回っていない。建物、機械装置など土地を除く有形固定資産は 92 年度をピークに低下に転じ、15 年度は 92 年度の 76.1％にまで縮小した（図表 II-4-13）。90 年代に入り、日本の製造企業は減価償却費以下の設備投資しかしていないということである。労働コスト等の削減で利益を生み出せることが、設備投資を消極的にし、それがまた日本の競争力低下へ跳ね返っている。

　以上のように、受身的輸出と共に労働コスト削減などコストカットが拡大再生産の柱になった。

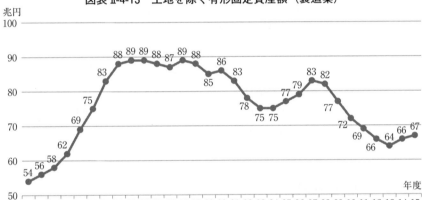

図表 II-4-13　土地を除く有形固定資産額（製造業）

注）　土地を除く有形固定資産＝建設仮勘定＋その他の有形固定資産（建物、機械装置、工具器具備品、車両運搬具）
資料）　財務省「法人企業統計年報」各年度版より作成。

（4）「受身的輸出・コストカット依存」拡大再生産、長期停滞

　「戦後大企業体制」の特徴である「輸出・設備投資依存」拡大再生産は、「受身的輸出・コストカット依存」拡大再生産へ変容し*、経済は長期停滞化した。第 1 に、国際競争力低下による受身的輸出が生産を停滞させ、第 2 に、その生産停滞が労働コスト等の削減と設備投資削減を引き起こし、それによる国内消費支出の減退（図表 II-4-14）と投資支出の減退がまた生産を停滞させた。

　こうして、90 年代以降、日本経済は「戦後大企業体制」の変容により長期停滞に陥った。長期停滞の影響は大企業も免れられないが、なぜ中小企業に打

第Ⅱ部　戦後中小企業発展史・問題史

図表Ⅱ-4-14　消費水準指数（2人以上世帯、農林漁家除く）

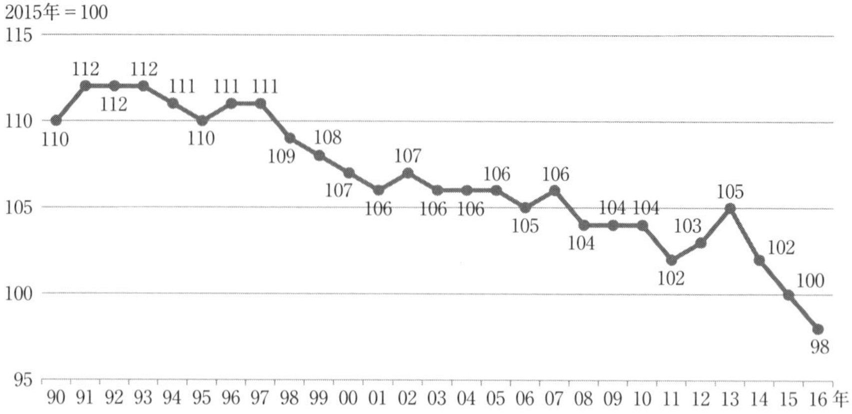

2015年＝100

注）　消費支出から世帯人員及び世帯主の年齢、物価水準の変動の影響を取り除いて計算した指数。
資料）　総務省「家計調査年報」2016年版より作成。

撃が集中することになったのか。それはかつてなく、中小企業問題が激化した
からである。次節でその分析を行う。

　　＊本書初版では「戦後大企業体制」の特徴だった「輸出・設備投資依存」拡大再生産の
　　崩壊を指摘したが、それがどのような方式の拡大再生産に変容したか示していない点が不
　　十分だった。

第2節　中小企業問題

　経済成長の鈍化はいつも中小企業問題を悪化させる。だが、この時期にかつ
てなく中小企業問題が激化したのは、経済停滞の影響だけでなく、「戦後大企
業体制」を変容させ、経済を長期停滞化させた生産の東アジア化が、経済停滞
とは別に、中小企業の市場問題と収奪問題を深刻化させる作用を持っていたか
らである。まず、市場問題から取り上げる。

1．市場問題の未曾有の深刻化

（1）　市場縮小の小零細層への集中

　出荷額は価格変化の影響も受けるが、市場の量的規模の変化を強く反映す
る。図表Ⅱ-4-15によると、90年代に入り下落を続けた製造業全体の出荷額は
2002年をすぎると拡大に向かい、2007、08年に90年水準を突破したが、その

364

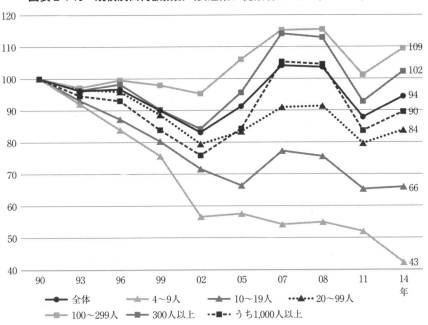

図表 II-4-15　規模別出荷額指数（製造業、従業者 4 人以上）1990 年＝100

資料）　経済産業省「工業統計調査」各年版より作成。本書では「工業統計表」については全数調査の年次の版を利用してきたが、09 年から従業者 4 人以上に関する統計に変更されたため、長期停滞期（1991 – 2014 年）は 4 人以上に関する数値で一貫させた。

後また下落し、14 年では 90 年水準より縮小している。規模別では、100 〜 299 人と 300 人以上の 14 年出荷額は 90 年を上回っているがわずかであり、経済停滞の影響は中小企業の上位規模層と大企業にも及んでいることが示されている。だが、何より目を引かれるのは、零細事業所（4 〜 9 人）と小事業所（10 〜 19 人）の出荷額縮小が飛びぬけていることで、それぞれ 14 年には 90 年の 43％と 66％になってしまった。これらよりましとはいえ、20 〜 99 人も 90 年の 84％へと少なからぬ落ち込みである。この 3 規模層は 2007、08 年においても 90 年水準を突破せず、90 年代以降常に「水面下」にあった点で共通している。当然、この 3 規模層の出荷額に占める割合も低下し、特に 4 〜 9 人の低下は著しく 90 年の半分以下、2.2％になる一方、300 人以上の大事業所への集中度は 50％を超えた（図表 II-4-16）。

このように、出荷額に見る 99 人以下の 3 規模層、特に零細事業所と小事業

365

第Ⅱ部　戦後中小企業発展史・問題史

図表Ⅱ-4-16　出荷額規模別構成比較（製造業）

単位：％

従業者規模	1990 年	2014 年
4 ～ 9 人	5.0	2.2
10 ～ 19 人	5.8	4.0
20 ～ 99 人	22.2	19.7
100 ～ 299 人	18.8	21.8
300 人以上	48.2	52.2
うち 1,000 人以上	26.6	25.2
全　体	100.0	100.0

資料）経済産業省「工業統計表」各年版より作成。

所の市場縮小が著しい。なお、従業者 1,000 人以上の事業所も 2014 年には 90 年の 90％に縮小し、100 ～ 299 人、300 人以上より落ち込んでいる。この逆転現象は 1,000 人以上層の戦略的な海外生産化・国内工場縮小のためと思われる（自動車メーカーがその典型）。

　次に、中小企業の市場縮小の要因を機械工業に関し具体的に見ることにする。

(2)　生産の東アジア化と中小企業の部品供給システムからの脱落：第 1 の市場縮小要因

　最初に、機械工業についても規模別出荷額の動向を 1990 年と 2014 年の比較で確認しておくと（図表Ⅱ-4-17）、やはり機械工業 3 業種の小零細事業所の出荷額の縮小が著しい。輸送用機械では 300 人以上は 30％近く伸びているのに零細事業所は半分近くに減少し、この層は輸送用機械の伸びとは全く無縁である。電気・電子機械の小零細事業所の落ち込みが特に激しいが、この業種は 1,000 人以上の規模層の落ち込みも他の業種より激しい。そのことが、小零細事業所への発注を減らし、他業種以上に小零細事業所の市場を縮小したのだろう。

　中小機械工業は大手の完成品メーカーや大手部品企業を起点とする垂直的分業組織の一部をなし、取引先からの発注で主に部品などの中間財を生産している。図表Ⅱ-4-18 は中小機械工業が取引先のいかなる経営戦略の変化に直面し、受注がどのような影響を被ったかを示しており、市場縮小の具体的要因の実証に役立つ。

366

第 4 章　長期停滞期の中小企業（1991 年～）

図表 II-4-17　機械工業業種別規模別出荷額　2014 年（従業者 4 人以上）

1990 年 = 100.0

	電気・電子機械	生産用等機械	輸送用機械	機械工業計	製造業計
計	72.4	87.0	128.2	95.1	94.4
4 ～ 9 人	39.8	48.6	52.1	47.0	42.7
10 ～ 19 人	61.5	69.7	81.2	69.3	66.1
20 ～ 99 人	71.2	90.5	101.0	86.0	83.8
100 ～ 299 人	75.1	97.1	149.4	98.8	109.4
300 人以上	73.0	88.2	130.1	98.9	102.1
うち 1000 人以上	58.1	78.9	129.4	95.3	89.6

注）　図表 II-4-7 の注 1）と同じ。
資料）　経済産業省「工業統計表」各年版より作成。

図表 II-4-18　中小機械・金属工業主要取引先の経営戦略の変化（過去 5 年間）と影響

単位：%

経営戦略	主力取引先の経営戦略の変化があった企業				受注面で悪影響があった				受注面で好影響があった				好影響－悪影響			
	94	00	06	12	94	00	06	12	94	00	06	12	94	00	06	12
海外生産の拡大	41.2	45.6	52.8	67.5	25.7	41.3	39.2	57.5	3.8	8.8	8.0	14.8	-21.9	-32.5	-31.2	-42.7
海外からの部品調達の拡大	32.1	36.4	38.8	43.3	18.7	34.5	31.7	43.5	2.4	4.0	3.3	5.7	-16.3	-30.5	-28.4	-37.8
外注先の絞り込み	34.2	47.7	43.9	43.0	7.7	17.7	16.3	16.2	20.1	35.4	28.5	38.4	12.4	17.7	12.2	22.2
内製化の推進	25.7	26.5	20.6	26.3	19.9	24.8	20.8	27.0	2.3	2.4	2.1	3.9	-17.6	-22.4	-18.7	-23.1
部品の共通化、部品点数の削減	—	28.9	30.9	30.6	5.8	13.0	10.4	18.0	12.1	16.9	12.7	15.4	6.3	3.9	2.3	-2.6

注1）　回答企業の属性
　　　a．商工中金取引先
　　　b．業種：機械工業、鉄鋼業、非鉄金属製造業、金属製品製造業。うち機械工業に属する企業の割合は
　　　　1994 年 71.2%、2000 年 74.2%、06 年 62.8%、12 年 78.5%。
　　　c．平均従業員数と従業員 299 人以下企業の割合：1993 年度（常用従業員）平均 131.5 人・90.4%、99 年度
　　　　（総従業員）平均 109.6 人・93.9%、2005 年度（総従業員）平均 98.1 人・96.6%、11 年度（正社員）平均
　　　　69.3 人・97.6%（300 人以下）。
　　　d．下請を行っている企業の割合：1994 年 71.2%、2000 年 81.2%、06 年 81.9%、12 年 80.5%。「下請企業」
　　　　（2000 年、06 年、12 年）とは「自社企画製品と他社企画製品を製造」「他社企画製品のみを製造」する企業。
　　　　1994 年は「自社製品と下請生産を行っている」「下請生産だけを行っている」企業（「下請」については
　　　　回答企業判断）。
　　　e．主力納入先を上場企業とする企業の割合：94 年 76.2%（下請企業のうち）、2000 年 71.0%、06 年
　　　　64.7%、12 年は調査されていない。
　　2）　「受注面での悪（好）影響」に関する割合の分母は全調査企業数である。
　　3）　1994 年の場合、「受注面での悪影響」は「受注量での悪影響」となっている。
資料）　商工中金調査部・商工総合研究所［2007］：図表 I-2-11、I-2-12、商工中金調査部・商工総合研究所［2013］：
　　　　図表 5 を基に作成。

第Ⅱ部　戦後中小企業発展史・問題史

①「海外生産の拡大」と「海外からの部品調達の拡大」

　第1にあげられる市場縮小要因は、生産の東アジア化による海外生産の拡大と海外からの部品調達拡大が、国内中小企業への発注量を減らしたことである。

　本図表によると、取引先の経営戦略の変化として、「海外生産の拡大」と「海外からの部品調達の拡大」を指摘する企業が多い。言うまでもなく、生産の東アジア化のためである。「海外生産の拡大」が「海外からの部品調達の拡大」を惹起する関係があるため、両者は一体的に進行している。1994年以降両者の指摘企業割合は増え続け、2012年にはリーマンショックに伴う円高により大幅に増加している。そして、両者とも受注面で悪影響を受けた企業割合が増加を続け、2012年には悪影響の好影響の上回り幅が大きく拡大した。

　大企業による海外生産拡大は、国内生産を減らし、国内中小企業への部品発注を減少させるが、現地調達が難しい部品の国内中小企業への発注を増やす効果もある。悪影響が好影響を大きく上回るようになったのは、東アジアへの進出当初は好影響もあったが、日本の部品企業の現地進出の増加、ローカル部品企業の品質向上のため、現地法人が部品・原材料の現地調達比率を上げ、悪影響が年の経過とともに強くなったからである*。

　　*なお、2012年には取引先の海外生産拡大の好影響を受けた企業割合もかなり増えており、大企業の海外生産拡大を売上に取り込むのに成功している中小企業の存在にも留意すべきだろう（→ 423頁）。

　海外からの部品調達も、円高と現地サプライヤーの技術向上で経年その範囲を拡大してきたため、悪影響を被る企業割合が増加し続けた。電機メーカー各社はシンガポール、香港などにIPO（International Procurement Office、国際調達事務所）を設置、世界最適調達を目標に海外部品情報を集中的に収集し、事業本部ごとの部品購入から一括購入に転換した。シンガポールには1995年12月時点で34社の日系IPOが設立されていた（三和総合研究所［1997］：3-45）。調達部品の中心は、ワイヤーハーネス、電源コード、トランス、小型モーターなど労働集約的な製品だったが、リーマンショック後の円高でそれ以外にも調達範囲を拡大、東芝の場合、2010年3月期の海外調達比率は57％（この後3年で70％に引き上げ予定）に達した（『日経ビジネス』2010年8月25日号）。また、パナソニックも09年度に43％（12年度には60％へ引き上げ予定）に達した（『日本経済新聞』2010年11月6日付）。

368

第4章　長期停滞期の中小企業（1991年〜）

　部品の綿密なすり合わせが必要なインテグラル型生産の自動車工業では、海外からの部品調達は徐々に進められ、2010年時点での海外部品比率は日産自動車で2割、本田技研工業で1割と言われた。しかし、リーマンショック後の円高をきっかけに海外調達の動きが急速化し、日産は国内生産の半分以上を福岡県の工場に集中させると同時にアジアからの部品調達を拡大、輸入部品を4割に増やし、部品調達コストを12年までに3割下げるとした（『日本経済新聞』2010年12月6日付社説）。日産には「LCC（リーディング・コンペティティブ・カントリーズ）」担当と呼ばれるチームがあり、中国やタイなどコスト競争力の強い国の部品を日本などの先進国に輸出している。現地に専任の駐在員を置き、コストや品質などの基準を満たす部品を発掘している。最大の調達先である中国の場合、現地で日産と取引がある日系・現地系のメーカーが生産する部品の約半分を輸出に対応させている（『日経ビジネス』2009年11月25日号）。日産九州では、中部・関東からの部品調達を減少させる一方、九州・山口および中国・韓国からの部品調達を増やし、両者をあわせて「地元調達」としている。そして、日産・新型エクストレイル（2013年生産開始）の場合、部品調達割合は中部・関東6％、九州・山口37％、残りの57％が海外部品で、その大部分は今や「地元」となったアジアからの調達である（『日本経済新聞』2013年12月4日付）。また、本田も15年までに海外部品比率を4割に引き上げるとし、これに伴い本田系部品メーカー、ケーヒン（排ガスのバルブなどを生産）の岩手工場は閉鎖、角田工場（宮城県）に集約化された（『朝日新聞』2010年1月27日付）。

　大企業は海外からの部品調達を国内下請企業への影響を考慮することなく推進した。大阪府に本社を置く総合家電メーカーの購買担当者は次のように言っていた。「大手部品メーカーには値下げを要求しているが、中小部品メーカーには言っても無駄なので要求しない。ポイントは価格交渉ではなく、いつ海外調達に切り替えるかである。当社の事業部も競争力がなくなれば、海外生産に切り替えられる時代である。もはや親会社・協力企業という関係では物事を考えていない」（1993年取材）。

　大企業の海外生産拡大（一体的に海外からの部品調達も拡大）による国内中小企業への影響は、図表II-4-19が端的に示している。海外生産比率の高い大企業ほど国内の下請企業数と下請取引額を減らした企業が多いのが明瞭である。

369

第Ⅱ部　戦後中小企業発展史・問題史

図表Ⅱ-4-19　3年前と比較した海外生産比率別国内下請企業数・下請取引額（大企業）

単位：％

海外生産比率	国内下請企業数			国内下請取引額		
	減少	不変	増加	減少	不変	増加
50％以上	46	46	8	55	36	9
10％以上50％未満	27	61	12	30	45	25
10％未満	15	69	16	17	52	31
全体	22	64	14	25	48	27

資料）　中小企業庁「企業間関係実態調査（大企業）」
出典）　『中小企業白書 1998 年版』：2-1-37 図、2-1-38 図

生産の東アジア化は長期経済停滞を引き起こしただけでなく、東アジアベースの新たな分業を構築して国内への発注量を減らし、国内中小企業を部品供給システムから脱落させたのである。

②中小企業の優れた技術の無力化

この背後には優れた技術の無力化による中小企業の競争力の低下がある。海外生産拡大、海外からの部品調達拡大は、まず、技術的優位度の低い地方の量産型下請企業の仕事を奪ったが、年を経るにつれ高レベルの技術を持つ中小企業にも影響が及んだ。微小なプラスチック歯車の製作で有名な樹研工業（→ 78頁）の場合を見てみる。

社長の松浦元男が、生産の東アジア化による市場喪失の危機を感じたのは99 年だったという。長期停滞に陥っていた日本経済は、97 年夏、タイに発したアジア通貨危機→アジア向け輸出急減により一段と落ち込んだ。さらに、95年 4 月に円安へ反転した為替相場は、98 年秋から上昇に向かった。このため、大企業は大規模な雇用削減の一方、コストダウンと市場を求め、中国（通貨危機の影響は小さかった）への進出を一斉に加速した。99 年はこのような時期だった。

当時、同社は電機部品が売上の 7 割を占め、高い技術力のゆえに多数の大手企業を顧客としていた。そのため、松浦は顧客の 1、2 社が中国に進出し、そこで金型調達・部品製作をしても、他の企業との取引で補えると楽観していた。ところが 99 年に起きたことは、「業界ごと」の中国へのシフトだった。松浦は多数企業との取引がリスク分散になっていなかったことに気づき、4、5 日は全く眠れなかった。優れた技術力により、車の計器用ステッピングモーターの

部品など、自動車部品への転換に成功したものの、1年間のうちに家電メーカーへの売上はほとんどなくなってしまった（松浦［2003］：74、81、90）。

　家電メーカーが樹研工業との取引より中国での金型調達・部品製作を選んだのは、ICT革新により2000年前後から熟練技術者・技能者のいない中国企業でも、標準的な金型については日本品質との差を縮めたからと考えられる。

　次のようなケースもあった。この企業はゲーム機用などの1～2cm大の小物部品のバレルメッキを主力としていた（従業員6人、八尾市、2004年取材）。売上が98年2億円から03年7千万円に激減したのは、親企業の中国への生産移管で注文を失ったためだった。このメッキ業の経営者は、小物部品にも均等にメッキを付けるため、メッキ液の成分、メッキ液の量、電気の流し方など、多様な技術要素間の微妙なバランスをとるのを得意としていた。そのノウハウはマニュアル化し難いもので、1週間工場を離れると勘が鈍り、回復まで10日間はかかると言っていた。中国にはこのようなノウハウを持っている企業はないが、親企業はそれでも安い方を選ぶのだからどうしようもない、というのが経営者の弁だった。

　日本の中小企業の優れた技術の根源は、暗黙知により獲得された「経験技術」（→75頁）にある。その多くはメッキ企業経営者のように身体的知として存在している。ICT革新はその客体化・形式知化を進めた。ICT化によっても、このメッキ業者の製品のようにノウハウの詰まったものは100％の客体化は不可能だから、中国製品の品質はこのメッキ企業ほど高くない。だが、許容範囲に入っていれば、低コストの中国へ生産移管される。ICT化により中国企業は絶対的な技術水準ではなく、コスト・パフォーマンス（費用対効果）が重視される標準的な部品や製品に関しては、十分な品質を実現した。日本の中小企業は、開発力が必要な、要求が高度な分野では優位を保っている。だが、大企業を中核とする大量生産型産業ではコスト重視のため、この優位性が無力化し、高い技術レベルの中小企業の市場も縮小したのである。

(3)　大企業の国内下請政策を通じる小零細企業への発注減少：第2の市場縮小要因

　生産の東アジア化は国内中小企業への発注を減らしたが、発注が各中小企業均等に減ったわけではない。集中発注と内製化という下請政策が加わり、中小

第Ⅱ部　戦後中小企業発展史・問題史

企業のなかでも特に小零細企業への発注が減った。これが第2の中小企業の市場縮小要因である。

① 「外注先の絞り込み」（集中発注）

　図表Ⅱ-4-18によると、取引先による「外注先の絞り込み」すなわち集中発注があったとする企業は、94年の30％台から2000年以降は40％台に増加し、「海外からの部品調達の拡大」より指摘割合は高い。この項目については好影響を受けた企業が悪影響を受けた企業割合を上回っているが、回答企業には上場企業と取引するような有力企業が多いためで（本図表注1）eを参照）、こういう企業の存在の反面として集中発注の悪影響を受けた企業も多い。

　集中発注の狙いは発注先に規模の利益を発揮させ、コストダウンをさせることで、自動車工業では90年代末からの「系列解体」とその後の「系列回帰」と連動して進んだ。例えば、日産自動車は部品購入額の9割以上を下請協力会の日翔会会員企業から調達していたが（『日本経済新聞』1998年3月22日付）、98年、品質と価格だけを基準に車種ごとに部品メーカーを競わせ、調達先をその都度決める購買政策に全面転換した（「系列解体」）。同時に部品コストの大幅削減を狙い、GSS（グローバル・シングル・ソーシング）と称し、1部品を特定企業に集中発注し、世界各地に一手供給させる方策をとった。具体的には99年発売の次期型サニーからABS（アンチロック・ブレーキ・システム）、ヘッドランプ、板ガラスなど13品目について、全量を部品メーカー1社に発注することにした（『日本経済新聞』1998年3月24日付）。また、本田技研工業も、部品の一部を1社に世界規模で全量発注する購買方式を、99年発売のシビックから採用、順次対象車種を拡大することにした（『日本経済新聞』1998年3月24日付）。トヨタ自動車も、複社発注という原則に立ちながらも部品によっては集中発注を推進した。

　2005年、系列企業のほとんどから出資を引きあげていた日産自動車が、主要部品企業への出資比率を増やすなど、「系列回帰」の動きが生じた。同社はこれとともに「プロジェクト・パートナー」と呼ぶ制度を導入し、内装、ブレーキ、操舵装置など部品別にごく少数のパートナー企業を選定、一体で複数車種の部品を開発し、長期的な取引関係を築くことにした（『日本経済新聞』2004年11月20日付）。これは少数有力サプライヤーへの集中発注を強めるものである。

第 4 章　長期停滞期の中小企業（1991 年〜）

　集中発注の対象からもれた部品企業は売上減少、取引停止に追い込まれる。帝国データバンク［2013］によると、トヨタ自動車の 1 次サプライヤー数は2007 年の 600 弱から 2012 年の 500 強へ、日産自動車では 1999 年の 600 弱から 2012 年の 400 強へ、本田技研工業は 2006 年の 600 強から 2012 年の 600 弱へ減少した。

　なお、集中発注は一次下請企業によっても行われたが、指摘だけにとどめる。

　集中発注は電気・電子工業の完成品メーカー、部品企業によっても推進された。筆者は 2002 年に NEC カスタムテクニカ米沢事業場を訪問したが、「アジアの徹底活用によるコスト低減」と並んで「ベンダー削減によるコストダウン」が同事業場の購買の柱だった。この方針により、部品調達先（国内外合計）は01 年 2 月末 1,335 社、02 年 6 月末 720 社、03 年 3 月末 650 社と 2 年で半減した。松下精工（現、パナソニック・エコシステムズ）も 2000 年 4 月、部品などの調達先を品質、価格、納期を条件に 730 社から 100 社に絞り込み、1 社当たり取引量を増やし購入価格の引き下げを図った（『日本経済新聞』1999 年 10 月 8日付）。

図表 II-4-20　電子部品メーカーの部品調達の変化

企業名	内　　容	調達先の削減	期　　限	コスト効果
アルプス電気	商社代理店を含めて資材の取引先を削減	55％に	2004 年 3 月	10％減
オムロン	国内と中国で一括購買	―	2003 年 9 月	10％減
TDK	情報システムを改良	50％弱に	2003 年 3 月	10％減
太陽誘電	情報システムを改良	50％に	2 年以内	5 〜 10％減
タムラ製作所	情報システムを新規に導入	50％に	2004 年 3 月	10％減

・アルプス電気：04 年 3 月末までに調達先を 1,800 社から 1,000 社に減らし、1 社あたりの発注量を増やすことで価格の引き下げを求めていく。海外拠点での現地調達も強化し、年間材料費の約 1割にあたる 50 億円の削減を目指す。
・タムラ製作所：1 年で国内の調達先を 500 社に半減し、コストを 10％削減する。同時に約 10 億円を投じ、4 月に富士通の統合基幹業務システム（ERP）を導入する。調達先の集約化と情報網の強化で資材の発注から部品の生産・納入までの期間を平均 3 週間に半減する。
・オムロン：本社内の購買部門を 9 月までに 80 人に倍増、各工場に分散している資材の購買機能を集約する。海外では 1 月中にも中国に購買拠点を設置、中国の 5 工場で使う資材の購買業務を一括管理する。
・TDK と太陽誘電：自社の通信網を改良、世界各地の資材相場を比較し、最も安い材料を内外問わず一括購入する体制を整える。これにより、太陽誘電は 2 年以内に海外調達比率を 60％から90％に引き上げる計画。両社とも国内の調達先を半減し、購買費用を 10％減らすのを目標にしている。

出典）『日本経済新聞』2003 年 1 月 11 日付

373

第Ⅱ部　戦後中小企業発展史・問題史

　大手電子部品メーカーも同じで、図表Ⅱ-4-20 に見られるような集中発注に向かった。

　なお、前掲図表Ⅱ-4-18 によると、取引先が「部品の共通化、部品点数の削減」を行ったとする企業も多く、2000 年代には 3 割の企業が経験している。部品の共通化は自動車工業で 2000 年代に特に進んだが、これは特定企業への大量発注を可能にするから、集中発注化の促進要因となった。

　集中発注は下請企業に規模の経済性を発揮させ、部品単価を引き下げようとするものだから、企業規模の大きい中小企業が優先される。小零細企業への発注は打ち切られるか、緊急の増産時に発注を受けるというように、生産調整のためのバッファーへと格落ちされる。また、一次下請から二次下請への降格もある。集中発注は小零細企業を淘汰することになった。

② 「内製化の推進」

　図表Ⅱ-4-18 に戻ると、取引先の経営戦略の変化として「内製化の推進」をあげる企業が 1994 年から 2012 年まで 06 年を除いて 25％以上を占めている。「海外からの部品調達の拡大」「外注先の絞り込み」より割合は低いが、本図表の対象となっている中小企業は有力企業が多く、取引先企業が簡単には内製化できない生産性や専門技術を持っているためと推測され、機械工業全体では本図表に見るより内製化が活発化していると考えるべきである。完成品メーカーに対する直接の調査結果をまとめた図表Ⅱ-4-21 も――94 年 12 月時点でのデータだが――家電と工作機械の完成品メーカーのそれぞれ 6 割と 7 割近くが、不況対策として内製化したことを示している。

図表Ⅱ-4-21　不況時に内製化を行った完成品メーカーの割合

産　　業	割　合　（％）
家　　電	59.3
工作機械	66.3

出典）　『中小企業白書 1995 年版』：第 3-2-68 図、同 102 図。原資料は中小
　　　　企業庁「加工組立型産業実態調査」1994 年 12 月。

　内製化の要因には不況に伴う余剰労働力の活用と技術革新があるが（→ 298頁）、90 年代以降、国際競争力低下・生産の東アジア化で国内機械工業の生産が長期間落ち込み、雇用過剰が慢性化したことが、長期にわたる内製化推進を

第 4 章　長期停滞期の中小企業（1991 年〜）

引き起こした。06 年に内製化推進を挙げる企業が 20％台に減ったのは、2002
〜 08 年の輸出増加のために、雇用過剰感が一時的に減少したからだろう。

　取引先の内製化は当然受注に悪影響を及ぼし、図表 II-4-18 では「悪影響」が
「好影響」を大きく上回り、取引先が下請企業から部品生産を奪ったことが示
されている。本図表の「主要取引先」には完成品メーカーも部品企業もあるだ
ろうが、ここでは、部品企業（一次下請企業）による内製化の例を挙げておく。

　a. 大手家電メーカー A 社の創業以来の下請企業 B 社（従業員 300 名、大阪府、
1994 年取材）は、A 社の家電製品や OA 機器を A 社の図面に基づき組み立て
ていたが、A 社は中国、マレーシアなどに進出し、B 社の組立工程も東アジア
へ移管された。90 年に 18 億円あった B 社の売上は 94 年には 15 億円に減少、
B 社は 300 人の従業員を維持するため、それまで外注していたプリント基板組
み立てや IC の手挿入など、手間がかかりコスト的に合わない仕事も社内に引
き上げた。だが、それでも従業員に対し十分な仕事量を確保できなかった。

　b. カメラの組み立てを行う 1 次下請企業（従業員 200 人、長野県諏訪郡、
1993 年取材）の売上は、ピーク時に比べ 4 割減となった。それによる減収分
は外注の削減で補った。カメラメーカーの指値に対応するには、パート中心の
人件費の低い工場に再外注せざるをえなかったため、同社の従来の外注比率は
3 分の 2 と高かった。外注に、社内より技術が高いとの理由はなかったため、
外注比率は 40％にまで低下し、外注額はピーク時の 3 分の 1 となった。

　図表 II-4-18 ではどのような中小企業が内製化に直面したかは明らかではない
が、親企業にない専門的技術や親企業以上の生産性があれば内製化に直面しな
いはずだから、内製化の悪影響を受けた中小企業には、これらの点で劣る小零
細企業が多かったと思われる。また、先述のとおり（→ 298 頁）、内製化は垂
直的分業組織における完成品メーカーや一次下請企業を起点に、順次下位下請
企業へ波及し、売上減少率は小規模な下位下請企業ほど高まる傾向を持つ。

　以上のように、生産の東アジア化により国内中小企業全体への発注額が削減
されるとともに、集中発注・内製化という下請政策が、中小企業の中でも小零
細企業の市場を縮小した。「戦後大企業体制」を変容させた生産の東アジア化
は国内企業の中でも特に中小企業の市場を縮小し、国内下請政策は中小企業の
中でも特に小零細企業の市場を縮小した、とまとめられる。

375

第Ⅱ部　戦後中小企業発展史・問題史

(3)　市場問題のまとめ

　製造業の中核である機械工業に関し、長期停滞期の市場問題悪化の要因を明らかにした。このような要因が繊維工業をはじめ他の製造業でも働き、中小製造業の市場問題が深刻化した。それを示すものとして中小製造業の市場（出荷額）伸び率の変化を高度成長期からたどっておこう。

　図表Ⅱ-4-22 が示すように、高度成長期においては 300 人以上の大事業所より伸びは低いとはいえ、1 ～ 9 人の零細事業所を含め中小事業所の市場は大きく拡大した。減速経済期になり、零細事業所の市場の伸びは低下したが、大事業所とほぼ同じであり、20 ～ 299 人の中事業所については大企業を上回った。この両期間では「戦後大企業体制」による「輸出・設備投資依存」拡大再生産が機能し、中小企業の市場も拡大した。だが、「輸出・設備投資依存」拡大再生産が崩壊し、「受身的輸出・コストカット依存」拡大再生産へ移行した長期停滞期になると、中小企業市場は縮小に転じた。1990 ～ 2014 年を通して、100 人以上はプラスの伸びを維持したが、99 人以下の伸び率はマイナスとなり、特に 4 ～ 9 人の零細事業所、10 ～ 19 人の小事業所の市場縮小が著しい。長期停滞期唯一の上昇期（2002 ～ 08 年）においても、19 人以下の小零細事業所は伸びておらず、特に 4 ～ 9 人の零細事業所の伸び率はマイナスである。なお、1990 ～ 2014 年の通期において、300 人以上の大事業所の伸びは 100 ～ 299 人より低く、そのうちの 1,000 人以上事業所の伸びはマイナスになっている。こ

図表Ⅱ-4-22　規模別出荷額年平均伸び率（製造業）1954 ～ 2014 年

単位：%

従業者規模	高度成長期 1954 ～ 72 年	減速経済期 1972 ～ 90 年	長期停滞期（4 人以上）			
			90 ～ 02 年	02 ～ 08 年	08 ～ 14 年	90 ～ 14 年
全　体	15.3	8.1	-1.5	3.7	-1.6	-0.2
1 ～ 9 人（4 ～ 9 人）	13.8	7.6	-4.6	-0.5	-4.2	-3.5
10 ～ 19 人	14.0	6.9	-2.7	0.9	-2.3	-1.7
20 ～ 99 人	14.7	8.5	-1.9	2.3	-1.5	-0.7
100 ～ 299 人	15.4	8.6	-0.4	3.2	-0.9	0.4
300 人以上	16.0	7.9	-1.4	5.0	-1.7	0.1
うち 1000 人以上	16.3	7.8	-2.3	5.5	-2.6	-0.5

注）　年平均伸び率は幾何平均
資料）　経済産業省「工業統計表」各年版。「工業統計表」は 09 年から従業者 4 人以上に関する統計に変更されたため、長期停滞期（90-14 年）は 4 人以上に関する数値で一貫させた。

376

の逆転現象は、大事業所及び 1,000 人以上事業所が海外生産比率を高めているためと推測され、1,000 人以上事業所のマイナス伸び率の性格は零細事業所のそれとは異なる。

　以上のように、中核産業の機械工業の国際競争力喪失・生産の東アジア化で変容した「戦後大企業体制」は、中小企業市場を大きく削減し、小零細企業を中心に中小企業の市場問題をかつてなく深刻化させた*。

　　*市場問題に関しては、大企業の中小企業分野への進出も取り上げなくてはならないが、製造業におけるこの問題に関する資料が入手できなかったため、本書では分析を割愛せざるをえなかった。「分野調整法（中小企業の事業活動の機会の確保のための大企業者の活動の調整に関する法律）」など競争制限的な中小企業保護策の後退が、資料の創出を弱めたと思われる。

　　なお、初版では中小企業庁「下請中小企業短期動向調査」によるデータを用い、下請市場の縮小を論じたが、このデータの性格に関する筆者の誤解があり、初版中の図表 II-4-21、II-4-28 は不適切だった。この場を借りて削除する。この 2 つの図表に代わるのが、本版の図表 II-4-23 である。

2．収奪問題の破壊的な激化

　生産の東アジア化は収奪問題も一段と悪化させた。収奪問題は主に価格関係を通じて発生する。その状況を下請単価と一般価格に分けて見ることにする。

（1）　下請単価の激落

①「アジア価格」を梃子とする下請単価の管理・引下げ

　90 年代以降広まった「価格破壊」という言葉は一般には消費財価格を指していたが、より深刻だったのは下請単価である。先に、「下請中小企業の競争は寡占大企業によって『操作され管理された競争』（佐藤［1976］：161）となり、寡占大企業は購入価格を有効に管理できる」としたように（→ 102 頁）、下請単価は一般市場と違い購入寡占の地位にある大企業によって強力に管理されている。この時期、大企業は国内下請企業に中国などでの部品調達価格を示し、大幅な単価引き下げを要求するようになった。国内中小企業を東アジア企業との直接的競争に引き込み、「アジア価格」を梃子に下請単価を管理する新たな方策である。中小企業経営者の具体的な声を紹介しよう。

　a.「親会社から円高、内外価格差を引き合いに出して、10％から最大 30％の

価格引き下げの要求があり、どうすればよいのか困っている。」（輸送用機械器具・1994年、出典：中小企業総合研究機構編［1996］：付章）

b.「売上単価が以前に比較して6割くらいしかもらえなくなった。海外単価と比較され、売り先に提出する見積金額を以前より3割、4割ダウンするのが当然のことになった。」（一般機械器具・1994年、出典：同上）

c.「海外調達が進む中で、コストダウンの矛先はどうしても国内生産者に向けられている。納期・品質は良いとわかっていても、人件費の低い東南アジア、中国からの輸入品と比較されてしまう。（中略）大手メーカーは、下請企業をごま油のごとくしぼり上げているが、我々がいないとどうにもならないことを知るべきである。」（従業員1～99人・2001年、出典：JAM［2001］）

後掲図表Ⅱ-4-25は図表Ⅱ-4-18と同じく機械・金属関係の企業を対象にしているが、これによると2001年、2016年において30％前後の企業が「海外輸入製品との価格差を理由に引下げ要求」を受けている。小さくない割合だが、海外低価格製品の影響は、これら東アジア企業との直接の競争に引き込まれた企業にとどまらない。生産の東アジア化により、国内下請企業のすべてが東アジア企業との競争にすぐにでも巻き込まれる状況に入り込んでおり、海外製品との単価比較は、親企業から提示されなくとも下請企業が意識し、自ら見積もりを以前より下げることになる。

下請単価の激落ぶりは図表Ⅱ-4-23が示している。下請単価は92年以降常に

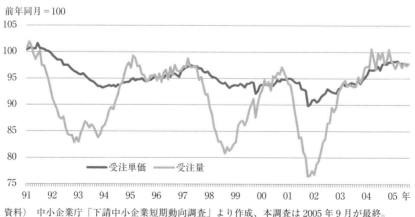

図表Ⅱ-4-23　下請受注単価、受注量　前年同月比

資料）　中小企業庁「下請中小企業短期動向調査」より作成、本調査は2005年9月が最終。

第4章　長期停滞期の中小企業（1991年〜）

前年同月を下回っており、その下落率も93年以降は5%前後を推移し、01年の一時期には10%も下落した。以上はコストの改善がなければほとんどの企業を赤字に追い込む大きな下落率である。本図表には受注量も示されているが、91年初めと04年を除き常に前年同月を下回っている。受注量が下がり続けているため、下請単価が下落し続けているということだが、受注量が低下し続けるのは、より安く製品を供給する東アジア企業へ発注が向かうからである。

②下請企業の「喰いつぶし」

　下請単価下落の影響を具体例で見てみよう。

　A社（ピーク時従業員200人）は大手家電メーカーB社の下請企業で、売上の9割を依存していた。取引関係は古く昭和30年代から始まっている。B社の業績は90年代の不況とともに低下、96年には協力工場を集めた会合で、担当役員は「これからは当社と一緒に海外に出るか、どこにも負けない技術を作るか、あるいは廃業するか、その3つから選ぶほかはない」と突き放された。A社社長はとまどうばかりだったが、心のうちでは何十年もの付き合いだからひどいことはしてこないだろうという期待もあった。

　だが、B社の態度はますます厳しくなり、「世界最安値調達」を打ち出し、購買担当者は口を開けば「チャイナコストに合わせろ。合わせなければ、中国に仕事を移す」と値下げを要求した。値下げ幅は「今年は5%カットだ」と一方的に言ってくる。もともと儲かっていないA社の業績は毎年のカットでみるみる悪化。ついに2002年には赤字に転落し、03年、04年と赤字幅は拡大した。そして、突然、30歳前後の若い購買担当者から呼び出され、「納入価格を20%下げてほしい。それも来週からだ」と言ってきた。その口ぶりは相手を人間と見ていないがごとくだったという。社長はついに我慢できず、「値下げはできない。弊社はB社にこれまで寄与してきた。値段をたたくのは間違っている」と腹にたまっていた言葉を吐いたが、担当者はそれを冷たい目で見ていた。それから数日後、その購買担当者から電話があり、「貴社に出していた仕事を全量中国に移す」。電話を持つ社長の手は震え、めまいがして倒れるかと思った。社長はそれから眠れない夜が続き、ついに廃業という結論を出した。そのとき、従業員は50人に縮小していた。A社の工場には今マンションが建ち、社長はその管理人をしている（北見［2006］：185-190）。

　ここには、下請企業を生産上のパートナーとして合理化を促すという姿勢は

379

第Ⅱ部　戦後中小企業発展史・問題史

もはや見られない。「中国価格」を梃子に下請企業を収奪し続け、それ以上の収奪が不可能になると中国に転注した。下請企業は生産上のパートナーではなく、「喰い潰し」の対象である。

　次は、農業機械や建設機械の部品を作っている Y 社の例である。この企業の部品単価の変化は図表Ⅱ-4-24 のとおりである。93 年 1 月から 2000 年 12 月の約 8 年間に 36％切り下げられた。93 年 1 月から 95 年 1 月の 2 年間で 100 円下がったが、これは Y 社の VA 提案によるもので、2 年間でコスト低下による利益は親企業側にすべて吸い取られた。その後の低下は、コストダウンによるものでなく、親企業の単価切下げ要求を呑まされたことによる。受注量が減少し（93 年の月商 1,000 ～ 1,200 万円に対し 2001 年には 500 ～ 600 万円に）、「職人を遊ばせておくわけにもいかない」からである。Y 社によると、減価償却費を見込むと 550 円が引下げの限度である。なぜ経営を継続できているかというと、償却済みの機械を使用しているためとのことだった。

　上記 A 社の場合も Y 社の場合も、もはやコストダウンの余地がないのに単価を切り下げられ、A 社はついに廃業に追い込まれた。

　従来から、下請単価切り下げは下請企業のコストダウンを待つまでもなく先行的に決定されていたが（→ 293 頁）、それでも、一応、コスト低下の可能性が単価切り下げの根拠になっていた。しかし、長期停滞期になると、大企業はこのように「アジア価格」を梃子に生産上の根拠もなく単価を切り下げるようになった。

　下請単価削減というコスト引き下げ方法（いわゆる「購買原低」）は、設備投資を必要としないから資金負担もなく、生産量を増やさないから販売価格への低下圧力もない。そのため、特に経済停滞期には利潤を生み出す方法として有効であり、大企業は新たに入手した下請価格管理手段を駆使し、強力に下請

**図表Ⅱ-4-24　Y 社（従業者 6 人、東大阪市）における
フォークリフト・ピニオンシャフトの単価推移**

単位：円

93			95		96	97		99	2000
1 月	3 月	12 月	1 月	2 月	2 月	1 月	11 月	1 月	12 月
680	673	600	580	534	491	484	474	440	436

注）　原材料費込みの価格。
資料）　2001 年取材

第 4 章　長期停滞期の中小企業（1991 年〜）

単価引き下げを図った。先述のように、大企業は設備投資に消極的になったが、それは労働コスト引き下げと共に下請単価引き下げにより利潤を生み出せるからである。

③下請制の変質

かつて、小宮山琢二は範疇としての下請工業を、中小工業資本の大工業資本への「生産上の根拠に基づく」従属とし、商業資本が中小工業を生産の外部から支配する問屋制と区別した。小宮山は、下請制では大工場が生産者的良心に基づきリーズナブルな下請単価を設定し、等価交換が行われうるとし、下請制の近代性を評価、その下での中小工業の産業資本としての成長を展望した（小宮山［1941］：6-11、26-31）。等価交換が行われうるとする小宮山の主張は認めがたいが、戦後日本の下請制が中小企業の近代化を促したことは間違いない。

しかし、今日の、大企業による下請単価削減には「生産上の根拠」のないものが広がっている。図表 II-4-25 はこれを明らかにしている。本図表によると2001 年、2016 年それぞれ「算定根拠の乏しい引下げ要求」は 47.5％、30.3％、「海外輸入品との価格差を理由に引下げ要求」は 32.3％、27.6％、また、「協力金、協賛金など別の名目での値引き要求」は 10.3％、6.8％の企業が経験し、2016年だけだが「説明はなかった」とする企業も 4.8％ある。以上はすべて「生産上の根拠」のない下請単価削減要求であり、複数回答なので単純に加算はできないが、各年において半分以上の企業が「生産上の根拠」のない下請単価削減

図表 II-4-25　納入先による価格引下げ要求根拠（複数回答）

単位：％

	2001 年	2016 年
算定根拠の乏しい引下げ要求	47.5	30.3
海外輸入製品との価格差を理由に引下げ要求	32.3	27.6
協力金、協賛金など別の名目での値引き要求	10.3	6.8
説明はなかった	―	4.8
VA、VE 活動の結果、引下げ要求	32.3	37.8
製品数量増加に伴う引下げ要求	25.2	28.6
その他	8.2	12.6

注 1）　回答企業の属性
　a．JAM（ものづくり産業労働組合）所属労働組合の企業。
　b．業種：鉄鋼、非鉄、金属製品、一般機械、電機、輸送用機械、精密機械、その他。
　c．規模：2001 年―従業員 299 人以下が 66.9％、2016 年―同 59.6％。
資料）　JAM「企業状況と取引の実態に関する調査報告書」2001 年調査版、2016 年調査版より作成。

第Ⅱ部　戦後中小企業発展史・問題史

要求を経験していると見てよいだろう*。「海外輸入品との価格差を理由に引下げ要求」だけでなく、これらの「生産上の根拠」のない引下げ要求の背後には「アジア価格」を梃子とする大企業の取引力の強化があると考えられる。なお、「VA、VE活動の結果、引下げ要求」は「生産上の根拠」はあると言えるが、本来下請企業に特別利潤として残るべき価値を奪うものであり、取引上の優越的地位に基づく収奪という点では「生産上の根拠」のない価格引下げと同類である。そのため、上記Y社のようにVA、VE活動の成果をすべて吸収され、その延長上でさらに「生産上の根拠」のない価格引下げを強いられるのである。以上に対し、「製品数量増加に伴う引下げ要求」は収奪とは別と言えるが、この対象になるのは中小企業の場合であっても、集中発注を受けられる大規模層に限られると思われる。

　　*なお、「経済の好循環」実現のためには、中小企業の取引条件の改善が重要との政府方針に基づき実施された中小企業庁「企業に対する下請取引等の実態調査」（2015年12月〜16年3月）では、中小企業に対し「取引単価の交渉、水準等についてお困りごとがあればお答えください」と訊いているが（自由記述）、一番多いのが「合理的な説明のない原価低減要請（一律○％、総額いくら等）」である。答えのあった140社中53社（37.9％）がこれを指摘し、やはり、「生産上の根拠」のない下請単価引下げ要求が広まっていることを示している。

「生産上の根拠」のない下請単価削減要求の広がりと符節を合わせ、大企業の技術知識の劣化が進行している。筆者は、2000年前後から「大企業には技術知識がなくなった」という下請企業の声を多く耳にするようになった。

　a.乗用車ガソリンタンク用の溶接機の開発・生産などを行い、自動車メーカーと取引しているK社（従業員15人、神奈川県、1999年取材）の経営者によると、顧客は易しい仕事を社内で行い、難しい仕事は外注し、それを社内でコピーしている。だが、過程がわからないので力がつかない。購買担当者はコンピュータはできるが、技術知識はなく、工程設計や見積もりができない。だから言えるのは「安くしろ」だけ。見積もりを出すとはなから30％カットしてくる。半分は購入部品なのに。これを20％カットにまで押し返すのが精いっぱいだ。下請企業が出した工程計画書からよさそうなものを選び、価格は一番安く見積もった企業のものを押し付けることもあった。

　b.印刷機制御器を主力とする企業（東京都大田区、2003年取材）では、制

御器のスペックは印刷機製造企業から提示されるが、設計はすべて同社が行っていた。ある大手企業の場合、部品知識がないため、自分たちで設計したら「部品が納まらなくなってしまった」。設計図を出さないのではなく、出せないのだ。その一方、単価削減要求は厳しく、02年には一挙に30～50％も価格を引き下げられ、売上は前期比51.5％に低下した。

　そのほか、筆者の取材ノートには次のような下請企業側の発言が記されている（いずれも1999年）。

　「発注者の大企業側に設計図どころか仕様書をまともに書ける人がいなくなってしまったので、我々が相手の話を聞いて仕様書を書いたりする」「部品を製作するための工程設計ができない。そのため、どの部品にどのくらいの工数がかかるか判断できず、見積もりができないから発注単価も安くなる。我々が説明してようやく理解する」「大企業（自動車関係）の購買担当は事務屋になってしまった」。建設業では大手ゼネコンの技術力の低下を指摘する声が多い。例えば「工事長と呼ばれるゼネコンの現場責任者は、以前は設計図と現場の状況との違いを調整する力があったのに、最近ではただ、工期と予算を管理することしかできない」。

　近年も次のような例を挙げた中小企業経営者がいた（機械部品製作、2015年取材）。

　「不正確な図面が多数あり、加工できない形状の図面もある」「本当に必要な公差か否かを判断できないため、ほとんどが模倣図面になっている」「発注担当者が加工工程を把握していない」「ネジ、Oリング、パッキン等の支給標準部品に輸入品があるが、品質上の問題を把握していないので組み立てるのが不安だ」「加工素材の選択に誤りがある」。

　この経営者は、かつては親企業の協力で技術向上を図ってきたが、現在では、研究所や大学研究室との連携で、レベルアップしていると言っていた。

　大企業におけるモノづくり技術が劣化した原因として次の2点を挙げておく。

　第1は、大企業が製品開発と組み立てに特化し、加工の場合もICTに依存するようになったことである。そのため、部品加工に必要な「切る」「曲げる」「穴をあける」というような基盤技術の高度化は、中小企業の現場に委ねられ、大企業から基盤技術の蓄積が消えていった。さらに、中小企業から「ノー検査」で納入させるようになったことが、大企業の基盤技術の空洞化に追い打ちをか

第Ⅱ部　戦後中小企業発展史・問題史

けた（黒瀬［1996］）。

　第2は、大企業が労働コスト引き下げの一環として、豊富な「経験技術」を持つ高給の技術者・生産管理者を削減したことである。彼らに代わる若手はICTには詳しいが現場で役立つ技術知識はない。ある自動車メーカーで長年生産管理、購買管理に携わっていた人物は、現物を手に取り重さを感じただけで原価を判断できたが、現在では自動車メーカーにその能力はないと言っていた。また、ある試作用金型の経営者は、「（大企業のエンジニアは）一目見て簡単に折れてしまうと、と俺みたいな職人でもわかるような図面を平気で書いてくる。（中略）よく聞いてみると、中学校から大学まで、ほとんどコンピュータの前にすわりっきりで、自分で竹トンボ1つこしらえた経験がない。そんな連中にまともなものづくりができるはずがない」と語っていた（『WEDGE』2000年9月号「末期症状の製造業」）。

　このように、大企業から技術知識の消えたことが、生産上の根拠のない購入価格引き下げを加速したと思われる。

　以上から、今や、下請制には小宮山の言うような積極性は後退し、藤田敬三が下請制の本質として主張した商業資本的工業支配（生産ではなく流通過程を通じての工業支配）（藤田編［1943］：301-312）が、今日の下請制の一側面として浮上したと言える。具体的には、下請制は大企業にとって、中小企業を東アジア企業と競わせ「世界最安値調達」をするなど、価格差益獲得の場として中小企業を機会主義的に利用する側面を持つようになったのである（下請制の変質については427頁も参照）。

(2)　相対価格の悪化による中小企業の収益の抑制

　次に、中小企業における一般価格の動向を日本銀行「短期経済観測」を用いて検討しよう。ここでは大企業と中小企業の相対価格（販売価格／仕入価格）の比較に焦点を置く。

　図表Ⅱ-4-26は大企業、中小企業別に「販売価格DI－仕入価格DI」の動きを示したもので、プラスであれば、相対価格の上昇を意味する。本図表によると、大企業、中小企業とも90年代以降マイナスが続き、しかも08年までマイナスが拡大している。90年代に入り、経済の長期停滞化と中国製品の流入による「価格破壊」で販売価格DIは殆どの期間下落を続けた（図表Ⅱ-4-27）。一方、

384

第4章　長期停滞期の中小企業（1991年〜）

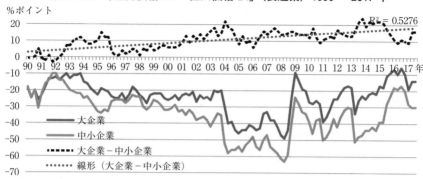

図表Ⅱ-4-26　「販売価格DI－仕入価格DI」（製造業）1990〜2017年

注1）大企業：資本金10億円以上、中小企業：同2千万円以上1億円未満。
　2）販売（仕入）価格DIは各年3、6、9、12月の数値で、3ヵ月前との比較。
　3）「大企業－中小企業」は大企業と中小企業のポイント差。
資料）日本銀行「短期経済観測」より作成。

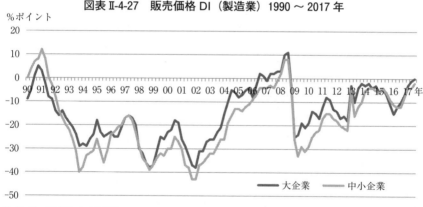

図表Ⅱ-4-27　販売価格DI（製造業）1990〜2017年

注1）2）図表Ⅱ-4-26と同じ。
資料）図表Ⅱ-4-26と同じ。

　仕入価格DIは新興国の急成長や投機活動による素材価格、エネルギー価格上昇のため2003年末から急上昇、アベノミクスによる円安で13年以降も急上昇し、2000年代の大部分の期間、上昇へ大きく振れた（図表Ⅱ-4-28）。このため大企業、中小企業とも相対価格は低下しているが、重要なのは、図表Ⅱ-4-26によると「販売価格DI－仕入価格DI」のマイナス幅はほとんどの期間中小企業の方が大きく、「大企業－中小企業」がプラスになっていることである。そう

第Ⅱ部　戦後中小企業発展史・問題史

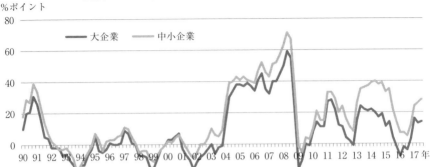

図表Ⅱ-4-28　仕入価格 DI（製造業）1990〜2017 年

注1)　2)　図表Ⅱ-4-26 と同じ。
資料）図表Ⅱ-4-26 と同じ。

なるのは、大部分の期間、販売価格 DI は大企業より中小企業の下がり方が大きく（図表Ⅱ-4-27）、仕入価格 DI は大企業より中小企業の上がり方が大きいからである（図表Ⅱ-4-28）。価格交渉力の弱い中小企業はより低い価格で販売を、より高い価格で仕入を強いられ、大企業より相対価格が悪化した。しかも、90年代初頭を基準にすると大企業と中小企業の相対価格の差は拡大傾向にあり（「大企業－中小企業」の線形近似曲線が右上がり）、悪化度が高まっている。

中小企業の相対価格の大企業以上の下落により、中小企業の収益は大企業より悪化した。これを明瞭に示したのが『中小企業白書 2014 年版』である。

白書によると、中小企業の収益性を示す名目付加価値生産性の伸び率は、90年代半ば以降、2005-09 年度を除き大企業より大きく低下した（図表Ⅱ-4-29）。名目付加価値生産性は実質付加価値生産性（本図表では実質労働生産性）に「名目付加価値額／実質付加価値額」（本図表では「価格転嫁力指標」）を乗じたもので、その伸び率はこの 2 構成要素の伸び率の和になる。本図表によると、中小製造業の実質付加価値生産性の上昇率は、80 年代以降、95-99 年度と10-12 年度を除き大企業製造業を上回り続けている。中小企業を不効率とする見方は根強いが、本図表はそれが偏見であることを明らかにしている。だが、「価格転嫁力指標」の伸び率は大企業より低く、両者の差は 90 年代後半から開き始め、2000 年以降大きく拡大した。「価格転嫁力指標」は仕入価格より販売価格の上昇率が高ければ高まるから、両者の差の拡大とは、両者の相対価格の差の拡大を意味している。そのために、本来手元に残るべき価値が中小企業か

第4章　長期停滞期の中小企業（1991年〜）

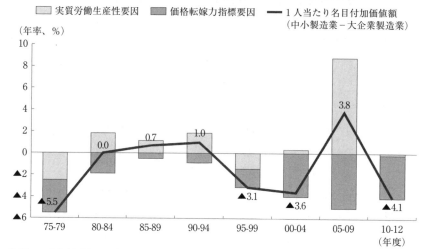

図表Ⅱ-4-29　1人当たり名目付加価値額上昇率の企業規模間格差
（中小製造業－大企業製造業）とその変動要因

資料：日本銀行「全国企業短期経済観測調査」、「企業物価指数」、財務省「法人企業統計年報」
（注）　資本金2千万円以上1億円未満を中小製造業、資本金10億円以上を大企業製造業とした。
出典）　『中小企業白書2014年版』：第1-1-48図

ら大企業に流出し（すべてが大企業に行くとは限らないが）*、中小企業は大企業より実質生産性上昇率が高いのに、名目付加価値生産性伸び率が大企業を大きく下回ることになった。大企業による収奪が中小企業の収益性を低めているのである**。

　*例えば、大企業は中小企業からより低下した価格で買い、それほど低下していない価格で中小企業に売る（中小企業はより低下した価格で大企業に販売し、それほど低下していない価格で大企業から買う）。こういう売買を通じ、中小企業から大企業に価値が移転する。
　**『中小企業白書2014年版』：第1-1-48図は、収奪問題が中小企業の収益性を低めていることを計量的に明らかにした、初版では利用できなかった貴重な資料である。

（3）　価格関係以外による収奪

　長期停滞期には価格関係以外による中小企業収奪も激しくなった。筆者が中小企業への訪問調査などで把握した事例を挙げると、次のとおりである。
　「検収日をわざと1日遅らせ支払いを1月延ばす」「売上目標を達成できなかった親企業があとから『協力金』の納入を要求」（下請企業はこれを「上納金」

第Ⅱ部　戦後中小企業発展史・問題史

と呼んでいる）、「支払日当日に値引き要求、のどから手が出るほど現金が欲しいので飲まざるをえなかった」「手形の収入印紙代節約のため6カ月先の支払い通知書を交付された」「残業代が必要となる週末発注・週初納入、終業後発注・翌日納入が常態化」「得意先より大至急の発注が増えている。至急なので経費は高くなるにもかかわらず、納品後見積書を出すととんでもない低価格をおしつけてきた」。これらは大企業の取引上の優越的地位に基づく、伝統的とも言うべき収奪である。

　また、「設計図はおろか仕様もはっきりしないまま発注し、再三の仕様・設計変更のための費用はいっさい価格に反映させない」「設計図と試作品を提出したら生産は他企業に発注」「親企業に品質研究のためといわれデータを提出したところ内製に切り替えられた」「親企業の要請でアジア企業に技術指導をしたあと発注をうち切られた」などのケースも目立った。これらは、大企業の中小企業への技術的寄生であり、中小企業の技術進歩を反映した収奪＝専門技術の無償利用である。

　このカテゴリーに属するもので特に問題化したのが、金型図面の無断流用である。国内大手メーカーが下請の金型企業から提出させた図面やデータを無断でアジアの企業に流し、同じ金型を安くつくらせた。これによって国内金型企業は2号金型以降の受注は途絶える。日本金型工業会東部支部のアンケート調査（実施時期2001年12月中旬〜02年1月初旬）によると、「その企業で1号型を製造し、得意先がその企業に提出させた図面データを利用して海外で2号型以降を製造することを経験した企業」は40.3％にも上っている。金型企業は図面・データの提出を断ると取引関係を断たれるという心配で提出せざるをえない。大手企業は中小企業の知的財産を無償で手に入れるだけでなく、金型企業に打撃を与えることにより、日本製造業の技術基盤を自らの手で崩壊させていたのである[*]。

　　　*以上では、製造業について大企業による収奪問題を取り上げたが、大型店による納入業者に対する買いたたき、不当返品、協賛金の強要も横行し、建設大企業による下請単価大幅引き下げも常態化した。

3.　未解決だった経営資源問題

　市場問題と収奪問題は生産の東アジア化という産業の体制的な転換に起因し

第 4 章　長期停滞期の中小企業（1991 年〜）

ているため、かつてなく悪化した。経営資源問題はどうだったか。労働力不足
と資金難も、それぞれ固有の要因と市場問題・収奪問題の影響を受け、かなり
悪化した。

（1）　労働力不足

減速経済期に入り、中小企業の労働力に関する量的不足は緩和したが、質的
不足は強まったと述べた（→ 315 頁）。1980 年代末〜 90 年代初頭に労働力の
量的不足が発生したが、それ以降、労働力需要は再び減退し、2006、07 年を
除き、13 年まで有効求人倍率は 1 以下に低迷した（後掲図表 II-4-34）。しかし、
すでに指摘したように、90 年代に入っても中小企業では「人材の充実」「人材
の確保・育成」が課題で、中核労働力の不足（労働力の質的不足）が生じてい
た（前掲図表 I-3-10、I-3-11）。図表 II-4-30 は、具体的に年齢別、職種別の過
不足を示している。1995 年においても中小企業では若年労働者の不足感が依

図表 II-4-30　中小企業における労働力の年齢・職種別過不足（1995 年、2014 年）

単位：%ポイント

(1) 1995 年調査		(2) 2014 年調査	
年齢・職種	「不足」－「過剰」	職種	「不足」－「過剰」
若年層（20 歳代）	58.7	研究開発・製造	56.2
中堅層（30 歳、40 歳代）	25.2	国内営業	49.7
高齢層（50 歳代以上）	-28.7	海外営業	42.7
技術・研究者	62.5	IT 関連	42.4
販売・営業	56.3	経営	30.3
技能工	54.9	財務・会計	23.5
情報技術者	50.1		
企画・デザイン	48.4		
人事労務	20.8		
経理	16.7		
運輸従事者	15.4		
非熟練労働者	13.9		
管理職	13.5		

注 1）　「不足」とする企業割合から「過剰」とする企業割合を引いたもの。
　2）　(1)の場合、年齢については中小企業全体、職種については製造業。
出典：(1)は『中小企業白書 1996 年版』：第 1-3-19 図、第 1-3-22 図を再編、原資料は中小企業庁「中小企業
　　　経営状況実態調査」1995 年 11 月。
　　　(2)は『中小企業白書 2015 年版』：第 2-2-33 図、原資料は中小企業庁委託「中小企業・小規模事業者
　　　の人材確保と育成に関する調査」(2014 年 12 月野村総合研究所)。

389

然強く、職種別では技術者・研究者、技能工、情報技術者、企画・デザイン、販売・営業担当者といった専門人材が不足している。また、2014年においても、研究開発・製造、国内・海外営業、IT関連といった専門人材が、やはり不足しており、中小企業における労働力の質的不足の慢性化を改めて確認できる。

中小企業の労働力の質的不足は、大企業に中核労働者を優先吸収されるためで、それは若年層、専門人材の供給源である大卒者に関する中小企業の求人倍率の平均が、大企業よりかなり高いことに現れている（図表Ⅱ-4-31）。また、大卒者の中小企業への就職希望は、大企業の求人動向に強く左右される。図表Ⅱ-4-32によると、常にというわけではないが、1,000人以上企業の当年あるいは前年の求人数が増える（減る）と1,000人未満企業への当年の就職希望者の割合が減る（増える）動きが見て取れる。90年代以降、大企業の経営が動揺しているにもかかわらず、労働力市場における大企業神話は依然強固である。

現在、中小企業では仕事量に見合った労働力が得られない量的不足も発生している。それは、図表Ⅱ-4-33において、従業員過剰状態にあった中小企業が

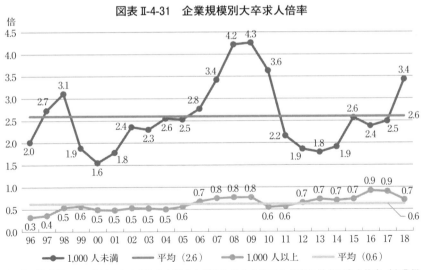

図表Ⅱ-4-31　企業規模別大卒求人倍率

注1）　従業員1,000人以上と1,000人未満の企業における各年の3月卒に対する求人倍率（企業規模別求人数／企業規模別就職希望者数）。1,000人未満（以上）企業への就職希望者とは1,000人未満（以上）企業への就職を希望順位の1位とした者。
　2）　調査対象は大学卒業予定者（調査時3年生）、大学院修了予定者（調査時1年生）。
資料）　リクルートワークス研究所「大卒求人倍率」より作成。

第 4 章　長期停滞期の中小企業（1991 年～）

図表 II-4-32　1,000 人未満企業への大卒就職希望者割合と 1,000 人以上企業の求人数

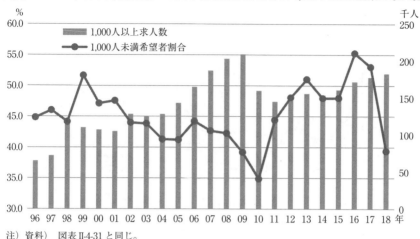

注）資料）　図表 II-4-31 と同じ。

図表 II-4-33　中小企業の従業員過不足 DI（製造業）

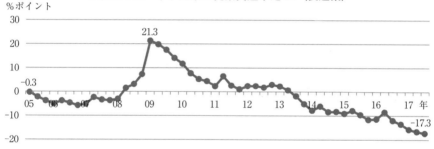

注1）　05 年第 2 四半期から 17 年第 3 四半期まで。
　2）　従業員過不足 DI：「過剰」－「不足」
資料）　中小企業企業庁・中小企業基盤整備機構「中小企業景況調査」より作成。

2013 年以降、従業員不足に転じたことに現れている。量的不足をもたらしたのは、有効求人倍率の上昇と大企業・中小企業間の労働条件格差である。

　有効求人倍率は 2010 年以降上昇に転じ、14 年に 1 を突破、16 年には「バブル景気」最後の年である 90、91 年並みの水準に達した（図表 II-4-34）。求人倍率を高めたのは生産年齢人口（15 ～ 64 歳）の減少である。2016 年にはピーク時の 95 年より 940 万人も減少した（図表 II-4-35）。また、人口構成上大きなウエイトを占める団塊世代（1947 ～ 49 年生まれ）の定年退職（2012 ～ 14 年に

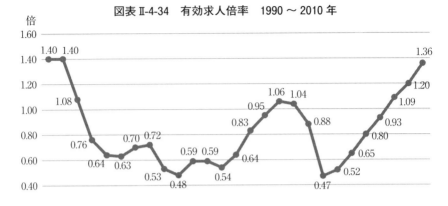

図表Ⅱ-4-34　有効求人倍率　1990〜2010年

注）　有効求人倍率：新規学卒者を除きパートタイムを含む。
資料）　厚生労働省「職業安定業務統計」より作成。

図表Ⅱ-4-35　生産年齢人口推移

年	85	90	95	00	05	06	07	08
千人	82,535	86,140	87,260	86,380	84,422	83,731	83,015	82,300
年	09	10	11	12	13	14	15	16
千人	81,493	81,735	81,342	80,175	79,010	77,850	77,280	77,850

注）　各年10月1日現在
資料）　総務省統計局「人口推計」より作成。

65歳到達）と東京オリンピック関連工事の労働力需要も求人倍率を高めた。但し、長期的影響という点で生産年齢人口の減少がより重要で、2060年にはピーク時から半減と予想されている（国立社会保障・人口問題研究所「人口統計資料集2016年版」）。

　有効求人倍率上昇は全企業共通の環境だが、中小企業に労働力不足が集中するのは、情報発信力が低いことと大企業との労働条件格差のためである。若年層を除き以前から大きかった大企業との年齢別賃金格差は、93年以降さらに拡大し（後掲図表Ⅱ-4-47、48）、中小企業の労働力吸引力は一層劣化した。この労働条件格差にはすでに見た中小企業に対する収奪激化が、強く影響しており、中小企業の労働力不足は人口動態に基づく自然現象ではない。

第 4 章　長期停滞期の中小企業（1991 年〜）

(3)　後継者難の深刻化、廃業増加

　先に、80 年代に入るあたりから、戦前または戦後まもなく創業した経営者を中心に相当数の経営者が高齢化したため、特に零細企業の後継者難が目立ち始め、これも労働力の質的不足の 1 つと位置付けた（→ 317 頁）。90 年代以降、高度成長期に創業した経営者も高齢化し、世代交代を迫られる中小企業経営者は一層増えた（図表 II-4-36）。しかし、主要経営後継者である現経営者の子息には、先行不安の企業経営より安定した大企業などでの勤務を好み、承継を望まない者が増えた。98 年の調査に基づく前掲図表 I-3-11 によると、「後継者がいない」が「人材の確保、育成」に次いで「中小企業者の経営課題」の 3 位に入った。親族後継者難から親族承継の割合が低下する一方、親族外承継（内部昇格、外部招聘）と事業売却の割合が増加、2007 年には後者が前者を上回った（『中小企業白書 2014 年版』：第 3-3-10 図）。しかし、それによって休廃業を減らすことはできず、前掲図表 II-4-1 が示したように、2000 年代の後半から休廃業・解散企業が増加した。廃業企業の 87.8％が個人企業（『中小企業白書 2014 年版』：第 3-3-23 図）、86.3％が経営者年齢 60 歳代以上（同：第 3-3-24 図）で、廃業の中心は高齢の自営業主である。市場問題や収奪問題の悪化で自営業主の個人所得は年々悪化し、2012 年には 200 万円未満が半数を超えてしまった（図表 II-4-37）。後継者が現れないのは当然であり、現業主も後継させようとしない。

　廃業企業には独自技術を持つ高収益企業も含まれていることに目を向けねば

図表 II-4-36　年商規模別経営者平均年齢推移

単位：歳

	90 年	95	00	05	10	15	対 90 年
1 億円未満	52.4	54.6	56.5	58.2	58.9	60.0	＋ 7.6
1 〜 10 億円未満	54	55.2	56.4	57.3	57.8	58.3	＋ 4.3
10 〜 50 億円未満	56.0	56.9	57.5	57.6	58.0	58.3	＋ 2.3
50 〜 100 億円未満	57.3	57.9	58.2	58.3	58.8	58.9	＋ 1.6
100 〜 500 億円未満	58.4	58.7	59.0	58.4	58.9	59.5	＋ 1.1
500 〜 1,000 億円未満	60.3	60.4	59.7	59.0	59.9	59.5	△ 0.8
1,000 億円以上	61.6	61.7	61.5	60.4	60.5	60.9	△ 0.7
全 体	54.0	55.4	56.6	57.7	58.4	59.2	＋ 5.2

出典）帝国データバンク「特別企画：2016 年全国社長分析」

第Ⅱ部　戦後中小企業発展史・問題史

図表Ⅱ-4-37　自営業主の個人所得の推移

単位：％

年	100万円未満	100〜200万円未満	200〜300万円未満	300〜400万円未満	400〜500万円未満	500〜1,000万円未満	1,000万円以上
92	22.9	18.0	17.5	13.3	9.6	14.3	4.3
02	28.5	19.3	17.1	12.3	7.7	11.7	3.5
12	32.4	20.8	17.2	10.3	6.0	9.8	3.6

資料）　総務省「就業構造基本調査」再編加工
注1）　自営業者には内職者を含まない。
　2）　非一次産業集計
出典）　『中小企業白書2014年版』：第3-2-6図

ならない。『日本経済新聞』（2017年10月6日付）は「極細の『痛くない注射針』で世界的にも有名な金属加工業、岡野工業の岡野雅行会長（84歳）」も「あと2年くらいで会社をたたもうと思ってるんだ」と話したと報じている。「廃業理由は『俺の後がいねえから。娘2人も別の道に行ったし』」。岡野工業は本書第Ⅰ部でも取り上げた（→77頁）。この記事は筆者にも衝撃である。記事の見出しは「大廃業時代の足音」。中小企業の後継者問題は優れた企業も含む廃業問題へと発展してしまった。

(3)　資金難の再発

　もう1つの経営資源問題、資金難はどのような状況だったか。

①中小企業向け貸出の低下

　先に、減速経済期において巨大企業が銀行借入を積極的に削減したため、都銀が中小企業向け貸出しを増やし、大企業への融資集中は解消し、中小企業の借入難・資金繰り難も改善されたと述べた（→308頁）。ところが、図表Ⅱ-4-38によると、91年からの数次の金利引き下げでいったん増加した中小企業向け貸出残高は、94年から減り始めた。2000年以降も減少を続け、2000年を100とすると09年以降は60台へ落ち込んだ。大企業への貸出しは中小企業のようには減っていないので、中小企業向け貸出割合は09年以降、50％以下へと大幅に低下した（図表Ⅱ-4-39）。1999年12月の「中小企業基本法」の改正とともに中小企業の定義が変更され、より資本金の大きな企業も中小企業に含まれるようになったから、2000年以降、従来定義に基づく中小企業への融資割合はもっと低下しているはずである。中小企業向け貸出し低下の反面とし

394

第 4 章 長期停滞期の中小企業（1991 年～）

図表 II-4-38 企業規模別貸出金（製造業）1990～2016 年

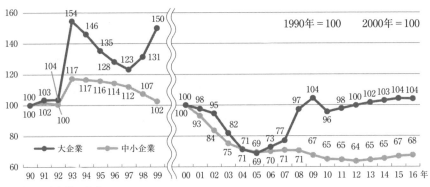

注1) 企業規模の定義
2000 年 3 月以前：中小企業－資本金 1 億円または常用従業員 300 人以下の企業、大企業－資本金 1 億円超かつ常用従業員 300 人超の企業、2000 年 4 月以降：中小企業－資本金 3 億円または常用従業員 300 人以下の企業、大企業－資本金 3 億円超かつ常用従業員 300 人超の企業。したがって 1999 年と 2000 年の間でデータは接続していない。
2) 各年末
3) 対象金融機関：国内銀行（銀行勘定・信託勘定・海外店勘定（国内向け））、外国銀行在日支店（銀行勘定）、信用金庫（銀行勘定）、その他金融機関（銀行勘定）
資料) 日本銀行「貸出先別貸出金」より作成。

図表 II-4-39 金融機関の中小企業向け貸出し割合（製造業）1990～2016 年

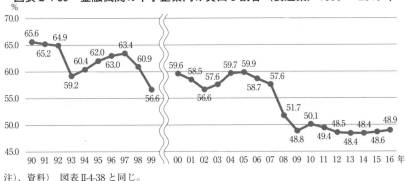

注)、資料) 図表 II-4-38 と同じ。

て中小企業の自己資本比率が上昇した（図表 II-4-40）。80 年代、上位規模層に比べ自己資本比率の上昇度が低かった資本金 1 億円未満層（前掲図表 II-3-29）も、90 年代半ば以降、自己資本比率が高まっている。

この時期の中小企業向け貸出残高・貸出割合低下の理由の一つは、中小企業

395

第Ⅱ部　戦後中小企業発展史・問題史

図表Ⅱ-4-40　資本金規模別自己資本比率（製造業）1991〜2015年度

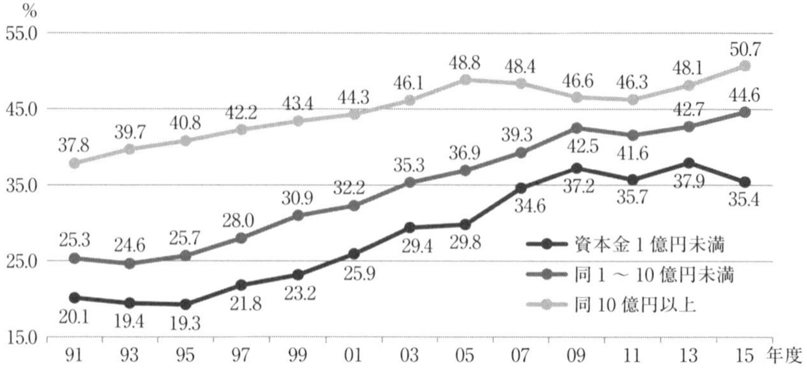

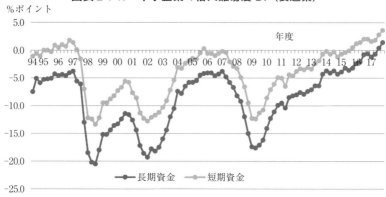

注）図表Ⅱ-3-29と連続。
資料）財務省「法人企業年報」（各年版）より作成。

図表Ⅱ-4-41　中小企業の借入難易度DI（製造業）

注1）借入難易度DIは、前の四半期に比べて金融機関からの借入が「容易」と答えた企業の割合（％）から「困難」と答えた企業の割合（％）を引いたもの。
　2）94年度第1四半期から17年度第4四半期まで。
　3）季節調整値
資料）中小企業庁・中小企業基盤整備機構「中小企業景況調査」より作成。

の資金ニーズの低下である。中小企業が市場の収縮・先行き見通し難から設備投資や事業拡張のための資金ニーズを減らす一方、収益を圧迫する有利子負債の返済に努めた。中小企業の自己資本比率の上昇は、自己金融の充実という積極要因によるものではなく、経営の停滞が引き起こした防衛策の結果である。
　だが、主たる理由は金融行政と大企業優先の銀行行動による中小企業への貸

第4章　長期停滞期の中小企業（1991年〜）

出削減である。借入の返済を進めた中小企業もある一方、市場問題、収奪問題の激化の結果、多くの中小企業では資金繰りが悪化した（図表II-4-41）。そのため、銀行借り入れを必要とした中小企業も多かったが、図表II-4-41をみると、90年代以降、前の期より借入れが難しくなったとする中小企業が、容易になったとする中小企業を殆ど全期間上回っている。特に、97・98年以降と07・08年以降の悪化が著しい。上述の中小企業の自己資本比率の上昇は、有利子負債の削減という経営防衛策によるものだけでなく、貸出削減によって強制されたものでもあった。

　中小企業への貸出削減は次のようにして発生した。

　第1に、1997・98年の金融危機への以下の対策が、中小企業への強烈な信用収縮を引き起こした（中小企業向け貸出しと貸出割合も特に1998、99年から減少度が高まっている）。

　a.「早期是正措置」の導入

　91年の「バブル景気」の崩壊以後、金融機関は大量の不良債権（元本返済・利子支払いが困難ないし不可能になった債権）を抱え込んだ。「バブル経済期」における投機的な資産取引への膨大な貸し付けの不良債権化だけでなく、90年代に入っても不良債権が新たに発生し続けたからである。政府は実質破たん企業を市場から退出させ、不良債権の発生源を根絶すべきだったのに、公共投資拡大と超低金利政策で地価・株価の再上昇による不良債権の解消を図った。しかし、設備過剰、投資機会喪失の下ではこれらに景気浮揚効果はなく、実質破たん企業と金融機関を生きながらえさせ、新たな不良債権を発生させただけだった。不良債権増加の結果、1995年住専7社の破綻、94〜96年16の信用組合の破綻、95年には兵庫銀行（第二地銀最大手）が破綻し、戦後初めての銀行破綻となった。続いて、阪和銀行（96年）、日産生命（97年）、ついには大手金融機関の北海道拓殖銀行（97年）、山一證券（97年）、日本長期信用銀行（98年）、日本債券信用銀行（98年）も破綻するに至って、金融システム全体が危機に陥った。このため金融監督庁（現金融庁）は公的資金投入による自己資本増強策と並んで「早期是正措置」の導入に追い込まれた（以上については井村［2005］：第1章第2節を参照した）。

　これは金融機関に貸出債権の内容をより厳格に自己査定させ（金融監督庁検査官による検査を受ける）、その結果、自己資本比率が一定基準に満たない金

融機関に対しては是正措置をとる制度である。海外に営業拠点を持つ金融機関は「国際統一基準（BIS基準）」（自己資本比率8％）、それ以外の金融機関は「修正国内基準」（自己資本比率4％）を維持する必要があり、これらの基準を下回る程度に応じて、経営改善計画の策定、店舗新設の禁止、業務停止などの措置がとられる。金融機関に経営健全化を迫ると同時に弱小金融機関の整理・淘汰を進めるものである。

98年3月末の金融機関決算から適用されることになったが（信用金庫等「修正国内基準」適用機関については1年猶予）、貸出債権の増加は自己資本比率の分母になる資産を増加させる。また、自己査定で安全性の低い貸出債権と判定されると引当金を積むから自己資本も削られる。このため、早期是正措置を控えた97年秋頃から、金融機関の中小企業に対する信用収縮が発生した。

金融機関は借手の経営に何の変化がなくても、従来行われていた借り換えを拒否し、あるいは担保の追加、金利引き上げを求める「貸し渋り」を始めた。それどころか、長期の借り入れで約定通り弁済しているのに期限前返済を求める「貸し剥がし」も行った。債権を回収すると自己資本比率の分母を下げるだけでなく、それに積まれていた貸倒引当金が利益に組み入れられ、自己資本も増える。銀行員の功績は「バブル経済」期では高利子率の長期貸出の獲得だったが、この頃から債権の回収となった。筆者は元銀行員から債権回収を報告すると行内で拍手が沸いたという話を聞いたことがある。

減速経済期に長期資金を中心に中小企業向け貸出しが増加し、大企業への融資集中は解消した。同時に、自己資本比率の低い中小企業は銀行から借り替えを続け、借入残高を一定水準に保たないと資金が回らない体質になってしまった。借り換え可能の借入金は、中小企業にとって自己資本代わりの「疑似資本」で、借りている意識も希薄となる。その供給が突然断たれたため、97年末から「貸し渋り倒産」が続出、中小企業はパニックに陥った。

中小企業のパニックは、98年10月、「貸し渋り」を受けた中小企業に対し、保証要件を大幅に緩和した中小企業金融安定化特別保証制度を実施することで一応おさまった。

　b.「金融検査マニュアル」策定

だが、金融監督庁は99年4月「金融検査マニュアル」を策定、厳格な資産査定の基準を明示し、金融機関はこれに則り債務者区分と債権分類——これら

第 4 章　長期停滞期の中小企業（1991 年〜）

により貸倒引当金の引当率が決まる——を行うことになった。資産査定のルールを明確化して透明性を高めるという目的だが、金融機関の判断を画一化し、貸出先特有の事情を考慮することなく、有無を言わさない貸出停止や貸出回収につながった。しかも早期是正措置が 99 年度から信用金庫に、2000 年度からは信用組合へと、中小企業専門金融機関にも及ぶことになった。中小企業は大企業より財務構造が脆弱だから、マニュアルに従えば中小企業向け貸出債権にはより多くの引当金を積むことになる。中小企業専門金融機関は財務構造の脆弱な中小企業の審査に関し独自のノウハウを蓄積し、貸出しに結びつけてきたが、ノウハウを駆使する余地がなくなった。このため、大企業への融資集中解消に力のあった中小企業専門金融機関も、「貸し渋り・貸し剥がし」に向かわざるをえなかった。こうして、中小企業の借入難は続き、図表 II-4-41 によると、中小企業の借入難易度 DI は、輸出増加で景況が改善した 2005、06 年においても短期資金でさえ大体マイナスである。

　中小企業への貸出削減を引き起した第 2 は、大企業への優先貸付の復活である。94 年以降、大企業への融資も趨勢的には低下している。しかし、98 年と 99 年には大企業への融資が急増した。この時期、大企業は株価の低迷で直接金融が不全化したため、間接金融への依存を強めた。上記の「早期是正措置」の発動もあり、金融機関は財務体質が強く、貸倒引当金をそれほど積む必要のない、安全債権となる大企業への融資を喜んで増やした。大企業と都銀の利害は一致し、中小企業への「貸し渋り」を強めた。また、2007 年以降も大企業向けが急増した。2007 年夏、アメリカのサブプライムローン問題を発端に世界金融危機が顕在化し、08 年にはリーマンショックが発生、社債やコマーシャルペーパーの発行が困難化した大企業は、07 年から金融機関借入への依存を強め、09 年まで大企業向け貸出しが急増した（図表 II-4-38）。そのあおりで 06、07 年まで改善を続けた中小企業の借入難は、08 年以降、97、98 年並みに急激に悪化し（図表 II-4-41）、09 年には中小企業向け貸出は大企業と対照的に下落した（図表 II-4-38）。

　先に、減速経済期における長期資金を中心とする中小企業向け貸出の増加により、大企業への融資集中は解消したとした。同時に、融資集中の解消は信用金庫の中小企業向け貸出し増加だけでなく、大企業の銀行離れの結果であり、大企業の行動が変われば中小企業向け貸出が再び縮小することはありうるとし

399

た（→312頁）。このことが実際に生じたのである。中村秀一郎は、1970年代に融資集中機構の解消により借入難は基本的に解決され、替わって、リスクキャピタルを供給する直接金融システムの遅れが、新たな問題として登場したとしたが（中村［1992］：5章）、大企業への融資集中は大企業の資金ニーズ次第で容易に復活するのである

　以上2つの要因による中小企業への貸出し削減と市場問題、収奪問題の悪化により、1980年代後半に改善した中小企業の資金繰りは再び悪化し、図表II-4-42のように資金繰りDIは90年代以降、水面下に沈み続けた*。
　　*なお、金融行政で注目すべき動きも現れている。中小企業に多大な影響を与えた「金融検査マニュアル」を核とする金融庁の金融機関対策に変化が起きた。「金融検査マニュアル」は不良債権問題・金融危機の収束を目的に金融機関の貸出資産を厳格に自己査定させるものだが、14年3月期8.4％だった主要行不良債権比率は、16年9月期4.7％、17年3月期2.9％へ低下した（金融庁ホームページより）。また、金融庁の苛烈といえる検査体制は、金融機関の「金融庁に従えばいい」という横並び・思考停止体質を生み、「担保主義融資」是正の妨げとなった。以上から、金融庁は金融機関のビジネスモデルの転換、すなわち、融資先の事業性評価に基づく融資や経営改善支援などを核とするビジネスモデルへの転換を図ることにした。その方策として、事業性評価に基づく融資先数など、目指すビジネスモデルの発揮状況を客観的に評価できる「金融仲介機能のベンチマーク」を発表、これらによる金融機関の自己評価の開示を求めることにし（2016年9月）、「金融検査マニュアル」は凍結された。その成果は今後慎重に見極めねばならぬが、この措置は中小企

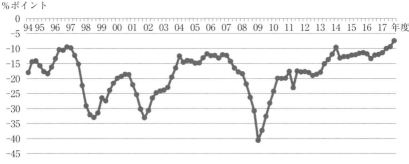

図表II-4-42　中小企業の資金繰りDI（製造業）

注1）　資金繰りDIは、前の四半期に比べて資金繰りが「好転」と答えた企業の割合（％）から「悪化」と答えた企業の割合（％）を引いたもの。
　2）3）　図表II-4-41と同じ。
資料）　図表II-4-41と同じ。

業にとっては前進である。

4．中小企業問題激化の結果
（1） 零細事業所数は高度成長期前へ激減

　以上のように「戦後大企業体制」の変容により市場問題、収奪問題は戦後最悪化し、人材問題についても質的不足に加え、量的不足も発生、さらに借入難・資金繰り難も復活した。中小企業は経済の長期停滞化だけでなく、中小企業固有の問題もかつてなく悪化し、深刻な経営難に陥った。その結果、開廃業率の逆転が発生し、中小事業所数は未曾有の減少となった。

　図表Ⅱ-4-43が示すように、製造業事業所の開業率は1970年代に入り低下に向かい、90年代に入ると廃業率を下回ってしまった。廃業率は90年代以降上昇に向かったため、開廃業率の逆転幅は20年以上拡大を続けた（近似直線）。開廃業の中心は中小事業所、なかでも小零細事業所である。前掲図表Ⅱ-4-37が示したように、小零細事業所に多い自営業主の所得は低下を続け、2012年には200万円未満が半分を超えた。この経営難・生活難が小零細事業所の開業を減らし、廃業を増やした。

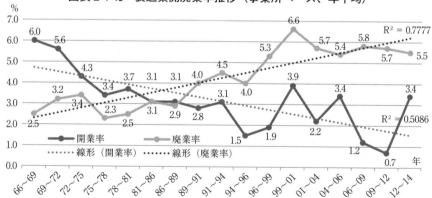

図表Ⅱ-4-43　製造業開廃業率推移（事業所ベース、年平均）

注）　開業率とは、ある特定の期間において、「①新規に開設された事業所を年平均にならした数」の「②期首において既に存在していた事業所」に対する割合とし、①／②で求める。廃業率も同様に、ある特定の期間において、「①廃業となった事業所を年平均にならした数」の「②期首において既に存在していた事業所」に対する割合とし、①／②で求める。
資料）　総務省「事業所・企業統計調査」、「平成21年経済センサス基礎調査」、総務省・経済産業省「平成24年経済センサス活動調査」、総務省「平成26年経済センサス基礎調査」
出典）　『中小企業白書2017年版』：付属統計資料10表を再編。

第Ⅱ部　戦後中小企業発展史・問題史

図表Ⅱ-4-44　従業者規模別民営事業所数（製造業）の推移

1986 年 = 100

	1954	1972	1981	1986	1991	1996	2001	2006	2009	2014
全　体	60.4	90.7	99.8	100	98.0	88.5	74.4	62.7	61.3	55.6
1 ～ 9 人	65.3	90.3	100.7	100	95.1	84.6	71.7	59.1	58.2	52.0
10 ～ 19 人	47.5	90.5	99.2	100	104.5	94.0	77.5	66.7	64.5	59.1
20 ～ 99 人		91.5	95.5	100	107.5	104.5	84.7	76.6	73.4	71.7
100 ～ 299 人	33.9	99.6	91.1	100	109.1	112.8	93.7	87.9	84.9	81.3
300 人～	43.0	113.2	96.6	100	109.3	104.6	92.1	84.2	85.1	80.1

注）　1986 年の事業所数は次のとおり。全体：874,471、1 ～ 9 人：642,571、10 ～ 19 人：114,765、20 ～
　　 99 人：99,673、100 ～ 299 人：13,253、300 人～：4,209。
資料）　2006 年までは総務省「事業所・企業統計調査」（各年版）、2009 年以降総務省「経済センサス―
　　　 基礎調査結果」（平成 21、26 年版）より作成。なお、2001 年、2006 年、2009 年、2014 年に記載さ
　　　 れている「派遣・下請従業者のみ」の事業所は除いた。

　開廃業率の逆転は事業所数を減らす。図表Ⅱ-4-44 によると、製造業事業所数
の「全体」は開廃業率の逆転した 90 年代以降、減少に向かった。2014 年にお
いては全規模層で減少しているが、従業者 100 人以上の 2 規模層の減少度は同
じで、99 人以下層はそれより減少度が高く、100 人を境に減少度に段差が見ら
れる。99 人以下層では規模が小さくなるほど減少の始まった年次が早く、
2014 年における減少度も大きい。1 ～ 9 人の零細事業所は早くも 81 年をピー
クに減少が始まり、86 年を 100 として 14 年は 52.0 と半分近くにまで落ち込み、
高度成長開始直前の 54 年の 65.3 より 20％も少なくなってしまった。この層に
関しては高度成長期以降の量的成長が帳消しになったことになる。10 ～ 19 人
の小規模事業所も 14 年には 86 年の 6 割になり、減少の激しさの点で零細事業
所と同一グループを形成している。このように、中小企業問題の影響は 99 人
以下層に厳しく、中でも小零細事業所に大打撃を与えた。

(2)　中小企業の付加価値生産性の停滞と賃金の規模間格差拡大

　大幅に減少した中小事業所の状況を、付加価値生産性と現金給与により見て
みる。図表Ⅱ-4-45 によると、4 ～ 299 人事業所の付加価値生産性は、1993 年を
基準とすると 2014 年までの 11 年間に 1.17 倍（年率 1.5％増）しか増加してい
ない。前掲図表Ⅱ-3-36 によると、1 ～ 299 人事業所の付加価値生産性は、1969
～ 90 年の 21 年間に 5.7 倍（年率 8.6％増）だから様変わりである。中小企業
の名目付加価値生産性が伸びないのは、すでに述べたように収奪問題の激化の

第 4 章　長期停滞期の中小企業（1991 年～）

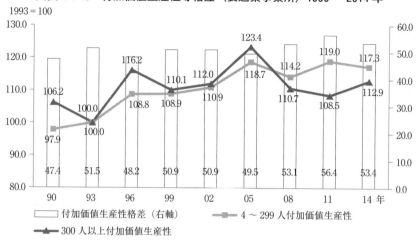

図表 II-4-45　付加価値生産性等格差（製造業事業所）1990 ～ 2014 年

注 1)　付加価値生産性＝年間付加価値額（99 年までの 9 人以下と 02 年以降の 29 人以下は粗付加価）÷ 従業者数
　　2)　「付加価値生産性格差」は「300 人以上」の付加価値生産性を 100 とした場合の「4 ～ 299 人」の付加価値生産性。
資料)　図表 II-4-15 と同じ。

ためである（→ 377 頁）。もっとも、国際競争力の低下した大企業の生産性伸び率も低く、1993 ～ 2005 年は中小企業を上回っていたが、2008 年以降は下回った。したがって、規模間の付加価値生産性格差は 1993 ～ 2005 年は拡大気味だが、2008 年以降は縮小している。この格差縮小は大企業に原因があるから、中小企業問題の好転を示すものではない。

また、現金給与（図表 II-4-46）についても、4 ～ 299 人は 1993 年～ 99 年の間はやや増加したが、大企業より増加度は低く、さらにそれ以降は下落した。1993 ～ 2014 年の年率増加率は 0.3％で、1969 ～ 90 年の年率増加率 8.8％（前掲図表 II-3-37 より）と比べやはり様変わりである。90 年代以降の付加価値生産性の伸びの抑制が賃金にしわ寄せされたのである。大企業の現金給与は 02 年まで中小企業より伸びが高く、規模間の賃金格差は拡大したが、05 年まで付加価値生産性は上昇しているのに 05 年から現金給与は下落、大企業の労働コスト切り下げにより利潤を生みだそうとする意図が明確である。その結果、05 年以降規模間格差は縮小したが、それは大企業の賃金政策のためであり、中小企業の好転を意味するものではない。

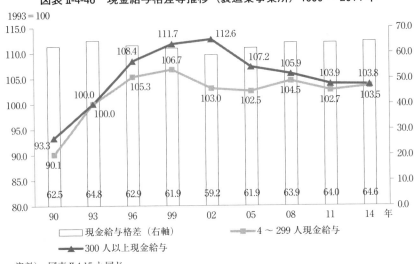

図表 II-4-46 現金給与格差等推移(製造業事業所) 1990〜2014年

資料) 図表 II-4-15 と同じ。

　以上は大企業・中小企業の平均賃金をベースにした議論だが、大企業と中小企業の労働者は男女比率、年齢構成、学歴構成などに違いがあるので、個別賃金ベースでの比較、ここでは男性労働者・高卒を年齢階層別に比較すると、規模間の賃金格差拡大が明確になる。

　図表 II-4-47 は従業者 1,000 人以上の企業を 100 とした従業者 10〜99 人の賃金動向だが、2016 年では中小企業で特に不足が著しい 18〜19 歳を除きどの年齢階層も 1993 年より賃金格差は拡大している。図表には 1996 年と 2016 年における実額での格差も示したが、格差がかなりのものであることが実感される。また規模間格差は高年齢層ほど広がっているのも見て取れ、2016 年・55〜59 歳では従業者 1,000 人以上の 67.8%、実額で 156.3 千円も少ない。

　図表 II-4-48 は年齢階層別に 1996 年と 2016 年の賃金を比較したものだが、1,000 人以上でも賃金が低下している年齢階層があるが、10〜99 人では 18〜19 歳での上昇以外はみな低下している。中小企業ではベースアップはもちろん定期昇給も見送ってきた企業が多かったため、年齢階層別に見た賃金は下がることになる。その影響は高年齢層ほど強く、2016 年の賃金は 55 歳以上でも月額 30 万円を少し超える程度である。18〜19 歳層獲得のため、それ以上の年齢層の賃金を切り下げるという作用も働いていると思われる。年収 300 万円

第 4 章　長期停滞期の中小企業（1991 年〜）

図表 II-4-47　従業者 10 〜 99 人・男子・高卒賃金格差推移（製造業）

1,000 人以上 = 100

年	18 〜 19 歳	25 〜 29 歳	35 〜 39 歳	45 〜 49 歳	55 〜 59 歳
1990	84.6	85.2	77.4	74.4	72.2
93	88.4	92.5	82.6	76.9	74.1
96	87.7	89.0	81.8	76.4	76.5
	25.6 千円	32.2 千円	70.7 千円	111.8 千円	112.1 千円
99	87.6	88.8	81.3	74.5	74.0
2002	87.2	82.8	78.7	72.5	71.7
05	87.7	83.6	77.9	71.8	71.3
08	87.2	81.6	77.1	70.5	72.4
11	90.0	86.9	79.6	73.1	70.6
14	92.4	82.3	75.8	70.7	68.8
16	90.8	77.6	76.4	71.8	67.8
	19.7 千円	69.3 千円	91.0 千円	129.0 千円	156.3 千円

注 1)　賃金は「きまって支給する現金給与額」（6 月分）で、基本給、職務手当、精皆勤手当、
　　　通勤手当、家族手当などのほか、超過労働給与額も含まれる。
　　2)　96 年、16 年下段は 1,000 人以上企業との実額差。
　　3)　「18 〜 19 歳」：2008 年以降は 19 歳以下。
資料)　厚生労働省「賃金構造基本統計調査報告」より作成。

図表 II-4-48　1996 〜 2016 年賃金増減額（製造業・男子・高卒）

単位：千円

	18 〜 19 歳	25 〜 29 歳	35 〜 39 歳	45 〜 49 歳	55 〜 59 歳
1,000 人以上	5.3	17.6	-3.6	-15.8	9.3
	213.1	309.2	385.1	458.0	485.4
10 〜 99 人	11.2	-19.5	-23.9	-33.0	-34.9
	193.4	239.9	294.1	329.0	329.1

注 1)　図表 II-4-47 と同じ。
　　2)　下段は 2016 年の賃金。
資料)　図表 II-4-47 と同じ。

未満の世帯の割合は、1993 年の 21.7％から 2015 年には 33.3％を占めるまでに
なったが（厚生労働省「国民生活基礎調査」）、非正規労働者の増加と共に、自
営業主の所得低下（図表 II-4-37）と中小企業労働者の賃金低下がその重要要因
となっている*。

　　*この指摘は初版にはなかったが、中小企業問題の悪化が日本における格差問題を進行
させているという認識が必要である。

第Ⅱ部　戦後中小企業発展史・問題史

(3)　資本利潤率格差の発生

　中小企業問題の激化は、今まで見られなかった新たな規模間格差も発生させた。資本金規模別に総資本営業利益率の推移を見ると（図表Ⅱ-4-49）、70年代半ばからどの規模層も低下しているが、利益率の規模別順位が逆転したことに気づく。すなわち、1970～73年度と1974～77年度では、資本金1千万円未満と同1千万円～1億円未満がほぼ同レベルで一番高く、次に同1億円～10億円未満が続き、同10億円以上が最も低かった。この2期間は、総資本営業利益率に関し規模別逆格差が形成されていた。しかし、1978～81年度以降、資本金1千万円未満の利益率の低下が速まり、1994～97年度以降は同1千万円～1億円未満の利益率低下も速まったため、図表中の塗りつぶしで示した利益率の高い層は上位規模へ移動し、1994～97年度以降は上位2規模層が高く、下位規模層ほど低い、総資本営業利益率の規模間格差が形成された。

　総資本営業利益率は売上高営業利益率と総資本回転率の積である。売上高営業利益率（図表Ⅱ-4-50）の規模間格差は、1970～73年度、1974～77年度には小さかったが、その後小規模層ほど下落率が高まり、特に90年代以降格差が広がった。また、小規模層の総資本回転率は上位規模層より高く、総資本営業利益率を高める原動力であるが、80年代末以降、資本金1千万円未満と同1千万円～1億円未満の下位2層の下落率が高く（2014～15年度の回転率は1982～85年度のそれぞれ69％と63％へ下落）、同1億円～10億円未満と同10億円以上の上位2層の下落率は低かったため（同80％と71％へ下落）、規模間の逆格差が縮小した（図表Ⅱ-4-51）。

　このように、売上高営業利益率に関する小規模層の不利が一層拡大し、総資

図表Ⅱ-4-49　資本金規模別総資本営業利益率の推移（製造業）

単位：％

資本金 ＼ 年度	70 〜 73	74 〜 77	78 〜 81	82 〜 85	86 〜 89	90 〜 93	94 〜 97	98 〜 01	02 〜 05	06 〜 09	10 〜 13	14 〜 15
1千万円未満	9.4	6.9	6.2	4.1	4.5	3.4	1.2	0.0	0.9	-0.4	0.5	2.2
1千万～1億円未満	9.0	7.2	7.3	5.9	5.7	5.0	3.1	2.4	2.9	2.2	2.4	2.9
1億～10億円未満	7.7	5.9	7.1	5.9	5.8	4.9	3.8	3.2	4.5	4.2	4.6	4.8
10億円以上	7.1	5.2	6.7	5.8	5.0	3.7	3.8	3.1	4.5	3.4	3.1	4.1

資料）　財務省「法人企業統計年報」各年版より作成。

第 4 章　長期停滞期の中小企業（1991 年〜）

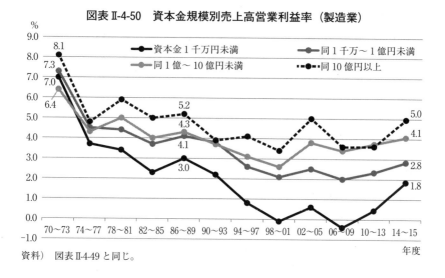

図表 II-4-50　資本金規模別売上高営業利益率（製造業）

資料）　図表 II-4-49 と同じ。

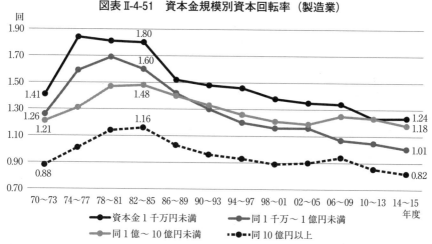

図表 II-4-51　資本金規模別資本回転率（製造業）

資料）　図表 II-4-49 と同じ。

本回転率に関する小規模層の有利性が低下したため、総資本営業利益率は小規模層ほど下落し、規模間格差が形成された。小規模層の売上高営業利益率の下落は、減速経済期以降、特に長期停滞期における中小企業の相対価格が大企業以上に低下したからであり（収奪問題の悪化）、総資本回転率の低下は長期停滞期における中小企業市場の縮小（市場問題の悪化）のためであることは明ら

第Ⅱ部　戦後中小企業発展史・問題史

かである。

　マルクス経済学では独占資本主義の下では資本利潤率が階層化し、大規模層ほど高くなるという理論がある（北原・他編［2001］：Ⅱ-4）。経済の長期停滞、中小企業問題の激化とともに、「利潤率の階層化法則」の貫徹が始まったと言えようか。

第3節　中小企業の発展

1. 革新への逆行

　以上のように未曾有に深刻化した中小企業問題の下、中小企業の発展はいかなる状況にあったのか。

　先に、減速経済期における「代表的発展中小企業」の到達点を「技術面での大企業からの自立化、市場面での大企業依存」とまとめた（→ 346 頁）。減速経済期には中小企業問題の悪化が始まる一方、企業家活動も活発化し、私たちが開発志向型中小企業と名付けた「代表的発展中小企業」が現れた。これは生産方法や製品に関し独自の開発力を持つ、技術面では大企業から自立した中小企業だった。このタイプからは「独自市場」の確立に成功し、市場面でも自立した「企業家的中小企業」が現れたが、多くは、市場を特定大企業の外注に依存する開発補完型の企業であるため、上記のように総括した。

　中小企業発展のために望まれるのは、開発志向型中小企業がさらに増え、その中から市場面でも大企業から自立した中小企業が増加することである。だが、中小企業問題の悪化はこの期待に逆行する動きを起こし、開発志向型中小企業の拡大は止まった。

　中小企業総合研究機構編［1996］によると、中小企業（機械・金属）では1990 ～ 93 年の売上伸び率マイナスの企業が59.7％にも達している（同：図表Ⅲ-2-1）。したがって、中小企業は売上を維持ないし伸ばすには、新製品開発など積極的な市場開拓が必要になったが、図表Ⅱ-4-52 によると、90 年から94 年の間に売上中の新製品割合 10％超の企業は、29.8％から 23.9％へ減ってしまった。図表Ⅱ-4-53 は別の調査によるものだが、94 年から 2000 年の間でも「自社製品型」企業の割合が減少している。市場が縮小し製品開発の必要が高まったが、開発には資金を要する。景気の落ち込みにより売上が減少すると、キャッシュ・フローが悪化し、開発活動が停滞した*。

図表 II-4-52 新製品割合別企業比率（機械・金属）

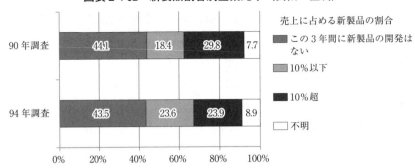

注1) 回答企業数：「90年調査」4,517、「94年調査」2,786
 2) 調査時点：「90年調査」1990年11～12月、「94年調査」1994年11～12月
 3) 「新製品」とは「この3年間のうちに開発した製品」。
 4) 調査対象業種：金属製品製造業、一般機械器具製造業、電気機械器具製造業、輸送用機械器具製造業、精密機械器具製造業
 5) 母集団：「90年調査」－通商産業省編『全国工場通覧』1990年版（日刊工業新聞社）、「94年調査」－通商産業省編『全国工場通覧』1994～95年版（日刊工業新聞社）
出典）中小企業総合研究機構編［1996］：図表III-2-20を再編。

図表 II-4-53 業態別企業構成比

単位：%

	1994年調査	2000年調査	2006年調査	2012年調査
自社製品型	28.8	19.5	18.4	19.8
受注型	71.2	80.5	81.6	80.2
計	100.0	100.0	100.0	100.0

注1) 回答企業の属性：図表II-4-18と同じ。
 2) 自社製品型：自社企画製品のみ、受注型：自社企画製品と他社企画製品
出典）商工総合研究所・商工中金調査部［2001］：図表1-1-9、商工中金調査部・商工総合研究所［2007］：図表I-1-10-②、商工中金調査部・商工総合研究所［2013］：13頁

　*『中小企業白書1997年版』も、売上高研究開発比率、研究を行っている企業の従業者1人当たり研究費および研究本務者数に関し、中小企業と大企業との格差が拡大しているとして、中小企業の技術開発のダイナミズム低下が懸念されるとしている（同書：407）。

　また、開発志向型中小企業のいわば対極に位置する「停滞中小企業」の増加も指摘しなくてはならない。「停滞中小企業」とは、企業家活動を展開できないため経営上の強みがなく、低賃金など消極的要因によって存立している企業である。その中でも、経営環境の変化に企業家活動が追い付かず、かつて持っていた経営上の強みを失った中小企業を非適応型「停滞中小企業」と名付けた

第Ⅱ部　戦後中小企業発展史・問題史

(→154頁)。この時期、生産の東アジア化で市場を奪われた中小企業からこのタイプが新たに発生したが、先行き見通し難・後継者難から再発展より市場からの退出を選んだ企業が多く、前掲図表Ⅱ-4-1における休廃業・解散件数増加となって現われた。

　以上のような革新への逆行が起きたが、中小企業問題の悪化は中小企業の企業家活動を抑制するが、それを廃絶することはできない（→137頁）。大企業への市場依存からの脱却＝市場自立化に向かう中小企業の存在にも注目すべきである。

2．市場自立化に向けて
(1) 革新遂行の動きも存在

　中小企業の市場自立化への動きの一端が、図表Ⅱ-4-54に示されている。本図表の対象は受注型企業（下請企業とみなしてよい）だが、独立部品メーカーと完成品メーカーを目指している企業は、2000年には合わせて44.4％もあり、06年、12年は減少したが、それでも両年とも合わせて37％台ある。受注型企業の4割近くが独立部品メーカー・完成品メーカーを目指しているという事実は、開発志向の強化による市場自立化への動きも1つの潮流になっていること

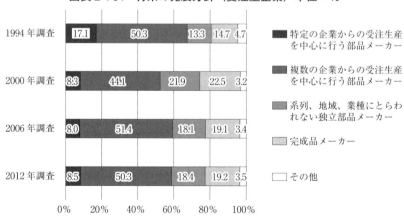

図表Ⅱ-4-54　将来の発展方針（受注型企業）単位：％

注）　回答企業の属性：図表Ⅱ-4-18と同じ。
出典）　商工総合研究所［2001］：図表2-24、商工中金調査部・商工総合研究所［2007］：図表Ⅱ-4-2-②、商工中金調査部・商工総合研究所［2013］：図表2-5-2-2を再編。

を意味している。中小企業の革新への逆行と革新遂行が交錯しているのである。

　以下では、1990 年代に下請企業から製品開発型と専門加工業型への革新に成功した中小企業の特徴を、実例を基に検討しよう。この 2 タイプは既述のように開発志向型中小企業のなかでも「独自市場」構築に成功している企業である（→ 335、337 頁）

（2）　製品開発型と専門加工業型への革新の成功例
①製品開発型への革新
a.　(株)クマクラ（従業員 23 人、東京都大田区、2011 年取材）

　同社は 71 年大手企業の 2 次下請として創業、創業当時は「山と積まれた仕事をただ消化していく」だけで事業が成り立った。以後、部品単品加工からユニット部品製作、メカトロ装置の設計製作へと事業を高度化し、大手企業とも直接取引できるようになった。

　転機になったのは 85 年のプラザ合意による円高である。大田区の同社周辺の町工場は受注量の減少と価格低下でみるみる経営が悪化し、最終的には周辺の 9 工場すべてが消滅した。同社もいずれ仕事がなくなると危機感に襲われ、社長は 90 年に近づいた頃、社内で「自立化宣言」を発した。部品製作は図面支給であり、メカトロ装置の設計製作も客先仕様だった。自社製品の開発で下請 100％から脱皮するのが狙いだった。

　だが、開発活動の成果はすぐにはあがらず、開発費が利益を削り取るだけだった。最初に開発に成功したのは海苔の切断機だった。中小企業家同友会の会合後の飲み会で、海苔問屋の経営者と同席した。海苔を切ると粉が飛散し、体にくっ付き腐食する。パートの主婦が家に帰ると臭いと嫌われる。また、海苔は何枚も重ねて切るので、失敗すると損失も大きい。正確に切れ、粉も飛び散らない自動切断機が欲しいと聞かされた。従来の手押しの切断機メーカーに言っても取り合ってくれないとのことだった。

　クマクラの社長は常に持ち歩いている「キャッチ of ささやき」という A4 のフォーマットに、「ドット 14 ぐらいの大きさの海苔がきれいに切れないか」とメモしておき、翌朝、海苔問屋に電話した。酒席での話にすぐに反応してくれたことに驚き、「すぐに来て」。設計技術者を連れて訪問し、開発に成功した場合はこの問屋以外にも売ることを了承してもらい、開発に着手した。93 年、

第Ⅱ部　戦後中小企業発展史・問題史

手押し機に比べ海苔粉が1/10で、各種の大きさにきれいに切れる自動切断機が完成、回転寿司の増加や店売りおにぎりの拡大で売上が伸びた。

海苔自動切断機の発売は他の業界からも関心を呼び、「…が切れないか」と問い合わせが寄せられた。「切る」ことに関し、「きれいに切る」「欠けないで切る」「バリを出さずに切る」などの需要が各分野であることに気づき、紙切断機、フィルム切断機などの自社製品開発につながった。

その一方、同社社長は機械工学系の学者と交流を深め、研究室を訪問、そこで見た学生の実験などをヒントに新たな機械も開発した。その１つが超音波振動を利用した切断、割断、穴あけなどでの微細加工用機械。学生が実験材料用に細いセラミックスを作っているのを見て、その機械化を思いついた。指導教授の賛成を得、学生も半年同社に通い、機械が完成した。また、社長が加入している学会後の懇談会で、加工抵抗を和らげるため工具を超音波で振動させていたのを、加工対象物を振動させるよう提案したところ、学者たちの反応は「おもしろい」。これがきっかけで、超音波振動テーブルが開発された。開発に当たっては学者が試験データの解析を行ってくれた。

クマクラの開発の原動力は多様な情報共有ループの構築である。従業員20数名では情報が不足するため、学者、専門中小企業、公的研究機関などとの連携を追求した。連携のために社長は年30回地方に出かけ、年30回訪問者を迎えたという。学者との関係を深めるため学会にも加入し、大学に埋もれている技術シーズを発掘、上記をはじめとする各種精密加工機械を開発した。ネットワークは先端的情報を得るための「学会ネット」、不得意分野を補完するための「企業間ネット」、ビジネス情報収集のための「大企業ネット」などに分類され、人・モノ・金・情報に次ぐ第5の経営資源と位置付けられていた。

取材時には自社製品販売が売上の８割に達し、「独自市場」を持つ製品開発型の企業へ脱皮していた。

b.　(株)サヤカ（従業員 40 人、東京都大田区、2017 年取材）

この企業は前述のように（→ 338 頁）、プラザ合意後の円高不況をきっかけに受託開発しつつ自社製品を追及する戦略をとった。これが、同社の脱下請・市場自立化への第一歩だったが、柱となるような製品の開発は容易ではなかった。そうしたところ、91 年にいわゆる「バブル景気」が崩壊、90 年に 14 億円あった売上は 93 年には 9 億円になってしまった。そこで、思い切って従業員

の４割を新市場開拓に専念させたところ、従業員からプリント基板分割時に発生するストレスを抑え、きれいに切りたいという企業が多いとの情報が上がってきた。基板分割に関するニーズ調査を行うことにし、溜まっていた技術者1,000枚の名刺を基にアンケートを送付した。多かったのが基板の種々の形に対応できる分割機という要望だった。その結果、92年にドリルが回転して自由に動けるルーター式基板分割機の発売となった。

　売れ始めたのは５年目からで、主要自動車、電機メーカーがすべて導入するヒット製品となった。携帯電話が普及し、車にも基板がたくさん使われるようになったからである。97年の売上は14億円に回復した。

　だが、2001、02年のいわゆるIT不況がこの企業を直撃した。取材時、同社のカタログには11タイプの製品が載っていたが、この当時、売れ筋の製品は少し値段が高めの１タイプしかなく、これが売れなくなった。それ以後、自社製品の多様化に注力し、毎年のように新機種を開発した。多品種少量生産を行っている顧客用として、基板を人手で供給し、人手で取り出すタイプから、少品種大量生産型の顧客用として、完全無人化したタイプまで取りそろえた。分割方式もルーター式の他、砥石を使い基板を賽の目にカットするダイシング方式、基板を切り分けるスライシング方式も取り入れた。顧客の生産ラインの特徴に合わせ、多様な機種を揃えているのは同社しかなく、「独自市場」の構築に成功、かつて５社あった国内ライバル企業は取材時２社、同社の国内市場シェアは推定６～７割に達していた。

②専門加工業型への革新

a. （株）樹研工業（従業員70人、豊橋市）

　先に、優れた技術力を持つ中小企業も市場喪失の危機に襲われた例として、（株）樹研工業をあげた（→ 370頁）。同社も90年代を通じ、微細加工を柱にプラスチック部品の専門加工業としての業態確立に向かった。

　同社の専門加工業への道は1973年の石油危機にさかのぼる。資源が有限なことを思い知らされた同社は、あらゆるモノが小さくなると考え、小部品に特化し始め、87年頃には、極小部品の製作に入り込んだ。セイコーやシチズンの時計50個を分解し、部品１つずつプラスチックでできないかを研究、1,000分の２グラムの歯車を開発し、展示会に出品したところ、リコーエレメックスやカシオが見て取引が始まった。この企業は顧客の発注を待つのではなく、顧

第Ⅱ部　戦後中小企業発展史・問題史

客の動きを先読みして開発を始める。ソニーの手のひらサイズの 8 ミリビデオの部品も受注したが、購買担当者に呼ばれる前に小型化の動きを読み、すでにサンプルを開発済みだった。微細加工への挑戦は 90 年代に加速する。93 年に 1 万分の 1 グラム、98 年に 10 万分の 1 グラムの開発に成功。そうしたところ、99 年には電機メーカーが一斉に中国に進出、1 年間のうちに電機メーカーへの売上が殆どなくなってしまった。この市場喪失の危機が、同社の技術開発に拍車をかけたのは想像に難くない。02 年には同社の代名詞にもなっている 100 万分の 1 グラムの歯車を量産できる加工システムの開発に成功。単なる試作の成功ではなく、金型、成形機からなる量産用の加工システムの開発である点が重要である（この加工システムも販売する）。100 万分の 1 グラムの歯車にはまだ買い手はないが、その開発力を見込んで新たな発注があるという（松浦［2003］：1 章）。

　同社は超精密金型、超精密加工、最適生産システムの開発力を武器に、新たなプラスチック部品を求めている種々の企業ニーズに対応、自動車用メーター部材、時計用歯車・地板、電気製品可動部品、医療機器部品、カメラ・光学機器部品等、産業横断的に市場を開拓し、強い価格形成力を持つ専門加工業としての地位を確立した。

b.　(株)三条特殊鋳工所（従業員 60 人、三条市、2015 年取材）

　同社は現在では自動車関係の売上は 0.2％しかないが、1970 年代後半より鋳物の自動車部品を大量生産し、大手部品メーカーに納品、売上の 80％を依存していた。社長によると、「企業」ではなく顧客の 1 ラインであり、仕事は来るのを待つだけ、「商品」ではなく「製品」を作っていた。価格決定権はなく、仕事を取るには、結局、顧客の希望する見積もりを提出せざるをえない。コストダウンをしても半年毎の値引きで「搾取」され、利益「ゼロ円」に向かって突進していた。そこで、1980 年代後半に入った頃脱下請を図った。価格決定権を持つため他業種を開拓し、特定顧客と特定業界への依存度を下げた。油圧機器部品、自動車・船舶用部品、建設機械部品、産業機械部品、さらに景観素材（ポール、マンホール等）、民生用製品（アウトドア用品、ダンベル等）と、産業横断的に市場を開拓した。一番ウエイトの高い油圧機器部品でも売上の 19.0％を占めるだけである。量産品は競争が激しく買い叩かれるので、自動車部品でも非ルーティン的に納品する多品種少量製品を狙った。

414

第4章　長期停滞期の中小企業（1991年〜）

機械加工、熱処理、塗装・メッキなど鋳物の後工程にも進出し、自社でできない場合は地元で外注先を開拓し、商品の付加価値を高めた。顧客の開発支援のため短納期での試作、コストダウンのため使用中の製缶品、厚物プレス品の鋳物化提案なども始めた。顧客にとって当社は部品開発を担うパートナーという地位にある。顧客からの要請はあるがこの数年値下げしたことはなく、価格形成力を持つ専門加工業の地位を確立している。さらに、現在は自社製品の販売にも乗り出している。2008年のリーマンショックで受注が8割減少した。否応なく生まれた暇を利用し、鋳造に関する技術開発力を活かし、厚さ2ミリで従来の半分の重さしかない鋳鉄製ホーロー鍋の開発に成功した。2014年に商品化にこぎつけ、ドイツでの品評会で5,000品目の中から最優秀賞をとった（2015年）。

加工技術の開発は日本の中小企業の得意とするところである。この2社のように、90年代においてもそれぞれの分野で大企業にない技術開発力を発揮し、産業横断的に顧客を開拓、価格形成力を確立している専門加工業型の中小企業が叢生している。

3. 市場自立化に成功した中小企業の特徴

以上のように、「独自市場」を構築し、中小企業の課題である市場自立化に成功した中小企業が出ている。減速経済期にもこのような中小企業は現れていたが、彼らには次の特徴が見られる。

(1) マーケティングが経営の柱へ

第1の特徴は、技術開発力とともにマーケティングが経営の柱に発展していることである。

本書では、マーケティングを顧客需要創出のための市場への働きかけとするが、大企業起点の垂直的分業組織に組み込まれてきた日本の中小企業は、技術的には発展したが、マーケティングを発展させる機会を持たなかった。そのため、生産の東アジア化で市場の縮小に見舞われたとき、なすすべもなく市場から脱落する中小企業が多発した。だが、生き残りのためマーケティングを活発化させる中小企業も現れた。上記4社はその典型例である。

クマクラはプラザ合意後の円高で周辺の中小企業の受注減を見て、下請受注

415

第Ⅱ部　戦後中小企業発展史・問題史

に依存しているといずれ仕事を失うと感じた。サヤカは自身も受注減に見舞われ、自然的な成長でしかなかった従来の経営の問題に気づいた。樹研工業は電機メーカー業界ごとの中国進出に、市場喪失の危機を覚えた。三条特殊鋳工所は利益「ゼロ円」への突進で脱下請けを決断した。経営危機は中小企業に積極行動を控えさせる一方、中小企業の革新も刺激する。日本経済の長期停滞への突入は、日本の中小企業の弱点であったマーケティング活動強化のきっかけになった。

①ワン・トゥ・ワン・マーケティング

　そのマーケティングは、ワン・トゥ・ワン・マーケティング（one to one marketing）と呼べる特徴を持っている。マーケティング論で使われる言葉だが、ここでは、個々の顧客との情報受発信により顧客需要の創出を図るマーケティングとする。

　クマクラが海苔自動切断機という新たな市場を開発したのは、飲み会での海苔業者の一言がきっかけだった。そのときに活用したのが「キャッチ of "ささやき"」という個々人の声を聞き取るために準備していたフォーマットである。サヤカも社員が個々の顧客と接触する中から潜在化していた基板分割機のニーズを発見した。樹研工業も三条特殊鋳工所も、顧客と1対1の関係に立ってそのニーズを探っている。重要なのは、彼らはニーズが発せられるのをただ待っているわけではなく、顧客へ積極的に情報を提供していることである。顧客は一般に自分自身のニーズを明確な形で意識しているものではない。ボヤっとした顧客のニーズを捉え、情報を提供し、こういうものが必要だったと気づかせる。売買は情報の受発信関係の延長上で成立している。

　次の2社もその好例である。

　札幌の印刷業、アイワード（→52頁）の経営者は社員にこう言っている。「個々のお客さんに密着しなさい。そうすると今こういうことで困っているとか、次、こういうことを考えているという"つぶやき"を聞き取ることができるはずだ。聞き取ったことを1人で処理せず、社内に帰って皆に相談し、その結果をお客さんに伝えなさい。これが終われば、営業活動の大半は済んだと思ってよい」（1999年取材）。

　この経営者は、〈顧客密着→潜在ニーズの発見→提案→ニーズの顕在化〉としてマーケティングを体系化している。

416

第4章　長期停滞期の中小企業（1991年〜）

　(株)パルテック（従業員166人、横浜市、2000年取材）は、セミ・オーダータイプの半導体などを輸入し、エレクトロニクス・メーカーに販売している。92年の売上17億6,300万円に対し、98年は119億円、売上高経常利益率は12.5％に達した。98年に店頭公開後、2004年にこれを取り消し、ジャスダックに上場した。この高成長・高収益企業の経営戦略の柱になっているのが、個々の顧客との情報受発信である。

　同社社長によると、日本電気やソニーといったエレクトロニクス・メーカーを顧客だと思ったことは一度もない。では誰が顧客か。それは各社で働いている設計技術者1人1人である。同社では設計技術者の言葉を聞き取った「顧客カルテ」を作成している。エレクトロニクス製品の「旬」は短く、設計技術者は製品開発に追いまくられ、様々な悩みを抱えている。展示会に来た人などからそれを聞き取り、コンピュータ上の「顧客カルテ」に記入する。そして、新たに音声圧縮用のチップを扱うことになったとする。「音声圧縮」で検索すると音声圧縮に興味を持っている人の「カルテ」が現れる。その人に営業社員がこのチップの情報を提供すると、5人に1人が注文顧客になるという。社長は、売上は「カルテ」の枚数と共に増えてきたとし、「わが社は商社ではない。顧客カルテ管理業だ」と言っていた。

　同社は「顧客カルテ」を用いて個々の顧客と情報の受発信関係を創り、その延長線上で取引を成立させている。

　以上のようなワン・トゥ・ワン・マーケティングは、個々の顧客に唯一性の強い製品や加工を提供する差別化戦略（→ 76頁）の原動力となり、「独自市場」構築による発展をもたらす。

②ワン・トゥ・ワン・マーケティング拡大の理由

　中小企業でワン・トゥ・ワン・マーケティングが拡大した理由は、第1に、個人消費ニーズも産業ニーズも多様化・細分化が進み、1対1の関係に立たないとニーズの把握ができないからである。大量観察により売れ筋を発見するという時代は終わっている。第2は、中小企業は設備や組織が巨大化・客体化していないので、大企業のように自己のシステムに顧客の需要を合わさせる必要はなく、個々の顧客の様々な需要に柔軟に対応できる。いわば、顧客の懐に飛び込むように接近できるのは中小企業だからである（→ 58頁）。

　このワン・トゥ・ワン・マーケティングの本質は、「場面情報」による新た

417

第Ⅱ部　戦後中小企業発展史・問題史

な市場機会の察知である。「市場の"ささやき・つぶやき"」という個々の顧客の漏らした何気ない発言、私たちの言う「生データ」を鋭い「問題意識」により市場の可能性を示す情報に変換する（→ 30 頁）。私たちは「場面情報」発見活動を企業家活動の中枢と考えているが、それが中小企業のマーケティングにも及び、経営の柱へ発展した。従来日本の中小製造業は高度の技術力を持っていても、マーケティング力は脆弱だった。「よいものを作れば黙っていても注文は来る」という姿勢の企業が多かった。そのような時代は減速経済期に終わりが始まり、長期停滞期に完全に終わった。ワン・トゥ・ワン・マーケティングの中小企業への浸透は、長期停滞期に現れた、中小企業の伝統的な弱点（→ 249 頁）を克服する新たな動きである。

(2)　戦略的ネットワークの発展

　　第 2 の特徴として、戦略的ネットワーク形成による市場開拓・受注拡大を指摘したい。70 年代半ば頃から目立ち始めた戦略的ネットワーク（→ 343 頁）は、90 年代、中小企業が市場縮小に立ち向かうため一層発展し、次の 4 タイプのネットワークが現れた。

①特定企業の戦略に基づく市場開拓ネットワーク

　　特定の中小企業が異なる情報資源を持つ中小企業、大学研究者、公的研究機関および顧客企業と情報共有ループを構築し、新たな技術情報や市場情報の獲得により新市場を開拓するものである。ネットワーク対象者は固定せず、必要に応じて新たなネットワークを形成する。

　　上記クマクラもその例だが、次のような企業もある。

　　本多電子(株)（従業員 107 人、愛知県豊橋市、1999 年取材）は、トランジスタ製の小型超音波魚群探知機を世界で最初に開発した企業である。しかし、85 年プラザ合意後の円高で、事業の主力だったアメリカ向けバス・フィッシング用魚群探知機の採算が悪化、以後、超音波医療用診断装置、超音波洗浄機、超音波探傷映像装置などの新事業分野に進出し、取材時点ではこれら分野の売上が 65％を占めていた。しかし、これらで同社単独の開発は 1 つもないという。まず、海外 3 校を含む 35 大学と提携していた（テーマ数 50）。大学の研究室には実用化されていない研究成果がころがっている。その成果を技術シーズとして要素技術の開発を共同で行う（エンジニアを大学に派遣する）。要素技術

418

第4章　長期停滞期の中小企業（1991年〜）

の開発とは超音波の特性別の機能を研究することで、例えば「超音波で酵母菌を活発化できる」「超音波でがん細胞を見ることができる」などを明らかにする。しかし、このような技術情報だけでは売れない。そこで要素技術を公開し、あるいはその技術を使いそうな企業に提案し、興味を持った企業と提携し、設備開発を行う。例えば、超音波が酵母菌を活発化させるという技術を用い、長時間低温熟成させなくても味・香りのよい日本酒を作る設備を酒造会社と共同で開発した。

同社は情報共有ループの構築で、要素技術開発→設備開発という流れを作り出し、市場創出につなげた。

②**特定企業の戦略に基づく生産ネットワーク**

特定の中小企業が異なる技術資源（設備、加工技術）を持つ中小企業を外注先として組織し、受注の幅を広げるものである。

『中小企業白書1996年版』は、これを行っている中小企業を「コーディネート企業」と呼び、Ｔ社（従業員70人、東京都西多摩郡）を紹介している。同社は電子ビームやレーザーを用いた最新の接合技術を持つ企業だが、機械加工、レーザー切断加工、ウォータージェット加工、熱処理、化学処理、治具設計、材料メーカー等を組織し、顧客側からの発注内容に合わせて柔軟に協力企業を編成し、一括受注している。大手企業から部品の溶接だけでなく材料の調達から加工まで一括受注を頼まれたのがきっかけで、大企業の資材調達部門の肩代わりをすることに市場機会があることに気づいた。同社グループはその後40社に拡大した。

③**共同戦略による市場開拓ネットワーク**

中小企業がグループを結成し、技術情報・市場情報を持ち寄って新技術、新製品の開発を行うものである。グループ全体で1つの技術・製品を開発する場合もあれば、各メンバーが他メンバーの意見を聞きながら個々に開発する場合もある。前者の例として次のようなものがある。

大阪市生野区のウイックグループは、95年に結成された平均従業員数6人の小零細企業24社からなるネットワークである（2000年取材）。業種構成は機械加工（12社）、製缶・板金・溶接（5社）、金属プレス・金型（4社）、メッキ（1社）、設計（2社）である。このグループが全国的な注目を集めたのが「一発深絞りプレス機」の開発で、ベンチャービジネスコンペ大阪99で「共同

419

第Ⅱ部　戦後中小企業発展史・問題史

開発推進賞」を受賞した。この油圧プレス機は150tの出力で600tの油圧プレス機と同等の絞り加工を行う。これは、雌型を支えているベッドを上に動かし下に長く絞れる空間を作りだし、成形後ベッドを下げてワークを取り出す仕組みの開発で可能となった。ベッドが上下するため、小さな空間でワークの出し入れができる。プレス機の設置スペースは従来の3分の1、総重量は7分の1、基礎工事も不要となった。もう1つのポイントは、雌型に底と側面のない簡易金型の使用に成功したことである。これもベッドが上下動する仕組みにより可能になった。簡易金型は組み立て式金型に比べ製作費用は5分の1、セッティング時間も3分の1になる。

　「一発深絞りプレス機」はメンバーのプレス業者が10年来「こういうのがあったらよいのに」と暖めていたアイディアであった。これを基にメンバーが技術を出し合い、十数回も図面を書き直し、全員が部品づくりに協力してできあがった。このグループでは「こんなやり方があったのか」といった驚きをもってお互いの技術を知ることがあったという。中小企業同士の技術の結合が大きな可能性を秘めていることを教えている。

④共同戦略に基づく生産ネットワーク

　中小企業がグループを結成し、相互発注により各企業の異なる技術資源（設備、加工技術）を利用し合い、生産機能の拡充・受注範囲の拡大を行うものである。②の場合は特定企業からの一方向的発注だったが、この場合は双方向的発注関係が形成されている。

　いわゆる「横請け」がこの好例で、筆者は東大阪市における機械関連の小零細企業間の「横請け」のグループ（「ナップ」「きづかわグループ」）を取材したことがある（2002年）。「横請け」は自然発生的性格の強い仲間取引と違い、参加企業の共同戦略として相互発注を企図して結成されている。参加者の一人は「仕事が減っている中でそれを争いあっていたらますます苦しくなるだけだ。足を引っ張り合うのではなく共生の精神で協力しあい、仕事をつくり出していこう」というのが狙いだと語っていた。その効果として、ある経営者は「近くにいたのにお互いに知らなかった。どんな機械を持っているかも知らなかった。知り合うことにより自分の企業も見えてきた。メンバー間の取引関係をバックに仕事も獲得できるようになった」と語った。また、「グループメンバーに技術上の相談をし、発注もできるので顧客にまかせてくれと胸を張って言え

第4章　長期停滞期の中小企業（1991年〜）

るようになった。グループメンバーはそれぞれ協力企業があるから、全部あわせるとたくさんのブレーンがいることになる」という発言もあった。このように、「横請け」では、各メンバーが持っている専有度の高い技術が共有資源として機能し、メンバーの市場確保力を高めている。

　「横請け」より組織度の高い生産ネットワークもある。東京都板橋区内の機械加工関係9社からなるイタテック（1999年結成）の仕組みは次のとおりである（2009年取材）。

　発注はまず事務局で受け、メンバーに伝えられる。メンバー間で相談の上、顧客要望に合う幹事会社を決定する。幹事会社とメンバー数人が顧客と加工工程、納期・価格等について交渉し、まとまると幹事会社は製造に参加するメンバーに注文書・図面を発行する。メンバーは部品を加工し幹事会社に納品、幹事会社はそれらを組み立て顧客に納入する。

　イタテックは機械部品加工のワンストップショッピング機能を発揮し、1社では到底不可能な受注を獲得している。例えば、半導体装置メーカーより図面250枚、部品総数2,500点、納期2週間という条件の引き合いがあり、2日以内での受注可否と価格提示を求められた。メンバー各社が20枚以上の図面を持ち帰り検討、受注することとし、一連の作業後、契約より1日早い納品と全品ノークレームを達成した。この優れた生産機能が顧客との取引力も高め、現金取引を原則とすることに成功し、大手企業の理不尽な値引き要求を断る余裕も生み出している。また、イタテックのメンバーであることがメンバー企業の信用を高め、仕事量の拡大にも結び付いている。共同受注金額の一番多いときは年15,000万円に達し、共同受注による売上が60％を超えるメンバーもあった。

　4種類のネットワークを示したが、開発志向型中小企業には生産ネットワークの②、④の形成にも熱心な企業がよく見られる。しかし、やはり多いのは市場開拓ネットワークであり、中でも中心になっているのは①で、市場自立化に向かっている開発志向型中小企業は、必ずといってよいほどこのタイプのネットワークを構築している。

（3）　情報共有的組織運営の重要化

　第3の特徴として、情報共有的組織運営の重要化を指摘したい。開発志向型中小企業の特徴として「経営パートナー主義」をバックとした情報共有的組織

421

第Ⅱ部　戦後中小企業発展史・問題史

運営をあげた（→ 328 頁）。この組織運営は市場縮小と闘う上で一層価値を高め、独自市場構築に成功している中小企業にはこれを経営の根幹と位置付ける企業が多くなった。一例を挙げる。

エイベックス（株）（従業員 382 人、名古屋市、2016 年取材）は、トヨタ自動車の 2 次サプライヤーだが、「今ある仕事はなくなる」を前提に大手部品企業の技術開発部門との共同開発、自動車部品会社ボルグワーナー米本社との取引、自販機部品への進出を行うなど、積極的な市場開拓で、特定の取引先に市場を依存しない専門加工業型に向かっている中小企業である。

同社は 08 年 7 月に世界金融危機が自社の取引に異変を起こしそうなことを察知、7 月末から対応策を取り始めた。

・売上減少の予測を少しでも正確にするため、得意先に具体的な情報を取りに行き、それを基に現行のコスト構造で減益率を計算、コスト改善の目標金額と改善課題を決めた。

・改善課題達成のため、全員参加で課題毎に職場横断的にプロジェクトチームを結成した。例えば、ムダゼロプロジェクト、品番違い撲滅プロジェクト、在庫低減プロジェクト、変動費低減プロジェクト、生産性上昇プロジェクト等々。

・08 年 8、9 月にできるものから改善を実行し、成果を上げた。9 月下旬には、改善ノウハウの共有化を図るため、「プロジェクト発表会」を開催した。

・11 月には、全社員に集合してもらい、状況を説明し、人員削減は絶対行わないと決意を表明、パートの女性社員の中には涙を流している人もいた。

・目標成果発表会を 08 年 12 月と 09 年 1 月に全社員対象に行い、危機感のベクトル合わせと 1 人 1 人の改善が大きな効果を出していることを実感してもらった。

1 台の機械での加工個数を 1 個から 2 個に、30 年前の機械を整備して他社より 30％ 低いコストを達成するなど、これら成果が総合されて、30％ の生産減少ならば利益が出る体質になった。全員参加の改善活動を集中的に実施した効果だった。同社加藤明彦会長（当時社長）は「コストダウン活動や新分野開拓を行うにはどうしても人材が必要で、人を切ることはできない。どんなに苦しくても人は採用する」とし、09 年 4 月 7 人もの新卒者を採用、その後も若手を採用、正社員平均年齢は 30 歳である。加藤会長は、人は損益計算書上の費

422

第4章　長期停滞期の中小企業（1991年〜）

用ではなく貸借対照表上の自己資本だとする。リーマンショック後の企業を分けたのは、人を費用と考え切ったか、自己資本と考え蓄積したかだと言う。同社の売上は08年（5月期）26億円から09年16億円と激減したが、その後売上は急増、16年には51億円に達した。トヨタ系サプライヤーの売り上げがトヨタ自動車の国内減産で低迷している中、異色の成長である。

　市場が縮小する中で販売を拡大するには「自分の仕事は自分で創り出す」、つまり市場を創造しなくてはならない。創造の源は情報であり、情報発見活動を活発化させる情報共有的組織運営は、長期停滞期において力を一層発揮している。

（4）　主体的な海外市場進出

　第4の特徴として、国内市場が縮小する中、主体的に海外市場を開拓し、市場自立化を促進する中小企業が増えてきた。「主体的に」というのは、親大企業の生産拠点の移転に促されて海外進出するのではなく、戦略的に輸出開拓や海外直接進出をしているということである。その武器になっているのは価格競争力ではなく、製品や加工技術の差別化である。

　前述の(株)サヤカもその1社である。基板分割機で国内トップメーカーの地位を確立しただけでなく、96年のセミコンジャパンへ出展し、海外商社から引き合いがあったのをきっかけに、輸出を始め、現在では海外向けが売上の6〜7割を占めるまでになった。海外市場拡大を可能にしたのは優れた品質にある。中国に進出した大手自動車部品会社が、安価な中国製に切り替えたことがあった。ところがある時期一斉に壊れ始め、それをフォローするサービスもなかったため、サヤカの製品に戻った。同社製品は耐久性が優れているだけではない。基板上の部品実装密度が高まるにつれ、部品にストレスを与えないで分割することが難しくなる。蓄積したノウハウによりこの難題に対処した。切断中の切りくずなど、ゴミが実装部品に付着すると思わぬ故障の原因になる。ゴミをゼロにしろというオーダーにも応えた。サヤカはこのように製品を高機能化していることが海外でも競争力を高めている。同社は高くても世界で売れる高付加価値製品を国内で作るとしている。基板分割機というニッチ市場に狙いを定め、国内にいながらいわゆるグローバル・ニッチ企業へ発展している。

　日本フッソ工業（従業員112人、堺市、2016年取材）は、付着防止、腐食

第Ⅱ部　戦後中小企業発展史・問題史

防止、帯電・絶縁対策などのため、フッソ樹脂を設備にコーティングする仕事をしている開発志向型中小企業である。その市場は「個々の顧客の課題解決（ソリューション）」である。この市場では常にオンリーワンでいられ、価格競争を避けられるからだという。ただし、「顧客の課題」は口を開けていれば飛び込んでくるものではない。テレビの大画面液晶パネルがブームになったことがある。この関連で新しいニーズが生まれているはずだが分からない。そこで、ディスプレイ関係の展示会にとにかく出展、同社の技術を見た関係者との話から製造工程でガラスパネルが帯電するという問題のあることを把握、帯電防止のため製造装置の一部分にフッソ樹脂をコーティングした試作品を開発し、大手電機メーカーに持ち込んだ。同社も市場を国内から東アジアへ拡大している。商社を通じて中国、台湾などへ出荷しているほか、韓国、タイにそれぞれ1999年、2014年に現地法人を設立した。同社の海外での戦略も「ソリューション」である。韓国にはアジア通貨危機（1997、98年）で倒産危機に陥った同国同業者を技術と資金で再建する形で進出した。ところが、韓国経済はV字回復したのに同社は回復しない。営業は役員が中心で、商社や機械メーカー、鉄工所等から仕事がくるのを待つだけのスタイルだった。同業者との厳しい価格競争に陥る一方、多大な営業費（接待交際費）を強いられ、赤字が続き債務超過へ転落した。そこで事業立て直しのため、日本国内と同じビジネススタイルに転換、まず社員に技術教育を徹底し、大手財閥のエンドユーザー（設備使用者）へ直接、課題掘り起しの「技術営業」を行ったところ、適正価格での受注に成功、売上高営業利益率は40％へ大きく改善した。タイ進出は、リーマンショック後の円高による石油化学企業のアセアン進出を見て決断した。タイ工場もソリューション事業をしているが、そもそもアセアンには石油化学プラントなど大型設備を加工できる同業者はなく、文字通り「オンリーワン企業」となっている。

　以上2社が示すように、大量生産型のボリュームゾーン製品に関しては日本の中小企業は競争力を失っているが、独自の開発力を基盤にした差別化製品・差別的加工技術を持つ中小企業の競争力は維持され、主体的に海外市場を開拓できる力を持っている。国内市場縮小を背景に、2000年以降このような中小企業が増え始め、2008年のリーマンショック後の円高・大企業の海外生産比率の一層の上昇で、この動きが強まった*。

424

第4章　長期停滞期の中小企業（1991年〜）

＊以上のうち、(3)(4)は本版で新たに付け加えた。リーマンショック後の大きな市場
の落ち込みで強まった中小企業の動向を反映したものである。

以上のように、市場自立化に成功した中小企業も現れ、彼らは減速経済期に
叢生した開発志向型中小企業の特徴（→325頁）を発展させる革新性を持って
いる。(1)は開発志向型中小企業の需要情報発見活動の発展形、(2)(3)は同じ
く組織運営の発展形、(4)は開発志向型中小企業の根幹的な経営戦略、差別化
戦略の海外市場への適用である。「戦後大企業体制」の変容は中小企業問題を
激化させ、中小企業を衰退させたが、対抗的に、中小企業は企業家活動も推進
している。展望の見えない日本経済における一筋の希望である。

第4節　中小企業の役割

減速経済期には中小企業のサポーティング・インダストリーとしての役割が
高度化した。中小企業の開発力が高まり、下請分業の効率性を高めたからであ
る。また、地域への関心が高まると共に中小企業に地域経済の担い手としての
期待が高まった。しかし、長期停滞期には大きな変化が現れた。

1. サポーティング・インダストリーとしての役割の縮小

まず、長期停滞期における下請関係の変化から見よう。

(1)　下請関係の縮小と変化

中小製造業における下請企業の割合は、1966年53.3％から1981年65.5％へ
増えたが（前掲図表Ⅱ-3-44）、プラザ合意後の円高をきっかけに87年には
55.9％に減った。この減速経済期の終盤に現れた下請企業割合の低下は、一時
的でなく、同図表によると98年には47.9％へさらに低下している。図
表Ⅱ-4-55は法人企業が対象で、下請企業の定義も「下請代金支払遅延等防止法」
に基づいているので、図表Ⅱ-3-44と連続性はないが、2005年以降も下請企業
割合の減少が明確である。生産の東アジア化により下請市場が縮小しており、
当然の結果である。

また、系列的性格の強かった企業間関係も変化し、専属型の下請企業割合が
減少している。この変化も減速経済期に現れていたが（→344頁）、図表Ⅱ-4-56

425

第Ⅱ部　戦後中小企業発展史・問題史

図表Ⅱ-4-55　中小製造業における下請企業割合（法人企業）2005～15年

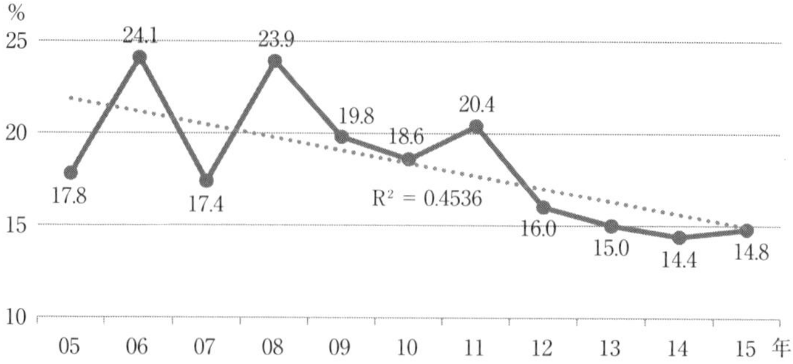

注1）　下請企業の定義は「下請代金支払遅延等防止法」に基づく。
　　2）　法人企業が対象で個人企業を含まない。
資料）　中小企業庁「中小企業実態基本調査」より作成。

に見られるように、専属型の割合は「1988年6月」32.9％（前掲図表Ⅱ-3-45）
だったのが、90年代、2000年代はそれよりさらに低下した（図表Ⅱ-4-56での「専
属型」の定義は、図表Ⅱ-3-45での定義に比べ下請比率に関して拡げられている
にもかかわらず低下している）。

　脱専属化の動きは系列的下請関係の代表であるトヨタ自動車関連の下請企業
でも見られる。筆者は黒瀬［2016］でトヨタ自動車グループ企業（トヨタ自動
車本体を含む16社）の資本金3億円以下の一次下請企業（トヨタ自動車から
見れば二次下請企業が含まれる）を分析し、一次下請企業でありながらトヨタ
自動車グループの企業を1位納入先とする「トヨタ自動車グループ依存型」の
中小企業は25.2％しかなく、同じく納入先2～5位とする「トヨタ自動車グル
ープ準依存型」が27.2％、同じく納入先6位以下とする「トヨタ自動車グル
ープ非依存型」が47.6％も占めていることを明らかにした（時点は2014年）。ま
た売上高利益率（税引後）は自立度の高い「準依存型」「非依存型」が、「依存
型」より段差をつけて高いことも明らかにし、以上をもってトヨタ自動車グル
ープサプライヤーの「自立的」構造への変化と呼んだ。

　以上の脱下請化・脱専属化には、減速経済期に見られたように大企業による
下請企業の淘汰・再編と下請企業側の経営戦略によるものがある（→344頁）。
長期停滞期でも両者があるが、大企業による淘汰・再編の作用の方が強く働い
た。

　大企業は生産の東アジア化により国内下請企業への発注を減らし、さらに特

426

第4章　長期停滞期の中小企業（1991年〜）

図表 II-4-56　下請パターン別割合　1994 〜 2012 年

単位：%

	1994 年 8 月	2000 年 9 月	2006 年 10 月	2012 年 9 月
専属型	28.0	22.4	21.5	22.7
準専属型	19.8	23.8	22.1	22.8
親企業分散型	23.6	9.6	14.2	12.7
自立指向型	28.5	44.1	42.2	41.9
計	100.0	100.0	100.0	100.0

注）下請パターンの定義は次のとおり（図表 II-3-45 と異なることに注意）。

1社依存度 下請比率	25％未満	25 〜 50％未満	50 〜 75％未満	75％以上
50％未満	自立指向型		準専属型	専属型
50％以上		親企業分散型		

出典）商工組合中央金庫調査部［1995］、商工中金調査部・商工総合研究所［2007］、商工中金調査部・商工総合研究所［2013］

定企業への集中発注を進めたから、下請受注から排除され、また脱専属化を強いられた企業が多数生み出された。強制された脱下請は、図表 II-4-56 でもうかがえる。94 年 8 月に比べ 2000 年 9 月では親企業分散型が激減し、自立指向型が急増している。親企業分散型だった企業が、下請比率か 1 社依存度を減らすかして自立指向型が増えたのである。親企業分散型の下請企業は親企業が発注を削減するとき、最初のターゲットになり、自立化（脱下請）を強制されるのである。

　以上のように、日本の国際競争力の源泉とされ、海外でも真似られた系列的下請関係だが、生産の東アジア化共に下請関係自体が縮小し、系列性も弛緩している。高度成長期に系列的下請関係が確立・拡大し、その下でサポーティング・インダストリーとして国際競争力を担った中小企業の存在価値は低下した。

（2）「機会主義的取引関係」へ

　その一方、景気のバッファーという下請企業の受け身的役割が目立つようになった。

　図表 II-4-56 に戻ると、「2006 年 10 月」では一度減った親企業分散型が増加している。90 年代以降、大企業は国内下請発注先を削減してきたが、2003 年

427

第Ⅱ部　戦後中小企業発展史・問題史

頃からの輸出増により下請発注の拡大が必要となった。そこで既存下請企業への発注を増やしたが、下請企業側は90年代以降の受注減の経験から設備投資拡大には踏み切れなかった。このため、大企業は新規発注先を求めることになり、下請企業の中から従来取引のなかった大企業と取引する企業が増え、親企業分散型が増加したのである。もちろん、下請企業の戦略としての親企業の分散化もあるが、この動きを主導したのは下請企業を景気のバッファーとして利用する大企業である。

　このような、大企業が下請企業を景気のバッファーとして利用することや、すでに述べた、国内中小企業を東アジア企業と競わせ、「生産上の根拠」もなく「世界最安値調達」をするというのは、大企業による機会主義的行動と言えるだろう（→381頁）。大企業による「機会主義的取引関係」の拡大により、港徹雄が70年代の下請関係の特徴として指摘した大企業と下請企業との「協調的取引関係」（→348頁）は、限られた部分に縮小した。

2.　地域中小企業の衰退

　減速経済期には中小企業に対し地域経済の担い手という期待が高まった。実際にも、電気機械工業や縫製・ニット製造の中小企業が、高度成長期以降、地方中小都市に進出し、雇用機会を増やしてきた。だが、それらは90年代に入り、全県で減少を開始し、逆に雇用機会を減らしてしまった（黒瀬編著［2004］：序章）。彼らは大都市大企業の下請企業であり、安価な労働力・土地と量産能力を経営基盤としていた。そのため、電気機械や繊維の大手企業が東アジアへ進出し、現地で部品調達や加工外注を行うようになると、東アジア企業の一層低い賃金・地価、一層大きい量産能力に対抗できず、廃業に追い込まれた。

　また、東京大田区や東大阪市の中小機械工業の集積地でも、事業所数は大きく減少した。大都市中小企業の技術的優位性もICT革新により低下した上、大都市立地によるコスト高が加わり、東アジア企業との競争に敗退したためである。

　以上のように、サポーティング・インダストリーとして国際競争力を担ってきた下請中小企業の存在価値は引き下げられ、地域中小企業も地域経済の担い手としての役割を発揮できなかった。では今後中小企業にはどのような役割が

第4章　長期停滞期の中小企業（1991年〜）

ありうるか。単なる希望ではなく、現実の動きに根ざして展望してみよう。

3. 今後の展望

(1) 中小企業の存在価値を見直す

上記のような中小企業の存在価値低下の一方、長期停滞下における次の中小企業の働きが注目される。

第1は、小零細企業が高い雇用創出力を持っていることである。地域中小企業が廃業を迫られ雇用を減らしたと述べたが、それでも中小企業、特に小零細企業の雇用創出力は大企業より高く、雇用削減を少しでも押しとどめる役割を果たしている。

ある期間における雇用の増減は、その間存続してきた企業による雇用の拡大と削減の差し引き及びその間における企業の創業と廃業による雇用の創出と消失の差し引きで決まる。

『中小企業白書2002年版』によると、1986年→2000年において、存続していた事業所（製造業）全体では雇用削減が拡大を上回り、116万人の雇用純減だったが、最小規模の従業者4〜20人の事業所のみは15万人の雇用純増だった。この層ではこの期間に事業廃業による雇用消失が事業新設による雇用創出を大きく上回り、これを合わせると雇用純減だった。しかし、存続事業所が雇用増加機能を発揮したことに注目すべきである。

『中小企業白書2005年版』によると、1999年→2001年において、存続していた事業所（非一次産業）全体では24万人の雇用純減だったが、従業者1〜20人では116万人の雇用純増だった。また、この期間に事業の創・廃業を通じ33万人の雇用純増となったが、その中心は小零細事業所層と思われる。

『平成25年版労働経済の分析』（厚生労働省）によると、2008年→2011年では、毎年、事業所（非一次産業）全体では雇用は純減してきたが、最小規模の従業者5〜29人だけは2011年に純増した。その主要因はこの層での事業廃止による雇用消失が減り、新設事業所による雇用創出が上回ったためだった。

以上のように、経済停滞で雇用が削減される中、小零細企業は雇用を増加させた（増加させなくても増加機能を発揮した）。その理由は、小零細企業は若い企業が多く、事業拡張力があること、創業は小零細企業が中心であることである。小零細企業の高い雇用創出力は、経済停滞下でも雇用を支え、社会を安

定させる役割を果たしている*。

　　*中小企業の雇用創出力について詳しくは黒瀬［2006］：第2章を参照されたい。

　第2に、中小企業は産業の高加工度化の担い手ということである。すでに述べたように、中小製造業の実質付加価値生産性の上昇率は、80年代以降、多くの期間で大企業製造業を上回り続けた（前掲図表Ⅱ-4-29）。実質付加価値生産性は実質付加価値率、実質資本装備率、実質資本回転率の積で、その上昇率はこの3構成要素の上昇率の和になる。図表Ⅱ-4-57から、中小企業の実質付加価値生産性の上昇率が大企業より高いのは、中小企業の実質付加価値率の上昇率が大企業を上回っているためであることがわかる。本図表はまた中小企業の実質資本回転率の上昇率は大企業より低いことも示しているが、それは市場縮小のためである。つまり、中小企業は全体として市場が縮小する中、付加価値率の高い市場の開拓により生き残り、産業の高加工度化も進めてきたのである。先に、ワン・トゥ・ワン・マーケティングを初めとする長期停滞期に市場自立化に成功した中小企業の特徴を述べたが（→ 415頁）、それがその具体的

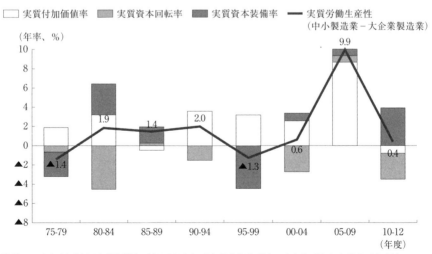

図表Ⅱ-4-57　実質労働生産性上昇率の企業規模間格差（中小製造業－大企業製造業）の推移とその変動要因

資料：日本銀行「全国企業短期経済観測調査」、「企業物価指数」、財務省「法人企業統計年報」
（注）　資本金2千万円以上1億円未満を中小製造業、資本金10億円以上を大企業製造業とした。
出典：『中小企業白書2014年版』：第1-1-53図

第4章　長期停滞期の中小企業（1991年〜）

な姿である。日本産業の高加工度化の勢いは衰えたが、先進国は高加工度化を追求し続けるしかない。中小企業の実質付加価値率の上昇率が大企業を凌駕しているという事実は、中小企業こそが高加工度化の担い手ということを意味する。

　中小企業は雇用創出を通じて社会を安定させ、産業の高加工度化を通じて経済を発展させる。この中小企業の機能が今後の中小企業の役割の中心であり、これに成功すれば衰退している地域経済も復活する。

(2)　中小企業の社会運動

　注目すべきは、中小企業の独自の役割を自覚した中小企業経営者の社会運動も活発化したことである。中小企業家同友会（全国会員数46,227人、2018年1月1日現在）は、小企業を欧州経済のバックボーンと位置づけ、「小企業を第1に考える（think small first）」を運用方針とする「欧州小企業憲章」（2000年採択）に触発され、2003年から「中小企業憲章」制定運動を始めた。会内での学習を通じて「私たち日本国民は、国民一人ひとりを大切にする豊かな国づくりのために、日本の経済・社会・文化及び国民生活における中小企業の役割をたかく評価（する）」という書き出しで始まる中小企業憲章草案を作成した。これが民主党に影響を与え、07年に同党も「日本国中小企業憲章（案）」を発表し、09年の衆議院総選挙のマニフェストに掲げた。民主党政権成立により、中小企業庁は憲章制定の作業に入り、2010年6月18日に閣議決定された。「憲章」は1999年末に施行された新「中小企業基本法」に対し、次の特徴を持っている。

　ａ．「中小企業は、経済を牽引する力であり、社会の主人公である」と中小企業を高く位置づけ、政府は「どんな問題も中小企業の立場で考えていく」とするなど、「基本法」より踏み込んで中小企業重視の姿勢を示している。

　ｂ．中小企業の地域社会と住民生活への貢献、伝統技能・文化の継承、家族経営が地域社会を安定化させるなどとし、「基本法」より中小企業と小規模企業の社会的役割を重視している（ただし、中小企業が「経済民主主義」の担い手ということには触れていない）。

　ｃ．経営資源不足、不公平な取引を強要されるなど、中小企業が数多くの困

431

第Ⅱ部　戦後中小企業発展史・問題史

難を被ってきたとし、「基本法」に欠けている中小企業問題の重大性を認め、その是正策の一つとして「公正な市場環境を整える」を掲げ、「基本法」の中心施策である経営革新策や起業促進策と同列に位置づけている。

「憲章」は中小企業の役割、中小企業問題の認識に関し、「基本法」より優れた内容になっている。

また、中小企業家同友会は「中小企業振興基本条例」の制定運動にも力を注いだ。「中小企業振興基本条例」は、県、市、区（東京特別区）といった地方自治体が制定するもので、1979年の墨田区での制定を最初に徐々に広まった。各地で名称と内容に多少の違いがあるが、中小企業（地域産業）の振興は地方自治体の長の責務であり、住民もまた中小企業（地域産業）振興に理解・協力すべきとしている点は共通している。これにより、地方自治体の行政の中核に中小企業振興が位置づけられ、中小企業がその施策に積極的に協力する道も開かれる。同友会は「中小企業憲章」の精神を地域レベルで具体化するのが「中小企業振興基本条例」と位置づけ、各都道府県同友会が地元自治体に制定を呼びかけた。例えば、熊本県中小企業家同友会では、会員が手分けして県下の全45市町村の首長に会いに行き、基本条例と中小企業憲章を考えるシンポジウム（2011年2月25日開催）への参加を呼びかけた。基本条例を知らない市町村の首長もおり、会員が必要性を説明した。

減速経済期には地域視点に立つ中小企業政策が現れ、中小企業は地域経済の担い手として位置づけられたが、肝心の中小企業経営者にそのような自覚が欠けていた（→350頁）。行政をリードする同友会の「中小企業振興条例」制定運動は、自らを地域経済の担い手と位置づける、使命感にあふれる中小企業経営者の出現を示す*。

　　*「中小企業憲章」「中小企業振興基本条例」の制定運動は中小企業家同友会の運動の一部にすぎない。同会の運動については黒瀬［2015］：第3章第3節を参照されたい。

この運動の成果は確実に現れ、「中小企業振興基本条例」の制定自治体数は、6.5年間で4倍になっている（図表Ⅱ-4-58）。

特に注目すべきは基礎自治体で、全国には791市、23東京特別区、744町あるので（2016年10月10日現在）、条例制定基礎自治体数はまだ少数派だが、かつて、基礎自治体は、産業政策の主体としての意欲も能力も持っていなかっ

第 4 章　長期停滞期の中小企業（1991 年〜）

図表 II-4-58　「中小企業振興基本条例」の制定自治体数

	制定自治体数
2011 年 9 月末	65 市区町、15 道府県
2013 年 7 月 3 日	98 市区町、26 道府県
2015 年 3 月末	133 市区町、32 道府県
2016 年 5 月末	171 市区町、1 村、40 道府県
2018 年 4 月 11 日	270 市区町、6 村、45 道府県

注1）　区は東京特別区。
　2）　都道府県で制定していないのは東京都、佐賀県、高知県。
資料）　中小企業家同友会全国協議会調べ（2018 年 4 月 11 日現在）

たこと（黒瀬［2006］：287-290）と比べると、これだけの基礎自治体が産業政策の主体であると宣言したことは、大きな変化である。

　中小企業は地域から経営資源を得、得られた利潤を地域に再投資するから（大企業のように地域外に利潤を漏出させないから）、中小企業と地域は共存共栄関係にある。これを基盤に、基礎自治体が地元の中小企業を政策パートナーにし、独創的な施策を競い合う。こういう地域主体の中小企業政策の活発化が期待される*。

　　*基礎自治体による中小企業政策の持つ可能性については黒瀬［2006］：第 9 章を参照されたい。

（3）　地域再生と「経済民主主義」の推進へ

　経済停滞下で明らかになった中小企業の雇用創出と産業の高加工度化の担い手という働きは、地域の安定と発展をもたらす。それを中小企業の使命とする自覚的な中小企業経営者も現れ、「中小企業憲章」「中小企業振興基本条例」の制定を推進した。このような地域の中小企業が基礎自治体と連携し、国の施策も活用しながら「独自市場」の構築に向かう。彼らは大企業と対等に取引できる地域における「小さな中核企業」群として、他の地域中小企業をまきこみながら地域経済再生の担い手となる*。そのような地域の全国化により日本経済も復活する。

　　*日本政策金融公庫総合研究所［2015］は中小企業が地方圏の雇用創出に大きく貢献しているとし、統計的な検証と同時に事例調査から全国市場シェアトップを占めるなど地域の中核中小企業を摘出し、競争力の源泉、市場獲得戦略、雇用に対する使命感など、その

433

第Ⅱ部　戦後中小企業発展史・問題史

　具体的な姿を明らかにしている。

　これは国民経済レベルで「経済民主主義」を推進する。「経済民主主義」は「市場民主主義」「経営民主主義」「政策民主主義」からなる（→199頁）。「小さな中核企業群」を持つ地域が全国に広まれば、対等取引、参入自由の「市場民主主義」が進む。「独自市場」を構築した中小企業は、「経営パートナー主義」を基に情報共有的組織運営をし、長期停滞期においてその効果を一層発揮している。こういう企業が各地で増えれば労使対等の「経営民主主義」も進む。そして、「中小企業憲章」「中小企業振興基本条例」の活用は、中小企業の政策参加、大企業規制を進め、「政策民主主義」を推進する。

　もはや、大企業は国民経済・中小企業をリードする力を喪失し、安倍政権が期待した大企業からのトリクルダウンは起きなかった。地域での中小企業の再興により下からの産業再構築を進め、「経済民主主義」も実現する。容易でないシナリオであることは分かっているが、日本経済の真の再生に不可欠である。

参照文献

邦文

愛知県経済研究所［1978］『愛知経済時報　No. 20』

アッターバック，M.［1998］『イノベーション・ダイナミクス』大津正和・小川進監訳、有斐閣

有沢広巳［1957］「日本における雇用問題の基本的考え方」、日本生産性本部編『日本の経済構造と雇用問題』日本生産性本部

有沢広巳監修［1976］『昭和経済史』日本経済新聞社

池本正純［2004］『企業家とはなにか』八千代出版

板橋区［2007］『板橋区リーディング企業ガイド 2007』板橋区

伊丹敬之＋伊丹研究室［1994］『日本の自動車産業：なぜ急ブレーキがかかったのか』NTT 出版

市川弘勝編著［1968］『現代日本の中小企業』新評論

伊東岱吉［1957］『中小企業論』日本評論新社

伊東光晴監修［1977］『戦後産業史への証言』毎日新聞社

今井賢一・金子郁容［1988］『ネットワーク組織論』岩波書店

井村喜代子［2000］『現代日本経済論・新版』有斐閣

井村喜代子［2005］『日本経済——混沌のただ中で』勁草書房

井村喜代子［2010］『世界的金融危機の構図』勁草書房

岩瀬忠篤・佐藤真樹［2014］「法人企業統計からみる日本企業の内部留保（利益剰余金）と利益配分」『ファイナンス 2014 年 7 月号』財務省

植田浩史［2001］「高度成長初期の自動車産業とサプライヤ・システム」『季刊経済研究 24 巻 2 号』大阪市立大学経済研究会

大田区［1979］『大田区工業の構造変化と今後の方向』大田区

岡野雅行［2003］『俺が、つくる！』中経出版

小川英次［1991］『現代の中小企業経営』日経文庫

カーズナー，I. M.［1985］『競争と企業家精神』田島義博監訳、千倉書房

楫西光速編［1957］『現代日本資本主義体系・中小企業 II』弘文堂

加瀬和俊［1997］『集団就職の時代』青木書店

加藤誠一編［1969］『中小企業問題入門』有斐閣

川口啓明［2003］「マイナスイオンに根拠などない」『文藝春秋 2003 年 1 月号』

川口　弘［1965］「中小企業への金融的『シワ寄せ』機構」、館　龍一郎・渡辺経彦編『経済成長と財政金融』岩波書店

川口　弘［1966］『日本の金融』日本評論社

ガルブレイス，J. K.［1972］『新しい産業国家』都留重人監訳、河出書房新社

北見昌朗［2006］『製造業崩壊』東洋経済新報社

北原　勇［1955］「中小企業問題─本質把握への一試論」（慶応義塾大学大学院経済学研究科修士課程学位論文）

北原　勇［1957］「資本の集積・集中と分裂・分散─中小工業論序説─」、慶応義塾経済学会編『三田学会雑誌50巻7号』

北原　勇［1977］『独占資本主義の理論』有斐閣

北原　勇［1984］『現代資本主義における所有と決定』岩波書店

北原　勇・鶴田満彦・本間要一郎編［2001］『資本論体系10　現代資本主義』有斐閣

清成忠男［1967］『現代日本の小零細企業』文雅堂銀行研究社

清成忠男［1970］『日本中小企業の構造変動』新評論

清成忠男・中村秀一郎・平尾光司［1971］『ベンチャー・ビジネス　頭脳を売る小さな大企業』日本経済評論社

清成忠男［1993］『中小企業ルネッサンス』有斐閣

清成忠男・遠藤康弘［1977］『実例企業提携』日本経済新聞社

清成忠男・田中利見・港徹雄［1996］『中小企業論』有斐閣

隈　研吾［2008］「20世紀の家⑤」（『日本経済新聞』2008年10月30日付夕刊）

蔵本由紀［2003］『新しい自然学』岩波書店

黒瀬直宏［1995］「日本的下請制の変化に関する予備的考察」『白鴎大学論集 Vol. 9 No. 2』

黒瀬直宏［1996］「中小企業の技能を復活させる自動車メーカー」『商工金融1996年8月号』

黒瀬直宏［1997］『中小企業政策の総括と提言』同友館

黒瀬直宏編著［2004］『地域産業　危機からの創造』白桃書房

黒瀬直宏［2004］「温州産業の原蓄過程」、慶応義塾経済学会編『三田学会雑誌96巻4号』

黒瀬直宏［2006］『中小企業政策』日本経済評論社

黒瀬直宏［2015］『独立中小企業を目指そう～独立中小企業化、人間尊重、労使連携、社会変革～』同友館

黒瀬直宏［2016］「トヨタ自動車グループサプライヤーの『自立的』構造の分析」『商工金融2016年10月号』

経済企画庁編［1976］『現代日本経済の展開　経済企画庁30年史』大蔵省印刷局

経済企画庁編［1997］『戦後日本経済の軌跡　経済企画庁50年史』大蔵省印刷局

公正取引委員会事務局経済部編［1964］『日本の産業集中』東洋経済新報社

国立国会図書館調査立法考査局［1978］『わが国自動車工業の史的展開』国立国会図書館

小西唯雄 ［1974］「寡占体制と企業分割政策」『経済評論 1974 年 8 月号』

駒形哲哉 ［2005］『移行期中国の中小企業』税務経理協会

駒形哲哉 ［2011］『中国の自転車産業』慶応義塾大学出版会

小宮山琢二 ［1941］『日本中小工業研究』中央公論社

坂本光司・芝忠・塗師哲夫 ［1986］『異業種ネットワーク戦略』日刊工業新聞社

佐藤芳雄 ［1968］「中小企業『近代化』論批判」、市川弘勝編著『現代日本の中小企業』新評論

佐藤芳雄 ［1976］『寡占体制と中小企業』有斐閣

佐藤芳雄編 ［1981］『ワークブック中小企業論』有斐閣

佐藤芳雄 ［1983］「日本中小企業問題の到達点と研究課題」、慶應義塾大学商学会編『三田商学研究 26 巻 5 号』

三和総合研究所 ［1997］『生産工程における部品輸入実態調査報告書』（株）三和総合研究所

塩沢由典 ［1997］『複雑系経済学入門』生産性出版

篠原三代平 ［1976］『産業構造論』筑摩書房

下川浩一 ［1992］『世界自動車産業の興亡』講談社現代新書

末松玄六 ［1954］「中小企業の経営的特質」、藤田敬三・伊東岱吉編『中小工業の本質』有斐閣

サクセニアン, A. ［1995］『現代の二都物語』大前研一訳、講談社.

シューマッハ, E. F. ［1976］『人間復興の経済』斎藤志郎訳、佑学社

シュンペーター, J. A. ［1977］『経済発展の理論』塩野谷裕一・中山伊知郎・東畑精一訳岩波書店

シュンペーター, J. A. ［1998］『企業家とは何か』清成忠男編訳、東洋経済新報社

商工組合中央金庫調査部 ［1977］『下請中小企業の現況』

商工組合中央金庫調査部 ［1983］『下請中小企業の新局面』

商工組合中央金庫調査部 ［1989］『新しい分業構造の構築を目指して』

商工組合中央金庫調査部 ［1995］『第 5 回中小機械・金属構造実態調査報告書』

商工総合研究所・商工中金調査部 ［2001］『第 6 回中小機械・金属工業の変化に関する実態調査』

商工総合研究所 ［2001］『中小製造業の生き残り戦略』商工総合研究所

商工中金調査部・商工総合研究所 ［2007］『2006（平成 18）年度　中小機械・金属工業の構造変化に関する実態調査』

商工中金調査部・商工総合研究所 ［2013］『2012（平成 24）年度　第 8 回中小機械・金属工業の構造変化に関する実態調査』

杉岡碩夫 ［1969］「小零細企業政策を巡る諸問題」『調査月報 No. 105』国民金融公庫

清　晌一郎・大森弘喜・中島治彦 ［1975］「自動車部品工業における生産構造の研究

（上）」『機械経済研究 No. 8』機械振興協会経済研究所

清　恂一郎・大森弘喜・中島治彦［1976］「自動車部品工業における生産構造の研究（中）」『機械経済研究 No. 9』機械振興協会経済研究所

清　恂一郎［1991］「価格設定後の価格根拠の形成とサプライヤーの成長・発展」、日本中小企業学会編『地域経済と中小企業』同友館

関満博［1997］『空洞化を超えて』日本経済新聞社

繊維構造改善事業協会編［1995］『ニットアパレル 3　工場生産と製作技術』繊維構造改善事業協会

全国信用金庫協会編［1992］『信用金庫 40 年史』全国信用金庫協会

巽　信晴［1960］『独占段階における中小企業の研究』三一書房

高須賀義博［1965］『現代価格体系論序説』岩波書店

高田亮爾［2004］「中小企業研究の潮流と課題」、流通科学大学編『伊賀隆先生学長退任記念論集』

滝沢菊太郎［1967］「構造改善は中小企業を整理する」『エコノミスト 1967 年 10 月 20 日号』

滝沢菊太郎［1971］「労働力不足化と零細工業の増大　清成忠男氏らの批判にこたえて」『商工金融 21 巻 6 号』

滝沢菊太郎［1992］『現代中小企業論』(財)放送大学教育振興会

チェンバリン, E. H.［1966］『独占的競争の理論』青山秀夫訳　至誠堂

チャンドラー Jr., A. D.［1970］『競争の戦略』内田忠夫・風間禎三郎訳、ダイヤモンド社

チャンドラー Jr., A. D.［1993］『スケール・アンド・スコープ』阿部悦生、他訳、有斐閣

中央大学経済研究所編［1976］『中小企業の階層構造—日立製作所下請企業構造の実態分析—』中央大学出版部

中小企業金融公庫［1984］『中小企業金融公庫三十年史』中小企業金融公庫

中小企業金融公庫調査部［1993］「下請分業構造の変化と今後の動向」『中小公庫レポート No. 93-2』

中小企業事業団・中小企業研究所編［1990］『中小企業の存立形態の発展に関する研究』中小企業事業団・中小企業研究所

中小企業事業団・中小企業研究所編［1992a］『日本の中小企業研究 1980-1989　第 1 巻〈成果と課題〉』同友館

中小企業事業団・中小企業研究所編［1992b］『'91 中小製造業の発展動向』同友館

中小企業事業団・中小企業情報センター［1993］『融合化調査報告書』

中小企業事業分野確保協議会［1982］『分野法と商調法』中小企業事業分野確保協議会

参照文献

中小企業総合研究機構編［1995］『中小企業家精神』中央経済社

中小企業総合研究機構編［1996］『'95 中小製造業の発展動向』同友館

中小企業庁編［1980］『中小企業の再発見　80 年代中小企業ビジョン』通商産業調査会

中小企業庁指導部編［1949］『これからの中小企業』日本経済新聞社

中小企業庁振興課編［1960］『商工会法の解説』中小企業調査協会

通商産業省重工業局産業機械課編［1958］『日本の軽機械工業』通商産業研究社

通商産業省編［1963］『商工政策史　第 12 巻中小企業』商工政策史刊行会

通商産業省中小企業庁編［1990］『90 年代の中小企業ビジョン』通商産業調査会

通商産業省・通商政策史編纂室編［1991］『通商産業政策史第 15 巻』通商産業調査会

帝国データバンク［2013］「我が国自動車産業の取引構造に関する調査」
　　http://www.meti.go.jp/meti_lib/report/2014fy/E003915.pdf

東京光学社史編纂委員会［1982］『東京光学五十年史』東京光学機械株式会社

中村秀一郎・豊川卓二［1957］「中小企業問題」岸本誠二郎・都留重人監修『講座近代経済学批判Ⅳ』東洋経済新報社

中村秀一郎［1961］『日本の中小企業問題』合同出版

中村秀一郎［1962］「『中堅企業』を巡る諸問題」『専修大学論集 30 号』

中村秀一郎［1964］『中堅企業論』東洋経済新報社

中村秀一郎［1968］『中堅企業論・増補版』東洋経済新報社

中村秀一郎・秋谷重男・清成忠男・山崎充・坂東輝夫［1981］『現代中小企業史』日本経済新聞

中村秀一郎［1990］『新中堅企業論』東洋経済新報社

中村秀一郎［1992］『21 世紀型中小企業』岩波書店

中島英信［1968］「戦後中小企業運動の歴史と評価」『中小企業ジャーナル 1968 年 8 月』、『中小企業研究 No. 171』（1984 年 3 月）（社）中小企業研究所、に再録

中山金治［1983］『中小企業近代化の理論と政策』千倉書房

西部　忠［1996］『市場像の系譜学』東洋経済新報社

西山賢一［1997］『複雑系としての経済』日本放送出版協会

日本開発銀行［1963］『日本開発銀行 10 年史』日本開発銀行

日本銀行金融機構局［2015］『金融システムレポート別冊　人口減少に立ち向かう地域金融』

日本政策金融公庫総合研究所［2015］『地域の雇用と産業を支える中小企業の実像』日本公庫総研レポート No. 2015-1

ハーバーマス, J.［1994］『公共性の構造転換』細谷貞雄・山田正行訳、未来社

林直道［1987］『現代の日本経済』第 4 版、青木書店

林信太郎・柴田章平［2008］『産業政策立案者の体験記録』国際商業出版

藤井　茂［1980］『輸出中小企業』千倉書房

藤田敬三編［1943］『下請制工業』有斐閣

ブラックフォード，M. G.［1996］『アメリカ中小企業経営史』川辺信雄訳、文真堂

ペンローズ，E.［2010］『企業成長の理論』日高千景、ダイヤモンド社

星野芳郎［1966］『日本の技術革新』勁草書房

ポランニー，M.［2003］『「暗黙知」の次元』高橋勇夫訳、筑摩書房

マッケンナ，R.［1992］『ザ・マーケティング』三菱商事株式会社情報産業グループ訳、
　　ダイヤモンド社

松浦元男［2003］『百万分の一の歯車！』中経出版

丸川知雄［2000］「浙江省の産業集積」、『中国経済2000年7月』

丸川知雄［2004］「温州産業集積の進化プロセス」、『三田学会雑誌96巻4号』

御園生　等［1960］『日本の独占：再編成の実態』至誠堂

三葉製作所史編纂委員会［1980］『三葉製作所社史』三葉製作所

三井逸友［1991］『現代経済と中小企業―理論・構造・実態・政策―』青木書店

港徹雄［2011］『日本のものづくり競争力基盤の変遷』日本経済新聞出版社

宮沢健一［1988］『業際化と情報化』有斐閣

メンガー，C.［1982］『一般理論経済学』八木紀一郎・中村友太郎・中島芳郎訳、み
　　すず書房

森嶋通夫［1994］『思想としての近代経済学』岩波新書

山下邦男［1964］「銀行貸出に関する諸問題（2）」『金融ジャーナル1964年4月号』
　　貨幣経済研究所編

山中篤太郎［1948］『中小工業の本質と展開』有斐閣

山本潔［1967］『日本労働市場の構造』東京大学出版会

吉田民人［1990］『自己組織性の情報科学』新曜社

吉原英樹・佐久間昭光・伊丹敬之・加護野忠男［1981］『日本企業の多角化戦略』日
　　本経済新聞社

吉村仁禅［1997］『研削琢磨　オーエスジー物語』オーエスジー株式会社

林松国［2008］『中国の産業集積における商業の役割―専業市場と広域商人活動を中
　　心に―』専修大学出版

ルーサー，W. P.［1962］『独占価格と賃金―アメリカ自動車工業の分析―』日本労働
　　協会調査研究部

レーニン，ヴェ．イ．［1952］『帝国主義論』副島種典訳、大月書店

ロビンソン，E. A. G.［1969］『産業の規模と能率』黒松　巖訳、有斐閣

ロビンソン，J.［1966］『不完全競争の経済学』加藤泰男訳、文雅堂銀行研究社

渡辺幸男［1997］『日本機械工業の分業構造』有斐閣

渡辺幸男・周立群・駒形哲哉編著［2009］『東アジア自転車産業論　日中台における産業発展と分業の再編』慶応義塾大学出版会

欧文

Averitt, R. T. [1968] *The Dual Economy —The Dynamics of American Industry Structure—*, W. W. Norton & Company（外山広司訳『中核企業―経済発展の新しい主体』ダイヤモンド社、1969）

Edwards, K. L. et al. [1984] *Characterization of Innovations Introduced on the U.S. Market in 1982*, prepared for the US Small Business Administration under Contract # SBA-6050-OA-82, March 1984

Hayek, F. A. [1978] *"Competition as a Discovery Procedure"*, in *New Studies in Philosophy, Politics, Economics and the History of Ideas*, The University of Chicago Press, Chicago

Katz, R. L. [1955] *SKILLs of an Effective Administrator*, Harvard Business Review, January-February 1955

Lengel, R. H., Daft, R. L. [1988] *The Selection of Communication Media as an Executive Skill*, The Academy of Management EXECUTIVE

Marx, K. [1962] *Das Kapital*, Karl Marx — Friedlich Engels Werke, Band 23, Institut für Marximus — Leninismus beim ZK der SED, Dietz Verlag, Berlin（岡崎次郎訳『資本論』マルクス・エンゲルス全集23巻、大月書店、1965）

Rumelt, R. P. [1974] *Strategy, Structure and Economic Performance*, Division of Reserch, Harvard Businbess School

Steindl, J. [1947] *Small and Big Business*, Basil Blackwell Oxford（米田清貴・加藤清一訳『小企業と大企業』巌松堂、1956）

Sylos-Labini, P. [1962] *Oligopoly and Technical Progress*, Harvard University Press（安部一成訳『寡占と技術進歩』東洋経済新報社、1964）

Vatter, H. G. [1955] *Small Enterprise and Oligopoly*, Oregon State University Press

白書

経済企画庁編『経済白書』――1957年、1969年、1970年、1973年、1974年、1980年、1995年

内閣府『経済財政白書』――2017年度

中小企業庁編『中小企業白書』――1963年度版、1964年度版、1965年度版、1967年度版、1968年度版、1969年度版、1970年度版、1972年版、1973年版、1978年版、1980年版、1982年版、1985年版、1986年版、1987年版、1990年版、1995年版、1996年版、1997年版、1998年版、2002年版、2003年版、2005年版、2007年版、

2014 年版、2015 年版、2017 年版
厚生労働省『労働経済の分析』―― 2013 年版

事項索引

〔あ〕

ICT ……………………………… 68, 371
ICT 革新 …………………………… 353
アジア価格 ……………………… 377, 382
暗黙知 ………………………… 30, 72, 74
板橋村 ……………………………… 187
1 ドル・ブラウス ………………… 180
一貫作業方式 ……………………… 184
インテグラル型 …………………… 354
「受身的輸出・コストカット依存」拡大
　再生産 ……………………… 363, 376
「受身的輸出依存」拡大再生産 ……… 359
受身的輸出拡大 …………………… 360
温州モデル ………………………… 40
英雄的企業家像 …………………… 37, 39
ME 化 ……… 278, 279, 280, 282, 323, 327
遠位項 ……………………………… 31
円高 ……………………… 277, 281, 304
円高法 ……………………………… 307
オーバーローン …………………… 228

〔か〕

改正国調法 ………………………… 307
階層的下請構造におけるしわ寄せ原理
　……………………… 106, 296, 300
外注理由 …………………………… 259
買い手を通じる間接的収奪 ………… 115
開廃業率の逆転 …………………… 401
開発志向型中小企業
　……… 325, 331, 332, 333, 346, 347, 408

開発補完型 ……………………… 334, 408
価格関係以外による収奪 ………… 115
価格管理 ………………………… 96, 284
価格管理力 ………………………… 216
価格形成力 …………………… 71, 78, 79
価格面の不確実性 ………………… 22
加工データ ………………………… 35
貸し渋り …………………………… 398
貸し剥がし ………………………… 398
過小過多構造 ……………………… 175
過剰労働力 ………… 161, 174, 179, 195
寡占銀行 …………………… 110, 117, 119
寡占大企業 ……………… 3, 4, 90, 91, 95
寡占大企業の市場管理行動
　……………………… 96, 127, 137, 139
寡占大企業の市場管理行動の積極化
　……………………………………… 284
寡占の雨傘 ………………………… 129
寡占問題 …………………………… 127
関係的同一不変性 ………………… 140
勧告操短 …………………………… 170
完全競争理論 …………………… 26, 27
機械工業 ……… 191, 205, 353, 357, 366
機会主義的取引関係 ……………… 427
企業外とのループ ………………… 44
企業家活動 …………… 36, 71, 266, 268
企業家資本主義 ………………… 340, 342
企業家的競争 ……………………… 137
企業家的中小企業
　……………… 141, 142, 335, 339, 347
企業家的能力 ……………………… 68

443

企業集団	47	経営パートナー主義	
企業集団の形成	207		53, 54, 69, 145, 328
企業的家族経営	3, 4	経営民主主義	199, 434
企業的経営	3, 4	計画原理	111
企業内ループ	47	経験技術	75, 76, 143, 326, 371, 384
企業文化	53	経済民主主義	198, 199, 200, 268,
企業への忠誠化	104		274, 350, 431, 433, 434
疑似資本	315, 398	系列化	166, 257
技術情報発見活動	150	系列回帰	372
技術の差別化	77	系列解体	372
機振法	258	系列的下請関係	
規模間格差	173, 320, 402, 406		166, 273, 274, 344, 346, 348, 427
基本トレンド	24, 34, 35	幻想的差別化	103
90年代中小企業ビジョン	12	減速経済	280
旧「中小企業基本法」	7, 14	減速経済化	277, 278
境界制御の原理	138	減量経営	292
競争とは何か	26	原料高・製品安	
共同求人	148		114, 169, 170, 287, 289
共同体的企業家活動	53	後継者難	393
共同体的企業家活動の効果	54	構造不況業種	307, 308
共同利潤の長期最大化価格	100	高度成長	201, 208, 210
近位項	31	購入価格の管理	101
均衡促進的企業家像	39	高能力型零細企業	
近接性	57, 62		260, 262, 267, 268, 346
近代化倒産	249	購買原低	101, 114, 293, 380
金の卵	240, 243	顧客カルテ	417
金融検査マニュアル	398, 400	顧客との近接性	58
金融市場支配	110	顧客とのループ	44
金融仲介機能のベンチマーク	400	国調法	307
経営家族主義	54	国内完結型生産体制	208, 280, 356
経営後継者難	317	「コストカット依存」拡大再生産	360
経営資源問題	117, 125, 308, 388	ごぶさた融資	117
経営者能力	68, 142, 152	コモディティ化	353

コンセプチュアル・スキル …………… 70

〔さ〕

在庫調整 ……………………………… 297
最適規模 …………………………… 63, 64
再版原蓄 ……………………………… 163
差別化 ………………………………… 76
サポーティング・インダストリー
　………………… 272, 273, 347, 425
産業の高加工度化 …… 205, 279, 323, 430
産地法 ………………………………… 307
参入期待利潤率 ……………………… 90
参入障壁 …………………………… 90, 284
山脈的社会的分業構造 ……………… 274
事業転換法 …………………………… 306
資金調達難 …………………………… 230
資金難
　……… 117, 162, 163, 171, 225, 308, 394
自己資本比率格差 …………………… 313
資材難 …………………………… 161, 162
市場価格の管理 ……………………… 96
市場自立化 …………………………… 415
市場多角化 ……………………… 106, 286
市場の自己組織的変化 ……………… 24
市場民主主義 …………………… 199, 434
市場問題
　……… 124, 172, 220, 296, 300, 364, 376
下請化 ………………………………… 166
下請関係 ……………………………… 150
下請制の変質 ………………………… 381
下請代金支払遅延 …………………… 169
下請単価 ……… 218, 220, 290, 292, 377
下請中小企業の競争 ………………… 101

実現問題 ……………………………… 25
自動車メーカーの下請政策 ………… 256
資本の集積・集中 ………… 87, 89, 264
資本利潤率格差 ……………………… 406
社会的対流 ……………… 9, 10, 249
社会的分業 …………………………… 9, 11
社会的分業方式 ………………… 181, 185
重化学工業化 …… 210, 212, 224, 225, 279
収奪問題 …… 112, 121, 167, 213, 287, 377
集団求人 ……………………………… 240
集中豪雨的輸出拡大 ………………… 283
集中発注 ………………………… 220, 372
周辺制御の原理 ……………………… 138
重要産業復興策 ………………… 161, 162
需要管理 …………………… 96, 102, 286
需要均質分野 …………………… 87, 88
需要情報発見活動 ………… 76, 150, 326
需要情報発見活動の困難 …………… 142
需要多様分野 …………………… 76, 81
需要の高度化・多様化 ………… 279, 323
需要変動のバッファー ………… 106, 124
需要面の不確実性 …………………… 22
情報 …………………………… 27, 28, 29
情報共有的組織運営 …… 47, 329, 421, 423
情報共有ループ ……………………… 44
情報参入障壁 …………… 55, 74, 78, 80
情報資源 ………………………… 326, 327
情報生産性 …………………………… 57
情報発見活動 …………………… 22, 23
情報発見競争 …………… 21, 22, 23, 57
情報発見システム ……………… 42, 57
庶民的企業家像 ……………………… 39
新事業転換法 ………………………… 306

身体的近接性 ······················ 58, 59

新「中小企業基本法」········· 12, 15, 431

慎重な投資行動 ····················· 100

垂直的分業組織 ·············· 95, 366, 375

垂直取引 ························· 93, 94

生業的経営 ·························· 3, 4

政策民主主義 ····················· 199, 434

生産の東アジア化 ······ 354, 356, 366, 368

生産面の重化学工業化 ·············· 202

生産力論的中小企業論 ················· 15

精神的近接性 ····················· 58, 61

製品開発型 ······················ 337, 411

製品多角化 ······················ 106, 124

製品の差別化 ························ 76

製品変更政策 ···················· 104, 105

積極型中小企業論 ·········· 8, 11, 85, 141

積極型中小企業論の限界 ··············· 12

セレンディピティ ····················· 32

戦後大企業体制

········ 201, 206, 207, 208, 351, 352, 357

先進国型中小企業問題 ················ 271

専門加工業型 ········· 335, 337, 411, 413

戦略構築能力 ······················· 70

戦略的ネットワーク ············· 343, 418

双眼鏡産業 ························· 185

早期是正措置 ······················ 397

相対価格 ····· 114, 169, 213, 214, 216, 287,
                                    289, 384

創発 ······························ 32

〔た〕

大企業 ···············3, 4, 87, 89, 90

大企業体制 ···············87, 90, 92

大企業体制の復活 ··············· 165, 167

体系情報 ·························· 35

大店法 ························· 304

対等ならざる外注関係 ··············· 150

代表的発展中小企業

········ 25, 159, 190, 250, 325, 346, 408

大量生産型重化学工業 ·········· 201, 204

他企業との近接性 ·················· 59

他企業とのループ ·················· 46

地域経済の担い手 ············· 348, 428

中核労働者 ················· 121, 240

中堅企業 ··················· 8, 250, 251

中堅企業論 ·························· 8

中小企業 ·························· 3

中小企業安定法 ··················· 193

中小企業家同友会

·················· 54, 71, 328, 431, 432

中小企業家同友会合同企業説明会

···························· 149

中小企業基本法 ····················· 12

中小企業憲章 ······················ 431

中小企業振興基本条例 ··············· 432

中小企業対策要綱 ···················· 6

中小企業庁設置法 ·················· 198

中小企業における労使関係に関する見解

······························ 54

中小企業の発展 ··········· 179, 245, 408

中小企業の役割 ··········· 194, 272, 425

中小企業発展の外生論 ················· 13

中小企業発展の内生論 ················· 13

中小企業は発展性と問題性の統一物

························· 15, 141

中小企業問題

446

………… 19, 21, 112, 161, 210, 287, 364

中小企業問題の緩和作用 ………… 128

中小企業問題の全体像 ……………… 127

中小規模の経済性 …… 57, 62, 66, 139, 329

長期停滞 ……………………… 351, 363

朝鮮戦争特需 …………………………… 165

地理的多角化 ………………… 108, 125

賃金格差 ……… 173, 243, 270, 322, 403

停滞中小企業 ………………… 141, 153

データ ……………………… 28, 29

テクニカル・スキル ……………… 70

伝統的最適規模論 ………………… 66

統一理解 ……… 17, 19, 21, 133, 140, 141

独自市場 …………… 55, 76, 415

独占的市場構造 …………………… 90

独占的市場構造の確立 …………… 206

独占的市場構造の強化 … 206, 283

特別利潤 …………………………… 289

ドッジ・デフレ ………………… 195

ドッジ・ライン ………………… 163, 164

ドミナント・デザイン ………… 87

〔な〕

内製化 ………… 164, 297, 298, 374

内部障壁 ………………………… 61

生データ ………………………… 30

ニクソン新政策 ……………… 281, 307

二重構造 ………………… 7, 179

二重構造の解消 …………… 270, 271

二重構造の変質 ……………… 12

二重構造論 ……………… 7, 178

二重の競争 ……………… 22, 88

二重の制御 ……………… 138, 139

日本的下請関係 ………………… 273

日本的下請制 ………………… 167

〔は〕

80 年代中小企業ビジョン …… 10, 12, 327

場面情報 ………… 27, 30, 32, 34, 72, 111

半企業家的中小企業

………… 141, 150, 152, 194, 267, 335

半失業型「停滞中小企業」

…………………… 153, 178, 249

販売促進活動 ……… 102, 103, 105, 125

販売努力 ……………………… 102

販売の不確実性 …… 21, 22, 25, 35, 87, 95

非寡占大企業 ……………… 127

非適応型「停滞中小企業」…… 154, 409

百貨店法 ……………………… 304

ヒューマン・スキル ……………… 70

封鎖経済体制 …………… 165, 203

フェース・トゥ・フェース ……… 59, 68

付加価値生産性格差

……………… 173, 270, 320, 403

不完全競争理論 ………………… 27, 82

不完全就業 ………………… 179, 195

不況地域法 ……………… 308

複眼的中小企業論 …… 15, 16, 18, 141

複眼的中小企業論の理論構造 … 155

複雑労働 ……………… 79, 103

プライス・リーダーシップ ……… 97

分散認知 ……………………… 43

分野調整法 ……………… 303, 377

ベンチャー・ビジネス ……… 340, 342

〔ま〕

マーケティング ……………………… 415
マクロ・ミクロ・ループ ………… 47, 52
町もの ……………………… 187, 188, 190
ミクロ・マクロ・ループ …………… 49
ミクロ・ミクロ・ループ …………… 51
ミシン産業 ……………………………… 181
未利用の機会 …………………………… 32, 35
民主的な人間関係観 …………………… 69
メカトロ機 ……………………………… 327
めくら貿易 ………………………… 178, 192
モジュール型 …………………………… 353
問題意識 ………………………………… 28
問題型中小企業論 ……………………… 5, 141

〔や〕

融合化法 ………………………………… 344
融資集中 ……… 171, 225, 228, 233, 308,
311, 312, 399
融資集中機構 …………………… 227, 230
「輸出・設備投資依存」拡大再生産
……………………… 208, 209, 353, 376

輸出軽機械工業 ……………… 180, 222, 346
輸出軽機械工業の限界 …………… 192
輸出軽機械工業の発展性 ………… 190
輸出中小企業 ……………………… 180
輸出面の重化学工業化 ………… 202, 205
要素的同一不変性 ………………… 140
横請け ………………………………… 420

〔ら〕

リッチネス ……………………………… 59
立地問題 ……………………………… 318
量産型中小企業
……………… 250, 251, 254, 264, 266, 346
零細企業論争 …………………………… 263
労働条件基準原理 …………………… 147
労働の疎外 …………………………… 145
労働力の質的不足 ………… 122, 317, 389
労働力不足 ……… 121, 237, 245, 315, 389
論理的発生論 …………………………… 19

〔わ〕

ワン・トゥ・ワン・マーケティング
……………………………… 416, 417

人名索引

〔あ〕

雨宮高一 ………………………………… 98
有沢広巳 ……………………………… 7, 178
飯田経夫 ………………………………… 10
伊東岱吉 ………………………………… 133
伊藤伝三 ……………………………… 179

井深大 ……………………………… 180
入交昭一郎 ……………………………… 353
ヴァッター，H. G. ……………… 132
エジソン，T. H. ………………… 87
大橋正義 ………………………………… 152
岡野雅行 ………………………………… 394
小川英次 ………………………………… 70

人名索引

奥田碩 ･･････････････････････････････ 98

〔か〕

カーズナー，I. M. ･････････ 14, 38, 39, 42
カッツ，R. L. ････････････････････ 70, 71
加藤明彦 ･･････････････････････････ 422
ガルブレイス，J. K. ････････････････ 111
川本和久 ･･･････････････････････････ 74
北原勇 ････････････････････････ 111, 133
清成忠男 ･･････････････････ 9, 246, 260
ゴーン，G. ･････････････････････････ 98
小宮山琢二 ････････････････････････ 381

〔さ〕

斎藤彰 ････････････････････････ 185, 187
サクセニアン，A. ･･･････････････････ 46
佐藤芳雄 ･･････････････････ 18, 64, 134
篠原三代平 ････････････････････････ 205
渋井康弘 ･･･････････････････････････ 81
シューマッハ，F. A. ････････････････ 65
シュンペーター，J. A. ･･･ 36, 37, 39, 42
シロス・ラビーニ，P. ･･･････････････ 132
スタインドル，J. ･････････････････････ 132

〔た〕

滝沢菊太郎 ･････････････････････････ 10
チェンバリン，E. H. ･･･････････････ 82
塚本幸一 ･･･････････････････････････ 180
辻良冶 ･････････････････････････････ 36

〔な〕

中村秀一郎
･･････････ 8, 15, 254, 260, 271, 274, 400

ニュートン，I. ･･････････････････ 20, 140

〔は〕

ハーバーマス・J ･･････････････････ 122
ハイエク，F. A. ･･･････････････ 14, 25
服部金太郎 ･････････････････････････ 37
服部真二 ･･･････････････････････････ 37
フォード，H ･･････････････････････ 87
藤田敬三 ･･････････････････････････ 384
フラー，B. ･････････････････････････ 34
ペンローズ，E. T. ････････････････ 40
ポランニー，M. ･･･････ 30, 137, 138, 139
堀録助 ････････････････････････････ 180
本田宗一郎 ･･･････････････････････ 180

〔ま〕

マーシャル，A. ･･･････････････････ 39
松浦元男 ･････････････････････････ 370
マッケンナ，R. ･･･････････････････ 49
マルクス，K. ･･････ 22, 25, 80, 103, 133
港徹雄 ･･･････････････････････ 348, 428
メンガー，C. ･････････････････････ 22
森嶋通夫 ･････････････････････････ 37

〔や〕

山極寿一 ･････････････････････････ 65
山中篤太郎 ･･･････････････････････ 5
吉田民人 ･････････････････････････ 29

〔ら〕

レーニン，ヴェ．イ．･････････････ 137
ロビンソン，E. A. G. ･･･････････････ 66
ロビンソン，J. ･･･････････････････ 82

449

〔わ〕

ワールブルグ，A. ……………………… 27

渡辺幸男 ……………………………… 24

企業索引

〔あ〕

愛三工業 …………………………… 253
アイシン精機 ……………………… 253
会田鉄工所 ………………………… 251
愛知工業 …………………………… 253
アイワード ……………… 52, 329, 416
曙ブレーキ工業 …………………… 251
旭テック …………………………… 353
味の素 ……………………………… 60
アルプス電気 ……………………… 373
石川島播磨重工業 ………………… 206
イタテック ………………………… 421
ウイックグループ ………………… 419
エイト ……………………………… 78
エイベックス ……………………… 422
エクソン …………………………… 126
NEC カスタムテクニカ …………… 373
大沢螺子研削所 ……………… 266, 267
大橋製作所 ………………………… 152
岡野工業 ……………………… 77, 394
オムロン …………………………… 373

〔か〕

カシオ計算機 ……………………… 295
梶原工業 ……………………… 268, 339
勝間光学機械 ……………………… 188

勝間光学機械製作所 ……………… 185
カニエ ………………………… 74, 144
きづかわグループ ………………… 420
義農味噌 ……………… 50, 53, 78, 329
クマクラ ……………… 411, 415, 416
ケーヒン …………………………… 369
現代重工業 ………………………… 144
コア・グループ …………………… 64
神戸製鋼所 ………………………… 99
高和電気工業 ……………………… 334

〔さ〕

さつきグループ …………………… 343
サムソン …………………………… 122
サヤカ ……… 48, 329, 338, 412, 416, 423
三州製菓 ……………… 48, 115, 329
三条特殊鋳工所 ……………… 414, 416
GM ………………………… 88, 91, 97
シバタ ……………………………… 268
樹研工業 ……………… 78, 370, 413, 416
春雨工廠 …………………………… 47
ジュンク堂書店 …………………… 51
新日鉄住金 ………………………… 99
新日本製鉄 …………………… 99, 206
新和工業 …………………………… 114
スタック電子 ……………………… 341
仙北谷製作所 ……………………… 328

450

企業索引

ソニー ……………………………… 251

〔た〕

大宇重工業 ……………………… 144
ダイエー ………………………… 303
大東工業 ………………………… 147
大日本印刷 ……………………… 300
太陽誘電 ………………………… 373
武田工業 …………………… 33, 50
竹中製作所 ……………………… 126
タテイシ広美社 ………………… 58
立石電機 ………………………… 251
谷啓製作所 ……………………… 73
タムラ製作所 …………………… 373
中央精機 ………………………… 253
TDK ……………………………… 373
天津自転車集団 ………………… 191
電装産業 …………………… 51, 329
東海理化電機 …………………… 254
東京光学 ………………………… 185
東京通信工業 …………………… 204
東芝 ……………………………… 368
トヨタ自動車 …… 97, 99, 101, 109, 113,
　　218, 239, 252, 253, 256, 324, 355, 372,
　　373
トリケミカル研究所 …………… 147

〔な〕

長島精工 ………………………… 146
ナップ …………………………… 420
日産自動車 ……… 97, 114, 206, 252, 256,
　　293, 324, 355, 369, 372, 373
日産車体 ………………………… 114

日産生命 ………………………… 397
日商岩井 ………………………… 300
日本オイルシール工業 ………… 251
日本光学 ………………………… 185
日本債券信用銀行 ……………… 397
日本写真印刷 …………………… 36
日本長期信用銀行 ……………… 397
日本フッソ工業 ………………… 423
日本文化精工 …………… 44, 58

〔は〕

ハインツ ………………………… 73
服部時計店 ……………………… 37
パナソニック …………………… 368
ハマダベンディングサービス …… 336
パルテック ……………………… 417
阪和銀行 ………………………… 397
非破壊検査 ……………………… 64
兵庫銀行 ………………………… 397
ヒロハマ ………………………… 146
フェアチャイルド ……………… 47
フォード …………… 87, 88, 91, 95, 97
プリンス自動車工業 …………… 206, 252
プロネート ……………………… 28
豊生ブレーキ …………………… 253
北海道拓殖銀行 ………………… 397
本田技研工業
　　…………… 98, 251, 355, 369, 372, 373
本多電子 ………………………… 418

〔ま〕

前川製作所 ……………………… 65
牧野フライス …………………… 251

451

松下精工 ……………………………… 373

まりもグループ ……………………… 343

三井住友銀行 …………………… 119, 120

三葉製作所 ……………………… 221, 222

三菱自動車 ……………… 293, 294, 355

三菱重工 …………………………………… 99

ミツミ電機 ……………………………… 251

村田製作所 ……………………………… 251

森永乳業 ………………………………… 303

〔や〕

ヤクルト ………………………………… 303

山一證券 ………………………………… 397

ヤマト屋 ………………………………… 33, 50

友電舎 ………………………… 34, 326, 336

吉河織物 …………………………………… 46

〔ら〕

理化工業 ………………………………… 339

著者紹介

黒瀬 直宏（くろせ　なおひろ）

1944 年生まれ。慶應義塾大学経済学部卒、東京都立大学大学院社会科学研究科修士課程修了。専修大学商学部教授などを経て、嘉悦大学大学院ビジネス創造研究科教授。特定非営利活動法人アジア中小企業協力機構理事長。博士（経済学）。

主な業績：『独立中小企業を目指そう』（単著、同友館、2015 年）、『中小企業が市場社会を変える』（編著、同友館、2014 年）、『21 世紀中小企業論第 3 版』（共著、有斐閣、2014 年）、『複眼的中小企業論〜中小企業は発展性と問題性の統一物〜初版』（単著、同友館、2012 年）、『中小企業政策』（単著、日本経済評論社、2006 年）、『地域産業―危機からの創造』（編著、白桃書房、2004 年）、「温州産業の原蓄過程：情報による下からの資本制化と企業の階層分解」（単著、三田学会雑誌 96 巻 4 号、2004 年）、『中小企業政策の総括と提言』（単著、同友館、1997 年）

2018 年 11 月 30 日　　第 1 刷発行

改訂版　複眼的中小企業論
──中小企業は発展性と問題性の統一物

Ⓒ著　者　黒　瀬　直　宏

発行者　脇　坂　康　弘

発行所　株式会社 同友館

〒113-0033 東京都文京区本郷3-38-1
TEL. 03(3813)3966
FAX. 03(3818)2774
https://www.doyukan.co.jp/

落丁・乱丁はお取り替えいたします。

ISBN 978-4-496-05371-9

三美印刷／東京美術紙工

Printed in Japan

本書の内容を無断で複写・複製（コピー）、引用することは、特定の場合を除き、著作者・出版者の権利侵害となります。また、代行業者等の第三者に依頼してスキャンやデジタル化することは、いかなる場合も認められておりません。